司法解释理解与适用丛书

最高人民法院
涉执行司法赔偿司法解释
理解与适用

最高人民法院赔偿委员会办公室
最高人民法院执行局　编著

人民法院出版社
PEOPLE'S COURT PRESS

图书在版编目（CIP）数据

最高人民法院涉执行司法赔偿司法解释理解与适用 / 最高人民法院赔偿委员会办公室，最高人民法院执行局编著. -- 北京：人民法院出版社，2023.10
（司法解释理解与适用丛书）
ISBN 978-7-5109-3866-5

Ⅰ. ①最… Ⅱ. ①最… ②最… Ⅲ. ①国家赔偿法－法律解释－中国②国家赔偿法－法律适用－中国 Ⅳ. ①D921.65

中国国家版本馆CIP数据核字(2023)第140157号

最高人民法院涉执行司法赔偿司法解释理解与适用
最高人民法院赔偿委员会办公室
最高人民法院执行局　　编著

策划编辑	兰丽专
责任编辑	路建华
执行编辑	杨晓燕
出版发行	人民法院出版社
地　　址	北京市东城区东交民巷27号（100745）
电　　话	（010）67550508（责任编辑）　67550558（发行部查询）
	65223677（读者服务部）
客 服 QQ	2092078039
网　　址	http://www.courtbook.com.cn
E－mail	courtbook@sina.com
印　　刷	三河市国英印务有限公司
经　　销	新华书店

开　　本	787毫米×1092毫米　1/16
字　　数	360千字
印　　张	22.5
版　　次	2023年10月第1版　2023年10月第1次印刷
书　　号	ISBN 978-7-5109-3866-5
定　　价	88.00元

版权所有　侵权必究

最高人民法院涉执行司法赔偿司法解释理解与适用

编辑委员会

主　　任	陶凯元
副 主 任	孔　玲　　王振宇　　汪国献　　黄金龙 苏　戈
委　　员	(按照姓氏笔画排序) 王小红　　刘慧卓　　何　君　　宋楚潇 张元光　　张昊权　　邵长茂　　聂振华 贾　力　　徐　超　　高　珂　　崔晓林 梁　清
执行编委	梁　清

前　言

国家赔偿审判作为中国特色社会主义法律体系的重要组成部分，通过平冤理直、扶危济困的价值承载，保障民权和制约公权的主要功能，重塑正义和输送温暖的实践意义，成为国家治理体系中不可或缺的重要内容，发挥着不可替代的积极作用。

国家赔偿包括司法赔偿和行政赔偿，司法赔偿又包括刑事赔偿和非刑事司法赔偿。实践中，非刑事司法赔偿案件中占比最多的是错误执行赔偿案件。涉执行司法赔偿案件涉及民事、行政、执行三大领域，侵害成因复杂，责任形态多样，审理难度大，社会影响广。依法审理涉执行司法赔偿案件，是实现新时代国家赔偿审判和执行工作高质量发展的必然要求，也是坚持人民至上、让人民群众在每一个司法案件中感受到公平正义的必然要求。

党的十八大以来，在以习近平同志为核心的党中央坚强领导下，人民法院攻坚克难、锐意进取，如期实现"基本解决执行难"的阶段性目标，执行工作取得了重大成效。与此同时，随着国家赔偿审判和执行工作实践的进一步发展，人民群众对权利保障新要求、新期待的进一步提高，涉执行司法赔偿领域新情况、新问题不断出现。近年来，涉执行司法赔偿案件数量呈上升态势，因涉执行司法赔偿法律规范供给不足而带来的各地类案立案标准有出入、裁判观点有分歧、裁判尺度有偏差等现象逐渐凸显。为进一步回应人民群众关切，彰显社会公平正义，促进善意文明执行，最高人民法院赔偿委员会办公室和执行局在2016年《最高人民法院关于审理民事、行政诉讼中司法赔偿案件适用法律若干问题的解释》的基础上，总结涉执行司法赔偿和执行工作实践中的经验，共同起草制定了《最高人民法院关于审理涉执行司法赔偿案件适用法律若干问题的解释》（以下简称《解释》）。

起草过程中，最高人民法院赔偿委员会办公室和执行局深入基层调研，广泛征求意见，经反复研究，数易其稿，最终形成了《解释》。《解释》于2021年12月20日由最高人民法院审判委员会第1857次会议通过，自2022年3月1日起施行。《解释》共二十个条文，重点明确了涉执行司法赔偿立案审查的条件，错误执行行为的认定，赔偿程序与执行救济、监督程序的衔接，国家赔偿责任的确定，损害赔偿的范围和标准等内容。

为正确理解和适用《解释》，最高人民法院赔偿委员会办公室和执行局共同组织参与《解释》起草和研讨的同志编写了本书。本书编写具有以下特色：**一是时效突出**。本书以《解释》为基础，结合近年实施的非刑事司法赔偿和执行工作有关司法解释和规范性文件，着眼涉执行司法赔偿工作中遇到的新问题、人民群众的新需求，跟进《解释》施行以来实践中反馈的情况进行阐述解读。**二是问题导向**。本书包含条文全本、条文精讲、专业解读、经典案例、裁判文书五个部分，条文精讲又细分为条文主旨、起草背景、条文精义、实务指南、疑难问题、典型案例等，不仅注重对《解释》条文的含义进行解读，还注重介绍起草背景、起草过程中讨论的情况以及相关法学理论观点。同时注重理论联系实际，重点阐释国家赔偿审判实务中涉执行司法赔偿法律规范的理解与适用，以期解决长期困扰审判实践的难点、痛点和堵点问题。**三是内容权威**。参与本书编著的均是最高人民法院赔偿委员会办公室和执行局的业务骨干，均有较深的理论功底和较丰富的审判经验。

同时，定稿人、审稿人、撰稿人均参与了《解释》制定和讨论全程，对相关条文的制定背景、历史沿革非常熟悉。本书阐释规则力求精准，最终由最高人民法院赔偿委员会和执行局领导亲自核稿、审定，确保了内容的准确性和权威性。

由于涉执行司法赔偿问题极其复杂，许多问题的有效解决有待今后的实践和进一步的研究，本书仅作为理解和适用《解释》的参考。本书成稿时间较短，加之作者水平所限，错误疏漏之处恐在所难免，衷心希望广大读者批评指正。

本书编写组
二〇二三年六月

凡 例

为行文方便,本书在条文精讲、专业解读部分对以下司法解释等规范性文件名称使用简称。

序号	文件名称	简称
1	《最高人民法院关于审理涉执行司法赔偿案件适用法律若干问题的解释》	《解释》
2	《最高人民法院关于审理人民法院国家赔偿确认案件若干问题的规定》(已失效)	《赔偿确认案件规定》
3	《最高人民法院关于适用〈中华人民共和国国家赔偿法〉若干问题的解释(一)》	《国家赔偿法解释(一)》
4	《最高人民法院关于人民法院赔偿委员会审理国家赔偿案件程序的规定》	《赔偿案件程序规定》
5	《最高人民法院关于国家赔偿案件立案工作的规定》	《赔偿案件立案工作规定》
6	《最高人民法院关于审理民事、行政诉讼中司法赔偿案件适用法律若干问题的解释》	《非刑事司法赔偿解释》
7	《最高人民法院关于适用〈中华人民共和国民事诉讼法〉的解释》	《民事诉讼法解释》
8	《最高人民法院关于适用〈中华人民共和国行政诉讼法〉的解释》	《行政诉讼法解释》

(续表)

序号	文件名称	简称
9	《最高人民法院关于审理行政赔偿案件若干问题的规定》	《行政赔偿规定》
10	《最高人民法院关于执行权合理配置和科学运行的若干意见》	《执行权配置意见》
11	《最高人民法院关于严格规范终结本次执行程序的规定（试行）》	《终本执行规定》
12	《最高人民法院关于人民法院网络司法拍卖若干问题的规定》	《网络拍卖规定》
13	《最高人民法院关于人民法院执行工作若干问题的规定（试行）》	《执行若干规定》
14	《最高人民法院关于人民法院民事执行中查封、扣押、冻结财产的规定》	《查扣冻财产规定》
15	《最高人民法院关于人民法院办理执行异议和复议案件若干问题的规定》	《执行异议复议规定》
16	《最高人民法院关于委托执行若干问题的规定》	《委托执行规定》
17	《最高人民法院关于进一步完善执行权制约机制 加强执行监督的意见》	《执行权制约机制意见》
18	《最高人民法院关于严格规范执行事项委托工作的管理办法（试行）》	《规范执行委托管理办法》

目 录
CONTENTS

第一部分　条文全本

最高人民法院
关于审理涉执行司法赔偿案件适用法律若干问题的解释
（2022年2月8日）……………………………………………（ 3 ）

第二部分　条文精讲

第 一 条【适用范围】……………………………………（ 11 ）
第 二 条【错误执行的情形】……………………………（ 23 ）
第 三 条【赔偿请求权一并转移】………………………（ 32 ）
第 四 条【委托执行的赔偿义务机关】…………………（ 40 ）
第 五 条【执行程序终结的原则及例外】………………（ 51 ）
第 六 条【执行救济、监督程序与赔偿程序的衔接】…（ 61 ）
第 七 条【对执行行为合法性的审查】…………………（ 71 ）
第 八 条【执行行为合法性的认定】……………………（ 86 ）
第 九 条【待证事实不明的举证和认定】………………（ 98 ）
第 十 条【被执行人赔偿金优先偿债】…………………（ 110 ）
第十一条【代位追偿】……………………………………（ 116 ）
第十二条【未尽监管职责的赔偿责任】…………………（ 125 ）

第十三条【不承担赔偿责任的情形】……………………（138）
第十四条【可赔偿的损失】…………………………………（146）
第十五条【计算损失的其他合理方式】……………………（159）
第十六条【停产停业损失】…………………………………（172）
第十七条【债权损失赔偿】…………………………………（182）
第十八条【违法保全进入执行程序的案由】………………（191）
第十九条【准用条款】………………………………………（202）
第二十条【适用效力】………………………………………（211）

第三部分　专业解读

《最高人民法院关于审理涉执行司法赔偿案件适用法律若干问题的解释》
　　理解与适用中的若干法律问题
　　　　………………………孔　玲　王振宇　刘慧卓　梁　清（219）
加强人权司法保障　彰显社会公平正义
　　——论涉执行司法赔偿解释的价值和意义 ……… 李洪雷（237）
接近"如同损害没有发生"的救济理想
　　——评涉执行司法赔偿标准的进步 ………………… 沈　岿（242）
涉执行司法赔偿解释保护债权规定的重要价值 ……… 杨立新（254）
《最高人民法院关于审理涉执行司法赔偿案件适用法律若干问题的解释》
　　若干问题解读 …………………………… 江　勇　魏　星（258）
涉执行司法赔偿解释对赔偿主体规定的完善 ………… 马兆河（263）
涉执行司法赔偿与执行救济措施的合理衔接 ……… 林爱钦　聂文佳（269）

第四部分 经典案例

一、指导性案例和个案答复 ……………………………………………（275）
  （一）指导性案例 ………………………………………………（275）
    1. 指导案例43号：国泰君安证券股份有限公司海口滨海大道
      （天福酒店）证券营业部申请错误执行赔偿案 ……………（275）
    2. 指导案例116号：丹东益阳投资有限公司申请丹东市
      中级人民法院错误执行国家赔偿案 …………………………（279）
  （二）个案答复 ……………………………………………………（283）
    最高人民法院
      关于执行行为被确认违法后，如何处理恢复执行程序与
        国家赔偿程序之间关系的答复
          （2011年11月16日） ………………………………（283）
    最高人民法院
      关于限制出境是否属于国家赔偿范围的答复
          （2013年6月4日）…………………………………（284）
    最高人民法院
      关于如何判断执行瑕疵与执行违法行为边界的答复
          （2013年3月15日）………………………………（285）
    最高人民法院
      关于未经诉讼程序，推翻产权登记和生效法律文书的产权
        归属认定予以执行的，属于错误执行的答复
          （2013年9月30日）………………………………（286）
    最高人民法院
      关于如何确定价格鉴定基准日及采取执行补救措施的电话答复
          （2014年5月19日）………………………………（287）

· 3 ·

最高人民法院

关于轮候查封效力是否及于查封标的物剩余变价款及如何确定赔偿责任的答复

（2022年4月22日）…………………………………（288）

二、典型案例 …………………………………………（289）

（一）错误执行典型案例 …………………………（289）

1. 秦某义等三人申请湖南省衡南县人民法院错误执行赔偿案 …（289）
2. 金昌华西商贸发展有限公司申请甘肃省金昌市金川区人民法院错误执行赔偿案 ……………………（291）
3. 刘某艳申请确认吉林省长春市宽城区人民法院错误执行案 …（293）
4. 张某娥申请重庆市渝北区人民法院错误执行赔偿案 …………（295）
5. 胶州市泰和饮食有限公司申请山东省青岛市中级人民法院错误执行赔偿案 …………………………（297）
6. 重庆奥斯丽都娱乐有限公司申请重庆市第五中级人民法院错误执行赔偿案 …………………………（300）
7. 杨某城申请江苏省徐州市中级人民法院错误执行赔偿案 ……（303）
8. 陈某勤申请四川省乐山市中级人民法院错误执行赔偿案 ……（306）
9. 李某申请湖北省十堰市中级人民法院错误执行赔偿案 ………（309）
10. 唐某媛、唐某申请安徽省合肥市中级人民法院错误执行赔偿案 …………………………………………（313）
11. 成都威斯特电梯有限公司申请四川省成都市中级人民法院错误执行赔偿案 …………………………（316）
12. 沈阳航天新阳速冻设备制造有限公司申请河北省保定市中级人民法院错误执行赔偿案 ………………（317）

（二）违法保全典型案例 …………………………（318）

1. 绿宝鑫啤酒花有限责任公司申请甘肃省酒泉市中级人民法院违法查封国家赔偿案 …………………（318）
2. 新乐市对外贸易公司破产清算组申请河北省新乐市人民法院违法保全赔偿案 …………………………（320）

3. 古某学申请陕西省汉中市中级人民法院违法保全赔偿案 …… （322）
4. 海南新世界彩色冲印有限公司申请海南省海口市中级人民法院
   违法保全赔偿案 ……………………………………………… （324）
5. 老挝力宏摩托车组装有限公司申请重庆市第五中级人民法院
   违法保全赔偿案 ……………………………………………… （326）
6. 方某英申请福建省福州市台江区人民法院违法保全赔偿案 … （328）
7. 孟某坤申请河北省唐山市中级人民法院违法保全赔偿其他
   赔偿案 ………………………………………………………… （330）

（三） 其他非刑事司法赔偿典型案例 ……………………… （333）
   高某乾申请确认河南省登封市人民法院违法拘留案 ………… （333）

第五部分　裁判文书

1. 国泰君安证券股份有限公司海口证券营业部申请海南省高级人民法院
   错误执行赔偿案 ……………………………………………… （337）
2. 丹东益阳投资有限公司申请辽宁省丹东市中级人民法院错误
   执行赔偿案 …………………………………………………… （337）
3. 钟某金申请江西省萍乡市中级人民法院错误执行国家赔偿案 …… （337）
4. 新乡市晖苑房地产置业有限公司申请河南省新乡市中级人民法院
   错误执行赔偿案 ……………………………………………… （338）
5. 胶州市泰和饮食有限公司申请山东省青岛市中级人民法院错误
   执行赔偿案 …………………………………………………… （338）
6. 李某胜申请吉林省四平市中级人民法院错误执行赔偿案 ………… （338）
7. 重庆奥斯丽都娱乐有限公司申请重庆市第五中院错误执行
   赔偿案 ………………………………………………………… （339）
8. 曹某因错误执行申请宜春市中级人民法院国家赔偿案 ………… （339）
9. 杨某城申请江苏省徐州市中级人民法院错误执行赔偿案 ………… （339）
10. 陈某勤申请四川省乐山市中级人民法院错误执行赔偿案 ………… （340）

· 5 ·

11. 彭某生等人申请湖南省醴陵市人民法院错误执行赔偿案…………（340）
12. 李某申请湖北省十堰市中级人民法院错误执行赔偿案…………（340）
13. 孟某坤申请河北省唐山市中级人民法院违法保全赔偿其他
    赔偿案……………………………………………………………（341）
14. 唐某媛、唐某申请安徽省合肥市中级人民法院错误执行
    赔偿案……………………………………………………………（341）
15. 成都威斯特电梯有限公司、四川省成都市中级人民法院
    错误执行赔偿案…………………………………………………（341）
16. 张某申请吉林省通化市中级人民法院错误执行赔偿案…………（342）
17. 北京安华建筑工程公司申请北京市第二中级人民法院
    错误执行赔偿案…………………………………………………（342）

后　记……………………………………………………………………（343）

第一部分 条文全本

最高人民法院
关于审理涉执行司法赔偿案件适用法律若干问题的解释

法释〔2022〕3号

(2021年12月20日最高人民法院审判委员会第1857次会议通过
2022年2月8日最高人民法院公告公布
自2022年3月1日起施行)

为正确审理涉执行司法赔偿案件，保障公民、法人和其他组织的合法权益，根据《中华人民共和国国家赔偿法》等法律规定，结合人民法院国家赔偿审判和执行工作实际，制定本解释。

第一条 人民法院在执行判决、裁定及其他生效法律文书过程中，错误采取财产调查、控制、处置、交付、分配等执行措施或者罚款、拘留等强制措施，侵犯公民、法人和其他组织合法权益并造成损害，受害人依照国家赔偿法第三十八条规定申请赔偿的，适用本解释。

第二条 公民、法人和其他组织认为有下列错误执行行为造成损害申请赔偿的，人民法院应当依法受理：

(一) 执行未生效法律文书，或者明显超出生效法律文书确定的数额和范围执行的；

(二) 发现被执行人有可供执行的财产，但故意拖延执行、不执行，或者应当依法恢复执行而不恢复的；

(三) 违法执行案外人财产，或者违法将案件执行款物交付给其他当事人、案外人的；

(四) 对抵押、质押、留置、保留所有权等财产采取执行措施，未依法保护上述权利人优先受偿权等合法权益的；

（五）对其他人民法院已经依法采取保全或者执行措施的财产违法执行的；

（六）对执行中查封、扣押、冻结的财产故意不履行或者怠于履行监管职责的；

（七）对不宜长期保存或者易贬值的财产采取执行措施，未及时处理或者违法处理的；

（八）违法拍卖、变卖、以物抵债，或者依法应当评估而未评估，依法应当拍卖而未拍卖的；

（九）违法撤销拍卖、变卖或者以物抵债的；

（十）违法采取纳入失信被执行人名单、限制消费、限制出境等措施的；

（十一）因违法或者过错采取执行措施或者强制措施的其他行为。

第三条 原债权人转让债权的，其基于债权申请国家赔偿的权利随之转移，但根据债权性质、当事人约定或者法律规定不得转让的除外。

第四条 人民法院将查封、扣押、冻结等事项委托其他人民法院执行的，公民、法人和其他组织认为错误执行行为造成损害申请赔偿的，委托法院为赔偿义务机关。

第五条 公民、法人和其他组织申请错误执行赔偿，应当在执行程序终结后提出，终结前提出的不予受理。但有下列情形之一，且无法在相关诉讼或者执行程序中予以补救的除外：

（一）罚款、拘留等强制措施已被依法撤销，或者实施过程中造成人身损害的；

（二）被执行的财产经诉讼程序依法确认不属于被执行人，或者人民法院生效法律文书已确认执行行为违法的；

（三）自立案执行之日起超过五年，且已裁定终结本次执行程序，被执行人已无可供执行财产的；

（四）在执行程序终结前可以申请赔偿的其他情形。

赔偿请求人依据前款规定，在执行程序终结后申请赔偿的，该执行程序期间不计入赔偿请求时效。

第六条 公民、法人和其他组织在执行异议、复议或者执行监督程序审查期间，就相关执行措施或者强制措施申请赔偿的，人民法院不予受理，已经受理的予以驳回，并告知其在上述程序终结后可以依照本解释第五条的规定依法提出赔偿申请。

公民、法人和其他组织在执行程序中未就相关执行措施、强制措施提出异议、申请复议或者申请执行监督，不影响其依法申请赔偿的权利。

第七条 经执行异议、复议或者执行监督程序作出的生效法律文书，对执行行为是否合法已有认定的，该生效法律文书可以作为人民法院赔偿委员会认定执行行为合法性的根据。

赔偿请求人对执行行为的合法性提出相反主张，且提供相应证据予以证明的，人民法院赔偿委员会应当对执行行为进行合法性审查并作出认定。

第八条 根据当时有效的执行依据或者依法认定的基本事实作出的执行行为，不因下列情形而认定为错误执行：

（一）采取执行措施或者强制措施后，据以执行的判决、裁定及其他生效法律文书被撤销或者变更的；

（二）被执行人足以对抗执行的实体事由，系在执行措施完成后发生或者被依法确认的；

（三）案外人对执行标的享有足以排除执行的实体权利，系在执行措施完成后经法定程序确认的；

（四）人民法院作出准予执行行政行为的裁定并实施后，该行政行为被依法变更、撤销、确认违法或者确认无效的；

（五）根据财产登记采取执行措施后，该登记被依法确认错误的；

（六）执行依据或者基本事实嗣后改变的其他情形。

第九条 赔偿请求人应当对其主张的损害负举证责任。但因人民法院未列清单、列举不详等过错致使赔偿请求人无法就损害举证的，应当由人民法院对上述事实承担举证责任。

双方主张损害的价值无法认定的，应当由负有举证责任的一方申请鉴定。负有举证责任的一方拒绝申请鉴定的，由其承担不利的法律后果；无法鉴定的，人民法院赔偿委员会应当结合双方的主张和在案证据，运用逻辑推理、日常生活经验等进行判断。

第十条 被执行人因财产权被侵犯依照本解释第五条第一款规定申请赔偿，其债务尚未清偿的，获得的赔偿金应当首先用于清偿其债务。

第十一条 因错误执行取得不当利益且无法返还的，人民法院承担赔偿责任后，可以依据赔偿决定向取得不当利益的人追偿。

因错误执行致使生效法律文书无法执行，申请执行人获得国家赔偿后申请继续执行的，不予支持。人民法院承担赔偿责任后，可以依据赔偿决定向被执行人追偿。

第十二条　在执行过程中，因保管人或者第三人的行为侵犯公民、法人和其他组织合法权益并造成损害的，应当由保管人或者第三人承担责任。但人民法院未尽监管职责的，应当在其能够防止或者制止损害发生、扩大的范围内承担相应的赔偿责任，并可以依据赔偿决定向保管人或者第三人追偿。

第十三条　属于下列情形之一的，人民法院不承担赔偿责任：
（一）申请执行人提供财产线索错误的；
（二）执行措施系根据依法提供的担保而采取或者解除的；
（三）人民法院工作人员实施与行使职权无关的个人行为的；
（四）评估或者拍卖机构实施违法行为造成损害的；
（五）因不可抗力、正当防卫或者紧急避险造成损害的；
（六）依法不应由人民法院承担赔偿责任的其他情形。

前款情形中，人民法院有错误执行行为的，应当根据其在损害发生过程和结果中所起的作用承担相应的赔偿责任。

第十四条　错误执行造成公民、法人和其他组织利息、租金等实际损失的，适用国家赔偿法第三十六条第八项的规定予以赔偿。

第十五条　侵犯公民、法人和其他组织的财产权，按照错误执行行为发生时的市场价格不足以弥补受害人损失或者该价格无法确定的，可以采用下列方式计算损失：
（一）按照错误执行行为发生时的市场价格计算财产损失并支付利息，利息计算期间从错误执行行为实施之日起至赔偿决定作出之日止；
（二）错误执行行为发生时的市场价格无法确定，或者因时间跨度长、市场价格波动大等因素按照错误执行行为发生时的市场价格计算显失公平的，可以参照赔偿决定作出时同类财产市场价格计算；
（三）其他合理方式。

第十六条　错误执行造成受害人停产停业的，下列损失属于停产停业期间必要的经常性费用开支：
（一）必要留守职工工资；
（二）必须缴纳的税款、社会保险费；
（三）应当缴纳的水电费、保管费、仓储费、承包费；
（四）合理的房屋场地租金、设备租金、设备折旧费；

（五）维系停产停业期间运营所需的其他基本开支。

错误执行生产设备、用于营运的运输工具，致使受害人丧失唯一生活来源的，按照其实际损失予以赔偿。

第十七条 错误执行侵犯债权的，赔偿范围一般应当以债权标的额为限。债权受让人申请赔偿的，赔偿范围以其受让债权时支付的对价为限。

第十八条 违法采取保全措施的案件进入执行程序后，公民、法人和其他组织申请赔偿的，应当作为错误执行案件予以立案审查。

第十九条 审理违法采取妨害诉讼的强制措施、保全、先予执行赔偿案件，可以参照适用本解释。

第二十条 本解释自 2022 年 3 月 1 日起施行。施行前本院公布的司法解释与本解释不一致的，以本解释为准。

第二部分 条文精讲

第一条 人民法院在执行判决、裁定及其他生效法律文书过程中，错误采取财产调查、控制、处置、交付、分配等执行措施或者罚款、拘留等强制措施，侵犯公民、法人和其他组织合法权益并造成损害，受害人依照国家赔偿法第三十八条规定申请赔偿的，适用本解释。

【条文主旨】

本条是关于《解释》适用范围的规定。

【起草背景】

1994年5月12日，全国人大常委会审议通过了《国家赔偿法》。该法主要规定了行政赔偿、刑事赔偿的相关内容。同时，该法还在第31条中，针对人民法院在民事诉讼、行政诉讼过程中存在的一些问题作出原则规定，即"人民法院在民事诉讼、行政诉讼过程中，违法采取对妨害诉讼的强制措施、保全措施或者对判决、裁定及其他生效法律文书执行错误，造成损害的，赔偿请求人要求赔偿的程序，适用本法刑事赔偿程序的规定。"2010年《国家赔偿法》修改时，该条文内容未作任何修改，只对条文序号进行了调整，由原第31条规定调整为第38条规定。

从《国家赔偿法》第38条的条文规定分析，其所规范的情形，不论是行为范围、义务机关还是具体内容，都应当是独立于行政赔偿、刑事赔偿之外的一类赔偿。因此，可以作出如下结论，《国家赔偿法》从保障公民、法人和其他组织合法权益的角度出发，同时考虑到民事、行政诉讼的特点，规定了有限的民事、行政诉讼中的司法赔偿制度。但由于该条规定相对原则，且在实践中此类国家赔偿案件又占有一定比例，使得不同地区或者同一地区不同的审判人员在审理此类案件时对该条存在不同理解。

同时，据不完全统计，在人民法院赔偿委员会受理的国家赔偿案件（不含行政赔偿案件）中，有一半以上的案件属于民事、行政诉讼中司法赔偿案件，有的法院受理的赔偿案件甚至70%以上均属于此类案件。也就是说，立法机关所作的一条原则规定，引发了实践中一个较大层面的问题，这也许是立法者始料未及的。

基于以上情况，自1996年开始，最高人民法院就立足于司法实践的需要，逐步规范审查处理民事、行政诉讼中司法赔偿案件的相关司法解释或裁判规则。截至目前，先后作出的与该条文相关的司法解释或者具有指导意义的文件包括：《关于人民法院执行〈中华人民共和国国家赔偿法〉几个问题的解释》第2条（1996年5月）；《关于民事、行政诉讼中司法赔偿若干问题的解释》（2000年9月，现已被取代）；《赔偿确认案件规定》第4条、第11条；《关于国家赔偿法实施中若干问题的座谈会纪要》第6条、第7条、第8条、第12条、第19条、第20条；《关于国家赔偿法实施中若干问题的座谈会纪要（二）》第3条、第10条、第12条至第17条；《非刑事司法赔偿解释》（2016年10月，替代原解释）。此外，最高人民法院还针对此类赔偿案件的具体法律适用问题，作出多个个案答复，具体指导下级法院对此类案件的审理。

　　针对涉执行司法赔偿案件的适用范围，因《国家赔偿法》规定较为简单，实践中亦存在一定争议。根据《国家赔偿法》第38条的规定，人民法院在民事诉讼、行政诉讼过程中，对判决、裁定及其他生效法律文书执行错误，造成损害的，受害人有权申请国家赔偿。最高人民法院在确定国家赔偿案件案由时，将此类赔偿案件的案由确定为错误执行赔偿。那么，何为错误执行，其所包含的内容有哪些？实践中对此一直存在不同认识，个别案件在法律适用上亦存在一定的差异。

　　根据立法原意，结合司法实践，最高人民法院在司法解释中，针对涉执行司法赔偿的适用范围作出了明确规定。根据已有的司法解释规定，对判决、裁定及其他生效法律文书执行错误，包括以下情形：执行未生效法律文书的；超出生效法律文书确定的数额和范围执行的；对已经发现的被执行人的财产，故意拖延执行或者不执行，导致被执行财产流失的；应当恢复执行而不恢复，导致被执行财产流失的；违法执行案外人财产的；违法将案件执行款物执行给其他当事人或者案外人的；违法对抵押物、质物或者留置物采取执行措施，致使抵押权人、质权人或者留置权人的优先受偿权无法实现的；对执行中查封、扣押、冻结的财产不履行监管职责，造成财产毁损、灭失的；对季节性商品或者鲜活、易腐烂变质以及其他不宜长期保存的物品采取执行措施，未及时处理或者违法处理，造成物品毁损或者严重贬值的；对执行财产应当拍卖而未依法拍卖的，或者应当由资产评估机构评估而未依法评估，违法变卖或者以物抵债的；其他错误情形。

　　《解释》第2条在以上规定基础上进一步明确规定："公民、法人和其他组织认为有下列错误执行行为造成损害申请赔偿的，人民法院应当依法受理：（一）执行未生效法律文书，或者明显超出生效法律文书确定的数额和范围执行的；（二）发现被执行人有可供执行的财产，但故意拖延执行、不执行，或者应当依法恢复执行而不恢复的；（三）违法执行案外人财产，或者违法将案件执行款物交付给其他当事人、案外人的；（四）对抵押、质押、留置、保留所有权等财产采取执行措施，未依法保护上述权利人优先受偿权等合法权益的；（五）对其他人民法院已经依法采取保全或者执行措施的财产违法执行的；（六）对执行中查封、扣押、冻结的财产故意不履行或者怠于履行监管职责的；（七）对不宜长期保存或者易贬值的财产采取执行措施，未及时处理或者违法处理的；（八）违法拍卖、变卖、以物抵债，或者依法应当评估而未评估，依法应当拍卖而未拍卖的；（九）违法撤销拍卖、变卖或者以物抵债的；（十）违法采取纳入失信被执行人名单、限制消费、限制出境等措施的；（十一）因违法或者过错采取执行措施或者强制措施的其他行为。"

此外，在对错误执行所涉行为范围进行正面规范的同时，最高人民法院也结合立法原意及审判实际，从不同角度，对不属于错误执行行为范围的相关情况加以规定。其中确立了一个重要规则，即原生效法律文书错误导致的执行错误，以及执行程序中因具有执行裁决权属性的行为错误导致的执行错误，不属于《国家赔偿法》第38条规定的错误执行的行为范围。那么，为什么要确立这样的规则，执行程序中具有执行裁决权属性的行为又具体包括哪些情形。这些问题一直是涉执行司法赔偿案件审理过程中所面临的争议问题，以下笔者将一一进行阐释。

【条文精义】

一、民事、行政司法裁判权的豁免

受主权豁免思想的影响，国家赔偿责任在两大法系的确立比其他责任形式的确立晚得多，创设至今不过一百多年的历史。按照古老的普通法原则，王权不能为非（The King can do no wrong），主权不得受控、国王不得被诉（No action can be brought against the king personally, for he can not be suited in his court）。1577年，法国学者布丹发表《国家论》一书，系统地阐述了对后世影响极大的国家主权观念，认为主权是最高的权力，不受法律限制。大陆法系国家对国家机关及其工作人员承担公法责任始于1873年法国布朗戈

（Blanco）诉国家案件，1919年德国的《魏玛宪法》是第一部明文规定国家赔偿责任的根本法。英美法系国家受主权豁免的影响更为深远，1946年《美国联邦侵权赔偿法》首次在较广范围内放弃了主权豁免原则，1947年《英国王权诉讼法》标志着公职人员个人责任向英王代理责任的过渡。[①]

现今多数国家及地区，尤其是英美法系国家及地区，司法赔偿多限于冤狱赔偿即刑事赔偿，对于民事、行政审判过程中的司法行为，均认可司法豁免理论，即认为在民事、行政审判过程中，不发生国家赔偿问题。《英国王权诉讼法》第2条"王权在侵权行为上之责任"中第5款规定："任何人当履行或准备履行其司法上应负之责任，或与司法上执行程序有关之责任，就其作为或不作为之行为，不得以本条之规定，对君权提起诉讼。"

只有少数国家和地区有例外规定。法国是较普遍确立民事、行政审判活动赔偿制度的国家，该国1972年法律规定，普通法院的法官严重过失和拒绝司法而造成之损害，由国家承担赔偿责任，1978年后，法国行政法院也将此规定适用在行政审判中，规定行政审判中的重大过失，国家承担赔偿责任，但不影响判决的既判力。[②]《西班牙宪法》第106条规定："凡人民因判决错误或司法官渎职所受之损害，得依照法律规定要求赔偿。"《瑞士国家民事责任法》中亦有"日内瓦行政区对于司法官于执行职务时，因故意过失或疏忽之不法行为，致使第三人受有损害者，应予赔偿"之规定。

我国台湾地区针对审判人员因审判职务获罪的特例情况规定承担"国家"赔偿责任，即我国台湾地区"国家赔偿法"第13条规定："有审判或追诉职务之公务员，因执行职务侵害人民自由或权利，就其参与审判或追诉案件犯职务上之罪，经判决有罪确定者，适用本'法'规定。"我国台湾地区"司法院"相关解释在审查该条是否"合宪"时称："依现行诉讼制度，有审判或追诉职务之公务员，其执行职务，基于审理或侦查所得之证据及其他资料，为事实及法律上之判断，系依其心证及自己确信之见解为之。各级有审判或追诉职务之公务员，就同一案件所形成之心证或见解，难免彼此有所不同，倘有心证或见解上之差误，诉讼制度本身已有纠正机能。关于刑事案件，复有冤狱赔偿制度，予以赔偿。为维护审判独立及追诉不受外界干

[①] 参见江必新、梁凤云、梁清：《国家赔偿法理论与实务（上卷）》，中国社会科学出版社2010年版，第50~51页。

[②] 参见皮纯协、冯军主编：《国家赔偿法释论（修订本）》，中国法制出版社2008年版，第171页。

扰，以实现公平正义，上述难以避免之差误，在合理范围内，应予容忍。不宜任由当事人径行指为不法侵害人民之自由或权利，而请求'国家'赔偿。唯其如此，执行审判或追诉职务之公务员方能无须瞻顾，保持超然立场，使审判及追诉之结果，臻于客观公正，人民之合法权益，亦赖以确保。至若执行此等职务之公务员，因参与审判或追诉案件犯职务上之罪，经判决有罪确定时，则其不法侵害人民自由或权利之事实，已甚明确，非仅心证或见解上之差误而已，于此情形，'国家'自当予以赔偿，方符首开'宪法'规定之本旨。"[1]

我国在制定《国家赔偿法》时，结合我国民事、行政诉讼的特点及有关规定，从人民法院及其工作人员在适用两大诉讼法过程中行使职权的现实状况出发，在国家赔偿制度中确立了有限的民事、行政诉讼司法赔偿制度，同时将民事、行政审判中的错判情形排除于国家赔偿范围之外。1993年10月22日，时任全国人大常委会法制工作委员会副主任的胡康生同志，在向第八届全国人大常委会第四次会议作关于《国家赔偿法（草案）》的说明时指出："对于民事审判、行政审判中的错判，经法院改判后，应当按照改变后的判决，由一方当事人向对方履行义务，不宜列入国家赔偿的范围。"对此学界也有不同意见，认为对于审判人员因严重过错或者构成犯罪而导致民事审判之错判的，应适用国家赔偿。[2] 1994年5月12日通过的《国家赔偿法》，将人民法院在民事诉讼、行政诉讼过程中，违法采取对妨害诉讼的强制措施、保全措施或者对判决执行错误，造成损害的情形，纳入国家赔偿范围，而未将民事、行政审判中的错判情形纳入国家赔偿范围。2010年《国家赔偿法》进行修正时，该条文未加修改，只是条文序号由原第31条调整为第38条。

那么，为什么刑事诉讼中的错判，属于国家赔偿的范围，而民事、行政诉讼中的错判，却要被国家赔偿制度予以排除？以下，笔者以民事诉讼为例，简要阐述一下如此安排的几点理由。

1. 民事诉讼与刑事诉讼存在较大差异，这也决定了民事诉讼的错判与刑事诉讼的错判不能相提并论

一般说来，民事诉讼与刑事诉讼的区别大致体现为以下三个方面。

---

[1] 转引自胡建淼主编：《国家赔偿的理论与实务》，浙江大学出版社2008年版，第27页。
[2] 转引自吴东镐：《中韩国家赔偿制度比较研究》，法律出版社2008年版，第29页。

(1) 两种诉讼的引起及当事人在诉讼中的法律地位不同。

民事诉讼的引起是因一方当事人的请求。根据《民事诉讼法》的规定，人民法院依法受理公民之间、法人之间、其他组织之间以及他们相互之间因财产关系和人身关系提起的民事诉讼。诉讼当事人之间法律地位平等，当事人有权进行辩论，有权在法律规定的范围内处分自己的民事权利和诉讼权利。

刑事诉讼的引起则是代表国家行使侦查、检察职权的机关按照法律规定，对犯罪嫌疑人采取强制措施并提起公诉，交由审判机关审查该犯罪嫌疑人是否有罪以及是否应当受到刑罚处罚的过程。根据《刑事诉讼法》的规定，犯罪嫌疑人无法决定刑事诉讼的过程，也不能像民事诉讼当事人那样，在法律规定的范围内处分自己的权利，其只能就侦查、检察机关指控的犯罪事实进行辩护。换言之，代表国家行使刑事侦查、检察职权的国家机关与犯罪嫌疑人之间在刑事诉讼过程中，不可能处于平等的法律地位。

(2) 两种诉讼的性质及所调整的法律关系不同。

民事诉讼调整平等民事主体之间的财产关系及人身关系。民事诉讼的宗旨是保护当事人行使诉讼权利，确认民事权利义务关系，制裁民事违法行为，保护当事人的合法权益，维护社会经济秩序。民事诉讼相关法律具有私法性质。诉讼当事人可以在法律规定范围内自由处分自己的权利。在民事诉讼过程中，绝大多数情况下国家不附加强制力，根据《民事诉讼法》的规定，只有人民法院依法采取强制措施、保全措施或者依法强制执行时，才伴随以部分国家强制力保障其实施。民事诉讼错判通常表现为设定、变更、解除诉讼当事人之间权利义务关系发生错误，对诉讼当事人造成的损害后果有限，且多数情况下并不导致诉讼当事人人身权利的侵害，因此，错判可以挽回的余地较大。

刑事诉讼调整较广泛的社会关系，其宗旨是惩罚犯罪，保护人民，保障国家安全和社会公共安全，维护社会秩序。刑事诉讼相关法律具有公法性质。刑事诉讼中的犯罪嫌疑人或者被告人虽然享有一定的诉讼权利，但这种权利较民事诉讼当事人而言，较为被动和受到诸多限制。在刑事诉讼过程中，代表国家行使侦查、检察、审判的机关多数情况会根据案件的需要对犯罪嫌疑人或者刑事诉讼的被告人采取人身、财产方面的强制措施，如刑事拘留、逮捕、查封扣押嫌疑人财产等，这种强制措施通常伴随以国家强制力来保障其实施。刑事诉讼的判决结论，对于被判处有罪的人，直接导致其发生被限制人身自由、被罚没财产甚至被剥夺生命的后果。因此，如该判决发生错误，对于犯罪嫌疑人或者刑事被告人来说，多数情况下是确定罪与非罪之间的错误或者定罪量刑上的错误，且通常导致犯罪嫌疑人或者刑事被告人人身权、财产权被侵害，甚至是生命被剥夺，造成的损害后果是无法估量和难以挽回的。对于这种诉讼的错判，需要一种制度对错判所导致的较为严重的损害后果加以抚慰和救济。

（3）两种诉讼的举证责任不同。

在民事诉讼中，根据《民事诉讼法》第67条以及《最高人民法院关于民事诉讼证据的若干规定》的有关规定，民事诉讼的举证原则是"谁主张，谁举证"，举证责任在主张权利的一方当事人。根据《民事诉讼法》的规定，人民法院只有在当事人及诉讼代理人因为特殊情况不能自行收集证据或者法院认为审理案件确实需要的情况下，才会依职权调查收集证据。当事人对自己提出的诉讼请求所依据的事实，或者反驳对方诉讼请求所依据的事实有责任提供证据加以证明，主张权利的一方当事人在诉讼过程中享有举证责任。其举证是为了主张自己的权利，是为了自己的利益服务或者说是保护自己合法权益不受非法侵犯，这时主动权基本上掌握在举证的诉讼当事人手中。因此，没有证据或者证据不足以证明当事人的事实主张的，负有举证责任的当事人应当自行承担举证不力所引起的法律后果，因主张权利的当事人举证不力引起的民事错判，自然不应由国家承担赔偿责任。

刑事诉讼的举证责任在国家。根据《刑事诉讼法》的规定，侦查人员、检察人员必须依照法定程序，收集能够证实犯罪嫌疑人、刑事被告人有罪或者无罪、犯罪情节轻重的各种证据。因此，刑事诉讼的举证过程，是代表国家行使侦查、检察职权的机关收集各种证据并对这些证据加以认定的过程。对于犯罪嫌疑人或者刑事被告人来说，其在法律上没有举证的责任，不能自证无罪，只能就侦查、检察机关对其的指控进行辩护。刑事诉讼的错判，无论是完全冤枉好人，还是事实不清、证据不足或者适用法律错误，基本上都是由于侦查、检察机关举证不力所致，从犯罪嫌疑人或者刑事被告人的角度来看，其完全是刑事错判被动的承受者。因此，由于国家机关举证不力而引起的刑事错判，并造成犯罪嫌疑人或者刑事被告人人身权、财产权遭受损害的，国家赔偿责任在所难免。

2. 民事诉讼的错判较刑事诉讼的错判而言，存在法定的补救手段

《民事诉讼法》第240条规定："执行完毕后，据以执行的判决、裁定和其他法律文书确有错误，被人民法院撤销的，对已被执行的财产，人民法院

应当作出裁定,责令取得财产的人返还;拒不返还的,强制执行。"根据此条规定,民事诉讼出现错判后,存在法定补救手段,可以消除或者减少由于错判而引发的损害后果。而在刑事诉讼中,在国家赔偿制度确立之前,对于因错判导致的冤狱、错杀或者合法财产被罚没和追缴等损害后果,没有法定的救济手段,只能依靠平反善后、落实政策等政策性手段给予有限救济。目前,在《国家赔偿法》实施后,也只有通过国家赔偿制度,而没有其他的法定补救手段,对造成之损害后果予以适当补救。

二、执行权的划分及其属性

如前所述,我国国家赔偿遵循司法豁免原则,民事和行政裁判行为不属于国家赔偿审查范围,且民事、行政诉讼中司法赔偿相对于刑事赔偿,司法豁免适用的空间更大。那么,除民事、行政诉讼错判外,在执行程序中一些具有执行裁决属性的行为,因其具有裁判权属性,故亦应属于司法豁免适用的范围。那么,如何正确划分执行权,具有执行裁决属性的行为又具体包括哪些,即成为司法实践中需要厘清的主要问题。

根据2011年《执行权配置意见》的规定,执行权是人民法院依法采取各类执行措施以及对执行异议、复议、申诉等事项进行审查的权力,包括执行实施权和执行审查权。执行实施权的范围主要是财产调查、控制、处分、交付和分配以及罚款、拘留措施等实施事项。执行实施权由执行员或者法官行使。执行审查权的范围主要是审查和处理执行异议、复议、申诉以及决定执行管辖权的移转等审查事项。执行审查权由法官行使。

执行实施事项的处理应当采取审批制,执行审查事项的处理应当采取合议制。案外人、当事人认为据以执行的判决、裁定错误的,由作出生效判决、裁定的原审人民法院或其上级人民法院按照审判监督程序审理。

在此基础上,2021年发布的《执行权制约机制意见》进一步规定,深化执行裁决权与执行实施权分离。具备条件的人民法院可单独设立执行裁判庭,负责办理执行异议、复议、执行异议之诉案件以及消极执行督办案件以外的执行监督案件。不具备条件的人民法院,执行异议、复议、消极执行督办案件以外的执行监督案件由执行机构专门合议庭负责审查,执行异议之诉案件由相关审判庭负责审理。充分发挥执行裁决权对执行实施权的制衡和约束作用。综上可见,在对执行权的划分上,最高人民法院先后均采用了两分法,只是在后制定的规范性意见中,将执行审查权的名称,进一步确定为执行裁决权，使其更加符合此种权力之属性。

近年来，根据最高人民法院关于执行权配置和运行意见的相关规定，全国绝大多数法院已将执行权分为执行裁决权和执行实施权，只是一些地方法院在划分标准上略有不同。例如，有的法院是以行为的性质是执行裁决行为还是执行实施行为作为标准予以划分；有的法院是以行为的目的是变更原生效法律文书内容还是实现原生效法律文书确定内容作为标准予以划分。实践中地方法院对于执行实施权的划分，大致也有以下几种模式：有的法院将执行实施权划分为执行命令权、执行调查权、强制措施施行权及其他事务性权力；有的法院将执行实施权细分为执行财产调查权、执行财产控制权、执行财产处置权；还有的法院将执行实施权划分为调查权、保全权、处置权、审查权、监督权。

那么，更进一步说，执行裁决权、执行实施权又应包括哪些具体行为？有的法官认为，执行裁决事项主要包括：（1）仲裁裁决、公证债权文书、行政决定是否不予执行；（2）生效法律文书是否确有错误而暂缓执行；（3）第三人和案外人的异议、被执行人就执行依据所载债务已经清偿或者予以抵销的主张、各类优先权是否存在、执行分配争议；（4）变更或者追加执行当事人；（5）执行当事人依照有关规定对本院执行行为提出的复议申请；（6）中止执行、终结执行的情形；（7）分割被执行人享有权益的共有财产；（8）制作执行回转裁定。执行实施事项主要包括：（1）送达执行法律文书；（2）调查、提取被执行人财产；（3）实施查封、扣押、冻结、强制搬迁等执行措施；（4）实施罚款、拘留、拘传等措施；（5）按照法律和人民法院有关规定负责对执行标的物的委托评估、拍卖、变卖和以物抵债；（6）向申请执行人交付执行价款和执行标的物；（7）保全被执行人的财产；（8）其他执行实施行为。该法官同时认为，执行裁决权强调了执行中的裁决，即对执行程序中的实体和一些程序事项的裁决，具有典型的判断性，具有司法权的属性；而执行实施权强调了执行程序中的行动，即在执行中采取的一些强制措施和事实行为，具有典型的强制性，具有行政权的属性。[1]

笔者认为，以上划分标准，基本把握了两种权力所具有的属性，笔者基本认可其观点。《解释》第1条也是通过正面列举的方式将各类执行实施行为，如财产调查、控制、处置、交付、分配等执行措施或者罚款、拘留等强

---

[1] 参见谭经建：《执行裁决权与执行实施权比较研究》，载《山东审判》2005年第5期。

制措施，规定在涉执行赔偿案件的范围之内，而将具有执行裁决属性的审查执行异议、复议、执行监督、审查中止、终结执行等事项，排除在涉执行司法赔偿案件的范围之外。

同时，也应当注意到，对于司法实践中个别执行行为，因同时具有执行裁决和执行实施属性，很难将其彻底分割开来，例如，在执行程序中，先是经过裁决追加了案外人，随即对该案外人的财产采取了强制执行措施，对此，如果依照前述标准加以简单划分，则裁决追加行为属于执行裁决事项，采取强制执行措施属于执行实施事项，那么是否意味着对此种情形，应等同于错判所致执行而不予纳入涉执行赔偿案件的范围？对此，笔者认为，考虑到此种情形兼具裁执一体的属性，如将其简单排除，可能不利于依法保护该案外人的合法权益，针对此类兼具裁执一体属性，且其落脚点在于执行实施事项，即已实际采取了强制执行措施，又确实存在违法情形的，应纳入涉执行赔偿案件的范围。据此，《解释》第2条第3项规定，违法执行案外人财产，或者违法将案件执行款物交付给其他当事人、案外人的，赔偿请求人可据此申请国家赔偿。

【典型案例】

1. 郑某申请天津市高级人民法院国家赔偿案

天津市第二中级人民法院（以下简称天津二中院）针对该院受理的原告郑某与被告洪某、吴某民事纠纷一案，作出一审民事判决，洪某、吴某不服该判决提出上诉。天津市高级人民法院（以下简称天津高院）经审理，判决撤销原判，驳回郑某的诉讼请求。郑某对终审判决不服申请再审。最高人民法院经审理，作出再审判决：撤销天津高院二审判决；维持天津二中院一审判决。郑某遂以天津高院民事错判导致其债权现不能受偿且可能无法实现为由，向该院申请国家赔偿，未获支持后，其向最高人民法院赔偿委员会申请作出赔偿决定。

最高人民法院赔偿委员会经审理认为，《国家赔偿法》第38条规定："人民法院在民事诉讼、行政诉讼过程中，违法采取对妨害诉讼的强制措施、保全措施或者对判决、裁定及其他生效法律文书执行错误，造成损害的，赔偿请求人要求赔偿的程序，适用本法刑事赔偿程序的规定。"据此，《赔偿案件立案工作规定》第1条第9项规定，在民事诉讼、行政诉讼过程中，违法采取对妨害诉讼的强制措施、保全措施或者对判决、裁定及其他生效法律文书执行措施，造成损害的，方属于国家赔偿案件受案范围。

综合以上规定可知，民事、行政诉讼中国家赔偿是我国国家赔偿制度中所特有的且范围法定的赔偿类型，旨在保护那些因人民法院在民事、行政诉讼中违法采取的强制措施、保全措施以及执行错误且已实际遭受损害的情形。而对于法院的民事裁判行为的错误，因考虑到在民事裁判过程中，关于法律之适用及证据之取舍，难免有不同见解，不能因见解不同，而令其负赔偿责任等因素，我国与世界上大多数国家和地区一样，在国家赔偿制度的设计上，未将民事错判行为纳入国家赔偿的范围。因此，本案中，郑某以天津高院民事错判，导致其债权现不能受偿且可能无法实现为由提出的国家赔偿申请，依法不属于前述法律及司法解释规定的国家赔偿案件审查范围。

2. 湖北省十堰顺杰房地产开发有限公司申请湖北省十堰市中级人民法院错误执行赔偿案

湖北省十堰顺杰房地产开发有限公司（以下简称顺杰公司）因与盐城二建十堰分公司建设工程施工合同纠纷一案，向湖北省十堰市仲裁委员会申请仲裁，盐城二建十堰分公司向十堰市仲裁委员会提出反请求。十堰市仲裁委员会经审查，作出仲裁裁决。顺杰公司以该仲裁裁决缺乏事实依据为由，向湖北省十堰市中级人民法院（以下简称十堰中院）申请撤销该仲裁裁决，十堰中院裁定驳回其申请。嗣后，十堰中院依据发生法律效力的仲裁裁决及申请人盐城二建十堰分公司提出的强制执行申请，裁定查封、扣押被执行人顺杰公司相关财产，限其自动履行债务，逾期将依法强制执行。执行过程中，顺杰公司以仲裁裁决缺乏事实和法律依据为由，请求十堰中院不予执行仲裁裁决，但未被该院采信。顺杰公司遂向十堰中院申请国家赔偿，在未获十堰中院、湖北省高级人民法院支持后，向最高人民法院提出赔偿申诉。

最高人民法院赔偿委员会经审查认为，根据《国家赔偿法》第38条的规定，人民法院在民事诉讼、行政诉讼过程中，违法采取对妨害诉讼的强制措施、保全措施或者对判决、裁定及其他生效法律文书执行错误，造成损害的，受害人有依照法律申请赔偿的权利。即在民事审判、执行程序中，只有符合前述规定情形的，方属于人民法院国家赔偿案件的审查范围。同时，在判断某一行为是否属于《国家赔偿法》规定的错误执行时，通常所指向的对象为执行过程中实施的具体行为或措施，如查封、扣押、拍卖、变卖等，而针对生效判决、裁定、仲裁裁决、具有强制执行效力的公证债权文书等执行依据，以及其他明显属于人民法院行使司法审查判断权或者自由裁量权范畴的行为，则不属于《国家赔偿法》规定的错误执行所应予审查判断的对象。

本案中，顺杰公司提出赔偿申请的核心理由，是对原生效仲裁裁决即执行依据不服，以及认为十堰中院针对其不予执行申请未予采信，对原生效仲裁裁决仍予以强制执行的情形违反法律规定。根据原审认定的事实，十堰中院在强制执行过程中所采取的查封、委托评估及拍卖等行为，符合法律规定，顺杰公司对十堰中院强制执行过程中采取的各行为亦不持异议。至于原生效仲裁裁决是否存在错误，以及十堰中院对顺杰公司的不予执行申请未予采信，进而行使的强制执行判断权是否不当，属于执行依据以及人民法院行使司法审查判断权或自由裁量权范畴，不属于人民法院国家赔偿案件的审查范围，故不予评价。顺杰公司如坚持认为原生效仲裁裁决以及十堰中院行使的强制执行判断权存在错误，应另寻法律途径解决。

第二条 公民、法人和其他组织认为有下列错误执行行为造成损害申请赔偿的，人民法院应当依法受理：

（一）执行未生效法律文书，或者明显超出生效法律文书确定的数额和范围执行的；

（二）发现被执行人有可供执行的财产，但故意拖延执行、不执行，或者应当依法恢复执行而不恢复的；

（三）违法执行案外人财产，或者违法将案件执行款物交付给其他当事人、案外人的；

（四）对抵押、质押、留置、保留所有权等财产采取执行措施，未依法保护上述权利人优先受偿权等合法权益的；

（五）对其他人民法院已经依法采取保全或者执行措施的财产违法执行的；

（六）对执行中查封、扣押、冻结的财产故意不履行或者怠于履行监管职责的；

（七）对不宜长期保存或者易贬值的财产采取执行措施，未及时处理或者违法处理的；

（八）违法拍卖、变卖、以物抵债，或者依法应当评估而未评估，依法应当拍卖而未拍卖的；

（九）违法撤销拍卖、变卖或者以物抵债的；

（十）违法采取纳入失信被执行人名单、限制消费、限制出境等措施的；

（十一）因违法或者过错采取执行措施或者强制措施的其他行为。

【条文主旨】

本条是关于赔偿请求人可以申请赔偿的错误执行具体情形的规定。

【条文精义】

本条是《解释》的重点条文之一，所规定的错误执行，从归责原则的角度来看，既包括违法执行，也包括过错执行；从赔偿主体的角度来看，赔偿请求人既可以是所有权人，也可以是其他权利人，赔偿义务机关既可以是赔偿请求人申请执行的人民法院，也可以是在其他案件执行过程中给赔偿请求人造成损害的人民法院；从行为形态的角度来看，既包括作为的执行行为，也包括不作为的执行行为；从采取具体措施的角度来看，既包括财产调查、控制、处置、交付、分配等执行措施，也包括罚款、拘留等强制措施。

考虑到错误执行的形态非常复杂，难以作进一步的类型化划分和全覆盖列举，因此，本条在2016年《非刑事司法赔偿解释》第5条规定（以下简称原规定）基础上，根据近年来执行工作的发展，按照"并、优、增"的修改思路，列举了10种具体情形。本条第5项、第9项、第10项系新增规定，但实质新增内容仅有第10项关于违法采取纳入失信被执行人名单、限制消费措施的规定。该条其余6项基本沿用了原规定的内容，但表述上予以部分修改。

本条的修改和增加主要体现在：(1) 第1项在原规定"超出生效法律文书确定的数额和范围执行"前增加"明显"，以更加符合执行工作实际。(2) 第4项与《民法典》接轨，针对优先受偿权等合法权益受侵害的情形，在原规定列举的抵押、质押、留置之外，增列"保留所有权"，并增加"等合法权益"的表述。根据该项规定，错误执行造成其他非典型担保、建筑工程款等的优先受偿权受到损害的，受害人也可以申请赔偿。(3) 第6项在原规定"不履行监管职责"前增加"故意"，以排除无人告知、人民法院确实不知查封物被侵犯的情形；增加了"怠于履行监管职责"的表述，从而将因故意不作为和因重大过失不作为的情形均予以涵括，比原规定的表述更为周延。(4) 第8项在原规定的基础上将违法拍卖、变卖中的作为和不作为情形予以概括性归纳；第9项系针对实践中违法撤销拍卖、变卖或者以物抵债，损害善意买受人合法权益的执行行为作出规定，既包括单纯作出执行实施行为的情形，也包括交织有执行实施行为和执行审查行为的情形。(5) 第5项系根据司法实践需要增加的规定，该项属于2016年《非刑事司法赔偿解释》第5条的应有之义，所列情形在实践中均有案例，但各地法院对是否属于错误执行范围、如何确定赔偿义务机关等问题认识不同、做法不一，故《解释》将其单列予以进一步明确。(6) 第10项亦属于新增的规定，总结了已将限制出境纳入审查范围的实践经验，并在此基础上根据实践发展新增了违法采取纳入失信被执行人名单、限制消费等措施造成损害的情形。鉴于实践中各地法院处理情况差异较大，有的驳回申请，有的驳回诉讼请求，也有的决定由赔偿义务机关赔礼道歉或赔偿实际损失，有必要加以明确。需要说明的是，纳入失信被执行人名单、限制消费、限制出境等措施对于解决"执行难"发挥了不可替代的重要作用，在司法实践中取得了非常好的效果。

对于本条的理解还需要注意以下几点：（1）人民法院实施本条列举的10项错误执行行为的，赔偿请求人可以据此从程序上申请赔偿，但在审判实践中应当把握，确实造成损失的情形才从实体上予以赔偿。（2）在《解释》起草过程中，有观点建议在本条明确执行程序终结、穷尽其他救济途径等才可申请赔偿。由于本条主要是对错误执行行为的列举规定，且国家赔偿程序启动的时机，以执行程序终结后申请为原则，执行程序终结前申请为例外，这一理念已为《解释》第5条充分体现，故未作重复规定。（3）本条涉及执行法院是否尽到审查义务的判断，应当以形式审查而非实质审查为标准。例如，违法执行案外人财产主要指违法执行案外人名下财产、款物，损害案外人合法权益的情形。如按照形式审查标准执行被执行人名下的财产，即使案外人主张实体权利并事后得到确认，也不能认定为违法执行案外人财产。（4）本条第9项"违法撤销拍卖、变卖或者以物抵债"，主要针对执行实施过程中未经法定程序撤销拍卖的情形，通过执行异议、复议、监督程序裁定撤销拍卖、变卖、以物抵债的，该裁定撤销行为属于执行裁决权的范畴，当事人认为该行为违法的，应当通过执行监督程序解决。

【实务指南】

对于执行权的性质和执行行为的划分，一直存在分歧。2011年《执行权配置意见》将执行事项区分为执行实施事项和执行审查事项，2021年《执行权制约机制意见》进一步规定，深化执行裁决权与执行实施权分离，据此，执行行为可以分为执行实施行为和执行裁决行为（即之前的执行审查行为）。《解释》通过正面列举的方式将各类执行实施行为规定在赔偿范围之内，将执行裁决行为排除在司法赔偿范围之外，即单纯的执行裁决行为未被纳入国家赔偿审查范围。需要注意的是，《解释》根据《民事诉讼法》的有关规定，将执行实施行为分为采取执行措施和采取强制措施两类，与2022年《民事强制执行法（草案）》将执行实施行为分为采取调查措施、采取执行措施和采取制裁措施的划分方式有所不同，[①] 但二者对于执行实施行为的范围界定基本一致。

---

① 按照《民事强制执行法（草案）》的规定，调查措施主要包括线索核实、法院查询、搜查、审计、悬赏等；执行措施主要包括查封、划拨、变价、强制管理、强制交付、替代履行、限制消费、限制出境、拘传等；制裁措施主要包括罚款、拘留、纳入失信被执行人名单等。

关于错误执行案件的审查范围，赔偿委员会原则上对于类似于裁判行为的执行裁决行为（包括审查和处理执行异议、复议、申诉以及决定执行管辖权的移转等）不作审查，而是围绕执行实施行为（包括财产调查、控制、处置、交付、分配等执行措施以及罚款、拘留等强制措施）进行审查。例如，下级法院根据上级法院的执行内部监督函实施执行行为，赔偿请求人申请错误执行赔偿的，应当以作出执行行为的下级法院而不是以作出执行监督行为的上级法院为赔偿义务机关。

【疑难问题】

一、违法执行和过错执行

错误执行包括违法执行和过错执行两种行为形态。违法执行基于违法归责原则，是主要的侵权行为形态，指的是违法造成公民、法人和其他组织合法权益损害的执行行为。过错执行基于过错归责原则，是次要的侵权行为形态，指的是虽未违法但因故意或者重大过失造成公民、法人和其他组织合法权益损害的执行行为。与错误执行形态划分密切相关的是归责原则问题，归责原则所要解决的核心问题是责任依据，即某一损害事实发生之后，是以行为人的过错、损害结果抑或行为的违法性为依据来确定赔偿责任。以行为人过错为依据的称为过错归责原则，以损害结果为依据、不论行为人有无过错的称为结果归责原则，以行为的违法性为依据的称为违法归责原则。过错归责原则、违法归责原则侧重于规范行为人的行为，结果归责原则侧重于填补受害人的损失。可见，归责原则的选择，实际上反映了立法者的价值取向。

《解释》继续采取了2016年《非刑事司法赔偿解释》的立场，即包括错误执行在内的非刑事司法赔偿适用以违法归责原则为主、过错归责原则为辅的二元归责原则体系。有观点认为，非刑事司法赔偿适用结果归责原则为主、过错归责原则为辅的二元归责原则体系，也有观点认为非刑事司法赔偿仅适用结果归责原则。但笔者认为，非刑事司法赔偿不同于适用结果归责原则的冤错案件赔偿，前者的基础法律关系是平等主体之间的民事法律关系，前提是一方民事主体诉诸公权力实现自己的个体权利，受到侵害的往往是财产权；后者的基础法律关系是不平等主体之间的刑事法律关系，前提是公民、法人或者其他组织因国家机器运转难以避免的风险而承受了"特别牺牲"①，受到侵害的往往是人身自由权甚至生命权。在这个层面的价值取向上，冤错案件赔偿更为侧重对受害人的权利救济，适用结果归责原则，而非刑事司法赔偿更为侧重对公权力的规范，适用违法归责原则或者过错归责原则。

因此，《国家赔偿法》规定的错误执行是行为形态意义上的，而非归责原则意义上的，不能理解为一旦执行错误不论是否违法或者只要存在过错就应承担赔偿责任。错误执行在绝大多数情形下体现为违法执行，即违反法律、司法解释规定的错误执行行为，往往表现为积极作为的形态；极少数情形下是过错执行，即法律没有规定，但存在故意或者重大过失的执行行为，往往表现为消极不作为的形态。

二、积极作为的错误执行与消极不作为的错误执行

错误执行包括积极作为和消极不作为两种形态。作为与不作为的区分是自罗马法以来对行为的基本分类，作为就是指侵权人有所行为，侵权人在受害人的法益上制造危险，不作为则是指有所不为，侵权人未排除威胁受害人的危险。不作为并不是单纯的"无"，而是不履行依法必须履行的法律义务的行为，② 其在物理学上没有原因力，但在法律上存在原因力。法律上的不作为之所以被归责，不在于其自然属性如何，而在于从社会意义上来说，它带来了受害人的损害结果的发生，而这种损害本来是可以避免的。不作为与损害后果之间的因果关系通常以侵权人作为义务的存在为前提，这种义务又源于法律的规定、合同的约定或者公序良俗。

在比较法上，实行国家赔偿制度的国家都不同程度地承认不作为情形下的国家赔偿责任，不作为的范围也渐为扩大。例如，《美国联邦侵权赔偿法》第1346条规定的国家赔偿范围包括"由政府雇员在其职务或工作范围内活动时的疏忽或错误的作为或不作为所引起财产的破坏或损失，人身的伤害或

---

① 国家赔偿责任理论的通说为特别牺牲说，该说由德国学者奥托·迈耶首创，他认为，国家公法上损害赔偿责任与私法上的损害赔偿责任的基础全然不同，既不以责难为中心，也不以过失为前提。国家既然不能中止其频繁活动，而人民受到损害亦为必然，故当然要求人民接受诸种可能的牺牲，而这种牺牲务须公平才合乎正义要求。若不公平，则非由国库补偿不可。工作人员的不法行为并非基于国家意志，之所以要国家承担责任，是因为工作人员所造成的损害乃国家行为之后果。特别牺牲说注重从结果和国家行为的本质来分析国家赔偿责任的性质，而不是从表面的适法性来追究国家责任，为国家赔偿责任和国家补偿责任提供了共同的理论基础。

② 参见［英］L. B. 科尔森主编：《朗文法律词典》，法律出版社2003年版，第288页。

死亡等"。1981年《德国国家赔偿法》第1条第1项规定:"公权力机关违反对他人承担公法义务时,公权力机关应依据本法对他人赔偿就此产生的损害。"我国2010年修正的《国家赔偿法》规定的国家侵权行为主要是作为,但也有不作为。[1] 该法第3条、第17条规定的赔偿范围中"放纵他人以殴打、虐待等行为造成公民身体伤害或者死亡的",可被理解为不作为的规定。第3条第5项、第4条第4项兜底条款规定的造成人身伤亡和财产损害的其他违法行为,实质上也包括了不作为。

对于错误执行行为,积极作为行为造成的损害属于国家赔偿范围,消极不作为行为造成的损害也属于国家赔偿范围。消极不作为的执行行为是指执行法院及其工作人员因故意或者重大过失未尽法定义务、合理范围内的注意义务或者基于在先行为的作为义务的行为。需要注意的是,执行中的不作为同样必须是以作为义务为前提,无作为义务的存在则无不作为。不作为的错误执行,属于承担国家赔偿责任的例外情形,应当予以严格限定,限定条件主要包括:不作为本身违法或者有过错;这种不作为的作为义务具有合理的可期待性;作为义务的履行具有避免损害发生的可能性等。

【典型案例】

陈某建申请福建省福州市台江区人民法院错误执行赔偿案

2013年4月2日,福建省福州市鼓楼区人民法院(以下简称鼓楼法院)就林某雄与郭某斌、郑某民间借贷纠纷一案查封了郑某房产,期限两年。2015年4月3日,鼓楼法院裁定继续查封上述房产,期限三年。福州市中级人民法院(以下简称福州中院)将该执行案件指令福州市台江区人民法院(以下简称台江法院)执行,台江法院于2015年8月26日受理了林某雄的执行申请。2016年12月8日,陈某建因与郭某斌、郑某民间借贷纠纷一案,向鼓楼法院起诉并提出财产保全申请。鼓楼法院对前述房产进行了轮候查封。台江法院就林某雄与郭某斌、郑某民间借贷纠纷执行一案,于2017年6月28日对查封房产的价值进行委托评估。2017年8月7日,台江法院查询

---

[1] 对于不作为的赔偿责任,2010年修正前的《国家赔偿法》未明确规定,但实务持肯定态度。例如,《最高人民法院关于公安机关不履行法定行政职责是否承担行政赔偿责任问题的批复》(法释〔2001〕23号)规定:"由于公安机关不履行法定行政职责,致使公民、法人和其他组织的合法权益遭受损害的,应当承担行政赔偿责任。在确定赔偿数额时,应当考虑该不履行法定职责的行为在损害发生过程中和结果中所起的作用等因素。"

该房产信息，福州市房管局在《查询结果信息一览表》中提示了该房产存在的查封信息。2017年9月6日，台江法院裁定拍卖该房产。2017年11月2日，案涉被查封房产在淘宝网上拍卖成功，共执行到位3407655.44元。上述执行款由申请执行人林某雄领取407092.63元，由中国银行股份有限公司福州台江支行领取优先受偿款523148.72元，由台江法院收取执行费用4137.5元，剩余款项2473276.59元退还给郑某。

2018年5月11日，鼓楼法院就陈某建与郭某斌、福建地矿建设集团公司、郑某民间借贷纠纷一案作出一审判决，郭某斌应向陈某建偿还借款本金299.7万元以及逾期利息，郑某承担连带清偿责任。该判决生效后，陈某建于2019年1月21日向鼓楼法院申请强制执行。2019年9月23日，鼓楼法院以郭某斌、郑某无可供执行的财产为由终结本次执行程序。

2020年6月22日，陈某建以错误执行赔偿为由，向台江法院申请国家赔偿。台江法院于2020年9月23日决定驳回陈某建的国家赔偿申请。陈某建不服，向福州中院赔偿委员会申请作出赔偿决定。福州中院赔偿委员会在审理过程中，就轮候查封的效力是否及于查封标的物拍卖后的剩余替代物问题形成不同意见。福建省高级人民法院经审判委员会讨论对此亦存在分歧：多数意见认为，轮候查封的效力应当及于查封标的物的替代物；少数意见认为，轮候查封产生的仅是一种预期效力，类似于效力待定的行为，被查封房产已通过拍卖处分完毕，轮候查封不产生查封的效力。该院遂向最高人民法院请示。

最高人民法院赔偿委员会在讨论过程中认为轮候查封的效力应及于查封标的物的剩余替代物，但由于现无法律法规或司法解释等规范性文件明确，首封处置法院有责任将执行完毕后拍卖价款仍有剩余的情况告知轮候查封法院，故就该查封效力对首封处置法院是否有约束力问题产生分歧。多数意见认为，该查封效力对首封处置法院具有约束力。少数意见认为，该查封效力对首封处置法院没有约束力。本案产生这一分歧的根源就来自错误执行是仅限于违法执行，还是既包括违法执行也包括过错执行的理解问题，即错误执行所适用的归责原则问题。根据《解释》的规定，违法执行和过错执行均属于错误执行。人民法院在执行过程中即使未违反法律、司法解释的规定，但存在故意或者重大过失并造成损害的，也应当承担赔偿责任。本案首封处置法院明知存在轮候查封，在未通知轮候查封法院的情况下，将执行余款径行退给被执行人，未明显违反法律规定，但明显违反了注意义务，存在过错。

如适用违法归责原则，首封处置法院上述行为不构成错误执行，但如适用过错归责原则，则构成错误执行。

针对该执行案件有关轮候查封效力的问题，最高人民法院于2022年4月14日下发《关于正确处理轮候查封效力相关问题的通知》（法〔2022〕107号），明确了轮候查封具有确保轮候查封债权人能够取得首封债权人从查封物变价款受偿后剩余部分的作用，对于首封处置法院有约束力，首封处置法院在明知拍卖标的物有轮候查封的情况下，违反上述义务，径行将剩余变价款退还被执行人的，构成执行错误。针对该赔偿案件有关错误执行赔偿的问题，最高人民法院于2022年4月22日作出（2021）最高法赔他1号答复函：轮候查封对首封法院具有约束力，其效力及于首封债权人受偿后的剩余变价款。本案首封法院在明知拍卖标的物有轮候查封的情况下，未将相关处置情况告知轮候查封法院，径行将剩余变价款退还被执行人，其行为属于错误执行。轮候查封申请人权利无法实现且不能补救的，应当综合考虑被执行人和赔偿义务机关的过错程度及行为原因力大小等因素，确定赔偿义务机关承担相应的次要赔偿责任。

【相关法律法规】

1. 《非刑事司法赔偿解释》

第五条　对判决、裁定及其他生效法律文书执行错误，包括以下情形：

（一）执行未生效法律文书的；

（二）超出生效法律文书确定的数额和范围执行的；

（三）对已经发现的被执行人的财产，故意拖延执行或者不执行，导致被执行财产流失的；

（四）应当恢复执行而不恢复，导致被执行财产流失的；

（五）违法执行案外人财产的；

（六）违法将案件执行款物执行给其他当事人或者案外人的；

（七）违法对抵押物、质物或者留置物采取执行措施，致使抵押权人、质权人或者留置权人的优先受偿权无法实现的；

（八）对执行中查封、扣押、冻结的财产不履行监管职责，造成财产毁损、灭失的；

（九）对季节性商品或者鲜活、易腐烂变质以及其他不宜长期保存的物品采取执行措施，未及时处理或者违法处理，造成物品毁损或者严重贬

值的;

（十）对执行财产应当拍卖而未依法拍卖的，或者应当由资产评估机构评估而未依法评估，违法变卖或者以物抵债的；

（十一）其他错误情形。

2.《民法典》

第六百四十一条 当事人可以在买卖合同中约定买受人未履行支付价款或者其他义务的，标的物的所有权属于出卖人。

出卖人对标的物保留的所有权，未经登记，不得对抗善意第三人。

3. 2015年《最高人民法院关于限制被执行人高消费及有关消费的若干规定》

第一条 被执行人未按执行通知书指定的期间履行生效法律文书确定的给付义务的，人民法院可以采取限制消费措施，限制其高消费及非生活或者经营必需的有关消费。

纳入失信被执行人名单的被执行人，人民法院应当对其采取限制消费措施。

4. 2017年《最高人民法院关于公布失信被执行人名单信息的若干规定》

第十二条 公民、法人或其他组织对被纳入失信被执行人名单申请纠正的，执行法院应当自收到书面纠正申请之日起十五日内审查，理由成立的，应当在三个工作日内纠正；理由不成立的，决定驳回。公民、法人或其他组织对驳回决定不服的，可以自决定书送达之日起十日内向上一级人民法院申请复议。上一级人民法院应当自收到复议申请之日起十五日内作出决定。

复议期间，不停止原决定的执行。

5.《最高人民法院关于限制出境是否属于国家赔偿范围的复函》

……根据《中华人民共和国国家赔偿法》第三十八条的规定，人民法院在民事诉讼过程中违法采取限制出境措施的，属于国家赔偿范围。对于因违法采取限制出境措施造成当事人财产权的直接损失，可以给予赔偿。你院应针对常州市中级人民法院作出的（2007）常民一初字第78-1号民事决定是否构成违法采取限制出境的措施予以认定，并依法作出决定。

第三条 原债权人转让债权的，其基于债权申请国家赔偿的权利随之转移，但根据债权性质、当事人约定或者法律规定不得转让的除外。

【条文主旨】

本条是关于赔偿请求权随债权一并转移的规定。

【起草背景】

规定本条是因为司法赔偿审判实践中已有相关案例，且各地法院一般也认可赔偿请求权与债权一并转移，为统一裁判规则，故单设本条予以明确。

《解释》起草过程中，有观点认为，申请国家赔偿的权利数额较难确定，且具有较强的人身专属性，建议不作本条规定。笔者认为，申请国家赔偿权的人身属性主要体现在刑事领域以及非刑事领域当中司法拘留等针对人身等的强制措施（如司法拘留）引起的赔偿案件中，侵犯财产权的国家赔偿应当与财产权的流动性相适应。对于错误执行单纯侵犯财产权的情形，如不允许赔偿请求权一并转移，则会出现债权人与赔偿请求权人分离的情形，不利于案件审理，与一般法理也不一致。为保证周延，本条在确立申请国家赔偿权利一并转移作为原则的同时，参考《民法典》规定列举了不得转让的除外情形。

还有观点认为：本条仅规范了金钱债权执行中的执行申请人因错误执行而遭受损失，其将债权连同国家赔偿的权利转移的情形。例如，案外人的某栋房屋被错误执行，案外人依据《国家赔偿法》和《解释》有权申请国家赔偿，那么其能否将申请国家赔偿的权利转让给他人呢？这种情形显然不属于债权人转让债权而一并转移基于债权申请国家赔偿的权利。笔者认为，目前我国的执行案件中，绝大部分为实现金钱债权的执行，故《解释》以实现金钱债权的执行为一般情况作出相应规定，对于实现非金钱债权的执行案件情况暂不作出规定。实践中遇到具体案件时，可依据具体情况具体分析，结合《国家赔偿法》和《解释》的基本原则作出相应处理。就前面所述情况，笔者认为，通常情况下，物权受让人也享有基于物受到执行行为侵害而申请国家赔偿的权利，但也要考虑其受让物权时，所付对价是否包含了基于物的赔偿请求权实现的可行性、当事人之间的约定等情况，具体案件具体分析。

【条文精义】

本条文与第 17 条是关联条文。本条的核心含义是，申请国家赔偿的权利需附随主债权，两者不得出现分离。

债权转让是指不改变债权的内容，由债权人将债权转让给第三人的制度。债权人既可以将债权全部转让，也可以将债权部分转让。债权全部转让的，原债的关系消灭，产生一个新的债的关系，受让人取代原债权人的地位，成为新的债权人。债权部分转让的，受让人作为第三人加入原债的关系中，与原债权人共同享有债权。

一、关于债权转让在诉讼领域的后果

实体权利的转让是权利人的处分行为，是权利人的自由，只要不是法律禁止转让的权利，无论是在诉讼程序之外，还是在诉讼程序（指广义的诉讼，不仅包括审理裁判争议的程序，还包括强制实现争议权利的执行程序）中，权利人都可以转让实体权利。既然受让人获得了该实体权利，也就同样获得了权利实现的手段和程序保障。民事诉讼是解决民事权利义务纠纷的过程，在诉讼程序中，如果权利人转让实体权利，其诉讼权利并不因其实体权利的转让而归于消灭，而是可以由其继续行使或者变更为权利受让主体行使，即权利受让人可以获得与其受让的实体权利相应的程序权利。

尽管对于债权是否为侵权行为的客体在民事法律规范中并未明确，但多数研究者认为，债权在特定情形下可以成为侵权行为的客体。因此，当债权被侵害后，债权人产生债权侵权损害赔偿请求权，当原债权人将该债权转让时，新债权人在取得受让的债权时，也一并取得基于该债权受到侵害所产生的损害赔偿请求权，可以向侵害债权的侵权人请求债权被侵害的损害赔偿，保护好自己受让所得的债权。同理，笔者认为，在国家赔偿领域也是同样的，债权在转让前，受到错误执行行为的侵害，债权人即取得司法赔偿请求权。通过债权转让，原债权人将该债权转让，受让人取得该债权，成为新的债权人，当然也应取得该债权的司法赔偿请求权，这样不仅保护原债权人的债权，而且也保护了新债权人的合法权益。

二、关于本条的意义

尽管研究者多主张认可第三人侵害债权的存在，而《民法典》及民事侵

权责任的相关规定中却未明确规定第三人侵害债权的情形，本条规定却暗含了一个前提，就是在执行程序中，错误执行行为造成债权损害后果的，赔偿义务机关应当承担国家赔偿责任。笔者认为，这主要是立足满足司法实践需要，对错误执行损害债权的司法赔偿责任明确规则，并非刻意突破。

需要注意的是，《民法典》及《侵权责任法》调整的是平等民事主体之间的法律关系，而民事执行程序是公权力对私权利的介入，更明确地说，是公权力介入了债权的实现过程，执行行为本质上就是强制实现债权的行为。之所以在民事领域中对第三人能否侵害债权问题有所疑虑，是因为债权债务关系的相对性，将债的关系扩大到债权人债务人之外，在平等主体之间会出现相对性扩大为对世性的问题，但在执行程序中执行机关作为第三方介入债权人、债务人之间是必然要求，并不存在会破坏债的相对性的担心，因此，执行行为错误会导致债权受损，并不存在争议。

三、关于错误执行侵害债权的情形

债权债务关系具有相对性，一般只存在于特定的主体之间。对债权的侵害一般是第三人作出行为损害债权人的利益。在执行领域，执行机关作为第三人对于债权的直接侵害是较少的，但错误执行行为也会间接导致债权不能实现，即侵害债权。

第一，比较常见的受侵害的债权是作为执行依据的生效法律文书中所确认的债权，即申请执行人享有的债权，即作为执行依据的生效法律文书所确认的属于申请执行人的权益。该种权益，属于可转让的权益。《最高人民法院关于民事执行中变更、追加当事人若干问题的规定》（2020年修正）第9条规定"申请执行人将生效法律文书确定的债权依法转让给第三人，且书面认可第三人取得该债权，该第三人申请变更、追加其为申请执行人的，人民法院应予支持"。这类债权可能因错误执行行为导致无法实现而造成的财产权益损害，例如：发现被执行人有可供执行的财产，但故意拖延执行、不执行，或者应当依法恢复执行而不恢复；对执行中查封、扣押、冻结的财产故意不履行或者怠于履行监管职责的；对不宜长期保存或者易贬值的财产采取执行措施，未及时处理或者违法处理的。如有此类损害债权行为，在债权转让的基础上，新的申请执行人对于原执行过程中因错误执行而导致财产损害的，有申请国家赔偿的主体资格。

第二，在执行领域中侵害债权的情形还有一类，是对被执行人享有的债权的损害，即在代位执行时造成被执行人的财产权益损害的。这种情况比较少见，但也会存在。《民法典》第535条规定"因债务人怠于行使其债权或者与该债权有关的从权利，影响债权人的到期债权实现的，债权人可以向人民法院请求以自己的名义代位行使债务人对相对人的权利，但是该权利专属于债务人自身的除外。代位权的行使范围以债权人的到期债权为限。债权人行使代位权的必要费用，由债务人负担。相对人对债务人的抗辩，可以向债权人主张"。被执行人的债权作为其财产的重要组成部分，是其债务的一般担保，并不能豁免执行。据此，《执行若干规定》（2020年修正）第七节专门规定了"被执行人到期债权的执行"。《最高人民法院印发〈关于依法制裁规避执行行为的若干意见〉的通知》（法〔2011〕195号）也在第四节作出规定，"完善对被执行人享有债权的保全和执行措施，运用代位权、撤销权诉讼制裁规避执行行为"。如果法院执行机构在执行过程中，对被执行人依法享有的债权采取了错误的执行行为，例如，在没有侵害次债务人权益的情况下，超标的执行，即将超过生效法律文书确定的申请人执行人的债权数额，执行给了申请执行人，而导致被执行人对自己的债务人享有的债权部分受损。对此，被执行人有权请求国家赔偿。在被执行人将其债权转让的情况下，该债权的受让人，亦应享有请求国家赔偿的权利。

四、关于不得转让的债权

债权转让的基本条件是，此债权具有可转让性。从鼓励交易、促进市场经济发展的目的看，法律应当允许债权人的转让行为。只要不违反法律和社会公德，债权人就可以转让其权利。但是，为了维护社会公共利益和交易秩序，平衡债权债务关系双方当事人的权益，法律又对权利转让的范围进行一定的限制。本条但书内容源自《民法典》的相关规定。依照相关实践理论，主要包括几种类型：第一，根据债权性质不得转让的权利。主要是指基于特定当事人的身份关系而产生的债权，如请求支付赡养费、抚养费或者人身损害赔偿金而形成的债权，或者基于对特定人资质能力等的信赖而订立合同产生的债权。第二，按照当事人约定不得转让的权利。民事活动中，当事人可以通过约定的方式排除债权人转让债权，以保证有关交易秩序的稳定性，这也是当事人意思自治原则的体现。当事人在订立合同时可以对权利的转让作出特别的约定，禁止债权人将权利转让给第三人。只要这一约定符合当事人真实意思表示，同时不违反法律禁止性规定或者公序良俗，那么对当事人就有法律的效力。第三，依照法律规定不得转让的权利。如果相关法律对于债权转让作出了禁止性规定，这些规定就应当遵守。违反此禁止性规定转让债权的，应当认定为无效。比如，我国《文物保护法》第 25 条第 1 款规定："非国有不可移动文物不得转让、抵押给外国人。"在文物买卖合同中，债权人违反这一规定，将债权转让给外国人的，其转让债权的行为是无效的。

【实务指南】

关于债权受让人能否对生效国家赔偿决定申诉的问题。需要注意的是，债权受让人在国家赔偿程序中的权利应遵循与民事诉讼权利相同的规则。因此，依据《民事诉讼法解释》第 373 条第 2 款的规定，"判决、调解书生效后，当事人将判决、调解书确认的债权转让，债权受让人对该判决、调解书不服申请再审的，人民法院不予受理"。国家赔偿申请人在国家赔偿决定生效后，转让债权的，债权受让人不具有申诉主体资格。此规定最早源自 2011 年颁布的《最高人民法院关于判决生效后当事人将判决确认的债权转让债权受让人对该判决不服提出再审申请人民法院是否受理问题的批复》（法释〔2011〕2 号）。此后，2015 年《民事诉讼法解释》吸收该批复精神，增加了调解书内容并作了修改，明确受让已为生效判决、调解书确认债权的人提出再审申请的，不予受理。作此规定的主要理由：一是维护生效裁判的既判力；在司法实践中发现，一些受让人以低廉的价格收购债权后，企图通过再审程序谋求超出正常预期的额外利益，在银行不良资产的债权转让中也出现了这个问题。二是保护原审诉讼中对方当事人的诉讼信赖利益。当事人之间的诉讼系基于一定的法律关系，双方当事人在原审诉讼中的诉讼主张请求、攻击防御方法为双方所知晓，如果更换他人为当事人再行诉讼，将使得法律关系变得不确定，从而损害债务人的诉讼利益。三是债权让与人转让的是判决、调解书确定的债权，不是原审诉讼争议诉讼标的所涉及的债权，因此，不受理债权受让人的再审申请，在其正常的诉讼预期之内，并不损害其正当利益。四是若受理受让人提出的再审申请，对方当事人提出债权债务转让无效的抗辩，因该项事实系原判生效后新发生的事实，不属原判既判力时间范围之内，不是再审审查程序或者再审审理程序能够解决的事项。若将债权债务受让人纳入再审申请人范围之内，不利于再审程序的依法进行。

【典型案例】

连云港市华泰企业管理咨询有限公司申请江苏省高级人民法院错误执行赔偿案

江苏省连云港市中级人民法院（以下简称连云港中院）作出民事判决，判令原连云港银城房地产开发有限公司（以下简称原银城公司）给付中国东方资产管理公司南京办事处（以下简称东方资产公司）借款本金430万元及利息8465.95元。因原银城公司未在判决规定的期限内履行义务，依东方资产公司申请，连云港中院立案执行。2006年7月20日，东方资产公司致函连云港中院称其已将拥有的对原银城公司的相关权利义务转让给连云港市华泰企业管理咨询有限公司（以下简称华泰公司），并在《江苏法制报》公告。2008年2月26日，华泰公司向连云港中院申请变更执行主体。2008年4月10日，连云港中院作出裁定，变更华泰公司为申请执行人。2021年，华泰公司以江苏省高级人民法院（以下简称江苏高院）在上述案件执行过程中作出的三份执行复议裁定错误侵犯其财产权为由向江苏高院申请国家赔偿。江苏高院于2021年11月5日作出不予受理案件决定，以执行法院连云港中院的执行程序尚未终结为由，对华泰公司的国家赔偿申请不予受理。华泰公司向最高人民法院赔偿委员会申请作出赔偿决定。

最高人民法院赔偿委员会认为，江苏高院作出的三份执行复议裁定均不属于《非刑事司法赔偿解释》第18条规定的复议改变执行法院原裁决导致错误执行的情形，华泰公司以江苏高院为赔偿义务机关申请国家赔偿，不符合人民法院国家赔偿案件的受理条件，应当决定不予受理，已经受理的应当决定驳回其赔偿申请。江苏高院以涉案执行程序尚未终结为由，决定对华泰公司的赔偿申请不予受理，适用法律不当，但处理结果正确。故决定驳回华泰公司的国家赔偿申请。

【相关法律法规】

1. 《民法典》

第五百四十五条 债权人可以将债权的全部或者部分转让给第三人，但是有下列情形之一的除外：

（一）根据债权性质不得转让；

（二）按照当事人约定不得转让；

（三）依照法律规定不得转让。

当事人约定非金钱债权不得转让的，不得对抗善意第三人。当事人约定金钱债权不得转让的，不得对抗第三人。

第五百四十七条 债权人转让债权的，受让人取得与债权有关的从权利，但是该从权利专属于债权人自身的除外。

受让人取得从权利不因该从权利未办理转移登记手续或者未转移占有而受到影响。

2.《最高人民法院关于审理涉及金融不良债权转让案件工作座谈会纪要》

三、金融资产管理公司在不良债权转让合同中订有禁止转售、禁止向国有银行、各级人民政府、国家机构等追偿、禁止转让给特定第三人等要求受让人放弃部分权利条款的，人民法院应认定该条款有效。

十、金融资产管理公司转让已经涉及诉讼、执行或者破产等程序的不良债权的，人民法院应当根据债权转让合同以及受让人或者转让人的申请，裁定变更诉讼主体或者执行主体。

3. 2020年《执行若干规定》

16. 人民法院受理执行案件应当符合下列条件：

（1）申请或移送执行的法律文书已经生效；

（2）申请执行人是生效法律文书确定的权利人或其继承人、权利承受人；

（3）申请执行的法律文书有给付内容，且执行标的和被执行人明确；

（4）义务人在生效法律文书确定的期限内未履行义务；

（5）属于受申请执行的人民法院管辖。

人民法院对符合上述条件的申请，应当在七日内予以立案；不符合上述条件之一的，应当在七日内裁定不予受理。

4.《最高人民法院关于民事执行中变更、追加当事人若干问题的规定》（2020年修正）

第九条 申请执行人将生效法律文书确定的债权依法转让给第三人，且书面认可第三人取得该债权，该第三人申请变更、追加其为申请执行人的，人民法院应予支持。

5.《民事诉讼法解释》

第三百七十三条 当事人死亡或者终止的,其权利义务承继者可以根据民事诉讼法第二百零六条、第二百零八条的规定申请再审。

判决、调解书生效后,当事人将判决、调解书确认的债权转让,债权受让人对该判决、调解书不服申请再审的,人民法院不予受理。

第四条 人民法院将查封、扣押、冻结等事项委托其他人民法院执行的，公民、法人和其他组织认为错误执行行为造成损害申请赔偿的，委托法院为赔偿义务机关。

【条文主旨】

本条是关于执行事项委托情形下如何确定赔偿义务机关的规定。

【起草背景】

民事强制执行中，因执行法院所在地无被执行人财产可供执行，为了最大限度实现申请人权益，势必要根据被执行人财产状况，开展必要的跨区域执行活动。根据有关民事诉讼法律和司法解释规定，跨区域执行可具体分为委托执行和异地执行，但我国执行工作中原则上不采取异地执行，如果出现执行法院辖区内没有被执行人财产可供执行且在其他地方可能有财产可供执行的情况，一般采取委托执行。司法实践中，因法院内部之间在委托执行中协调、协助不当导致财产流失，损害债权人合法权利，最终引起国家赔偿案件时有发生。对于此类国家赔偿案件，如何确定赔偿义务机关，如何合理界定各有关法院的国家赔偿责任范围，均为司法实践中需要研究的问题。

我国现行法律规定的委托执行制度，是指因被执行人或者被执行人的财产不在本地法院管辖范围而在外地法院管辖范围内，受理案件的执行法院不便去异地执行，将案件的全部或者部分事项委托于被执行人财产所在地的同级法院执行的制度。在委托执行中，受理执行案件并将案件委托出去的法院是委托法院，接受委托并代为实施执行行为的法院是受托法院。委托执行目的是减少异地执行的风险、降低执行成本，提高执行效率，推动解决"执行难"。《民事诉讼法》第236条第1款规定："被执行人或者被执行的财产在外地的，可以委托当地人民法院代为执行。受委托人民法院收到委托函件后，必须在十五日内开始执行，不得拒绝。执行完毕后，应当将执行结果及时函复委托人民法院；在三十日内如果还未执行完毕，也应当将执行情况函告委托人民法院。"2011年5月3日，《委托执行规定》就法院内部之间委托执行工作作出了具体全面的规定。据此，委托执行分为部分执行事项的委托执行（以下简称事项委托执行）和全案委托执行，其实质是案件部分执行权或全部执行权委托给异地法院。事项委托执行是指执行法院针对被执行人或其财产在异地的委托异地法院协助查询、冻结、查封、调查或者送达法律文书等有关事项。全案委托执行是指执行法院经调查发现被执行人在本辖区内已无财产可供执行，且在其他省、自治区、直辖市内有可供执行财产的，应当将案件委托异地的同级人民法院执行。如果仅是被执行人的住所地在异地，并未发现有可供执行的财产，执行法院不得办理委托执行。

近年来，最高人民法院针对委托执行作出了一系列制度安排，委托执行制度发生了一些重要变化。2017年《规范执行委托管理办法》实施后，对执行事项委托的情形进行了明确和规范。2018年《最高人民法院关于进一步规范指定执行等执行案件立案、结案、统计和考核工作的通知》（法明传〔2018〕335号）第1条规定："需要委托异地法院执行的，原则上要通过事项委托方式办理，不提倡将全案委托执行，确需全案委托执行的，委托法院和受托法院要严格按照有关司法解释的规定层报各自所在的高级人民法院备案。各高级人民法院要加强对下辖法院全案委托执行和受托执行工作的管理。"《执行权制约机制意见》第27条进一步规定："实行执行案件委托向执行事项委托的彻底转变，强化全国执行一盘棋的理念，健全以执行事项委托为主的全国统一协作执行工作机制。依托执行指挥管理平台，畅通异地事项委托的运行渠道，切实提高事项委托办理效率，降低异地执行成本。"可见，事项委托执行是委托执行的发展方向。

关于如何确定委托执行案件的赔偿义务机关，之前《国家赔偿法》及相关司法解释并无具体明确规定。2013年《最高人民法院办公厅关于国家赔偿法实施中若干问题的座谈会纪要（二）》第12条曾对此作出规定，受托法院对判决、裁定及其他生效法律文书执行错误，系因委托法院作出执行裁定错误所致的，应由委托法院作为赔偿义务机关；因受托法院具体执行行为违法所致的，应由受托法院作为赔偿义务机关。委托执行的本意在于降低执行成本、提高执行效率，但在执行实践中，委托执行却因各种因素未能充分发挥预期作用，由此引发的国家赔偿案件也时有发生。国家赔偿审判过程中，由于既有制度对事项委托执行的赔偿义务机关规定不够明确，容易出现不同法院之间的理解与把握不一致的情形。

总体而言，关于法院内部之间在委托执行中因协调、协助不当导致财产流失引起国家赔偿问题，在我国理论研究较少，司法实务中的做法亦不统一。为此，《解释》本条借鉴国内外有关强制执行以及国家赔偿基本理论，基于现行规定及日渐成熟的执行实践，将事项委托执行案件中的赔偿义务机关统一确定为委托法院，以促进有关强制执行和国家赔偿工作顺利开展。将委托法院作为赔偿义务机关，既有助于充分保护受托法院的工作积极性，也符合委托的基本法理，对于规范事项委托执行和国家赔偿审判都具有重要的指导意义。

在《解释》的征求意见稿中，我们曾区分不同情形，规定原则上由委托法院作为赔偿义务机关，但其有证据证明受托法院有错误执行行为的，由受托法院作为赔偿义务机关。征求意见过程中，全国人大常委会法工委提出，考虑到赔偿请求人无从知晓委托法院的证明行为，如果赔偿请求人以上述法院为赔偿义务机关申请国家赔偿，如何由受托法院承担赔偿责任，建议再行研究。根据全国人大常委会法工委的意见，《解释》对本条进行修改，规定事项委托情形下均由委托法院作为赔偿义务机关，不再规定例外情形。

【条文精义】

本条充分体现了以人民为中心的司法理念，对于及时保障赔偿请求人合法权益具有重要价值。根据执行工作规范对于委托执行由全案委托改为事项委托的发展，专门规定本条，明确委托法院作为赔偿义务机关，其主要目的在于明确具体的赔偿义务机关，进一步方便赔偿请求人主张权利，防止人民法院之间相互推诿。

一、将委托法院确定为赔偿义务机关的主要考虑

事项委托不同于全案委托。在全案委托情形下，委托成立以前，委托法院为执行案件的执行法院，应当对此前的一切具体执行行为承担赔偿责任；委托成立以后，受托法院成为案件的执行法院，应当对委托之后自己独立实施的执行行为承担赔偿责任。但特殊之处在于有些情况下可能委托法院和受托法院因分别实施的行为共同造成损害后果的发生，这是全案委托情形下国家赔偿责任主体的大体情况。但在事项委托情形下，委托法院自始至终都是案件的执行法院，申请人面对的一直都是委托法院。并且同一件执行案件可能存在多次委托或委托多家法院的情况。而受托法院并非案件的执行法院，除非为了核实了解必要的情况，受托法院可以不必接触申请执行人，由此很多情况下申请执行人可能并不知道受托法院的存在。但是，受托法院因为事项委托的成立，无论是否办理所托事项，客观上均应当认定参与了案件的执

行工作。因此，在事项委托执行的情形下，国家赔偿责任主体的确定，有两种工作模式。一种模式是基于委托法院作为案件的执行法院自我责任原则，将受托法院的行为视为委托法院的行为，一律由委托法院单独承担国家赔偿责任。至于委托法院与受托法院之间系何种关系，相互间权利义务关系如何处理，不作为国家赔偿案件的考量范围。此种工作模式的特点是权利义务关系单一，能够一次性解决申请人提出的所有国家赔偿请求，对于保障申请人的权利实现比较便捷。另一种工作模式是基于公平合理原则，厘清委托法院与受托法院各自的责任，谁的过错就由谁自行承担责任。此种工作模式的特点是考虑了案件的具体情况，合理分清相关法院的责任，比较公平合理。但对于保障申请人权利颇为不利，特别是现行《国家赔偿法》缺乏追究责任主体制度的情况下，申请人始终面对的是作为执行法院的委托法院，很多情况下并不知道受托法院的存在，加之如何认定申请人与受托法院之间存在公法上的权利义务关系存在困难，给申请人的举证责任和权利主张带来困难。比较上述两种工作模式，对于因事项委托产生的国家赔偿案件，本条采取将委托法院作为赔偿义务主体的工作模式。

之所以将事项委托执行的赔偿义务机关确定为委托法院，还有以下一些重要考虑：一是因为受托法院在此过程中并未行使司法判断权，在委托法院对委托执行事项已作出相应执行裁定，受托法院亦在已确定的执行范围和执行对象内采取执行措施的情况下，因错误执行引发的赔偿案件应由委托法院作为赔偿义务机关；二是因为这有助于强化委托法院责任意识，保护受托法院工作积极性，促进事项委托执行充分发挥作用；三是更有助于综合运用执行回转、协调、和解等多种方式保障赔偿请求人合法权益；四是与其他领域的国家赔偿制度设计相互衔接，例如，由人民法院作为刑事再审无罪赔偿的义务机关，不再由人民检察院承担错误逮捕的国家赔偿责任等；五是相对而言比较符合委托的基本法理，同时兼顾《国家赔偿法》的公法属性。

目前，事项委托执行主要存在以下问题和困难：一是受托法院对委托执行事项还存在一定程度的执行不及时、拖延、消极懈怠等现象。受托法院在办理受托执行案件时，有时对其重视程度不够，加之当地的人情关系等因素，对受托案件执行不够及时；个别案件甚至数年都没有执行，或者等到要执行的时候，由于之前执行措施采取不够及时，被执行人已将所有财产转移，导致案件最终执行无望，受托法院对委托执行有的只做简单登记，管理不规范，缺乏案件流程节点管理和法院考核监督。二是委托法院和受托法院联络沟通偏少，申请执行人对委托案件跟踪关注难，委托案件缺乏后续监督。实践中，委托法院将案件委托出去后对委托执行案件执行的进展情况和实际效果关注较少，且现实中申请人和受托法院一般不在一地，让其与受托法院直接联系或跟踪关注会勉为其难，会花费大量人力、物力和财力，很不现实，实践中，案件一旦委托执行后，多数情况下申请人便很难接触到案件的执行过程了，这是委托执行带来的一个异常情景和无奈产物。三是委托法院和受托法院权责不平等。委托执行对于受托法院一般只有纯粹的义务，委托案件在委托法院和受托法院之间缺乏合理的权限和责任划分，同时委托法院因为委托执行的案件与其本身并无利益和职责上的必然联系，从而不把委托执行的案件放在重要的地位，有时会造成长期拖延、推诿敷衍等现象的发生。

正是考虑到这些实际问题，将委托法院而非受托法院作为赔偿义务机关，更有助于促进委托法院积极履行职责，也更有助于保护受托法院的工作积极性。在适用本条时，需要注意以下两点：一是本条规定仅针对事项委托。如果是全案委托，根据《委托执行规定》第2条规定，案件委托执行后，委托法院应当在收到受托法院的立案通知书后作销案处理，此时的赔偿义务机关为受托法院。二是本条适用于受托法院依照委托法院的意思表示在委托事项范围内实施执行行为的情形，不包括不作为或者消极执行的情形，也不包括委托法院有证据证明受托法院在实施过程中有扩大执行范围、执行对象错误等错误执行行为的情形。与民法上的委托原理类似，在后两类情形中，受托法院的执行行为背离了委托法院的意思表示和委托事项的范围，应当由受托法院作为赔偿义务机关。

二、事项委托执行引起国家赔偿的常见情形

根据2017年《规范执行委托管理办法》第1条的规定，人民法院在执行案件过程中可以将以下事项委托相关异地法院代为办理：冻结、续冻、解冻、扣划银行存款、理财产品；公示冻结、续冻、解冻股权及其他投资权益；查封、续封、解封、过户不动产和需要登记的动产；调查被执行人财产情况；其他人民法院执行事项委托系统中列明的事项。

《最高人民法院关于进一步规范指定执行等执行案件立案、结案、统计和考核工作的通知》要求，需要委托异地法院执行的，原则上要通过事项委托方式办理，不提倡将全案委托执行。实践中，法院之间往往存在大量的事

项委托，委托法院仍然是执行法院，受托法院一般不作立案处理，根据具体的委托办理协助查封、扣押、冻结措施等事项。为了进一步规范执行工作中的事项委托，最高人民法院于 2017 年 9 月 8 日发布了《规范执行委托管理办法》，对执行工作中的事项委托相关事宜作了明确规定。该办法同时规定了事项委托的方式、委托法院需要提供的有关材料以及相应的法律文书、委托办理的合理期限、委托法院与受托法院之间就相关事宜的沟通以及受托法院对所托事项的办理等。人民法院关于事项委托执行工作中产生的国家赔偿案件，应当适用或者参照适用《委托执行规定》《规范执行委托管理办法》以及其他相关法律、司法解释的有关规定，结合案件的具体情况，综合审理认定。

1. 委托过程中因沟通协助不当产生的国家赔偿问题

《规范执行委托管理办法》第 3 条规定，委托法院进行事项委托一律通过执行办案系统发起和协调，不再通过线下邮寄材料方式进行。受托法院收到线下邮寄材料的，联系委托法院线上补充提交事项委托后再予办理。该办法出台前，事项委托一般采取传统的线下邮寄材料的方式进行。邮寄材料相对于线上委托耗时较多，不利于瞬息万变的执行工作形势，不利于最大限度保护申请人的合法权益。办法出台以后，如果委托法院仍然采取传统的线下邮寄方式进行委托，贻误了最佳的执行时机，致使被执行人财产流失的，即使没有证据证明委托法院存在故意拖延执行的情形，也应当认定委托法院具有一定的过错，可以酌定委托法院就此产生的损失承担相应的赔偿责任。

《规范执行委托管理办法》第 4 条、第 7 条分别规定委托法院应当通过线上推送或录入委托法院名称、受托法院名称、案号、委托事项、办理期限、承办人姓名、联系方式，并附相关法律文书。相关法律文书应当包括执行裁定书、协助执行通知书、委托执行函、送达回证（或回执），并附执行公务证件扫描件。委托扣划已冻结款项的，应当提供执行依据扫描件并加盖委托法院电子签章。受托法院通过人民法院执行事项委托系统收到事项委托后，应当尽快核实材料并签收办理。如果委托办理的事项超出办法第 1 条所列范围且受托法院无法办理的，受托法院与委托法院沟通后可予以退回。如果委托法院提供的法律文书不符合要求或缺少必要文书，受托法院无法办理的，应及时与委托法院沟通告知应当补充的材料。未经沟通，受托法院不得直接退回该委托。委托法院应于 3 日内通过系统补充材料，补充材料后仍无法办理，受托法院可说明原因后退回。《规范执行委托管理办法》的上述规定，一方面，要求委托法院尽量一次性提供全面而准确的材料和相关法律文书；另一方面，也要求受托法院不得推诿，应当尽快核实确定材料以及文书的准确性，以便于及时办理委托事项。如果委托法院或者受托法院在委托过程中未按办法要求妥善办理导致已经查明的被执行人财产流失的，应当根据各自的过错承担相应的赔偿责任。

2. 违反办理期限造成财产流失的国家赔偿责任问题

《规范执行委托管理办法》第6条规定，办理期限应当根据具体事项进行合理估算，一般应不少于10日，不超过20日。需要紧急办理的，推送事项委托后，通过执行指挥中心联系受托法院，受托法院应当于24小时内办理完毕。事项委托不同于全案委托，所委托的事项相对而言比较单一明确，大多数情况下限于《规范执行委托管理办法》第1条所规定的范围，所委托的事项一般情况下均能在较短时间内办结。而且委托的事项对于实现执行目的均有一定的时限性，能否及时办结直接关系执行目的的实现。因此，办法规定，办理期限一般不少于10日，不超过20日。需要紧急办理的，受托法院应当于24小时内办理完毕。这就要求受托法院应当根据所托事项的具体情况以及委托法院的特别要求，在合理期限内及时办结。出现需要紧急办理的情形，受托法院应当在第一时间办理完毕。另外，如果委托事项比较急迫，即使委托法院线上录入的有关信息或者法律文书不齐备，受托法院根据实际情况能够先行办理的，也应当先行办理，最大限度避免因为材料或者文书不齐备导致贻误最佳时机，造成财产流失的不良效果。但是，也应当坚持依法办理的原则，避免出现因委托不合法合规导致事项办理错误的情况。

人民法院对于当事人提出的因事项委托办理不及时产生的违法执行国家赔偿案件的审理，应重点审查两个方面：一方面，委托法院是否及时提交委托请求，一般来说，应当根据需要委托办理事项的紧急程度，并给受托法院留出合理的办理期限，及时进行委托。比如，根据申请人提供的被执行人在异地的财产线索，如果被执行人涉及多起诉讼，有多个债权人的，执行法院应当尽快通过线上进行事项委托，委托财产所在地法院调查财产情况，并对查到的财产采取必要的保全措施。如果执行法院对于债权人提供的财产线索没有合理理由故意不及时开展事项委托的，应当构成故意拖延执行或者不执行，由此造成财产流失的，委托法院应就此承担相应的赔偿责任。另一方面，应当审查受托法院是否接受委托后在合理期限内办理所委托的事项。受托法院虽然不是执行案件的执行法院，但同样负有在合理期限内及时办理所托事项的法定职责。如果因为受托法院具体工作人员怠于履职，未能在合理期限内办理委托事项，导致被执行人财产流失的，受托法院也应当对此承担相应的赔偿责任。

委托执行是执行工作中针对跨区域执行的一项重要工作制度，最高人民法院专门针对委托执行作出规范，明确了委托法院和受托法院的职责范围。人民法院审理涉委托执行领域的国家赔偿案件，要全面理解和把握相关规定，正确区分执行救济、民事诉讼与国家赔偿等权利救济方式的区分与联系，只有符合国家赔偿案件受理条件的，才能够通过国家赔偿程序为权利人提供救济。对于不符合国家赔偿案件受理条件的，要告知权利人通过其他合法渠道进行权利救济。

三、全案委托执行的赔偿义务机关如何确定

由于相关规定已经明确今后实行由执行案件委托向执行事项委托的彻底转变，因此，《解释》没有对全案委托执行的赔偿义务机关作出规定。至于历史遗留的案件，尽管情况各一，但结合案件具体情况，根据已有的法律规定，不难确定赔偿义务机关。

全案委托执行中法院内部协助不当导致财产流失产生的国家赔偿案件类型，主要包括因委托不当产生的国家赔偿案件，以及办理委托执行手续过程中因协助不当产生的国家赔偿案件，因对执行财产查封措施衔接不当产生的国家赔偿案件等。

如果当事人以相关法院办理委托执行手续时间过长，构成了故意拖延怠于执行因此造成财产流失要求国家赔偿的，在审理此类国家赔偿案件时，首先应当区分委托执行案件时间是在《委托执行规定》实施的前与后。如果在《委托执行规定》实施之前，因办理委托手续烦琐，涉及法院较多，周期过长不能认定相关法院怠于履职，如果没有明显的拖延故意，不能支持申请人提出的国家赔偿请求。如果委托执行案件发生在规定实施之后，应该说委托手续相对简化，且流程更加明晰，对于是否存在故意拖延的判断也相对明确，对于此类国家赔偿案件应当结合具体个案情况来判断相关法院是否存在故意拖延造成财产流失，最终决定当事人提交的国家赔偿请求是否成立。

委托法院对债务人在异地的财产采取了财产保全措施，判决生效进入执行程序以后，委托法院根据情况将案件委托异地法院执行，财产保全如何衔接，查封、扣押、冻结的顺位以及协助执行等一系列难题普遍存在。因此，

《委托执行规定》第6条对此作了规定：一是已查封的被执行人异地财产在委托执行时一并移交给受托法院处理；二是委托法院对被执行人财产已经采取查封、扣押、冻结措施的，视为受托法院的查封、扣押、冻结措施；三是受托法院需要继续采取查封、扣押、冻结措施的，持委托执行函和立案通知书办理相关手续即可；四是受托法院续封、续冻时，仍为原委托法院的查封冻结顺位；五是查封、扣押、冻结措施有效期限在移交受托法院不足1个月的，委托法院应先行办理续封、续冻，再移交受托法院，以避免查封财产因委托期间未及时续封、续冻而流失。

国家赔偿审判实践中，有关因对执行财产查封措施衔接不当产生的国家赔偿问题，主要出现了以下几种情况。一是委托法院在办理委托执行手续时，因移交材料不全或者未移交财产保全手续，致使受托法院未能及时立案、未能及时采取续封、续冻措施，致使被执行人财产流失造成损失。出现此类问题，主要责任在于委托法院，当事人因此申请国家赔偿的，委托法院应当对自身的过错承担相应的赔偿责任。二是查封、扣押、冻结措施有效期限在移交受托法院时不足1个月，委托法院没有先行办理续封、续冻即径行移交受托法院，查封财产在办理委托手续期间有效期限届满，因查封财产失去保全措施而流失，导致申请人财产损失。出现此类情况，责任在于委托法院，委托法院应当对此承担相应的国家赔偿责任。另外还需注意的是，如果查封、扣押、冻结措施有效期限在移交受托法院时超过1个月，但因办理委托手续致使查封财产在办理委托手续期间有效期限届满，因查封财产失去保全措施而流失，有关法院应否对此承担赔偿责任。笔者认为，《委托执行规定》第6条规定的1个月期间，应理解为办理委托手续的合理期间，也就是说，在一般情况下委托手续是能够在1个月内办妥的。如果因案情复杂、情况特殊未能在1个月内办妥委托手续，因受托法院在办理手续期间尚未立案，尚未取得强制执行权，委托法院更能够掌握有效期限是否届满的情况，更便于采取必要的续封、续冻措施。因此，如果因办理委托手续期限过长导致保全财产有效期限届满而流失的，委托法院更具有过错，应当对此承担赔偿责任。三是受托法院接受委托立案以后，没有注意到随卷移送的财产保全措施，未采取必要的执行行为，保全措施有效期限届满前未采取必要的续封、续冻措施，致使已被保全财产流失或者丧失了先前的保全顺位，造成申请人损失。此类情况的主要责任在于受托法院，当事人因此申请国家赔偿的，受托法院应对自身的过错承担相应的赔偿责任。

【典型案例】

1. 张某娥申请重庆市渝北区人民法院错误执行赔偿案

彭某芬向广东省惠州市惠城区人民法院申请执行生效民事判决，要求张某娥返还各类款项合计 310000 元，该院将此案委托重庆市渝北区人民法院（以下简称渝北法院）执行。因张某娥未履行判决确定义务，2009 年 11 月 16 日，渝北法院将张某娥银行定期存款 351863 元（含迟延履行期间的债务利息）扣划至法院账户。同日，渝北法院收到广东省惠州市惠城区人民法院向其发出的公函，要求对该案终结执行。2010 年 1 月 13 日，渝北法院通过原渠道退款未果。在终结执行后，该院未及时就上述退款事宜继续联系和查找张某娥。2010 年 8 月 31 日，张某娥到渝北法院了解情况后，领回其被该院扣划的 351863 元。

张某娥以渝北法院执行错误造成其银行定期存款利息损失 31379.14 元为由，申请国家赔偿。渝北法院决定不予赔偿。张某娥向重庆市第一中级人民法院赔偿委员会申请作出赔偿决定。

重庆市第一中级人民法院赔偿委员会审理认为，张某娥所主张的损害后果（利息损失）系渝北法院实施的强制执行措施所致，依法应以渝北法院为赔偿义务机关。渝北法院在发现其对张某娥银行存款的扣划行为属于重复执行时，没有即时进行纠正，导致张某娥的银行存款在该院银行账户上无故停留 9 个多月的执行行为确有错误，张某娥要求赔偿法院扣划期间存款利息损失的请求符合申请国家赔偿的条件，决定：渝北法院支付张某娥相当于按 351863 元本金计算的 2009 年 11 月 17 日至 2010 年 8 月 30 日的银行同期存款利息的赔偿金。因渝北法院与张某娥已庭外自行和解达成协议，决定准予张某娥撤回赔偿申请。

2. 石家庄市光明物资公司申请太原市中级人民法院错误执行赔偿案

1998 年 7 月 22 日，石家庄市中级人民法院（以下简称石家庄中院）作出（1998）中法经调字第 410 号民事调解书："被告平山钢铁总公司愿以其在山西省太原企业发展公司合法拥有的坐落于太原市××街一、二单元房产 3366.2 平方米及车库两间 45 平方米，折价抵付所欠原告石家庄市光明物资公司的汽车款本金 606 万元；被告给付原告的房产无论价值多少，均以抵顶欠款 1173 万元（汽车款 606 万元，利息 567 万元）。"

1998 年 10 月 19 日，石家庄中院作出（1998）经执字第 410 号协助执行通知，内容为"关于石家庄市光明物资公司与山西省太原企业发展公司购销一案，我院作出的（1998）中法经调字第410号调解书已经发生法律效力，因被告山西省太原企业发展公司同意以其所有的房产抵债，根据《民事诉讼法》第230条之规定，请协助执行下列事项：请依照调解书执行。"该协助执行通知未写协助执行单位名称。

2000年4月19日，太原市中级人民法院（以下简称太原中院）接受石家庄中院委托执行（1998）中法经调字第410号民事调解书。2000年4月27日，对被执行人山西省太原企业发展公司发出了并执（2000）第168号执行通知，责令履行调解书确定的义务。2000年5月28日，对山西省太原企业发展公司发出（2000）并执字第168号腾房公告，责令山西省太原企业发展公司限期腾出太原市××小区1号楼二单元1号至24号，但被执行人未实际履行。2000年7月3日，太原市商业银行桃园路支行向太原中院递交书面材料称，山西省太原企业发展公司已于1996年9月12日将位于太原市×街的房产办理他项权证，抵押于该行，该行已在太原市杏花岭区人民法院起诉，请求太原中院暂缓执行，并提出优先受偿。2000年11月28日，山西省阳泉市郊区人民法院向太原房地产管理局送达协助执行通知，经抵押权人太原市商业银行桃园路支行同意，将太原市××小区1号楼二单元中的五套房产予以执行，并办理过户至武某亭。2001年3月5日，太原市杏花岭区人民法院向太原房地产管理局送达协助执行通知，将二单元剩余十九套房产予以执行，并办理过户至太原市桃园路支行。

2018年11月6日，因被执行人山西省太原企业发展公司无可供执行的财产，申请执行人石家庄市光明物资公司未能提供其他可供执行的财产或线索，太原中院作出（2000）并执字第168号执行裁定，终结石家庄中院（1998）中法经调字第410号民事调解书的执行。太原中院在执行石家庄中院（1998）中法经调字第410号民事调解书的过程中，太原市××小区1号楼二单元被阳泉市郊区人民法院、太原市杏花岭区人民法院另案执行。石家庄中院（1998）中法经调字第410号民事调解书至2018年11月6日执行终结。

石家庄市光明物资公司认为太原中院在执行石家庄中院（1998）中法经调字第410号民事调解书的过程中，故意拖延执行、不执行，对查封扣押的财产不履行监管职责，申请国家赔偿。山西省高级人民法院赔偿委员会认为，太原中院受石家庄中院委托执行（1998）中法经调字第410号民事调解书，是本案的赔偿义务机关。

第五条 公民、法人和其他组织申请错误执行赔偿，应当在执行程序终结后提出，终结前提出的不予受理。但有下列情形之一，且无法在相关诉讼或者执行程序中予以补救的除外：

（一）罚款、拘留等强制措施已被依法撤销，或者实施过程中造成人身损害的；

（二）被执行的财产经诉讼程序依法确认不属于被执行人，或者人民法院生效法律文书已确认执行行为违法的；

（三）自立案执行之日起超过五年，且已裁定终结本次执行程序，被执行人已无可供执行财产的；

（四）在执行程序终结前可以申请赔偿的其他情形。

赔偿请求人依据前款规定，在执行程序终结后申请赔偿的，该执行程序期间不计入赔偿请求时效。

【条文主旨】

本条是关于执行程序终结的原则与例外的规定。

【起草背景】

与其他国家赔偿一样，涉执行司法赔偿原则上以穷尽其他救济途径作为赔偿责任发生的前提，即赔偿程序是最后的救济程序。通常只有执行程序终结后，在此过程中采取的执行行为是否违法、是否造成损害结果等才能最终确定。如未终结即申请国家赔偿，会造成执行程序与赔偿程序并存的情况，人民法院赔偿委员会也无法进行终局性审查。包括涉执行司法赔偿案件在内的非刑事司法赔偿案件的最主要特点，即争议的焦点问题，与人民法院、原民事争议各方或案外人在原民事诉讼、执行程序中所为之行为紧密相关。对原民事诉讼案件、执行案件做全方位了解，析清全案事实及所涉诸方的权利义务关系，查清案中所涉各种违法、过错行为以及损害结果，分清各行为应承担的责任及与损害结果之间的因果关系，以及厘清相关救济途径和国家赔偿程序之间的关系，是审查此类案件及定性的主要环节。一般情况下，只有在原诉讼或执行程序终结后，才能对前述各环节作出准确判断和定论。案件进入执行程序，民事诉讼已然终结，从审理案件的需要，特别是从判断行为是否违法，是否构成赔偿责任的角度出发，也要求在审查涉执行司法赔偿案件时，原则上执行程序应当已经终结。

根据《民事诉讼法》及相关司法解释的规定，当事人、利害关系人和案外人认为执行行为违反法律规定的，在执行过程中可以寻求执行救济即申请执行异议、执行复议，在执行程序终结后也可以申请执行监督。例如，《民事诉讼法》第232条规定："当事人、利害关系人认为执行行为违反法律规定的，可以向负责执行的人民法院提出书面异议。当事人、利害关系人提出书面异议的，人民法院应当自收到书面异议之日起十五日内审查，理由成立的，裁定撤销或者改正；理由不成立的，裁定驳回。当事人、利害关系人对裁定不服的，可以自裁定送达之日起十日内向上一级人民法院申请复议。"《民事诉讼法》第234条规定："执行过程中，案外人对执行标的提出书面异议的，人民法院应当自收到书面异议之日起十五日内审查，理由成立的，裁定中止对该标的的执行；理由不成立的，裁定驳回。案外人、当事人对裁定不服，认为原判决、裁定错误的，依照审判监督程序办理；与原判决、裁定无关的，可以自裁定送达之日起十五日内向人民法院提起诉讼。"《执行若干规定》第71条规定："上级人民法院依法监督下级人民法院的执行工作。最高人民法院依法监督地方各级人民法院和专门法院的执行工作。"实践证明，执行审查权作为执行程序的保障和救济机制，是保障执行实施权依法正确行使，保障受到不当执行权侵害的当事人、案外人合法权益得以补救的首要环节。因此，为及时、有效实现权利救济，也应当引导当事人、利害关系人和案外人优先选择通过执行救济、执行监督的途径主张权利、填补损害。

2011年《国家赔偿法解释（一）》第8条规定："赔偿请求人认为人民法院有修正的国家赔偿法第三十八条规定情形的，应当在民事、行政诉讼程序或者执行程序终结后提出赔偿请求，但人民法院已依法撤销对妨害诉讼采取的强制措施的情形除外。"对此，有意见认为，该条"规定法院违法采取保全措施或者执行错误造成损害的，在诉讼程序或者执行程序终结后提出赔偿请求，限制了赔偿请求人提起赔偿的时间。在某些情形下，如法院违法对案外人的财产采取保全措施、错误执行了案外人的财产又无法执行回转等情形，由于这类情形的违法性比较明显，对案外人的国家赔偿程序与原诉讼、执行程序关系不大，也不致造成相互干扰，可以不必以原诉讼或者执行程序终结为条件。一律规定必须等到原诉讼程序或执行程序终结后才能提出赔偿请求，与法律规定不一致"。实践中，也存在个别法院以中止执行、终结本次执行等形式长期不终结执行程序，规避国家赔偿责任的情形。为此，2016

年《非刑事司法赔偿解释》在坚持前述司法解释第 8 条规定的民事、行政诉讼程序或者执行程序终结原则和一种例外情形的基础上，又补充列举了四种例外情形，即在第 19 条第 1 款规定："公民、法人或者其他组织依据国家赔偿法第三十八条规定申请赔偿的，应当在民事、行政诉讼程序或者执行程序终结后提出，但下列情形除外：（一）人民法院已依法撤销对妨害诉讼的强制措施的；（二）人民法院采取对妨害诉讼的强制措施，造成公民身体伤害或者死亡的；（三）经诉讼程序依法确认不属于被保全人或被执行人的财产，且无法在相关诉讼程序或者执行程序中予以补救的；（四）人民法院生效法律文书已确认相关行为违法，且无法在相关诉讼程序或者执行程序中予以补救的；（五）赔偿请求人有证据证明其请求与民事、行政诉讼程序或者执行程序无关的；（六）其他情形。"上述关于执行程序终结的原则和例外情形的规定，在《解释》起草过程中得以继受并作出进一步完善。

【条文精义】

本条是《解释》的重点条文之一，在内容上继受了 2016 年《非刑事司法赔偿解释》第 19 条关于以执行程序终结作为启动赔偿程序的原则规定。同时，考虑到司法实践中情况复杂多样，有些案件执行程序虽未终结，但司法行为已被确认违法、损害结果已无法补救，为及时救济受到侵害的权利，实现国家赔偿的实质正义，本条在 2016 年《非刑事司法赔偿解释》第 19 条规定的基础上，对执行程序终结原则的例外情形作出了规定。为准确把握例外情形的适用条件，本条还总括性地提炼了"无法在相关诉讼或者执行程序中予以补救"的适用条件，即所列三项中的例外情形，都应当符合"无法在相关诉讼或者执行程序中予以补救"这个要件。这是因为，在可以通过诉讼程序或者执行程序予以补救的情况下，坚持这些程序的补救优先，可以尽快制止错误执行行为、避免损害扩大，及时、充分实现权利救济，可以避免不同程序并行交错，将问题的解决复杂化，也可以最大限度发挥执行救济、执行监督的制度价值。比如，终结本次执行程序案件仍有恢复执行的可能，2020 年全国法院新收恢复执行案件 112 万件，执行到位金额 5849 亿元，相对于终结本次执行程序案件 1300 多万案件，恢复执行的比例不小。只有在相关诉讼程序或者执行程序中确实无法补救的，才作为例外情形进入国家赔偿程序予以审查。

本条所列执行程序终结原则的例外情形，共同点在于同时满足三个条件，即人民法院确有错误执行行为，确已造成损害，确已无法在相关诉讼程序或者执行程序中予以补救；赔偿请求人为申请执行人时，还需满足被执行人已无可供执行财产的条件。这是对审判实践的经验总结，例如，最高人民法院发布的第116号指导性案例益阳投资有限公司申请辽宁省丹东市中级人民法院错误执行赔偿一案，以裁判要旨的形式明确了"人民法院执行行为确有错误造成申请执行人损害，因被执行人无清偿能力且不可能再有清偿能力而终结本次执行的，不影响申请执行人依法申请国家赔偿"。本条第1款第1项、第2项和第2款系对2016年《非刑事司法赔偿解释》第19条第1款第1项至第4项内容的吸收完善，未作实质修改。

本条第1款第3项适用于申请执行人申请赔偿的情形，是《解释》根据实践发展新增的规定，也是在起草过程中进行反复斟酌和完善的内容。针对实践中一些终结本次执行程序案件[①]赔偿请求人寻求救济途径不畅，甚至个别法院利用终结本次执行程序规避赔偿请求人申请国家赔偿的情形，新增了关于"自立案执行之日起超过五年，且已裁定终结本次执行程序，被执行人已无可供执行财产的"例外情形的规定。此前的实践中，各地法院对于终结本次执行程序的案件能否进入赔偿程序的问题存在不同做法。据统计，15个省份只要终结本次执行程序就可以进入赔偿程序，5个省份终结本次执行程序一律不可以进入赔偿程序，其余省份掌握的标准不一或者区分不同情形（例如，自然人终结本次执行程序不可以进入赔偿程序，但企业终结本次执行程序可以进入赔偿程序）。在起草过程中，一种观点认为，终结本次执行程序即应允许进入赔偿程序，如果要附加期限条件，建议规定立案执行满2年或3年。另一种观点认为，目前终结本次执行程序的条件已非常严格，此类案件应当允许进入赔偿程序，建议附加较长的期限，比如借鉴《民事强制

---

① 实践中，终结本次执行程序案件占已结案件的比例约40%。终结本次执行程序制度于2009年被中央政法委发布的清理积案活动通知正式确认，此后为各地法院逐渐广泛适用，2015年《民事诉讼法解释》予以正式规定。2016年《最高人民法院关于严格规范终结本次执行程序的规定（试行）》第1条规定："人民法院终结本次执行程序，应当同时符合下列条件：（一）已向被执行人发出执行通知、责令被执行人报告财产；（二）已向被执行人发出限制消费令，并将符合条件的被执行人纳入失信被执行人名单；（三）已穷尽财产调查措施，未发现被执行人有可供执行的财产或者发现的财产不能处置；（四）自执行案件立案之日起已超过三个月；（五）被执行人下落不明的，已依法予以查找；被执行人或其他人妨害执行的，已依法采取罚款、拘留等强制措施，构成犯罪的，已依法启动刑事责任追究程序。"

执行法（草案）》的规定，要求自终结本次执行程序之日起满5年。① 为兼顾穷尽其他补救措施和及时实现权利救济之间的平衡，本条第1款第3项确定了"自立案执行之日起超过五年"的期限条件。另外，该项未使用"未发现被执行人有财产可供执行"的表述，而是使用了"被执行人已无可供执行财产"，主要为了体现已经穷尽执行措施，被执行人客观上已无财产可供执行，不可能再有清偿能力，以尽可能避免国家赔偿终局审查后又发现被执行人财产的情况出现。

【实务指南】

一、关于穷尽其他救济途径的理解

本条关于启动国家赔偿程序以执行程序终结为原则，例外情形下"无法在相关诉讼或者执行程序中予以补救"的规定，体现了穷尽其他救济途径的理念。需要注意的是，不能把穷尽其他救济途径理解成执行救济、执行监督是国家赔偿程序的必经前置程序，随意提高进入国家赔偿程序的"门槛"，要求公民、法人和其他组织未经申请执行救济、执行监督不得申请国家赔偿。考虑到本条前述规定在客观上对公民、法人和其他组织行使赔偿请求权存在一定程度的限制，且实践中确有一些案件难以判断其原诉讼程序或者执行程序是否终结，以及是否无法在相关诉讼程序或者执行程序中予以补救，《解释》与《赔偿案件立案工作规定》保持了一样的立场，并未将此作为国家赔偿审查立案的条件。② 这也是《解释》第6条第2款规定"公民、法人和其他组织在执行程序中未就相关执行措施、强制措施提出异议、申请复议或者申请执行监督，不影响其依法申请赔偿的权利"的原因所在。本条坚持穷尽其他救济途径的理念，旨在引导赔偿请求人在执行阶段通过法律途径寻求相应救济，如提出执行异议、申请执行复议等，而非人为设置申请国家赔

---

① 2022年《民事强制执行法（草案）》第83条第8项规定了"自终结本次执行程序之日起满五年且未发现被执行人可供执行的财产"情形下可以执行终结。

② 赔偿请求人未积极行使执行救济的权利，依然可以申请国家赔偿，但在后续国家赔偿的实体审查中可能因与有过失的成立而减轻执行法院的赔偿责任。《非刑事司法赔偿解释》第9条规定："受害人对损害结果的发生或者扩大也有过错的，应当根据其过错对损害结果的发生或者扩大所起的作用等因素，依法减轻国家赔偿责任。"按照该条关于与有过失的规定，赔偿请求人因人民法院错误执行行为受到损害，但其在有条件提出执行异议、申请执行复议的情况下不主动寻求救济，放任损害的发生或者扩大的，赔偿请求人应当在其过错程度范围内自行承担相应的损失。

偿的障碍。在实践中，对于本条的适用，从赔偿请求人申请赔偿的角度需要把握这样一个平衡：一方面，对公民、法人和其他组织依法、正确行使国家赔偿请求权予以正确引导，避免其盲目、随意申请赔偿；另一方面，要依法保障公民、法人和其他组织的国家赔偿请求权，不将执行救济、执行监督作为申请国家赔偿的必经前置程序，不将赔偿请求人是否申请执行救济和执行监督作为国家赔偿审查立案的条件。

二、关于违法执行案外人财产的理解

《解释》本条第1款第2项、第2条第3项和第8条第3项都涉及违法执行案外人财产的规定。在《解释》起草过程中，有意见提出，这些规定的内容是否存在矛盾，三者之间是何种适用关系。对此，笔者认为，三者之间并不存在矛盾，在适用上是互相呼应和补充的关系。根据第2条第3项的规定，违法执行案外人财产属于错误执行的一种情形。作为案外人的公民、法人和其他组织认为人民法院违法执行其财产的，可以根据第2条第3项的规定提出赔偿申请。如果具有本条第1款第2项规定的"被执行的财产经诉讼程序依法确认不属于被执行人"情形的，案外人可以不必等待执行程序终结即申请赔偿。本条第1款第2项的这一规定，在适用时应与《解释》第8条第3项结合理解，把握住本条解决的是执行程序与赔偿程序如何衔接的程序性问题，第8条涉及的是对执行行为合法性如何审查的实体性问题。也就是说，具有本条第1款第2项中"被执行的财产经诉讼程序依法确认不属于被执行人"情形的，可以作为执行终结原则的例外情形进行审查，但如果在审查中发现属于第8条第3项规定"案外人对执行标的享有足以排除执行的实体权利，系在执行措施完成后经法定程序确认的"，不认定为错误执行。例如，对于实践中人民法院根据权利外观确认权属并采取执行措施之后，经案外人执行异议之诉确认被执行财产不属于被执行人的，该情形不属于错误执行。但需要注意的是，人民法院在执行过程中违反2015年《民事诉讼法解释》第315条第1款规定，在案外人执行异议之诉审理期间对执行标的进行处分的，应当认定为错误执行。①

---

① 2015年《民事诉讼法解释》第315条第1款规定："案外人执行异议之诉审理期间，人民法院不得对执行标的进行处分。申请执行人请求人民法院继续执行并提供相应担保的，人民法院可以准许。"

【典型案例】

益阳投资有限公司申请辽宁省丹东市中级人民法院错误执行赔偿案

丹东轮胎厂1997年从交通银行丹东分行借款422万元，后该笔债权几经转手由益阳投资有限公司（以下简称益阳公司）购得。益阳公司向辽宁省丹东市中级人民法院（以下简称丹东中院）提起民事诉讼，要求丹东轮胎厂偿还该款及利息。在案件审理过程中，丹东中院根据益阳公司的财产保全申请，于2007年5月作出民事裁定：冻结丹东轮胎厂银行存款1050万元或查封其相应价值的财产，并向丹东市国土资源局发出协助执行通知书，要求协助查封丹东轮胎厂的6宗土地。2007年6月，丹东中院作出民事判决书，丹东轮胎厂于判决生效后10日内偿还益阳公司欠款422万元及相应利息。判决生效后，丹东轮胎厂未自动履行，益阳公司向丹东中院申请强制执行。2007年11月，丹东市人民政府市长办公会议议定，将丹东轮胎厂资产变现用于安置职工和偿还债务，后丹东市国土资源局和丹东市产权交易中心分别发布将丹东轮胎厂有关土地挂牌出让公告。2008年1月30日，丹东中院作出民事裁定，解除对轮胎厂有关土地的查封。随后丹东轮胎厂土地被整体出让，出让款4680万元由丹东轮胎厂用于偿还职工内债、职工集资、医药费、普通债务等，但未给付益阳公司。

2009年起益阳公司多次递交国家赔偿申请，丹东中院一直未作出决定。2015年7月，益阳公司向辽宁省高级人民法院（以下简称辽宁高院）赔偿委员会申请作出赔偿决定。在辽宁高院赔偿委员会审理过程中，丹东中院以丹东轮胎厂现暂无其他财产可供执行为由，裁定终结本次执行程序。此后，辽宁高院赔偿委员会以民事执行程序尚未终结，不符合国家赔偿立案条件为由，决定驳回益阳公司的国家赔偿申请。益阳公司不服，提出申诉。2018年3月22日，最高人民法院赔偿委员会决定提审该案。经最高人民法院赔偿委员会组织协商，双方就丹东中院（2007）丹民三初字第32号民事判决的执行行为自愿达成如下协议：（1）丹东中院于决定书生效后5日内，支付益阳公司国家赔偿款300万元；（2）益阳公司自愿放弃其他国家赔偿请求；（3）益阳公司自愿放弃对该民事判决的执行，由丹东中院裁定该民事案件执行终结。最高人民法院赔偿委员会于2018年6月29日据此作出赔偿决定：（1）撤销辽宁高院赔偿委员会（2015）辽法委赔字第29号决定；（2）丹东中院于决定书生效后5日内，支付益阳公司国家赔偿款300万元；（3）准许益阳公司放弃其他国家赔偿请求。

该案争议焦点问题之一即涉及终结本次执行程序案件能否进入国家赔偿程序以及丹东中院应否承担错误执行赔偿责任。益阳公司认为,被执行人丹东轮胎厂并非暂无财产可供执行,而是已经彻底丧失清偿能力,执行程序不应长期保持"终本"状态,而应实质终结,故本案应予受理并作出由丹东中院赔偿益阳公司落空债权本金、利息及相关诉讼费用的决定。丹东中院辩称,案涉执行程序尚未终结,被执行人丹东轮胎厂尚有财产可供执行,益阳公司的申请不符合国家赔偿受案条件。对此,最高人民法院赔偿委员会认为,执行程序终结不是国家赔偿程序启动的绝对标准。一般来讲,执行程序只有终结以后,才能确定错误执行行为给当事人造成的损失数额,才能避免执行程序和赔偿程序之间的并存交叉,也才能对赔偿案件在穷尽其他救济措施后进行终局性的审查处理。但是,这种理解不应当绝对化和形式化,应当从实质意义上进行理解。在人民法院执行行为长期无任何进展、也不可能再有进展,被执行人实际上已经彻底丧失清偿能力,申请执行人等已因错误执行行为遭受无法挽回的损失的情况下,应当允许其提出国家赔偿申请。否则,有错误执行行为的法院只要不作出执行程序终结的结论,国家赔偿程序就不能启动,这样的理解与国家赔偿法以及司法解释制定的初衷是背道而驰的。本案中,丹东中院的执行行为已经长达11年没有任何进展,其错误执行行为亦已被证实给益阳公司造成了无法通过其他渠道挽回的实际损失,故应依法承担国家赔偿责任。辽宁高院赔偿委员会以执行程序尚未终结为由决定驳回益阳公司的赔偿申请,属于适用法律错误,应予纠正。

该案为终结本次执行案件能否进入国家赔偿程序的案件审理树立了标杆,具有积极明确的典型示范意义。人民法院执行行为确有错误造成申请执行人损害,因被执行人无清偿能力且不可能再有清偿能力而终结本次执行的,不影响申请执行人依法申请国家赔偿。对于此类案件,赔偿请求人提出国家赔偿申请时,人民法院应当予以受理,不能以执行案件尚未终结为由驳回赔偿申请。至于受理以后的实体问题,如人民法院执行行为是否错误、是否造成损失、错误执行行为与造成损失之间是否有因果关系等,则应该根据具体案件情况综合判断认定。

【相关法律法规】

1. 《民事诉讼法》

第二百六十四条　有下列情形之一的,人民法院裁定终结执行:

(一)申请人撤销申请的;

（二）据以执行的法律文书被撤销的；

（三）作为被执行人的公民死亡，无遗产可供执行，又无义务承担人的；

（四）追索赡养费、扶养费、抚养费案件的权利人死亡的；

（五）作为被执行人的公民因生活困难无力偿还借款，无收入来源，又丧失劳动能力的；

（六）人民法院认为应当终结执行的其他情形。

2.《国家赔偿法解释（一）》

第八条 赔偿请求人认为人民法院有修正的国家赔偿法第三十八条规定情形的，应当在民事、行政诉讼程序或者执行程序终结后提出赔偿请求，但人民法院已依法撤销对妨害诉讼采取的强制措施的情形除外。

3.《非刑事司法赔偿解释》

第十九条 公民、法人或者其他组织依据国家赔偿法第三十八条规定申请赔偿的，应当在民事、行政诉讼程序或者执行程序终结后提出，但下列情形除外：

（一）人民法院已依法撤销对妨害诉讼的强制措施的；

（二）人民法院采取对妨害诉讼的强制措施，造成公民身体伤害或者死亡的；

（三）经诉讼程序依法确认不属于被保全人或者被执行人的财产，且无法在相关诉讼程序或者执行程序中予以补救的；

（四）人民法院生效法律文书已确认相关行为违法，且无法在相关诉讼程序或者执行程序中予以补救的；

（五）赔偿请求人有证据证明其请求与民事、行政诉讼程序或者执行程序无关的；

（六）其他情形。

赔偿请求人依据前款规定，在民事、行政诉讼程序或者执行程序终结后申请赔偿的，该诉讼程序或者执行程序期间不计入赔偿请求时效。

4.《最高人民法院关于执行案件立案、结案若干问题的意见》

第十四条 除执行财产保全裁定、恢复执行的案件外，其他执行实施类案件的结案方式包括：

（一）执行完毕；

（二）终结本次执行程序；

（三）终结执行；

（四）销案；

（五）不予执行；

（六）驳回申请。

第十六条第一款 有下列情形之一的，可以以"终结本次执行程序"方式结案：

（一）被执行人确无财产可供执行，申请执行人书面同意人民法院终结本次执行程序的；

（二）因被执行人无财产而中止执行满两年，经查证被执行人确无财产可供执行的；

（三）申请执行人明确表示提供不出被执行人的财产或财产线索，并在人民法院穷尽财产调查措施之后，对人民法院认定被执行人无财产可供执行书面表示认可的；

（四）被执行人的财产无法拍卖变卖，或者动产经两次拍卖、不动产或其他财产权经三次拍卖仍然流拍，申请执行人拒绝接受或者依法不能交付其抵债，经人民法院穷尽财产调查措施，被执行人确无其他财产可供执行的；

（五）经人民法院穷尽财产调查措施，被执行人确无财产可供执行或虽有财产但不宜强制执行，当事人达成分期履行和解协议，且未履行完毕的；

（六）被执行人确无财产可供执行，申请执行人属于特困群体，执行法院已经给予其适当救助的。

5.《**终本执行规定**》

第一条 人民法院终结本次执行程序，应当同时符合下列条件：

（一）已向被执行人发出执行通知、责令被执行人报告财产；

（二）已向被执行人发出限制消费令，并将符合条件的被执行人纳入失信被执行人名单；

（三）已穷尽财产调查措施，未发现被执行人有可供执行的财产或者发现的财产不能处置；

（四）自执行案件立案之日起已超过三个月；

（五）被执行人下落不明的，已依法予以查找；被执行人或者其他人妨害执行的，已依法采取罚款、拘留等强制措施，构成犯罪的，已依法启动刑事责任追究程序。

第六条　公民、法人和其他组织在执行异议、复议或者执行监督程序审查期间，就相关执行措施或者强制措施申请赔偿的，人民法院不予受理，已经受理的予以驳回，并告知其在上述程序终结后可以依照本解释第五条的规定依法提出赔偿申请。

公民、法人和其他组织在执行程序中未就相关执行措施、强制措施提出异议、申请复议或者申请执行监督，不影响其依法申请赔偿的权利。

【条文主旨】

本条是关于执行救济、监督程序与赔偿程序衔接的规定。

【起草背景】

本条强调进入国家赔偿程序的条件，避免执行救济、监督程序与赔偿程序并行，造成解决实际问题出现矛盾。保障几种程序顺畅衔接，为赔偿请求人进入国家赔偿程序指明清晰路径，也为法院在出现程序并行的情况下是否受理赔偿案件、如何审理制定了规则。

一、制定目的

制定本条的主要目的在于支持保障执行异议、复议、监督程序正常进行，避免不同程序并存冲突，也防止诉讼资源浪费。第1款充分体现了司法赔偿程序作为终局审查救济程序的特点，尽量引导赔偿请求人通过执行程序维护合法权益。第2款作此规定是因为《国家赔偿法》并未将执行异议、复议或者监督程序规定为赔偿程序的前置程序。国家赔偿实践中，在审查对象上，赔偿委员会需要确认的主要为事实行为，较少有法律行为。具体而言，对于已由生效法律文书确认的法律行为，已由其他程序作出评价性结论的事实行为，不由赔偿委员会确认。对于未经其他程序确认的事实行为，法律、司法解释未规定终局确认程序或者原程序已经终结但未有评价性结论的法律行为，可由人民法院赔偿委员会确认。对于执行案件，赔偿委员会原则上对于执行审查行为不作审查，而是围绕执行实施行为进行审查。在审查程序上，赔偿委员会对于应当通过诉讼、执行或者审判监督等程序解决，或者是已经进入其他程序审查的，不予受理和审查。为避免执行异议、复议或者执行监督程序审查期间又提出国家赔偿申请，导致对执行行为合法性的重复审查，不同程序并存冲突以及诉讼资源浪费，本条第 1 款对执行救济、监督程序与赔偿程序衔接问题作出了规定，明确了执行异议、复议、监督程序审查期间申请司法赔偿的不予受理，体现了赔偿程序作为终局审查救济程序的特点。与此同时，本条第 2 款并未将执行异议、复议或者监督程序规定为赔偿程序的前置程序。主要理由在于：一是执行异议、复议或者监督程序并非法律规定的必经救济程序。如将这些程序规定为赔偿程序的前置程序，缺乏法律依据，也不符合 2010 年《国家赔偿法》确立的"确赔合一"原则。二是赔偿委员会作为居中审理者，以外部监督形式来确认违法并决定赔偿，相对于赔偿义务机关、复议机关内部监督形式的确认违法，更符合"任何人都不能成为自己案件的法官"这一自然公正原则的核心要求。三是执行监督虽与审判监督同属特别程序，但仍有重大区别。审判监督程序由诉讼法予以规定，具有相对独立性，而执行监督程序由 1998 年《执行若干规定》确立，仍属执行内部监督范畴。需要说明的是，本条第 2 款强调"不影响其依法申请赔偿的权利"，是指人民法院对赔偿请求人提出的赔偿申请应当从程序上予以受理，最终能否从实体上予以支持取决于最终审查结果。但需要说明的是，这里强调"不影响其依法申请赔偿的权利"，是指人民法院对其提出的赔偿申请应当从程序上予以受理。

二、制定依据

1995 年 1 月 1 日实施的《国家赔偿法》，经过了 2010 年和 2012 年两次修正，第五章"其他规定"中的第 38 条"人民法院在民事诉讼、行政诉讼过程中，违法采取对妨害诉讼的强制措施、保全措施或者对判决、裁定及其他生效法律文书执行错误，造成损害的，赔偿请求人要求赔偿的程序，适用本法刑事赔偿程序的规定"一直未更改。非刑事司法赔偿的内容尽在此条中，非常简单概括。随着时间的推移，国家赔偿审判实践中出现了越来越多的情况，此条规定已不足以满足法律适用需要，最高人民法院先后制定了若干涉及该规定的司法解释。其一，《国家赔偿法解释（一）》于 2011 年 2 月 14 日由最高人民法院审判委员会第 1511 次会议通过，自 2011 年 3 月 18 日施行。其第 8 条规定，赔偿请求人认为人民法院有 2010 年修正的《国家赔偿法》第 38 条规定情形的，应当在民事、行政诉讼程序或者执行程序终结后提出赔偿请求，但人民法院已依法撤销对妨害诉讼采取的强制措施的情形除外。这里首次提到了国家赔偿程序与民事、行政诉讼程序、执行程序的衔接，即应当在民事、行政诉讼程序或者执行程序终结后提出赔偿请求。其二，《非刑事司法赔偿解释》于2016年2月15日由最高人民法院审判委员会第1678次会议通过，自2016年10月1日起施行。第19条第1款规定，公民、法人或者其他组织依据《国家赔偿法》第38条规定申请赔偿的，应当在民事、行政诉讼程序或者执行程序终结后提出，并规定了六种除外情形。这里再次重申应当在民事、行政诉讼程序或者执行程序终结后进入国家赔偿程序，并将之前的人民法院已依法撤销对妨害诉讼采取的强制措施的一种除外情形增加至六种除外情形。

三、制定过程中的分歧

在实践中，涉及执行措施或者强制措施要求赔偿的案件逐年增多，现有司法解释不能涵盖这些问题，审理案件没有依据，难以达到较好的法律效果和社会效果。在此背景下，最高人民法院赔偿办联合院执行局启动涉执行司法赔偿解释的制定工作。其中，第八稿即全国法院国家赔偿审判和司法救助工作座谈会（长春会议）讨论稿第8条规定了执行救济、监督程序与赔偿程序的衔接内容，"公民、法人和其他组织因对财产调查、控制、处分、交付和分配以及罚款、拘留措施等执行实施行为不服提出赔偿申请的，属于国家赔偿审查范围，不应当以其未先行申请执行异议、复议或者执行监督为由不予受理"。人民法院审查发现赔偿请求人就执行实施行为提出的主张尚在执行异议、复议或者执行监督程序审查中的，应当决定不予受理或者驳回申请。上述执行异议、复议或者执行监督程序审查终结后，赔偿请求人可以再次提出国家赔偿申请。在征求意见过程中，有学者提出将该条修改为"执行程序终结后，提出国家赔偿申请的赔偿请求人属于执行程序参与人，但未提出执行异议或申请执行复议的，人民法院不予受理；执行程序参与人提出执行异议及申请执行复议，但未先行申请执行监督的，人民法院不应当以此为由决定不予受理；未参加执行程序的赔偿请求权人提出国家赔偿申请的，人民法院不应当以其未在执行程序中提出执行异议、申请执行复议，或者未先行申请执行监督为由决定不予受理"。理由：根据正当程序保障下的自我归责原则，对违法程序的责问权，应当确立相应的失权规则。对于已经参与执行程序的主体（特别是执行当事人），因可归责于己的原因没有充分利用法定的常规救济途径的，不应当向其开放特殊的救济途径，而应当视为程序瑕疵自动得到补正。与此不同，未参加执行程序或已经充分利用常规救济途径

（异议+复议）的，则应当保障其国家赔偿申请权。另有意见是建议增加一款：赔偿请求人能够通过执行异议、复议程序救济而不行使权利，导致损失扩大的部分不予赔偿。

经过充分调研、征求意见及反复讨论，最终将程序衔接内容定为《解释》的第 6 条，该规定凸显坚持国家赔偿审判与执行规范同向发力的目标，在完善涉执行司法赔偿规范体系的过程中，厘清国家赔偿审判的边界，尤其在明确程序衔接、合法性审查、国家赔偿范围、免责情形等事关两大制度关系的问题时，既要促进善意文明执行，也要避免干扰执行工作的正常进行。按照法律规定，执行案件多由基层法院执行，司法赔偿案件均由中级以上法院赔偿委员会审理。此种格局有助于上级法院赔偿委员会摆脱成见，做到公正审理，对下级法院的执行工作，可以起到预警、审查和督促作用，有助于加强执行层级监督管理。本条就是用以规范执行救济、监督程序与赔偿程序的衔接，支持保障执行异议、复议、监督程序正常进行，避免不同程序并存冲突。

【条文精义】

一、重要概念解释

执行异议是指当事人或者利害关系人认为执行程序、执行措施方法违反法律规定，请求执行法院予以救济的制度。人民法院应当自收到书面异议之日起 15 日内审查，理由成立的，裁定撤销或者改正；理由不成立的，裁定驳回。

当事人或者利害关系人对裁定不服的，可以在裁定送达之日起 10 日内向上一级人民法院申请复议。

《民事诉讼法》规定了审判监督程序，但未规定执行监督程序。执行监督由 1998 年《执行若干规定》予以规定，共有 8 条，规定了执行监督的主体、指向、内容、程序、后果等内容。主要内容是上级人民法院依法监督下级人民法院的执行工作。最高人民法院依法监督地方各级人民法院和专门法院的执行工作。上级人民法院发现下级人民法院在执行中作出的裁定、决定、通知或具体执行行为不当或有错误的，应当及时指令下级人民法院纠正，并可以通知有关法院暂缓执行。执行监督不仅规定了程序上救济渠道，如未在规定期限内执行结案的、长期未执结的情形如何处理，也对涉及的实体问题规定了救济渠道，如据以执行的生效法律文书确有错误的应如何处理。

二、适用的条件

第一，本条适用的一般条件是已进入涉执行程序的案件，要待该程序审查终结，才能启动国家赔偿程序。即公民、法人和其他组织在执行异议、复议或者执行监督程序审查期间，就相关执行措施或者强制措施申请赔偿的，要在以上程序终结后提出国家赔偿申请。执行程序中的执行异议和复议与执行监督程序既可以看作是一种程序延续关系，也可以看作是选择关系，但并非必须衔接的程序。当事人可以选择提出异议、复议，然后申请执行监督，也可以不提出异议、复议，而在执行终结后申请执行监督。公民、法人和其他组织认为相关执行措施或者强制措施错误，侵犯其合法权益并造成损害的，可以向法院提出执行异议、复议，法院则作出是否支持的裁定，执行程序结束。若仍旧不服，可以提出执行监督，选择进入执行监督程序，也可以直接提出国家赔偿申请，选择进入国家赔偿程序，而并非经过执行异议、复议后，一定要经过执行监督才能提出国家赔偿申请。即公民、法人和其他组织就相关执行措施或者强制措施申请赔偿的，可以在执行异议、复议程序终结后依法提出赔偿申请，或者在执行监督程序终结后提出赔偿申请。换言之，已在涉执行程序中的案件，要待该程序终结后才可以进入国家赔偿程序，否则仍应在原涉执行阶段等待处理，待有了处理结论，无论结论是否支持其，其此时都获得了申请国家赔偿的权利。

第二，本条适用的特殊条件是《解释》第5条规定的涉执行程序终结的除外情况，即无法在相关诉讼或者执行程序中予以补救的除外情形：（1）罚款、拘留等强制措施已被依法撤销，或者实施过程中造成人身损害的；（2）被执行的财产经诉讼程序依法确认不属于被执行人，或者人民法院生效法律文书已确认执行行为违法的；（3）自立案执行之日起超过五年，且已裁定终结本次执行程序，被执行人已无可供执行财产的；（4）在执行程序终结前可以申请赔偿的其他情形。一般情况下，涉执行程序终结才能进入国家赔偿程序，但是如果出现上述四种情形，且相关执行措施或者强制措施错误造成的损害无法在相关诉讼或者执行程序中予以补救，那么，公民、法人和其他组织可不用等待涉执行程序终结即可提出国家赔偿申请。即公民、法人和其他组织就相关执行措施或者强制措施申请赔偿的，具有以上除外情形时，即使仍在执行异议、复议程序或者执行监督程序中，也可以行使申请国家赔偿的权利，从而进入国家赔偿程序。这里特别强调了由于错误的执行措施或者强制措施已经造成损害结果，包括人身自由、人身损害、财产损失，且无法通过其他诉讼程序或者撤销之前执行措施、执行回转等进行弥补损失，也就是说造成了不可逆转损失的，才可以在涉执行程序未终结时进入国家赔偿程序。如能够通过相关诉讼或者执行程序中予以补救的，即损害后果尚可弥补的，则可通过其他途径解决，而不应通过国家赔偿程序解决。

第三，本条还特别强调进入国家赔偿程序并不以曾经经过执行异议、复议或者执行监督程序为前提条件。即公民、法人和其他组织申请赔偿的权利不因是否在执行程序中就相关执行措施、强制措施提出过异议、申请复议或者申请执行监督而受影响。这里包括两种情形，公民、法人和其他组织在执行程序中没有提出异议、申请复议，在执行程序终结后直接提出国家赔偿申请，或者公民、法人和其他组织在执行程序中没有提出异议、申请复议，也没有申请执行监督，在执行程序终结后提出国家赔偿申请。也就是说，公民、法人和其他组织并非必须在执行程序中提出异议、申请复议或者提出执行监督，才能申请国家赔偿，不提出亦不影响权利的行使，该情形不是进入国家赔偿程序的必需条件。

三、适用的情形方法

在适用本条审理案件时，法院就是否能受理进行审查，如条件符合，则受理，否则，不予受理。审查条件如前所述，若对相关执行措施或者强制措施的处理尚在执行异议、复议或者执行监督程序审查期间，以涉执行程序是否终结为一般原则，此时申请赔偿的，人民法院不予受理，已经受理的予以驳回。除外情形为特殊原则，即涉执行程序未终结，也可以立案审理。若公民、法人和其他组织未在执行程序中就相关执行措施、强制措施提出过异议、申请复议或者申请执行监督，而直接申请国家赔偿，亦应受理。适用方法的关键是，法院是否受理要把握执行程序和国家赔偿程序原则上不能并行，二者应择其一立案受理，符合特殊情形的可以受理。

【实务指南】

本条主要是解决执行救济、监督程序与赔偿程序的衔接和处理问题，即这些程序的先后或者并行顺序影响法院受理案件。正确认识执行救济、监督程序与赔偿程序的关系对于适用本条审理案件至关重要。民事、行政诉讼中的司法赔偿，以穷尽其他救济途径为其责任发生的一般原则，即一般应当在民事、行政诉讼程序或者执行程序终结后提出赔偿请求。执行异议、执行复议属于执行中的救济程序，一般应作为国家赔偿程序的前置程序，但并非必经程序。执行异议、执行复议的裁定并不具有通常民事裁判的既判力，对国家赔偿案件的审理没有拘束力。主要因为：（1）执行异议和执行复议属于执行程序中的环节，在执行终结前当事人都可以提出，国家赔偿程序启动的前提原则上应当是执行程序终结。（2）执行异议和执行复议是法院单方确定权利义务，不具有诉讼对抗性，属于具体执行行为，赔偿委员会可以评价。执行异议之诉具有诉讼对抗性，法院针对案外人执行异议之诉作出的生效判决，赔偿委员会无法评价。（3）法院未支持执行异议和执行复议申请的，当事人仍可以对执行行为申请国家赔偿，赔偿委员会审理案件可以参考执行异议和复议裁定的理由，但不受其拘束。执行监督属于事后监督，也非必经程序，不适合作为国家赔偿程序的前置程序。执行监督与国家赔偿，可由当事人择一，但不能并行；如能执行回转，则应引导当事人优先选择执行监督。主要因为：（1）执行监督程序，一类是对复议裁定不服，一类是针对《民事诉讼法》第233条规定的消极执行，不如审判监督程序完善，相对笼统。（2）执行监督程序可能导致执行回转，建议一般先选择执行监督，再选择国家赔偿。当然，建议并非强行让当事人选择执行监督，还是要尊重当事人的意愿，由其选择。但是应该申请执行异议或者复议而不申请，造成损失进一步扩大或者能避免的损失发生的，赔偿请求人应当对这一部分损失承担与有过失的责任。

此外在审查程序上，赔偿委员会对于应当通过诉讼或者审判监督等程序解决，或者是已经进入其他程序审查的，不予受理和审查。

【疑难问题】

一、执行行为的相关处理

执行行为分为执行实施行为和执行裁决行为。先有执行行为，然后可以向执行法院提异议，再后可以向上级法院提复议，最后可以提执行监督。这是比照《民事诉讼法》设计的。《民事诉讼法》第232条规定针对执行行为，第234条规定针对执行标的。对于高级人民法院执行复议裁定不服，最高人民法院都会立案。对于中级人民法院执行复议裁定不服，有的高级人民法院没有立案。超过了异议期限提不了异议也可以提执行监督。执行监督的次数没有限制。执行监督程序相当于申诉审查与再审合一，执行监督可以直接改裁定。

二、执行救济、监督程序与赔偿程序如何顺畅衔接

执行异议、执行复议、执行监督程序与国家赔偿程序之间的关系如前所述，非刑事司法赔偿一般以穷尽其他救济途径作为国家赔偿责任发生的前提，即国家赔偿程序是最后的救济程序。随着执行救济程序的不断规范，执行程序中的复议和异议以及执行监督制度越来越发挥主要作用来实现对违法执行行为的纠正和对当事人权利的救济。因此，在目前情况下，很有可能执行实施程序已经终结，但执行救济程序还在进行中，当事人寻求执行救济的同时，也可能同时寻求国家赔偿的救济，势必发生执行救济程序与国家赔偿程序并存的情况，事实上就会发生执行救济程序与国家赔偿程序同时判断执行行为是否违法，是否应当救济的审查，两种程序可能会发生冲突，进而导致两种程序衔接不畅。因此，在执行工作与国家赔偿工作中，建立执行救济程序与国家赔偿程序更好地衔接协调机制就显得殊为必要，本条即解决了这个现实问题。

【典型案例】

郑州鑫德亿实业有限公司申请河南省高级人民法院错误执行赔偿案

赔偿请求人郑州鑫德亿实业有限公司（以下简称鑫德亿公司）以其竞买河南省高级人民法院（以下简称河南高院）拍卖的房产未交付为由，向该院申请国家赔偿，请求赔偿财产损失共计300万元。

河南高院审查认为：鑫德亿公司享有案涉拍卖标的物权利的前提和基础是拍卖标的物的竞买成功人郑州金氏实业有限公司（以下简称金氏公司）的股东金某（已去世）、金某立将其股权转让给潘某后变更为鑫德亿公司，而该股权转让协议已被郑州市中级人民法院（2017）豫01民终5564号民事生效判决和（2017）豫01民终6283号民事生效判决确认无效。在此情况下，鑫德亿公司以赔偿请求人身份主张对拍卖标的物享有权利，请求河南高院承担交付不能的国家赔偿责任，主体不适格。据此，河南高院依照《赔偿案件立案工作规定》第9条之规定，作出（2021）豫法赔立字第1号不予受理案

件决定,对鑫德亿公司的国家赔偿申请不予受理。

鑫德亿公司不服(2021)豫法赔立字第 1 号不予受理案件决定,向最高人民法院赔偿委员会申请作出赔偿决定。

最高人民法院赔偿委员会认为,河南高院在执行该院(2006)豫法民三初字第 2 号民事判决、郑州市中级人民法院(2007)郑民四初字第 36 号民事判决的过程中,将德亿娱乐公司位于德亿大酒店的 21880.95 平方米房产所有权及建筑物范围内 6812.67 平方米土地使用权拍卖给竞买人金氏公司所有,金氏公司已更名为鑫德亿公司。鑫德亿公司于 2021 年 5 月 8 日以其竞买河南高院拍卖的房产未交付为由,向该院申请国家赔偿。经查,河南省三门峡市陕州区人民法院(2016)豫 1203 号刑初 246 号刑事判决已确认前述案件执行人员杨某洲在执行过程中存在受贿行为,并以受贿罪判处其有期徒刑 4 年 6 个月,该判决现已发生法律效力。香港凤通公司、德亿房地产公司、德亿娱乐公司针对前述案件拍卖行为提出的异议,几经审查,现仍在河南高院执行异议程序审查过程中,拍卖行为是否合法有待最终认定。金氏公司更名为鑫德亿公司,系基于金氏公司股东金某、金某立与潘某于 2010 年 10 月 19 日签订《金氏公司股权转让协议》的事实,但该协议最终能否被认定有效,尚在河南高院提审审理相关股权纠纷案件过程中。民事诉讼中司法赔偿,一般以穷尽其他救济途径作为国家赔偿责任发生的前提,即国家赔偿程序是最后的救济程序。在本案相关执行救济程序、民事审判监督程序尚未终结的情况下,鑫德亿公司不可同时提出国家赔偿请求,以避免因执行程序、诉讼程序与国家赔偿程序并存,导致不同程序之间关系混乱的局面。据此作出决定,驳回申诉。

【相关法律法规】

1.《民事诉讼法》

第二百三十二条 当事人、利害关系人认为执行行为违反法律规定的,可以向负责执行的人民法院提出书面异议。当事人、利害关系人提出书面异议的,人民法院应当自收到书面异议之日起十五日内审查,理由成立的,裁定撤销或者改正;理由不成立的,裁定驳回。当事人、利害关系人对裁定不服的,可以自裁定送达之日起十日内向上一级人民法院申请复议。

第二百三十四条 执行过程中,案外人对执行标的提出书面异议的,人民法院应当自收到书面异议之日起十五日内审查,理由成立的,裁定中止对该标的的执行；理由不成立的，裁定驳回。案外人、当事人对裁定不服，认为原判决、裁定错误的，依照审判监督程序办理；与原判决、裁定无关的，可以自裁定送达之日起十五日内向人民法院提起诉讼。

2.《国家赔偿法》

第三十八条 人民法院在民事诉讼、行政诉讼过程中，违法采取对妨害诉讼的强制措施、保全措施或者对判决、裁定及其他生效法律文书执行错误，造成损害的，赔偿请求人要求赔偿的程序，适用本法刑事赔偿程序的规定。

3.《国家赔偿法解释（一）》

第八条 赔偿请求人认为人民法院有修正的国家赔偿法第三十八条规定情形的，应当在民事、行政诉讼程序或者执行程序终结后提出赔偿请求，但人民法院已依法撤销对妨害诉讼采取的强制措施的情形除外。

4.《非刑事司法赔偿解释》

第十九条 公民、法人或者其他组织依据国家赔偿法第三十八条规定申请赔偿的，应当在民事、行政诉讼程序或者执行程序终结后提出，但下列情形除外：

（一）人民法院已依法撤销对妨害诉讼的强制措施的；

（二）人民法院采取对妨害诉讼的强制措施，造成公民身体伤害或者死亡的；

（三）经诉讼程序依法确认不属于被保全人或者被执行人的财产，且无法在相关诉讼程序或者执行程序中予以补救的；

（四）人民法院生效法律文书已确认相关行为违法，且无法在相关诉讼程序或者执行程序中予以补救的；

（五）赔偿请求人有证据证明其请求与民事、行政诉讼程序或者执行程序无关的；

（六）其他情形。

赔偿请求人依据前款规定，在民事、行政诉讼程序或者执行程序终结后申请赔偿的，该诉讼程序或者执行程序期间不计入赔偿请求时效。

第七条 经执行异议、复议或者执行监督程序作出的生效法律文书，对执行行为是否合法已有认定的，该生效法律文书可以作为人民法院赔偿委员会认定执行行为合法性的根据。

赔偿请求人对执行行为的合法性提出相反主张，且提供相应证据予以证明的，人民法院赔偿委员会应当对执行行为进行合法性审查并作出认定。

【条文主旨】

本条是关于赔偿委员会对执行行为合法性进行审查的规定。

【起草背景】

赔偿委员会对执行行为进行合法性审查，可以追溯至《国家赔偿法》实施之初创设的确认制度。根据1994年《国家赔偿法》的规定，国家赔偿程序中的确认是指依照法律规定，对国家机关和国家机关工作人员是否违法行使职权侵犯公民、法人和其他组织的合法权益作出的认定。[1] 1993年10月初次提交全国人大常委会审议的《国家赔偿法》草案中并没有确认的内容，仅规定："赔偿请求人应当首先向赔偿义务机关申请赔偿，赔偿义务机关应当在两个月内与请求人达成赔偿协议。赔偿义务机关也可以径行与有权请求赔偿的人在两个月内协商达成赔偿协议。""赔偿义务机关如果通知不予赔偿、逾期不予赔偿或者逾期达不成赔偿协议……属于行政赔偿的，可以向人民法院提起诉讼。属于刑事赔偿的……可以向赔偿义务机关的上一级机关申请复议或者向人民法院提起诉讼。"[2] 有观点认为，草案应当明确规定，赔偿义务机关对受到损害的人应当依照本法主动给予赔偿，建议分别在相应条文中各增加一款规定："赔偿义务机关对依法确认有本法……条规定的情形之一的，应当给予赔偿。"全国人大法律委员会接受该建议并于1994年5月提交全国人大常委会二次审议草案修改稿。[3] 审议中，有观点认为，对应该确

---

[1] 参见苏泽林主编：《最高人民法院〈关于审理人民法院国家赔偿确认案件若干问的规定（试行）〉理解与适用》，法律出版社2005年版，第11页。

[2] 胡康生：《关于〈中华人民共和国国家赔偿法（草案）〉的说明——1993年10月22日在第八届全国人民代表大会常务委员会第四次会议上》。

[3] 参见蔡诚：《全国人大法律委员会关于〈中华人民共和国国家赔偿法（草案）〉审议结果的报告——1994年5月5日在第八届全国人民代表大会常务委员会第七次会议上》。

认错拘、错捕、错判而不确认的如何处理应当作出规定，建议在第20条中增加一款规定："赔偿请求人要求确认有本法第十五条、第十六条规定情形之一的，被要求的机关不予确认的，赔偿请求人有权申诉。"① 全国人大常委会予以采纳，并审议通过《国家赔偿法》草案。至此，违法确认成为我国国家赔偿制度的组成部分。

1994年《国家赔偿法》颁布实施后，最高人民法院对确认问题进行了相应的规定，先后出台多个司法解释性规定。如2000年9月16日公布的《非刑事司法赔偿解释》第8条规定："申请民事、行政诉讼中司法赔偿的，违法行使职权的行为应当先经依法确认。"2004年8月10日公布的《赔偿确认案件规定》作出系统性规定，第1条规定："公民、法人或者其他组织认为人民法院及其工作人员的职务行为侵犯其合法权益提起国家赔偿请求的，除本规定第5条规定的情形外，应当依法先行申请确认。"公安部、最高人民检察院等机关也对确认问题作了相应规定，都将确认的内容规定为"是否违法侵权"或者"司法行为是否违法"，并将确认作为国家赔偿的前置程序。至此，国家赔偿确认制度的概念逐渐清晰，并形成了规范体系，即国家对损害进行填补，需要在确认行使公权力的行为违法情形下才承担赔偿责任。在一定程度上而言，国家赔偿违法确认是国家赔偿制度的核心，确认程序又前置于赔偿程序，确认违法成为赔偿得以实现的前提。

1994年《国家赔偿法》颁布实施前，我国的国家赔偿制度虽然没有具体的立法，但存在国家机关赔偿的问题，原有的程序虽然是非规范化的，但是一般都要由赔偿义务机关先行处理，赔偿义务机关对自己的行为违法与否进行确认。因此，在设计国家赔偿制度时，确立违法确认并先行处理对于延续过去的做法，使制度保持一定的连续性，有一定的现实意义。立法机关设计确认程序的初衷是案件的原承办单位对案情比较熟悉，便于确认，便于处理，也是出于发挥司法机关内部督机制的作用的考虑。让实施违法行政行为的行政机关主动承认错误，以维护司法机关的威信和形象，同时也给司法机关一个自我纠正的机会。但确认制度也存在一些不足：一是由赔偿义务机关确认自己是否违法，违反了自然公正原则；二是确认程序前置于国家赔偿，使得一个侵权赔偿争议被拆成两个争议，通过两个程序分别解决，不符合诉

---

① 参见薛驹：《关于对外贸易法（草案修改稿）和国家赔偿法（草案修改稿）修改意见的汇报——1994年5月11日在第八届全国人民代表大会常务委员会第七次会议上》。

讼经济，造成赔偿请求人不必要的讼累；三是确认程序解决的违法确认问题，可以在后续程序解决，无须在程序上重复设置。这些不足，导致确认制度在实践中暴露出确认违法少，申请人"胜诉"比例低、部分确认申请人积怨较深、确认案件申诉率高、上下级法院受案呈倒金字塔结构等问题。随着社会生活不断发展，人民群众对于司法工作的期待不断提高，确认制度逐渐成为制约国家赔偿制度发展的症结，在一定程度影响了国家赔偿权利救济功能的发挥，[1] 使国家赔偿工作在化解社会矛盾、建设和谐社会上没有发挥应有的作用。

最高人民法院较早就注意到实践中确认制度存在的问题，2005年最高人民法院启动《国家赔偿法》修改后，专门就确认问题进行调研，研究完善方案，各级法院也都积极探索解决确认难的办法。2005年年底和2006年年初，陕西省高级人民法院和重庆市高级人民法院相继将审判监督庭负责的确认工作移交赔偿委员会办公室负责。这两个高级法院赔偿委员会办公室的法官借助确认案件与赔偿案件都由其一并审理的有利条件，本着解决纷争、案结事了、节约司法成本的原则，大胆地在确认程序中尝试一并协调处理确认问题和赔偿问题。当然，受法无明文规定的限制，主要是通过做协调工作，由赔偿义务机关对赔偿请求人的损失进行适当补偿后，再由赔偿请求人撤回确认申请结案。2008年，最高人民法院在总结各地法院经验的基础上下发的《最高人民法院关于赔偿委员会办公室负责审理国家赔偿确认案件的通知》规定，中级以上人民法院自2008年10月1日以后受理的国家赔偿确认案件由赔偿委员会办公室负责审理，此前未审结的国家赔偿确认案件仍由审判监督庭负责审理；各高级人民法院今后对国家赔偿确认工作有关问题的请示，按有关规定对口报送最高人民法院赔偿办。通知下发后，全国各高级法院、中级法院先后都明确由赔偿委员会办公室负责确认工作，形成"确赔合一"的发展趋势。各地方人民法院的调查报告显示，确认与赔偿工作都由赔偿委员会办公室负责后，国家赔偿法官处理确认案件的协调工作力度加大，案件和解、撤诉的越来越多。实际上，在确认程序中一并协调解决的补偿问题即

---

[1] 从司法统计情况来看，全国各级人民法院受理的国家赔偿案件自1995年1月1日施行《国家赔偿法》后的九年，国家赔偿案件数量逐年上升，2004年10月1日随着《最高人民法院关于审理人民法院国家赔偿确认案件若干问题的规定（试行）》（已失效）的施行，又连续5年下降，到2010年修正后《国家赔偿法》，亦即取消先行确认程序实行"确赔合一"后，国家赔偿案件数量又有所回升。

为国家赔偿问题，由于赔偿请求人与赔偿义务机关达成了申请人所欲解决的实体问题的协议，也就不再确认违法，免除了形式上的赔偿程序，实则"确赔合一"了。"确赔合一"的趋势是人民法院在司法实践中，从非制度化向制度化演变过程的理性选择。

  在《国家赔偿法》修改过程中，最高人民法院及一些人大代表、地方和部门都向全国人大常委会法工委提出，实践中有的赔偿义务机关以各种理由不确认或拖延确认申请，申请人向其上一级机关申诉又往往行不通，建议明确规定，对于赔偿义务机关不予赔偿的，赔偿请求人有权向人民法院赔偿委员会申请赔偿。全国人大常委会法工委充分听取并吸收了上述建议，将"畅通赔偿请求渠道"作为《国家赔偿法》修改的一项重要内容，并在总结以前国家赔偿实践得失的基础上，取消了单独、前置的确认程序，确立了国家赔偿的"确赔合一"原则。这一修改，否定了赔偿义务机关、复议机关的终局确认权，确立了赔偿委员会司法终局审查的原则，实现了国家赔偿程序的"确赔合一"。2010年修正的《国家赔偿法》第22条规定，"赔偿义务机关有本法第十七条、第十八条规定情形之一的，应当给予赔偿"，[①]统一了确认违法与决定赔偿（即"确赔合一"），防范了以内部监督阻隔外部监督，畅通了请求赔偿的渠道，体现了人权保障的法治进步，在实践中受到学界的普遍肯定。

  2010年《国家赔偿法》撤销违法确认前置程序采取"确赔合一"的模式后，最高人民法院在调研中发现，地方各级法院经常提出诸如"程序性违法是否要赔偿""违法但没有损失是否要赔偿"等类似问题，反映出一些法院、法官未能摆脱以往思路，分裂、机械地看待职权行为的违法性（客观过错）与损害后果，不能从国家赔偿责任构成诸要素之间的联系来看待案件，缺乏对裁判思路的整体把握。特别是在非刑事司法赔偿案件中，因为天然地缺乏"不法先定"（比如在刑事赔偿中体现为撤销案件、不起诉、判决无罪等）的环节，使得这一问题反映得尤为明显。为此，最高人民法院在起草《非刑事司法赔偿解释》过程中，拟在解释中对"确赔合一"进行规定，强调"确赔合一"模式下非刑事司法赔偿的基本思路，即应当对"职权行为是否符合法律规定""损害事实是否存在""职权行为与损害事实之间是否

[①]《国家赔偿法》第22条规定："赔偿义务机关有本法第十七条、第十八条规定情形之一的，应当给予赔偿。赔偿请求人要求赔偿，应当先向赔偿义务机关提出。赔偿请求人提出赔偿请求，适用本法第十一条、第十二条的规定。"

存在因果关系"等事项一并进行审查，重申在全面审查责任构成各要素的前提下作出裁判。在《解释》起草过程中，各方对"确赔合一"原则适用于非刑事司法赔偿基本形成共识，全国人大常委会法工委国家法室相关负责人也曾指出，"'确赔合一'原则经2010年《国家赔偿法》修改确立，不仅适用于刑事赔偿，同样也适用于民事诉讼、行政诉讼中的司法赔偿"。

在《解释》起草过程中，进一步明确"确赔合一"原则适用于错误执行赔偿，是《解释》的重要内容，最高人民法院赔偿委员会办公室联合执行局对这一问题进行了深入、细致的调研，并对其中的一些核心问题达成了共识。双方认为，按照"确赔合一"原则的要求，在违法归责、过错归责案件中，赔偿委员会应当对是否存在违法或者过错、损害事实是否存在、职权行为与损害事实之间是否存在因果关系等事项一并进行司法终局审查并作出认定。根据2010年《国家赔偿法》的规定，赔偿委员会在实践中对于除刑事错判外所有行为，包括公安机关、检察机关、监狱的司法行为，均已被赋予确认审查的权力，赔偿委员会在审理国家赔偿案件时亦应对执行行为合法性进行审查和判断。据此，《解释》第7条规定："经执行异议、复议或者执行监督程序作出的生效法律文书，对执行行为是否合法已有认定的，该生效法律文书可以作为人民法院赔偿委员会认定执行行为合法性的根据。赔偿请求人对执行行为的合法性提出相反主张，且提供相应证据予以证明的，人民法院赔偿委员会应当对执行行为进行合法性审查并作出认定。"

【条文精义】

2010年《国家赔偿法》实施后，违法确认前置程序撤销，人民法院审理国家赔偿案件采取"确赔合一"模式。即要求赔偿委员会对"职权行为是否符合法律规定""损害事实是否存在"进行审查并作出裁判。实践中，人民法院赔偿委员会对于除刑事错判外所有行为，包括检察院、监狱的行为均享有合法性审查和确认违法的权力。本条中，明确相关生效法律文书可以作为对执行行为合法性认定的依据。同时，为确保不与立法精神相违背，设置但书条款。

认定司法机关及其工作人员的行为是否存在可归责的情形，是决定是否承担赔偿责任的前提，因此，合法性审查问题的归属便成为国家赔偿的一个关键问题。本条作为《解释》的重点条款之一，可以从以下三个方面理解和把握。

一、赔偿委员会有责任对执行行为是否合法进行终局审查

对执行行为进行合法性审查并非 2010 年《国家赔偿法》修改后新赋予赔偿委员会的权力。1994 年《国家赔偿法》规定的确认即是对国家机关和国家机关工作人员是否违法行使职权侵犯公民、法人和其他组织的合法权益作出的认定。[①] 考虑到确认的性质是审判权，应当由审判程序来解决[②]，最高人民法院于 2001 年规定审判监督庭负责国家赔偿确认的工作。2004 年 10 月最高人民法院公布的《赔偿确认案件规定》中规定了应当确认执行行为违法的若干情形，但未规定在对执行行为进行合法性审查时应受执行程序中生效法律文书的限制。综合确认案件的审判属性、确认案件的审判部门是审判监督庭以及《赔偿确认案件规定》的内容看，确认是对执行行为是否合法的终局性认定。2008 年《最高人民法院关于赔偿委员会办公室负责审理国家赔偿确认案件的通知》（法发〔2008〕34 号）要求，各中级以上人民法院将审判监督庭负责的国家赔偿确认工作调整为由赔偿委员会办公室负责后，包括对执行行为是否合法在内的审查确认权一直由赔偿审判部门行使。2010 年《国家赔偿法》虽然在程序上将确认和赔偿程序合二为一，但并没有取消确认环节，赔偿委员会审理涉执行司法赔偿案件过程中，对错误执行行为进行必要的合法性审查是《国家赔偿法》应有之义。

第一，规范依据。2010 年《国家赔偿法》第 22 条已经取消了确认前置程序，即将 1994 年《国家赔偿法》第 20 条第 1 款"赔偿义务机关对依法确认有本法第十五条、第十六条规定的情形之一的，应当给予赔偿"修改为"赔偿义务机关有本法第十七条、第十八条规定情形之一的，应当给予赔偿"，删去了"依法确认"四个字。该法第 38 条亦明确规定民事诉讼、行政诉讼中的司法赔偿案件适用刑事赔偿程序。从法律文义来看，法律已经将对执行行为是否合法的司法审查权赋予了人民法院赔偿委员会。此外，人民法院赔偿委员会的组成成员包括了民事审判、行政审判、审判监督、执行等相关业务部门的负责人，为其在赔偿程序中对相关违法裁决作出认定和处理提供了组织保证。

[①] 参见苏泽林主编：《最高人民法院〈关于审理人民法院国家赔偿确认案件若干问题的规定（试行）〉理解与适用》，法律出版社 2005 年版，第 11 页。

[②] 1997 年 9 月时任最高人民法院副院长祝铭山同志在第二次全国高级人民法院赔偿委员会主任会议上的讲话中指出"对违法侵权事实的认定，必须经审判程序来解决"。

第二，法理基础。一是赔偿委员会负有对执行行为是否合法进行终局审查的责任符合自然公正、司法终局、程序正义等原则的要求。赔偿委员会作为居中审理者以外部监督形式对执行行为是否合法作出判断并决定赔偿，符合"任何人都不能成为自己案件的法官"这一自然公正原则的核心要求，更为符合回避、中立的程序理念。二是在刑事赔偿领域，根据2010年《国家赔偿法》的规定，赔偿委员会在实践中对于除刑事错判外所有行为，包括公安机关、检察机关、监狱的司法行为均已被赋予确认审查的权力。例如，生效刑事判决主文、事实和说理部分均未涉及刑事追诉过程中查封、扣押、冻结财产是否为合法财产的认定，赔偿委员会依照《刑事诉讼法》等相关法律规定进行认定。赔偿委员会审理涉执行司法赔偿案件过程中，对执行行为是否合法作出判断更应是2010年《国家赔偿法》应有之义。三是原则上国家赔偿程序处于执行程序之后，彼此之间不存在并存关系。根据《国家赔偿法解释（一）》第8条的规定，诉讼或者执行程序终结后，公民、法人和其他组织才能启动赔偿程序。《解释》第5条亦明确规定公民、法人和其他组织申请错误执行赔偿，原则上应当在执行程序终结后提出，终结前提出的不予受理。同时结合实践，采用列举方式规定了四种例外情形：罚款、拘留等强制措施已被依法撤销，或者实施过程中造成人身损害的；被执行的财产经诉讼程序依法确认不属于被执行人，或者人民法院生效法律文书已确认执行行为违法的；自立案执行之日起超过5年，且已裁定终结本次执行程序，被执行人已无可供执行财产的；其他情形。

第三，实践情况。实践中确实存在赔偿义务机关自己不愿主动纠错的情形。例如，对已经发现的被执行人的财产，赔偿义务机关故意拖延执行或者不执行，导致执行财产流失无可供执行财产的，如果赔偿义务机关裁定终结执行，并坚持不确认违法，上级法院复议也坚持不确认违法，在无财产可供执行的情况下，执行法院裁定执行程序终结，此时，赔偿请求人唯一的救济途径只能是申请赔偿。如果要求赔偿请求人在此情况下仍必须通过执行监督程序确认执行行为违法的话存在以下不足：一是实益较低，执行监督程序并不能凭空生出可执行财产，还可能耗费申请执行人的时间，导致损失扩大，也会造成程序空转，司法资源浪费。二是执行监督不同于《民事诉讼法》在特别程序一章中所规定的审判监督程序，而是1998年《执行若干规定》规定的特别程序。该程序仍属执行部门内部监督范畴，是同一职权机构自上而下的制约，没有次数、期限等条件加以限制。这样要求不仅难以及时有效保障赔偿请求人的合法权益，实际上还为请求赔偿设置了不可逾越的障碍，必然导致国家赔偿制度悬置、空转，与《国家赔偿法》的本意相悖。

二、未经执行异议、执行复议或执行监督对执行行为是否合法作出认定的，赔偿委员会在审理赔偿案件时应当对原执行行为进行合法性审查

（一）合法性审查应遵循的原则

执行行为是否具有可归责性是国家赔偿中最根本性的问题。赔偿委员会在判断执行行为是否合法时应需遵循以下的原则：一是对执行行为进行合法性审查应当首先服务于国家赔偿的宗旨，即为赔偿申请人的合法权益的保护提供有效的救济。随着依法治国的不断推行，我国公民的权利观念和意识都有了质的飞跃。公民对国家构建的权利保障制度提出了新期待、新要求。在违法还是瑕疵，违法还是自由裁量等无法确定时，应当体察社情民意，给公权力致害的行为以必要的救济。二是应当以权利救济为核心，围绕申请人的损害，将法内救济与法外安抚相协调，力求从就事论事、就案办案向以案结事了、恢复重建为主要价值取向的和谐司法转变。三是在注重权利保护的同时，应当与执行权的运行机制相适应。涉执行赔偿通常涉及国家（其背后是纳税人）、执行机关和执行人员、受害人、其他参与人等四方关系。赔偿委员会对执行行为进行合法性审查时应当在这四方关系中寻得平衡，如果过度地放宽判断标准，势必增加纳税人的负担，也会影响到执行机关因时、因地制宜解决现实问题的积极性。相反，过度限制标准则会无法补救赔偿请求人的合法权益，从而使其和其周围的民众对国家的权威、合法性产生怀疑和对抗，并且可能使权力行使无须承担责任或者能轻易逃避相应的责任，无法对滥用权力的情形进行有效控制。

（二）判断标准

《解释》第2条规定："公民、法人和其他组织认为有下列错误执行行为造成损害申请赔偿的，人民法院应当依法受理：（一）执行未生效法律文书，或者明显超出生效法律文书确定的数额和范围执行的；（二）发现被执行人有可供执行的财产，但故意拖延执行、不执行，或者应当依法恢复执行而不恢复的；（三）违法执行案外人财产，或者违法将案件执行款物交付给其他

当事人、案外人的；（四）对抵押、质押、留置、保留所有权等财产采取执行措施，未依法保护上述权利人优先受偿权等合法权益的；（五）对其他人民法院已经依法采取保全或者执行措施的财产违法执行的；（六）对执行中查封、扣押、冻结的财产故意不履行或者怠于履行监管职责的；（七）对不宜长期保存或者易贬值的财产采取执行措施，未及时处理或者违法处理的；（八）违法拍卖、变卖、以物抵债，或者依法应当评估而未评估，依法应当拍卖而未拍卖的；（九）违法撤销拍卖、变卖或以物抵债的；（十）违法采取纳入失信被执行人名单、限制消费、限制出境等措施的；（十一）因违法或者过错采取执行措施或者强制措施的其他行为。"根据上述规定，错误执行的归责原则以违法归责为主，过错归责为辅。赔偿委员会在对执行行为进行合法性审查时，应注意把握不同归责原则的判断标准。

1. 违法责任的判断标准

在国家赔偿法中，关于"违法"这一概念表述，许多国家采用了不同的表述方式，有的称之为"违法"，有的谓之"非法"或者"不法"，有的则用"违反法定义务""违反公职义务""违反职责"等概念。对于违法的界定，也存在不同认识。有的认为，国家赔偿中所谓违法应是指违反严格意义上的法律规范，即违反了法律法规的明文规定；有的则认为，违法应不限于违反严格意义上的法律规范，还应包括违反法律的基本原则和公序良俗；还有的认为，凡行为在客观上欠缺正当性的均应视为违法。[①] 笔者认为，结合违法的内涵和实践，关于违法归责的标准，是以公务行为之实质性违法[②]为确认的根本标准，而不论实施行为之公务人员有无过错。实质性违法具有双重含义：（1）违反国家的规范，即法秩序的命令、禁止的行为是形式的违法；（2）具有社会危害性即反社会的或非社会的行为是实质的违法[③]。申言之，确定公务行为是否具有实质性违法是违法确认的主要判断依据，对于违法行为所致损害，国家予以赔偿，反之，如公务行为不具有违法性，则通常不予赔偿。

2. 过错责任的判断标准

国家赔偿法作为特殊的侵权责任法，在界定过错的标准时，可以借鉴民

---

① 参见姚天冲主编：《国家赔偿法律制度专论》，东北大学出版社2005年版，第53页。

② 违法是指公务行为存在违反法律、法规、规章以及合法有效的规章以下的规范性文件、存在违反我国承认的协定、公约及条约、存在违反职务上应尽的义务、存在超越职权和滥用职权的情形。

③ 参见张明楷：《法益初论》，中国政法大学出版社2000年版，第37~45页。

事侵权法对过错认定的标准，即对过错的判断应当区分不同形式的过错而分别采取不同的标准。在现代社会，侵权行为大多数是过失的侵权行为，对过失的判断应当采取客观的标准，因为过失的外在表现主要是指行为人违反了行为标准，为了满足正确归责的需要，采取客观标准加以判断更为合理，这也是现代各国侵权法所通行的做法，但是对于故意的判断，则仍应坚持主观标准。① 客观过错标准实际上是针对过失而言的，从法律解释学的角度来说，举轻明重是一个重要的法律解释方法，如果行为人具有过失应当承担法律责任，那么当其具有故意时就更应该承担法律责任了。②

三、"视为"执行行为合法的理解

赔偿委员会审理涉执行司法赔偿案件过程中，按照责任构成要件进行损害赔偿要素审查，系判断赔偿责任是否成立的应有之义，而对错误执行行为的审查系其中的主要环节，且为司法审查的重点之一。民事、行政诉讼有些情形亦视为有法定性（即视为确认），如果已通过执行异议、复议或者监督程序纠正错误执行行为，但未能在原执行程序中予以补救的，赔偿委员会在司法审查中即可省却确认审查的环节。与刑事诉讼不同的是，民事、行政诉讼实践多数情况在程序终结后无法或者未作定性（即未确认执行行为存在违法或者过错）。在审理涉执行司法赔偿案件过程中，更是需要由赔偿委员会将错误执行行为、损害后果以及因果关系一并审查。在实践中，对于经执行异议、复议或者监督程序作出的法律文书，能否作为认定错误执行行为的根据，一直存在较大争议。有的认为，应一律作为证据进行审查；有的认为，应一律受其认定的羁束；还有的认为，应视情况决定其认定是否可以作为根据。《解释》为此作出了明确规定，考虑到人民法院执行救济和监督程序日趋完善，《解释》本条第1款规定经执行异议、复议或者执行监督程序作出的生效法律文书，可以作为对执行行为定性的根据。同时，为落实《国家赔偿法》2010年修法精神，对赔偿请求人给予充分的权利保障，规定了第2款，即只要赔偿请求人对执行行为的合法性提出相反主张，且提供相应证据予以证明的，赔偿委员会就应当对执行行为进行合法性审查并作出认定。实践中需要注意的是，如当事人、利害关系人在执行实施过程中提出异议，执

---

① 参见王利明：《侵权行为法规则原则研究》，中国政法大学出版社2004年版，第271页。
② 参见王利明：《侵权行为法规则原则研究》，中国政法大学出版社2004年版，第305页。

行行为确有错误的，执行法院应尽可能主动纠正和予以补救，防止消极应对，过度依赖执行异议、复议程序纠错的倾向，以避免因此引起国家赔偿。

【疑难问题】

对于2010年《国家赔偿法》第22条所体现的"确赔合一"原则，是否适用于该法第38条①规定的民事诉讼、行政诉讼中的司法赔偿案件，笔者认为："确赔合一"原则应当适用于民事诉讼、行政诉讼中的司法赔偿案件。关于赔偿委员会的终局司法审查权，已由立法予以规定，并为理论和实践所充分肯定，故司法审查权问题（即"确赔合一"问题）不在司法讨论的范围。真正应当关注的，是司法审查权行使的边界，这也是《解释》第21条第2款争议的实质意义所在。具体理由是：第一，规范依据。（1）2010年《国家赔偿法》第22条已经取消了确认前置程序（即将1994年《国家赔偿法》第20条第1款"赔偿义务机关对依法确认有本法第十五条、第十六条规定的情形之一的，应当给予赔偿"修改为"赔偿义务机关有本法第十七条、第十八条规定情形之一的，应当给予赔偿"，删去了"依法确认"四个字，而本条规定是关于赔偿程序的规定，相关立法理由说明该情形系程序上实现"确赔合一"），第38条亦已明确民事诉讼、行政诉讼中的司法赔偿案件适用刑事赔偿程序。从法律文义来看，二者同样适用"确赔合一"的程序原则，并无不同。（2）在《国家赔偿法》第22条、第38条规定的基础上，《国家赔偿法解释（一）》第8条进一步明确，"赔偿请求人认为人民法院有修正的国家赔偿法第三十八条规定情形的，应当在民事、行政诉讼程序或者执行程序终结后提出赔偿请求"。《解释》同样贯彻了这一原则。需要特别说明的是，对于应当裁定执行程序终结的情形，《民事诉讼法》第257条已有具体规定，不属于立法未予明确的事项。第二，法理基础。（1）符合自然公正、司法终局、程序正义等原则的要求。赔偿委员会作为居中审理者以外部监督形式来确认违法并决定赔偿，相对于赔偿义务机关、复议机关内部监督形式的确认违法，更为符合"任何人都不能成为自己案件的法官"这一自然公正原则的核心要求，更为符合回避、中立的程序理念。（2）国家赔偿

---

① 《国家赔偿法》第38条规定："人民法院在民事诉讼、行政诉讼过程中，违法采取对妨害诉讼的强制措施、保全措施或者对判决、裁定及其他生效法律文书执行错误，造成损害的，赔偿请求人要求赔偿的程序，适用本法刑事赔偿程序的规定。"

程序处于诉讼、执行程序之后，彼此之间不存在并存关系。根据《国家赔偿法解释（一）》第 8 条，诉讼或者执行程序终结后，公民、法人和其他组织才能启动赔偿程序。此时，诉讼或者执行程序中的救济手段实际已经穷尽，因此不可能发生赔偿程序与诉讼或者执行程序彼此冲突的情形。就如江必新同志在《适用修改后的〈国家赔偿法〉应当着重把握的若干问题》一文中指出的："对于实行违法归责、过错归责，但又没有在既定程序中予以确认的致害行为，赔偿委员会将在新的赔偿程序中一并判断其违法性或过错以及造成损害的大小。对于实行结果归责的，或者虽然实行违法归责或过错归责，但处于原来的既定程序进行过程中的，确认工作或'视为确认'的依据，仍然需要通过既定的程序来完成，赔偿委员会不能直接受理。"（3）审判监督、执行监督、申诉程序，属于特别程序，并非法律强制必须选择的救济程序，不能以此作为公民、法人和其他组织请求赔偿的前提条件。如果诉讼或者执行程序已经终结，人民法院在程序中不确认相关职权行为违法，此时还要求公民、法人或者其他组织必须经过申诉、审判监督或者执行监督程序确认相关职权行为违法后才能申请赔偿，实际上为请求赔偿设置了不可逾越的障碍，必然导致国家赔偿制度悬置、空转，受害人的权利难以实现，与《国家赔偿法》的本意相悖。以执行监督为例，该程序不同于《民事诉讼法》在特别程序一章中所规定的审判监督程序，而是 1998 年《执行若干规定》第十五部分规定的特别程序。该程序仍属执行部门内部监督范畴，是同一职权机构自上而下的制约，没有次数、期限等条件加以限制，不利于赔偿请求人的权利救济。例如，当被执行人已无财产可供执行，强制要求申请执行人必须先行申请执行监督，待该执行监督程序终结且执行法院的执行行为在该程序中被确认违法，才能申请国家赔偿，对申请执行人而言，迟来的正义是极大的不正义。（4）与非刑事司法赔偿类似的是，刑事赔偿在国家赔偿中也与其他程序不并存，审查内容不冲突。在程序上，2012 年《刑事诉讼法》第 115 条、2015 年《人民检察院刑事诉讼涉案财物管理规定》第 32 条第 2 款规定的刑事申诉程序，并非国家赔偿程序必经的前置程序。换言之，如果已经进入刑事申诉程序的，该程序优先适用，赔偿委员会不予受理赔偿申请；如果尚未进入刑事申诉程序的，赔偿委员会可以进行审查。[1] 在内容上，如生效刑事判决主文、事实和说理部分均未涉及刑事追诉过程中查封、扣押、冻结财产是否为合法财产的认定，赔偿委员会依照《刑事诉讼法》等相关法律规定进行认定。第三，实践情况。2010年修正的《国家赔偿法》实施以来，人民法院一直依照《国家赔偿法》规定的"确赔合一"原则受理、审查民事诉讼、行政诉讼中的司法赔偿案件，充分发挥了国家赔偿作为"最后救济"程序的功能，实践中并未发生与诉讼或者执行程序冲突的情况，并无不妥之处。如果民事诉讼、行政诉讼中的违法、错误行为必须要经过前置确认，才能申请赔偿，则必然导致2010年修正后的《国家赔偿法》第38条的规定名存实亡。

【典型案例】

王某申请山东省济南市莱芜区人民法院错误执行赔偿案

申请人莱芜市棉纺织厂与被申请人宁波郑铁榆隆贸易有限公司、第三人王某仲裁裁决案，莱芜市仲裁委员会于2005年4月20日作出（2004）莱仲调字第6号仲裁调解书，要求王某限期还款并承担连带责任。2006年6月29日，莱芜市棉纺织厂向山东省济南市原莱芜市莱城区人民法院（现莱芜区人民法院，以下简称莱芜法院）申请执行，莱芜法院遂向宁波郑铁榆隆贸易公司、王某送达执行通知书。之后，莱芜市棉纺织厂将债权转让给吕某友，莱芜法院作出（2006）莱城执字第733号民事裁定，变更吕某友为该案申请执

---

[1] 2012年《刑事诉讼法》第115条规定："当事人和辩护人、诉讼代理人、利害关系人对于司法机关及其工作人员有下列行为之一的，有权向该机关申诉或者控告：（一）采取强制措施法定期限届满，不予以释放、解除或者变更的；（二）应当退还取保候审保证金不退还的；（三）对与案件无关的财物采取查封、扣押、冻结措施的；（四）应当解除查封、扣押、冻结不解除的；（五）贪污、挪用、私分、调换、违反规定使用查封、扣押、冻结的财物的。受理申诉或者控告的机关应当及时处理。对处理不服的，可以向同级人民检察院申诉；人民检察院直接受理的案件，可以向上一级人民检察院申诉。人民检察院对申诉应当及时进行审查，情况属实的，通知有关机关予以纠正。"
2015年《人民检察院刑事诉讼涉案财物管理规定》第32条第2款规定："当事人及其法定代理人和辩护人、诉讼代理人、利害关系人对人民检察院的查封、扣押、冻结不服或者对人民检察院撤销案件决定、不起诉决定中关于涉案财物的处理部分不服的，可以依照刑事诉讼法和《人民检察院刑事诉讼规则（试行）》的有关规定提出申诉或者控告；人民检察院控告检察部门对申诉或者控告应当依照有关规定及时受理和审查办理并反馈处理结果。人民检察院提起公诉的案件，被告人、自诉人、附带民事诉讼的原告人和被告人对涉案财物处理决定不服的，可以依照有关规定就财物处理部分提出上诉，被害人或者其他利害关系人可以依照有关规定请求人民检察院抗诉。"

行人。2009年6月，莱芜法院作出（2006）莱城执字第733号以物抵债民事裁定："一、将被执人王某所有的坐落于宁波市海曙区苍松路147弄2号房号为×××4室的房屋一套以80万元的价值折抵给申请人吕某友所有。吕某友代为偿还中国工商银行宁波分行的购房贷款206538.70元；二、该房产所有权转移后，在王某具备本人及其所抚养家属生活所必需的其他居住房屋或申请人为其提供符合以上条件的其他替代房屋前，该房产仍归王某居住和使用。"2011年7月，莱芜法院作出（2011）莱城民监字第109号民事裁定，撤销（2006）莱城执字第733号以物抵债执行裁定。2012年3月，莱芜法院作出（2006）莱城执字第733-1号执行裁定："吕某友于本裁定生效之日起30日内向王某返还已取得浙江省宁波市海曙区苍松路147弄2号×××4室的房屋一套；不能退还的，折价抵偿。"之后，该案进入执行回转程序。因被执行人吕某友应返还的位于浙江省宁波市海曙区苍松路147弄2号×××4室的房屋已通过房产登记管理部门多次进行转移，返还原物已无法实现。折价抵偿的价格申请执行人王某与被执行人吕某友无法协商一致。莱芜法院于2017年2月23日作出（2015）莱城执字第846号执行裁定，终结返还原物执行案件的执行。

王某以错误执行赔偿为由提出国家赔偿申请。山东省济南市中级人民法院（以下简称济南中院）赔偿委员会审理认为，王某依据《最高人民法院关于适用〈中华人民共和国仲裁法〉若干问题的解释》第29条的规定认为本案违反级别管辖，因涉案执行案件立案执行时，该司法解释尚未实施，该解释不适用于本案。根据《执行若干规定》第10条的规定，仲裁机构作出的国内仲裁裁决，由被执行人住所地或被执行财产所在地人民法院执行。莱芜法院立案执行违反了上述地域管辖的规定，但王某后续同意由莱芜法院执行，且本案王某应承担的还款义务明确，该执行管辖并未实质侵犯王某的权利。涉案房产评估报告有效期限至2007年9月26日，莱芜法院委托拍卖时间为2008年7月17日，该评估已经失效。而涉案房产2009年6月12日抵顶给吕某友时距离第二次流拍已相隔7个月。上述执行行为有误，给申请人王某造成的直接经济损失应予国家赔偿。

本案中，济南中院赔偿委员会在审理国家赔偿案件中，按照责任构成要件进行损害赔偿要素审查，对于莱芜法院的执行行为进行合法性审查，在认定执行行为错误的基础上决定由莱芜法院承担赔偿责任。

【相关法律法规】

1.《赔偿确认案件规定》（已失效）

第十二条 人民法院确认或者不予确认违法行使职权的，应当制作裁定书。确认违法的，应同时撤销原违法裁决。

人民法院对本院司法行为是否违法作出的裁定书由院长署名；上级人民法院对下级人民法院司法行为是否违法作出的裁定书由合议庭署名。"

2.《最高人民法院关于民事诉讼证据的若干规定》

第十条 下列事实，当事人无须举证证明：

（一）自然规律以及定理、定律；

（二）众所周知的事实；

（三）根据法律规定推定的事实；

（四）根据已知的事实和日常生活经验法则推定出的另一事实；

（五）已为仲裁机构的生效裁决所确认的事实；

（六）已为人民法院发生法律效力的裁判所确认的基本事实；

（七）已为有效公证文书所证明的事实。

前款第二项至第五项事实，当事人有相反证据足以反驳的除外；第六项、第七项事实，当事人有相反证据足以推翻的除外。

第八条 根据当时有效的执行依据或者依法认定的基本事实作出的执行行为，不因下列情形而认定为错误执行：

（一）采取执行措施或者强制措施后，据以执行的判决、裁定及其他生效法律文书被撤销或者变更的；

（二）被执行人足以对抗执行的实体事由，系在执行措施完成之后发生或者被依法确认的；

（三）案外人对执行标的享有足以排除执行的实体权利，系在执行措施完成之后经法定程序确认的；

（四）人民法院作出准予执行行政行为的裁定并实施后，该行政行为被依法变更、撤销、确认违法或者确认无效的；

（五）根据财产登记采取执行措施后，该登记被依法确认错误的；

（六）执行依据或者基本事实嗣后改变的其他情形。

【条文主旨】

本条是关于对执行行为进行合法性审查不被认定违法具体情形的规定。

【起草背景】

本条规定执行法院依据当时有效的执行依据或者依法认定的基本事实作出的执行行为，不因执行依据或者基本事实的改变被认定为违法。所列各项具体情形，均属于执行当时具有执行依据或者基本事实上的合法性，事后因执行依据改变或者被认定的基本事实改变而丧失合法性基础的情形。本条与《解释》第2条、第13条规定内容互相关联，可以结合起来理解适用。第2条对属于司法赔偿范围的错误执行行为进行了列举，体现了国家赔偿所遵循的以违法性原则为基础、过错性原则为补充的归责原则，从正向规定了应进行司法赔偿的具体执行行为，而本条、第13条则反向规定了人民法院不承担赔偿责任的情形。如果说《解释》第1条、第2条明确了涉执行司法赔偿的构成及归责原则的话，那么本条、第13条实际上是例外的免责情形。

在司法赔偿归责原则上，一般认为具有违法原则、过错原则和结果原则（无过错原则）。2016年《非刑事司法赔偿解释》第1条将执行司法赔偿的界定为错误执行行为，《解释》沿用了此表述，体现了涉执行司法赔偿在原有违法追责原则基础上，进一步采用过错追责原则的意图，也符合近年来国家赔偿为保障受侵害人的权利逐步扩大赔偿范围的趋势。如何理解错误执行？应该说，凡是违法执行行为都是错误执行行为，绝大多数错误执行是违法执行，即违反法律、司法解释的规定采取执行措施；也有部分执行行为是过错执行，即执行行为并没有达到违法的程度，或者法律没有规定、规定不明确情形下，由于存在故意或者重大过失给被侵害人造成损失的执行行为。随着近年来执行工作的规范化，尤其是大量司法解释的出台，使得执行程序各个环节基本都有相关规定进行指引，一般因错误执行造成损害的行为表现为积极作为的形态；但根据执行程序的特点，效率也是执行工作的必然要求，消极执行是经常被诟病的情形，执行实践中存在因消极不作为导致他人权利受侵害的情形，《解释》呼应司法需求，列举了两种常见的不作为情形，并且在主观上限定为故意或者重大过失，如第2条中第2项、第6项即为过错执行，比较符合执行工作实际和国家赔偿发展需求。

同时，还应关注涉执行司法赔偿与刑事司法赔偿的不同特点。刑事司法赔偿主要针对的是对当事人人身生命健康、自由权利的侵害，有权利就有救济，无论是否有过错，生命健康、自由的权利损害都应得到赔偿，可以采用无过错原则进行归责；涉执行司法赔偿则主要为平等民商事主体之间的财产权利的侵害，且救济途径多样，公民、法人或其他组织财产权的保护要与公权力安全行使之间保持平衡，不宜采取无过错原则。

从执行行为的性质看，最大的特点就是其强制性，而这种强制性又带有对执行依据的依从性，按照《民事诉讼法》的规定，人民法院必须按照生效判决、裁定、仲裁裁决、公证债权文书等进行强制执行。执行法院在实施执行行为时所依据的为生效法律文书，执行工作只能按照判决、裁定的内容进行执行，实践中执行工作对判决、裁定内容有一定的判断权，但仅限于执行内容比较明确或者争议不大的情形，判决、裁定内容不明的，按照《执行权配置意见》的规定，需向审判部门书面征求意见。如果仅是对执行依据不服，则应通过审判监督程序予以解决。可见，在执行过程中，希望通过人民法院在执行程序对执行判决、裁定内容进行改变或者纠正并不具有可期待性，执行和解则属当事人间自愿的选择，因和解衍生的执行法律问题为例外。因此，执行工作在执行依据未发生变化之前，应继续推进执行。虽然不排除执行依据明显错误的极端情形，执行机构也只能对被执行人主动释明救济途径或者向相关部门发出司法建议、协调解决，并无擅自改变执行内容的权限。综上，无论理论界还是实务界，对于执行公权力行使的责任豁免达成共识也就顺理成章。

【条文精义】

对于本条所列举的不认定为违法的几种具体情形，需要结合执行工作实践进行理解和认定。

第一，采取执行措施或者强制措施后，据以执行的判决、裁定及其他生效法律文书被撤销或者变更的。此项主要是针对民商事执行案件，执行法院依据生效裁判文书已经采取执行措施或者强制措施后，作为执行依据的判决、裁定及其他生效法律文书被撤销或者变更，应否进行国家赔偿的情形。此种情形是比较典型的具有合法性的"错误执行"。根据1998年《执行若干规定》第2条的规定，执行法院在实施执行行为时所依据的生效法律文书种类具体包括：（1）人民法院民事、行政判决、裁定、调解书，民事制裁决定、支付令，以及刑事附带民事判决、裁定、调解书，刑事裁判涉财产部分；（2）依法应由人民法院执行的行政处罚决定、行政处理决定；（3）我国仲裁机构作出的仲裁裁决和调解书，人民法院依据《仲裁法》有关规定作出的财产保全和证据保全裁定；（4）公证机关依法赋予强制执行效力的债权文书；（5）经人民法院裁定承认其效力的外国法院作出的判决、裁定，以及国外仲裁机构作出的仲裁裁决；（6）法律规定由人民法院执行的其他法律文书。人民法院生效判决、裁定、调解书的撤销、变更，一般是指通过审判监督程序，以民事再审判决、裁定的形式对据以执行的生效判决、裁定、调解书予以撤销和改判，对仲裁裁决的撤销，也是经申请，由人民法院审理后对符合法定条件的作出裁定予以撤销。在此要注意与不予执行仲裁裁决申请的区别和衔接。

按照2017年《民事诉讼法》第233条的规定，执行完毕后，据以执行的判决、裁定和其他法律文书确有错误，被人民法院撤销的，对已被执行的财产，人民法院应当作出裁定，责令取得财产的人返还；拒不返还的，强制执行。也就是说，对于前述执行依据被撤销或者变更的，权利人可以在执行程序中进行救济，要求执行回转。执行程序中专门对执行回转规定了程序设置及赔偿方式。按照1998年《执行若干规定》第109条、第110条规定，原执行机构应当依当事人的申请或依职权，按照新的生效法律文书，作出执行回转的裁定，责令原申请执行人返还已取得的财产及其孳息。拒不返还的，强制执行。执行回转应重新立案，适用执行程序的有关规定。已执行的标的物系特定物的，应当退还原物。不能退还原物的，可以折价赔偿。

第二，被执行人足以对抗执行的实体事由，系在执行措施完成之后发生或者被依法确认的。被执行人针对执行行为可以提出异议、复议、监督，执行异议期间不停止执行，只有符合2017年《民事诉讼法》第256条的规定，才中止执行。故客观存在执行异议审查过程中，执行措施已经完成的情形。公权力的行使需要依法定程序进行，在此过程中，法律给予了当事人、利害关系人干预执行进程的事由，但不得过分扩张，没有边界，否则就破坏了应有的执行秩序。虽然这里强调的是执行措施完成之后，但在法律条文对一些足以阻却执行的行为和事实发生的时间加以规范的情形下，可以比照此规定予以认定。除了法律对中止、暂缓执行有具体条文规定外，还有些条文规定，比如关于拍卖、变卖规定中，对于当事人以清偿债务为由阻却拍卖的情形规定为在拍卖日前提出，否则不能得到支持，如果认为拍卖为错误执行行为给其造成损失申请国家赔偿也不能得到支持，可通过债权债务抵消或者不当得利返还进行救济。

第三，案外人对执行标的享有足以排除执行的实体权利，系在执行措施完成之后经法定程序确认的。对于案外人如何在司法程序中主张权利，如何协调审判程序和执行程序的救济，《最高人民法院关于人民法院立案、审判与执行工作协调运行的意见》第8条规定，审判部门在审理确权诉讼时，应当查询所要确权的财产权属状况。需要确权的财产已经被人民法院查封、扣押、冻结的，应当裁定驳回起诉，并告知当事人可以依照2017年《民事诉讼法》第227条的规定主张权利。也就是说，争议财产已经被人民法院查封、扣押、冻结的，审判部门不应再进行确权审理和裁判，而是告知当事人通过执行异议和执行异议之诉解决。与此相关的，还有2015年《民事诉讼法解释》第479条，其规定了与仲裁程序的衔接，即在执行中，被执行人通过仲裁程序将人民法院查封、扣押、冻结的财产确权或者分割给案外人的，不影响人民法院执行程序的进行。案外人不服的，可以根据2017年《民事诉讼法》第227条规定提出异议。与此相衔接，2014年《执行异议复议规定》第26条第2款规定，金钱债权执行中，案外人依据执行标的被查封、扣押、冻结后作出的另案生效法律文书提出排除执行异议的，人民法院不予支持。也就是说，执行程序对案外人对执行标的主张实体权利的救济安排，是在执行中提出实体异议，如果被驳回，则进入案外人异议之诉，按照《民事诉讼法》的规定，此种情形下，执行应当中止，一般来说，不会发生继续侵害案外人权益的情形，如果发生也会在执行程序予以解决。当然，如果属于应当中止而不中止，造成权益损害，即使案外人异议之诉判决结果发生在执行措施完成之后，申请国家赔偿的仍应予以支持，此乃另外的问题。因此，案外人未提出异议或者提出异议被驳回后未提出复议，而是另行提出第三人撤销之诉或者确权之诉，则很大程度在执行中得不到保护，如果第三人撤销之诉或者确权之诉结果系支持案外人的诉请，但执行措施已经完成的，案外人复议被驳回的，案外人取得确权判决后申请执行监督也得不到支持，其虽然可持该判决另行主张权利，但仍然属于走了弯路，不如直接走异议和异议之诉更现实直接。实践中有不少案例，就是案外人没能按照法律规定指引进行维权而无法及时实现权益保护。司法赔偿的此项规定也是与执行程序的相关规定相一致。

应当注意的是，此项规定并没有涵盖案外人异议的另一种情形：案外人作为利害关系人对执行行为提出异议，比如以房屋买卖合同权利、租赁权提出异议。对于此类案件，为了使执行程序保持连续和高效，而不是轻易被打断，执行程序安排的救济途径为通过异议复议程序审查，但异议复议审查不影响执行。实践中，一般执行法院会对案外人的异议进行初步考量，如果可能得到支持，则执行行为实际上会处于中止状态，这样就不会发生侵害案外人权益的情形，如果案外人的异议可能不会得到支持，则会继续推进，这种情况下，异议、复议也甚少得到支持。如果执行行为被执行异议或者复议、监督予以纠正，认定违法，不能因为法定程序发生在执行行为完成之后，而予以豁免。

第四，人民法院作出准予执行行政行为的裁定并实施后，该行政行为被依法变更、撤销、确认违法或者确认无效的。非诉行政案件执行是指行政执法机关对公民、法人和其他组织作出具体行政行为后，行政相对人既不申请复议，亦不起诉，又不自动履行或不完全履行义务，行政机关申请人民法院强制执行，人民法院经审查作出准予执行或不予执行裁定的制度。在裁定准予执行的情况下，就会通过人民法院执行程序使行政机关的具体行政行为得以实现。这项制度的主要依据是《行政诉讼法》第97条的规定："公民、法人或者其他组织对行政行为在法定期限内不提起诉讼又不履行的，行政机关可以申请人民法院强制执行，或者依法强制执行。"该条规定确立了我国行政强制执行制度的基本格局，即：具体行政行为原则上由行政机关申请人民法院强制执行；只有在法律、法规有特别授权时，行政机关才享有自行强制执行的权力。司法实践中，人民法院受理、审查、执行行政机关具体行政行为的行为习惯被称为"非诉执行"。《行政诉讼法解释》根据《行政诉讼法》第 97 条规定，对非诉执行案件的申请、审查、执行等作了更为具体、明确的规定。

其设立的目标在于力求兼顾保障人权和保证行政效率。一方面，这种制度是通过阻止违法的具体行政行为进入执行过程的形式，来达到保障行政相对人的合法权益不致因其未提起诉讼而受到违法具体行政行为的侵害；另一方面，它采用非诉讼的形式，也是为了简化程序，确保在较短的时间内，使用较小的成本，完成合法具体行政行为的强制执行。从理论上讲这是一种"补充的行政行为"。基于此，非诉执行活动不是单纯的司法活动，而是一种特殊的由行政机关启动的准司法性质的行为，是行政管理行为在司法中的延伸。从整个行政管理活动的全过程看，非诉执行属于行政权力借助或"委托"司法强制力作为自己权限不足部分的补充，其实质仍旧是行政机关实施行政管理作出的具体行政行为的最终实现。

比如，某林业局对未经批准非法占用沿海防护林地建设水产养殖场的行为，作出林业行政处罚决定，对违法行为人处以罚款，并责令自行拆除占用林地的所有建筑与设施，恢复原貌。又如，某水务局接到群众举报并进行现场调查后发现，某有限公司未经行政主管部门批准，擅自在某村填占河道，并作出行政处罚决定书，要求停止违法行为；清除所占河道内填占的石块、渣土、建筑垃圾，恢复原状，所需费用由违法者承担等。如果前述林业局、水务局向法院申请强制执行，人民法院经审查裁定准予执行，并实施后，处罚决定被撤销的，人民法院的执行行为不属于错误执行。需要注意的是，在司法实践中，还存在行政行为虽然被确认无效，但并没有被裁定变更或者确认违法的情形，执行行为并不必然被纠正或者改变。

第五，根据财产登记采取执行措施后，该登记被依法确认错误的。《解释》规定根据财产登记采取执行措施后，该登记被依法确认错误的情形，不认定为执行错误。《民法典》第 222 条对登记机构的损害赔偿责任作了规定，当事人提供虚假材料申请登记，造成他人损害的，应当承担赔偿责任。因登记错误，造成他人损害的，登记机构应当承担赔偿责任。登记机构赔偿后，可以向造成登记错误的人追偿。司法实践中，应注意审查造成登记权利人与真实权利人不一致的原因和情形，比如，夫妻共同所有的不动产登记在一方名下；作为遗产的不动产物权在被继承人死亡之后，仍登记在被继承人名下，或者登记在继承人、受遗赠人以外的人名下；人民法院生效裁判文书确认的不动产物权权利人与不动产登记簿上登记的权利人不一致；仲裁委员会的仲裁书确认的不动产物权权利人与不动产登记簿上登记的权利人不一致等情形。这些情形并非当事人提供虚假材料申请登记导致，登记机构亦无过错，但只要是登记与实际不符所造成的登记错误，人民法院依法采取执行措施而造成损失就应当予以豁免。当然，如果登记与实际明显不符，且权利人提出异议或者主张权利的，人民法院应依法予以审查。

第六，执行依据或者基本事实嗣后改变的其他情形。此为兜底条款，《解释》以列举的形式表明不属于错误执行的情形，但是实践是复杂和富于变化的，列举并不能涵盖所有的免责情形，故以兜底条款给予相应的解释空间。

【实务指南】

关于执行回转的性质理解问题。本条第1项规定的情形按照相关规定可在执行程序中予以救济。2017年《民事诉讼法》第233条对执行回转作了规定："执行完毕后，据以执行的判决、裁定和其他法律文书确有错误，被人民法院撤销的，对已被执行的财产，人民法院应当作出裁定，责令取得财产的人返还；拒不返还的，强制执行。"但在涉执行司法赔偿及执行工作实践中应注意以下问题。

第一，执行回转属于执行救济还是执行监督的问题。如果仅为依据2017年《民事诉讼法》第233条所进行的执行回转，实际上应属于执行救济范畴，但执行实践中往往还存在执行依据未发生变化的情形下，针对执行行为的异议、复议裁定被撤销情况下的执行回转，后者严格意义上属于执行监督范畴，所谓广义的执行回转。对二者进行区分的意义在于，涉执行司法赔偿认定在执行程序中是否无法得到救济的要件时，即使已经在执行监督情况下的执行回转仍可能被认为执行程序中已无法得到救济，从而纳入司法赔偿程序。国家赔偿区分狭义的执行回转和执行依据未撤销情形下的执行补救，狭义的执行回转属于豁免范畴，后者如果补救未到位，仍可请求进行司法赔偿。因此，厘清司法赔偿范畴中执行回转的内涵和外延，亦可督促上级法院或者执行法院在执行程序中及时进行监督和自我纠错，及时实现广义的执行回转，最大限度地保护赔偿申请人的合法权益。

第二，如果不能执行回转，是否仍可请求司法赔偿问题。对执行回转时发生的错误执行行为，属于新的执行行为，可以针对新的执行行为提起赔偿申请。至于执行回转未能挽回损失的情况下是否予以赔偿的问题，值得进一步研究。实践中，进入执行回转程序的，需另行裁定进入，属于新的执行案件，另行立案执行。如果执行回转案件无法执行，执行法院不存在违法或者过错执行行为的，该无法执行回转的损失系因民事裁判错误造成，此种情形属于司法裁判权豁免的范畴，执行法院不承担国家赔偿责任。另外，需要说明的是，如果执行依据明显错误的，执行过程中也可以向被执行人主动释明救济途径或者向相关部门发出司法建议、协调解决，从而避免对明显存在错误的执行依据强行推进执行，导致无谓的执行回转。

【典型案例】

1. 张某申请吉林省通化市中级人民法院错误执行赔偿案

某建筑公司于1993年承建通化市石油化工机械厂开发建设综合楼项目。张某与某建筑公司于1996年12月29日签订购房协议，某建筑公司将A、B门市房出售给张某，但该房屋一直未办理过户手续。2000年9月6日，张某将某建筑公司诉至法院，法院针对该房屋确权纠纷案作出民事判决，后张某申请强制执行，执行法院作出民事裁定：（1）A、B门市房归申请执行人张某所有；（2）上款由房屋管理部门协助办理有关产权证照。

1998年6月18日，某药用胶丸厂与某城市信用社签订抵押担保借款合同，某建筑公司作为抵押人将A、B、C、D门市房作为抵押物。2000年10月24日，法院作出财产保全裁定进行了查封。经诉讼，通化市中级人民法院（以下简称通化中院）作出74号民事判决后进入强制执行，张某不服查封其A、B门市房，先后提出保全、执行异议，但被驳回，执行异议裁定未送达张某。2003年7月，通化中院对上述房屋进行了拍卖。后经再审，法院对74号判决进行纠正，判决A、B门市房归原告张某所有；某建筑公司协助办理房屋过户手续等。2015年2月27日，张某取得A门市房所有权证，张某之妻王某取得B门市房所有权证。

张某提出国家赔偿，请求赔偿其从2003年7月4日发出拍卖通告至买受人于2018年12月28日从上述房屋迁出期间的租金损失。吉林省高级人民法院（以下简称吉林高院）赔偿委员会作出国家赔偿决定认为："一、关于执行拍卖行为是否违法问题。2003年7月拍卖案涉房屋时，根据房屋产权部门的登记，上述房屋的所有权人仍为某建筑公司，依据生效的74号判决拍卖被执行人某建筑公司名下的案涉房产符合法律规定。二、关于是否应当中止执行问题。法院在执行74号判决时，查封了某建筑公司名下的A、B门市房。张某以案外人名义提出异议后被驳回，不存在中止执行的情形。驳回执行异议裁定未及时送达张某，通化中院存在执行程序上的瑕疵，但不能改变执行拍卖时案涉房屋在某建筑公司名下的事实。三、关于房屋租金损失产生的根本原因。张某所称租金损失是其认为执行行为导致其A、B门市房拍卖给他人，其无法收取上述房屋租金的损失。在案涉房屋未能及时办理更名过户的情况下，拍卖某建筑公司名下的房产与张某所主张的房屋租金损失无必然因果关系。"

张某对该决定仍不服，向最高人民法院赔偿委员会提出申诉。最高人民法院赔偿委员会认为：根据《最高人民法院关于人民法院执行〈中华人民共和国国家赔偿法〉几个问题的解释》第2条第2款的规定，人民法院审理的民事、经济、行政案件发生错判并已执行，依法应当执行回转的，或者当事人申请财产保全、先予执行，申请有错误造成财产损失依法应由申请人赔偿的，国家不承担赔偿责任。《非刑事司法赔偿解释》第7条第1项规定亦再次明确。本案中，通化中院将被执行人某建筑公司A、B门市房予以查封并拍卖，系依据当时生效的74号判决所作出的执行行为。该生效判决在其被依法撤销之前，对于案件当事人具有强制执行的法律效力，执行行为的合法性不因作为执行根据的生效判决被再审撤销而改变。该74号判决经再审被撤销后，张某已通过执行回转程序重新取得案涉房屋的所有权，其权利已经获得救济。故依据前述规定，本案通化中院对案涉房屋的执行系因民事错判造成，且已通过执行回转程序弥补张某的损失，国家依法不承担赔偿责任。通化中院未向张某送达驳回异议裁定虽存在一定瑕疵，但该瑕疵并非案涉房屋被执行的直接原因，且未给张某的实体权利造成损害。至于张某主张的案涉房屋租金损失，实质是由于某建筑公司以案涉房屋为某药用胶丸厂进行抵押所致，其应通过民事诉讼途径主张权利。吉林高院赔偿决定正确，张某的申诉事项及理由不能成立。综上，通化中院对案涉房屋的执行系因民事错判造成，且已通过执行回转程序弥补损失，国家依法不承担赔偿责任。主张的案涉房屋租金损失，实质是由于某建筑公司以案涉房屋为某药用胶丸厂进行抵押所致，应通过民事诉讼途径主张权利。

2. 王某兰申请内蒙古自治区呼伦贝尔市中级人民法院错误执行赔偿案

1984年王某兰夫妇二人与孙某贵签订房契，以8000元购买了一处96平方米的三间平房，没有办理房产过户手续。同年，王某兰丈夫开办了米面加工厂，1987年因车祸死亡，王某兰与其子李某山于1991年3月1日签订承包面粉厂合同，约定甲方王某兰将厂房及设备承包给乙方李某山经营，期限从1991年3月1日起至1997年12月31日止。1995年镇政府统一换发房照，镇土地办将李某山承包的厂房登记在李某山的名下。因李某山与他人借款抵押纠纷，法院作出民事判决后于1999年1月29日将该案移交执行庭。要求债务人李某山自行迁出房屋，逾期则强制执行。赔偿义务机关公告当日，王某兰提出执行异议，认为民事裁定书保全的财产的所有权人不是李某山而是王某兰，不应执行，并提供了面粉厂承包合同、房屋所有权证及孙某贵的证言等证据。执行异议后被驳回。

后人民法院作出行政判决，认定镇政府为李某山办理房屋所有权证的行为程序违法。2013年1月29日，赔偿请求人起诉镇人民政府，要求赔偿本案所涉房产及加工厂设备各项损失共计18365020元，赔偿义务机关于作出行政判决，判令由镇政府赔偿损失39683元及利息。王某兰又针对法院执行行为提出国家赔偿请求。

呼伦贝尔市中级人民法院赔偿委员会认为，执行法院在依法强制执行李某山名下的房产一案，依据是已生效的民事判决，执行依据合法；执行房产过程中，在送达执行通知、执行标的异议审查、强制迁出等执行程序方面，均符合法律规定，执行行为合法。执行房产过程中，案外人王某兰虽提出异议，但赔偿义务机关在执行前已作出相关调查并作出合法认定。尽管执行房产时所依据的李某山名下的房产证被后来的行政判决书认定是房产部门违法颁发，但并不能因此认定赔偿义务机关的执行行为违法。并且，赔偿请求人房产部分的损失，在审理赔偿请求人申请镇政府行政赔偿一案中，已得到了相应的赔偿。故执行法院执行该房产并没有违法。驳回赔偿请求人王某兰的该国家赔偿请求。王某兰后向内蒙古自治区高级人民法院赔偿委员会提出申诉，亦被驳回。

综上，执行法院依据生效判决及被执行人名下的房产证进行强制执行，符合法律规定。虽然该房产证后被行政判决书认定为房产部门违法颁发，但不能因此认定执行行为违法。赔偿请求人的损失并非执行行为造成的，并且，房产部分的损失，在审理赔偿请求人申请行政赔偿一案中，已得到了违法颁发房产证的政府机关相应的赔偿。故对赔偿请求人要求赔偿房屋及院墙、周围土地损失的请求不予支持。

【相关法律法规】

1.《民事诉讼法》

第二百四十条 执行完毕后,据以执行的判决、裁定和其他法律文书确有错误,被人民法院撤销的,对已被执行的财产,人民法院应当作出裁定,责令取得财产的人返还;拒不返还的,强制执行。

2.《行政强制法》

第八条第一款 公民、法人或者其他组织因人民法院在强制执行中有违法行为或者扩大强制执行范围受到损害的,有权依法要求赔偿。

3.《民事诉讼法解释》

第四百七十四条 法律规定由人民法院执行的其他法律文书执行完毕后,该法律文书被有关机关或者组织依法撤销的,经当事人申请,适用民事诉讼法第二百四十条规定。

第四百七十七条 在执行中,被执行人通过仲裁程序将人民法院查封、扣押、冻结的财产确权或者分割给案外人的,不影响人民法院执行程序的进行。

案外人不服的,可以根据民事诉讼法第二百三十四条规定提出异议。

4. 2000年《行政诉讼法解释》(已失效)

第九十三条 人民法院受理行政机关申请执行其具体行政行为的案件后,应当在30日内由行政审判庭组成合议庭对具体行政行为的合法性进行审查,并就是否准予强制执行作出裁定;需要采取强制执行措施的,由本院负责强制执行非诉行政行为的机构执行。

5.《执行若干规定》

65. 在执行中或执行完毕后,据以执行的法律文书被人民法院或其他有关机关撤销或变更的,原执行机构应当依照民事诉讼法第二百三十三条的规定,依当事人申请或依职权,按照新的生效法律文书,作出执行回转的裁定,责令原申请执行人返还已取得的财产及其孳息。拒不返还的,强制执行。

执行回转应重新立案,适用执行程序的有关规定。

66. 第1款 执行回转时,已执行的标的物系特定物的,应当退还原物。不能退还原物的,经双方当事人同意,可以折价赔偿。

6. 《**执行异议复议规定**》

第七条 当事人、利害关系人认为执行过程中或者执行保全、先予执行裁定过程中的下列行为违法提出异议的，人民法院应当依照民事诉讼法第二百二十五条规定进行审查：

（一）查封、扣押、冻结、拍卖、变卖、以物抵债、暂缓执行、中止执行、终结执行等执行措施；

（二）执行的期间、顺序等应当遵守的法定程序；

（三）人民法院作出的侵害当事人、利害关系人合法权益的其他行为。

被执行人以债权消灭、丧失强制执行效力等执行依据生效之后的实体事由提出排除执行异议的，人民法院应当参照民事诉讼法第二百二十五条规定进行审查。

除本规定第十九条规定的情形外，被执行人以执行依据生效之前的实体事由提出排除执行异议的，人民法院应当告知其依法申请再审或者通过其他程序解决。

7. 《**最高人民法院关于办理申请人民法院强制执行国有土地上房屋征收补偿决定案件若干问题的规定**》

第九条 人民法院裁定准予执行的，一般由作出征收补偿决定的市、县级人民政府组织实施，也可以由人民法院执行。

第九条 赔偿请求人应当对其主张的损害负举证责任。但因人民法院未列清单、列举不详等过错致使赔偿请求人无法就损害举证的，应当由人民法院对上述事实承担举证责任。

双方主张损害的价值无法认定的，应当由负有举证责任的一方申请鉴定。负有举证责任的一方拒绝申请鉴定的，由其承担不利的法律后果；无法鉴定的，人民法院赔偿委员会应当结合双方的主张和在案证据，运用逻辑推理、日常生活经验等进行判断。

【条文主旨】

本条是关于待证事实不明时举证责任分配及认定的规定。

【条文精义】

本条根据审判实践的需求，对2013年《最高人民法院关于人民法院赔偿委员会适用质证程序审理国家赔偿案件的规定》的有关内容进行了细化，同时参考借鉴了2018年《行政诉讼法解释》和2020年《最高人民法院关于民事诉讼证据的若干规定》的有关内容。

一、举证责任的内涵

举证责任，又称为证明责任。对于举证责任的含义，诉讼法理论上主要有三种界定，即行为责任说、双重含义说、危险负担说。在我国司法实践中，主要是按双重含义说来理解举证责任的。双重含义说认为举证责任包括行为意义上的举证责任和结果意义上的举证责任。行为意义上的举证责任，是指对于诉讼中的待证事实，应当由谁提出证据加以证明的责任，又称为形式上的举证责任、主观的举证责任、提供证据的责任。结果意义上的举证责任，是指当待证事实的存在与否最终处于真伪不明状态时，应当由谁承担因此而产生的不利法律后果的责任，又称为实质上的举证责任、客观的举证责任、说服责任。对于举证责任的双重含义，通常更为强调其结果意义，其理由在于：（1）举证责任的本质在于作为裁判基础的法律要件事实真伪不明时的不利诉讼后果的承担。按照法律要件分类说，依据实体法规定的法律要件事实的不同类别在当事人之间分配举证责任；当事人对于己有利的法律规范所规定的要件事实负举证责任，要件事实处于真伪不明状态时，法院将不适用当事人请求适用的对其有利的法律规范。(2) 举证责任具有行为意义和结果意义的双重含义，但结果意义代表举证责任的本质。二者的联系主要在于行为责任依附于结果责任，负有结果责任的一方负有在先的行为责任即最先提供证据的责任。(3) 突出结果意义的举证责任，主要从诉讼风险承担的角度规定举证责任，具有实质的分配意义，更能引导双方合理举证。

举证责任分配是指如何在当事人之间对举证责任进行分配。举证责任分配制度最早可以追溯到古罗马法中的两条法则，"主张者承担证明，否定者不承担证明"和"事物的性质上不要求否定者承担证明"。其后，两大法系传统的举证责任分配制度在实质上强调同一理论，即诉讼中主张积极性（肯定）事实的当事人承担证明责任，将消极性（否定）事实引入诉讼中的当事人无须对该事实承担证明责任。

随着证据法的不断发展，传统的举证责任分配理论已被突破，当代举证责任分配理论主要有英美法系的利益衡量说和大陆法系的法律要件分类说。利益衡量说主张根据证明对象与证明主体之间的利益关系来分配举证责任，认为举证责任分配不存在一般性标准，只能在综合政策、公平和盖然性等诉讼利益的基础上就具体案件进行具体分配。而以德国学者罗森贝克为代表的法律要件分类说最大程度地统一了大陆法系各国在举证责任领域内的法律实践。

法律要件分类说主张根据现行法律规定来分配举证责任，即按照法条的措辞、构造以及适用顺序，将法律规定分为权利根据规定、权利妨碍规定、权利消灭规定和权利行使阻止规定，并以法律规定的分类为依据，以法律规定的原则性与例外性关系及基本规定和相反规定的关系为标准分配举证责任。换言之，主张权利存在的人，应就权利产生的法律要件事实举证；否定权利存在的人，应对妨碍该权利的法律要件事实举证；主张权利消灭的人，应对权利已经消灭的法律要件事实举证；主张权利受制的人，应对权利受制的法律要件事实举证。

随着理论和实务的发展，法律要件分类说逐渐更多地被我国法律、司法解释采用，尤其是在2015年2月4日起施行的《民事诉讼法解释》中得到了充分体现。该司法解释第91条规定："人民法院应当依照下列原则确定举证证明责任的承担，但法律另有规定的除外：（一）主张法律关系存在的当事人，应当对产生该法律关系的基本事实承担举证证明责任；（二）主张法律关系变更、消灭或者权利受到妨害的当事人，应当对该法律关系变更、消灭或者权利受到妨害的基本事实承担举证证明责任。"法律要件分类说对国家赔偿举证责任分配制度也产生了深远影响。按照法律要件分类说，对于适用无罪羁押赔偿原则的国家赔偿案件，其法律要件事实为损害事实、因果关系、侵权行为；对于适用违法归责原则的国家赔偿案件，其法律要件事实为损害事实、因果关系、侵权行为、违法性；对于适用过错归责原则的国家赔偿案件，其法律要件事实为损害事实、因果关系、侵权行为、过错。国家赔偿举证责任分配系针对上述法律要件事实，将不同要件事实的诉讼风险在赔偿请求人、赔偿义务机关之间分配。

二、民事、行政诉讼举证责任的分配

（一）民事诉讼中举证责任的分配

《民事诉讼法》第 67 条第 1 款规定，当事人对自己提出的主张，有责任提供证据。这是我国民事诉讼立法上关于举证责任的法律渊源。从内容上看，这一规定只体现了当事人对其事实主张的证明义务，具有明显的行为意义的举证责任的特征。其并未涉及待证事实真伪不明时的裁判规则和依据，结果意义的举证责任内容无从体现。

2001 年《最高人民法院关于民事诉讼证据的若干规定》通过明确举证责任的含义，强化当事人的举证责任。该解释第 2 条规定，当事人对自己提出的诉讼请求所依据的事实或者反驳对方诉讼请求所依据的事实有责任提供证据加以证明。没有证据或者证据不足以证明当事人的事实主张的，由负有举证责任的当事人承担不利后果。尽管由于 2001 年《最高人民法院关于民事诉讼证据的若干规定》中缺乏举证责任分配的一般规则的明确规定，该条文的内容仍然较多地含有行为意义的举证责任特征，结果意义的举证责任不明显，但在理解上举证责任包括双重含义，已经形成普遍共识。因此，《民事诉讼法解释》延续了 2001 年《最高人民法院关于民事诉讼证据的若干规定》的表述方式，在第 91 条规定了举证责任分配的一般规则，人民法院应当依照下列原则确定举证证明责任的承担，但法律另有规定的除外：（1）主张法律关系存在的当事人，应当对产生该法律关系的基本事实承担举证证明责任；（2）主张法律关系变更、消灭或者权利受到妨害的当事人，应当对该法律关系变更、消灭或者权利受到妨害的基本事实承担举证证明责任。根据本条规定，凡当事人提出的于己有利的事实主张，均有提供证据进行证明的义务和责任，主张于己不利的事实的，属于自认规则的范畴，并不涉及举证责任问题。结果意义的举证责任在待证事实真伪不明时发生作用，此处的待证事实系指当事人主张的诉讼标的之权利义务或法律关系的要件事实，间接事实或者辅助事实真伪不明只有反射到要件事实之上，致使要件事实发生真伪不明时，才发生结果意义的举证责任，也才有证明责任判决适用的余地。

（二）行政诉讼中举证责任的分配

《行政诉讼法》第 34 条第 1 款规定："被告对作出的行政行为负有举证责任，应当提供作出该行政行为的证据和所依据的规范性文件。"本条规定确定了行政诉讼举证责任分配的基本原则，即被告对被诉行政行为的合法性承担举证责任。需要指出的是，《行政诉讼法》根据行政诉讼的特点，确定由被告行政机关承担行政行为合法性的举证责任，并不属于举证责任的倒置。行政诉讼中，起诉虽然由行政相对人提起，但法院要审查的不是行政相对人行为的合法性，而是行政行为的合法性。原告实质上是对被告在行政争议中提出的实体请求的抗辩，行政行为是行政机关的主张，被告应首先为其实体请求举证。因此，行政诉讼中被告举证正是"谁主张，谁举证"的一般原则的体现。

对被诉行政行为合法性的举证责任由被告完成，但并不代表原告完全免于举证责任。《行政诉讼法》专门规定了原告在特定案件中的举证责任。第 38 条规定："在起诉被告不履行法定职责的案件中，原告应当提供其向被告提出申请的证据。但有下列情形之一的除外：（一）被告应当依职权主动履行法定职责的；（二）原告因正当理由不能提供证据的。在行政赔偿、补偿的案件中，原告应当对行政行为造成的损害提供证据。因被告的原因导致原告无法举证的，由被告承担举证责任。"行政赔偿诉讼不同于一般的行政诉讼，获得行政赔偿的前置问题即行政行为的违法性已经明确，双方当事人之间已不是行政行为的合法性之争，而主要是行政赔偿问题，即原告向被告主张因行政行为造成的损害赔偿。从本质上说，行政赔偿责任仍是一种侵权责任。行政赔偿案件与民事侵权责任案件存在许多相似之处，如都存在侵权行为、侵权行为均侵害了受害人的人身权或财产权、支付赔偿金皆是承担责任的主要方式等。依据我国《民事诉讼法》的规定，当事人对自己提出的主张，有责任提供证据。从理论上讲，行政赔偿案件完全可以参照民事诉讼的举证责任分配规则，也即由主张获得赔偿的原告对其主张的事实举证加以证明，另一方需要针对原告提出的主张和事实进行答辩提出反证。

如果出现由于被告的原因导致原告客观上无法提供证明其主张的证据的情况，则原告主张事实的举证责任由被告承担。《行政诉讼法解释》第47条第1款规定："根据行政诉讼法第三十八条第二款的规定，在行政赔偿、补偿案件中，因被告的原因导致原告无法就损害情况举证的，应当由被告就该损害情况承担举证责任。"

三、国家赔偿举证责任分配的一般规则

《国家赔偿法》第26条规定："人民法院赔偿委员会处理赔偿请求，赔偿请求人和赔偿义务机关对自己提出的主张，应当提供证据。被羁押人在羁押期间死亡或者丧失行为能力的，赔偿义务机关的行为与被羁押人的死亡或者丧失行为能力是否存在因果关系，赔偿义务机关应当提供证据。"该条规定确立了"谁主张，谁举证"的基本原则，并规定了举证责任倒置的例外情况，是2010年《国家赔偿法》修改新增加的内容。《国家赔偿法》的修改虽然增加了关于举证责任的内容，但第26条规定只确立了行为意义上的举证责任，并未确立结果意义上的举证责任，没有解决要件事实真伪不明时，赔偿委员会如何作出决定、由谁承受不利后果的问题。此外，对于实践中经常发生的对于同一个需要证明的问题，一方主张了一些肯定性的事实，另一方主张了一些否定性的事实，此时应当由哪一方承担证明责任的问题，仅依照"谁主张，谁举证"的原则难以作出准确的判断。

《赔偿案件程序规定》在《国家赔偿法》第26条规定的基础上，进一步明确了赔偿委员会审理程序中举证责任分配的一般规则。赔偿请求人、赔偿义务机关对自己提出的主张或者反驳对方主张所依据的事实有责任提供证据加以证明。实践中，赔偿请求人提供证据证明的内容一般包括：赔偿义务机关实施的职权行为违法，赔偿义务机关的违法行为给自己的合法权益造成了实际的损害，自己的损害是由赔偿义务机关的行为引起的，赔偿义务机关应予赔偿的损失数额等。赔偿义务机关的抗辩事由一般是，赔偿义务机关的行为合法，赔偿义务机关的行为与赔偿请求人之间没有因果关系，赔偿义务机关不应给予赔偿请求人赔偿或者不应给予赔偿请求人请求的赔偿数额等。如果赔偿请求人或者赔偿义务机关无法提供证据证明自己提出的主张或者提出的证据不能证明自己提出的主张，就要承担不能获得赔偿或者应当给予赔偿等不利后果。当然，如果受害人在被羁押期间死亡或者丧失行为能力，其

自己已无法收集、提供证据，根据《国家赔偿法》第 26 条的规定，作为赔偿义务机关的监管机关有责任进行调查，查明受害人死亡或丧失行为能力的原因，负责证明其行为与受害人的死亡或者丧失行为能力之间是否存在因果关系。如果赔偿义务机关不能提供证据证明二者之间没有因果关系，例如，不能证明受害人的死亡或者丧失行为能力是由其个人生病所致，或是因其自伤、自残等故意行为所致，则赔偿委员会可以认定二者之间具有因果关系。

《最高人民法院关于人民法院赔偿委员会适用质证程序审理国家赔偿案件的规定》第 5 条规定："赔偿请求人、赔偿义务机关对其主张的有利于自己的事实负举证责任，但法律、司法解释另有规定的除外。没有证据或者证据不足以证明其事实主张的，由负有举证责任的一方承担不利后果。"该条规定在《国家赔偿法》第 26 条第 1 款和《赔偿案件程序规定》的基础上，以罗森贝克的法律要件分类说为学理基础，借鉴了 1976 年《法国民事诉讼法》第 9 条、《美国模范刑法典》第 1.12 条的规定。该条规定更为强调结果意义的举证责任，理由在于：第一，举证责任的本质在于作为裁判基础的法律要件事实真伪不明时的不利诉讼后果的承担。按照法律要件分类说，依据实体法规定的法律要件事实的不同类别在当事人之间分配举证责任；当事人对于己有利的法律规范所规定的要件事实负举证责任，要件事实处于真伪不明状态时，法院将不适用当事人请求适用的对其有利的法律规范。第二，举证责任具有行为意义和结果意义的双重含义，但结果意义代表举证责任的本质。二者的联系主要在于行为责任依附于结果责任，负有结果责任的一方负有在先的行为责任即最先提供证据的责任。第三，该条表述与其后的第 6 条至第 8 条的规定具有一致性，都是突出结果意义的举证责任，主要从诉讼风险承担的角度规定举证责任，具有实质的分配意义，更能引导双方合理举证。第四，该条第 1 款"有利于"的用语，点明了结果意义的举证责任的实质。在表述上，既对应于第 2 款的"不利后果"的表述，又呼应了举证时限、自认、妨碍举证的推定中关于"有利""不利"的事实等表述。

四、国家赔偿举证责任的特殊规则

《最高人民法院关于人民法院赔偿委员会适用质证程序审理国家赔偿案件的规定》第 6 条规定："下列事实需要证明的，由赔偿义务机关负举证责任：（一）赔偿义务机关行为的合法性；（二）赔偿义务机关无过错；（三）因赔偿义务机关过错致使赔偿请求人不能证明的待证事实；（四）赔偿义务机关行为与被羁押人在羁押期间死亡或者丧失行为能力不存在因果关系。"该条规定举证责任分配的特殊规则,对举证责任分配的一般原则进行适度修正,确保实质公平正义的实现。对于本应由赔偿请求人负举证责任的待证事实,在特殊情形下由赔偿义务机关承担举证责任。按照举证责任分配的一般规则,赔偿请求人应对国家赔偿责任构成的全部要件事实承担举证责任。考虑到赔偿请求人处于弱势地位,举证能力有限,有必要结合举证能力的大小、距离证据的远近等因素,合理地减轻赔偿请求人的举证责任,实现赔偿请求人与赔偿义务机关在国家赔偿程序中的平等对抗。

《解释》本条对上述司法解释进一步细化,规定"因人民法院未列清单、列举不详等过错致使赔偿请求人无法就损害举证的,应当由人民法院对上述事实承担举证责任"。之所以作出这样的规定,一方面,主要是考虑到因赔偿义务机关的原因客观上导致请求人无法举证,不宜将举证责任再加诸赔偿请求人自身;另一方面,赔偿义务机关要对自己的过错和违法情形承担代价。在吴某华申请石家庄市长安区人民法院错误执行赔偿申诉案中,就体现了以下规则:在错误执行赔偿案件当中,赔偿请求人应当就其遭受的损害及其损害大小提供相应的证据,因赔偿义务机关过错致使赔偿请求人无法提供证据的,由赔偿义务机关负举证责任。

这一规则在行政赔偿实践中亦是如此。最高人民法院发布的第91号指导案例沙明保等诉马鞍山市花山区人民政府房屋强制拆除行政赔偿案裁判要旨指出,"在房屋强制拆除引发的行政赔偿案例中,原告提供了初步证据,但因行政机关的原因导致原告无法对房屋内物品进行举证,行政机关亦因未依法进行财产登记、公证等措施无法对房屋内物品进行举证的,人民法院对原告未超出市场价值的符合生活常理的房屋内物品的赔偿请求,应当予以支持"。在该案中,安徽省高级人民法院作出的生效二审判决撤销了马鞍山市中级人民法院驳回原告诉讼请求的一审判决,改判行政机关赔偿上诉人房屋内物品损失8万元,就是考虑到当事人主张的衣物、家具、家电、手机等日常生活必需品5万元具有合理性,同时就其所主张的实木雕花床5万元,在无法鉴定时法院结合裁判作出时普通实木雕花床的市场价格,按"就高不就低"的原则综合酌定3万元,符合生活常理。

五、双方主张的价值无法认定时鉴定申请程序的启动与认定

本条第2款前半段规定了"双方主张损害的价值无法认定的,应当由负有举证责任的一方申请鉴定"。主要参考《行政诉讼法解释》以及《民事诉讼法》及其司法解释的规定。《民事诉讼法》第 79 条规定："当事人可以就查明事实的专门性问题向人民法院申请鉴定。当事人申请鉴定的，由双方当事人协商确定具备资格的鉴定人；协商不成的，由人民法院指定。当事人未申请鉴定，人民法院对专门性问题认为需要鉴定的，应当委托具备资格的鉴定人进行鉴定。"《民事诉讼法解释》第 121 条规定："当事人申请鉴定，可以在举证期限届满前提出。申请鉴定的事项与待证事实无关联，或者对证明待证事实无意义的，人民法院不予准许。人民法院准许当事人鉴定申请的，应当组织双方当事人协商确定具备相应资格的鉴定人。当事人协商不成的，由人民法院指定。符合依职权调查收集证据条件的，人民法院应当依职权委托鉴定，在询问当事人的意见后，指定具备相应资格的鉴定人。"从上述规定精神看，基于"谁主张，谁举证"的一般规则，各方当事人基于提交证据真实性的需要均可向法院提出申请，法院具有审查权，依法决定是否准许当事人的申请并指定鉴定人；同时，即便当事人未申请鉴定，法院根据需要也可依职权委托具备资格的鉴定人进行鉴定。就申请的条件而言，主要是针对"双方主张损害的价值无法认定的"情形。这里的"无法认定"主要指因各方当事人各执一词，提供的证据可信度不强，法院难以认定，而前提是有待鉴定的物品尚在，没有丧失鉴定条件。提出鉴定申请的主体限于"负有举证责任的一方"，既可能是赔偿请求人，也可能是赔偿义务机关。

六、一方拒绝申请鉴定或无法鉴定时赔偿数额的酌定规则

本条第 2 款后半段规定："负有举证责任的一方拒绝申请鉴定的，由其承担不利的法律后果；无法鉴定的，人民法院赔偿委员会应当结合双方的主张和在案证据，运用逻辑推理、日常生活经验等进行判断。"本条规定对举证责任作了明确规定，即负有举证责任的一方拒绝申请鉴定的，由其承担不利的法律后果，以此来督促相关当事人及时履行提出鉴定申请的义务。本条规定之要旨在于，人民法院向负有举证责任的一方当事人已释明而其拒绝申请鉴定的，则应当由其承担举证不利的后果。《民事诉讼法解释》第 105 条也有类似规定："人民法院应当按照法定程序，全面、客观地审核证据，依照法律规定，运用逻辑推理和日常生活经验法则，对证据有无证明力和证明力大小进行判断，并公开判断的理由和结果。"法院的判决必须建立在符合理性的论证之上，判决的结果才具有说服力。因此，法官应当是一个理性

人。这里的所谓"理性",是指通晓法律思维逻辑的一般规律,并善于运用日常的社会生活经验,正确认定事实、适用法律。(1)关于逻辑推理。科学的逻辑思维不仅是认识客观世界的重要思维工具,也是进行法律推理的重要思维工具。对于法律推理而言,逻辑规律的重要作用体现在,一方面,它能帮助法官避免在证据的审核判断和事实认定的过程中出现思维错误,导致错误认定事实;另一方面,它能保证法律推理的确定性、一致性,从而保证法律适用的一致性,具有维护司法公正的重要作用。(2)关于日常生活经验,是指法官在其日常生活中认识和领悟的客观事物之间的必然联系或者一般规律,具有普遍公认或者不证自明的性质。它的基本特征是:第一,它是一种客观意义上的普遍知识,作为基本常识而为公众普遍认同,无须借助任何证据予以证明,也无须法律予以规定。第二,经验法则须以法官职业素养为前提,对一般生活经验加以提炼,以作为认定待证事实的根据。需要明确指出的是,经验法则可分为一般经验法则和特殊经验法则,一般经验法则就是为社会中的普通人所普遍接受或者体察的社会生活经验;特殊的经验法则则是需要借助于特殊的知识和经验才能认识和体察的专门经验和知识。对法官认定事实和适用法律有积极作用的是一般经验知识,特殊的经验法则即使已被法官掌握,仍须通过较为严格的证明程序予以证明,以确保其客观公正。

【典型案例】

一、吴某华申请河北省石家庄市长安区人民法院错误执行赔偿申诉案

河北省石家庄市长安区人民法院(以下简称长安法院)在清点扣押物品时遗漏登记,吴某华以遗漏登记的物品中部分灭失等理由申请赔偿。吴某华在列举了灭失物品的种类、数量和价格的同时,称存放上述物品发票等证据的铁柜,被长安法院扣押后没有返还。案经河北省高级人民法院(以下简称河北高院)赔偿委员会提审后,吴某华仍不服,向最高人民法院赔偿委员会申诉。

最高人民法院赔偿委员会认为,上述情况如果属实,则导致吴某华无法就其损害提供充分证据的原因在于长安法院,故应由该院承担举证责任。首先,根据本案现有证据和原审质证情况,可以认定长安法院先予执行过程中,对扣押的燕赵厂内财产登记造册时,存在部分物品未登记的情形,石家庄市中级人民法院(以下简称石家庄中院)赔偿委员会认定长安法院先予执行不存在漏登现象,属于认定事实不清;石家庄中院赔偿委员会认定吴某华

取回物品不出具收条，主要证据不足。河北高院赔偿委员会认可石家庄中院赔偿委员会查明的包括上述事实在内的案件事实，亦属认定事实不清。其次，针对登记物品中灭失部分的赔偿请求，河北高院赔偿委员会在物品灭失，其价值难以评估的情况下，审核吴某华所提主张，结合案件具体情况，酌定损失数额并无不妥，但将吴某华未依裁定要求自行拆除建筑物，作为确定赔偿比例时的酌减因素，显为不当。最后，针对未登记物品中灭失部分的赔偿请求，吴某华在原审质证中提供了列明物品名称、数量、价格等信息的未取回物品的清单，同时提出，存放上述物品发票等证据的铁柜，被长安法院扣押后至今没有返还。情况如果属实，则导致吴某华无法就其损害提供充分证据的原因在于长安法院。按照《国家赔偿法》第26条和《最高人民法院关于人民法院赔偿委员会适用质证程序审理国家赔偿案件的规定》第6条规定，应由长安法院提供反证以推翻吴某华此项主张。在此情况下，河北高院赔偿委员会应当就吴某华此项事实主张进行调查。如果该事实主张无法推翻，则应按照证据规则的要求，全面遵循法官职业道德，运用逻辑推理和日常生活经验，充分考虑扣押物品的价值、执行法院的注意程度等因素，排除吴某华清单所列灭失物品中的不合理部分，对损失数额作出尽可能客观的认定。河北高院赔偿委员会没有就此进行审查，仅以吴某华未尽初步举证责任为由，驳回此项赔偿请求，属于认定事实不清、适用法律错误，应予纠正。

二、酒泉市绿宝鑫啤酒花有限责任公司申请甘肃省酒泉市中级人民法院违法保全赔偿案

甘肃省酒泉市中级人民法院（以下简称酒泉中院）受理酒泉市西域绿嘉啤酒花有限公司（以下简称西域公司）与酒泉市绿宝鑫啤酒花有限责任公司（以下简称绿宝鑫公司）买卖合同纠纷一案。2007年9月6日，西域公司向酒泉中院申请保全绿宝鑫公司50万元的财产。酒泉中院作出（2007）酒保字第26号民事裁定，在绿宝鑫公司怀茂厂区查封了该公司13.2吨压缩啤酒花并指定该公司为保管人。后绿宝鑫公司提供房产证作为担保请求解封，酒泉中院以西域公司不同意为由不予解封。同年11月，绿宝鑫公司将被查封的压缩啤酒花加工成颗粒啤酒花。2008年5月13日，西域公司和绿宝鑫公司就双方民事纠纷达成调解协议。同年5月20日，绿宝鑫公司以超标的查封为由，申请解除10吨压缩啤酒花的查封，酒泉中院未予同意。因绿宝鑫公司未履行民事调解书所确定的内容，西域公司申请强制执行。2008年8月

14 日，酒泉中院对查封的啤酒花进行了检测拟抵顶债务，后发现该批啤酒花甲酸含量严重降低，抵顶未果。2008 年 9 月 23 日，绿宝鑫公司和执行申请人西域公司达成执行和解协议。和解协议履行后，酒泉中院执行人员于 2008 年 10 月 6 日在春光冷库和果园乡西沟村厂区解除了对绿宝鑫公司 13.2 吨压缩啤酒花的查封。但因被长期查封，该压缩啤酒花甲酸含量过低，基本报废。审理期间，因对查封物 13.2 吨压缩啤酒花的价值难以确定，甘肃省高级人民法院（以下简称甘肃高院）赔偿委员会委托具有法定资质的兰州市价格认证中心对 13.2 吨压缩啤酒花查封时的市值进行价格鉴定。2012 年 12 月，兰州市价格认证中心作出鉴定意见：查封物价值为 963600 元。甘肃高院赔偿委员会组织酒泉中院和绿宝鑫公司就鉴定意见进行了质证，鉴定人出席质证会并接受了赔偿请求人和赔偿义务机关的质询。经质证，甘肃高院赔偿委员会认定鉴定意见可以作为本案证据使用。鉴定意见在本案对查封物的价值确定起到了积极的作用。从案情看，酒泉中院查封了绿宝鑫公司 13.2 吨的压缩啤酒花，但该部分啤酒花价值多少，在国家赔偿案件的处理过程中无法确定。而该价值决定着赔偿案件事实的认定，决定着赔偿数额的多少，决定着《国家赔偿法》的公正与秩序保障功能在赔偿程序中的实现。鉴于此，甘肃高院赔偿委员会决定将查封物的价值鉴定作为国家赔偿的一个重要依据，委托具有相关资质的鉴定单位进行鉴定，为案件的处理奠定良好的基础。鉴定意见作出后，甘肃高院赔偿委员会依法通知赔偿请求人和赔偿义务机关进行了质证，鉴定人当庭进行了答疑，在程序上保证了鉴定意见的合法性。因而，该鉴定意见作为案件处理的一个重要依据，被甘肃高院赔偿委员会予以采纳。

【相关法律法规】

1. **《最高人民法院关于人民法院赔偿委员会适用质证程序审理国家赔偿案件的规定》**

第五条　赔偿请求人、赔偿义务机关对其主张的有利于自己的事实负举证责任，但法律、司法解释另有规定的除外。

没有证据或者证据不足以证明其事实主张的，由负有举证责任的一方承担不利后果。

第六条　下列事实需要证明的，由赔偿义务机关负举证责任：

（一）赔偿义务机关行为的合法性；

（二）赔偿义务机关无过错；

（三）因赔偿义务机关过错致使赔偿请求人不能证明的待证事实；

（四）赔偿义务机关行为与被羁押人在羁押期间死亡或者丧失行为能力不存在因果关系。

2.《行政诉讼法解释》

第四十七条 根据行政诉讼法第三十八条第二款的规定，在行政赔偿、补偿案件中，因被告的原因导致原告无法就损害情况举证的，应当由被告就该损害情况承担举证责任。

对于各方主张损失的价值无法认定的，应当由负有举证责任的一方当事人申请鉴定，但法律、法规、规章规定行政机关在作出行政行为时依法应当评估或者鉴定的除外；负有举证责任的当事人拒绝申请鉴定的，由其承担不利的法律后果。

当事人的损失因客观原因无法鉴定的，人民法院应当结合当事人的主张和在案证据，遵循法官职业道德，运用逻辑推理和生活经验、生活常识等，酌情确定赔偿数额。

3.《最高人民法院关于民事诉讼证据的若干规定》

第八十五条 人民法院应当以证据能够证明的案件事实为根据依法作出裁判。

审判人员应当依照法定程序，全面、客观地审核证据，依据法律的规定，遵循法官职业道德，运用逻辑推理和日常生活经验，对证据有无证明力和证明力大小独立进行判断，并公开判断的理由和结果。

第十条 被执行人因财产权被侵犯依照本解释第五条第一款规定申请赔偿，其债务尚未清偿的，获得的赔偿金应当首先用于清偿其债务。

【条文主旨】

本条是关于被执行人赔偿金优先偿债的规定。

【起草背景】

随着国家赔偿审判和执行工作实践的发展，涉执行司法赔偿领域的新情况、新问题不断出现，人民群众对于权利保障的新要求、新期待不断提高，《解释》一大亮点即是贯彻"当赔则赔"工作理念，对社会关切的赔偿和执行程序衔接问题作出了进一步规定。《解释》第5条在继受2016年《非刑事司法赔偿解释》第19条关于以执行程序终结作为启动赔偿程序的原则规定的基础上，考虑到司法实践中情况复杂多样，有些案件执行程序虽未终结，但司法行为已被确认违法、损害结果已无法补救，为及时救济受到侵害的权利，实现国家赔偿的实质正义，对执行程序终结原则的例外情形作出了规定。

在深入调研的过程中，下级法院对执行程序终结原则例外规定的一个衍生问题反映强烈，即被执行人财产权受侵害并且符合执行程序终结原则例外情形而获得国家赔偿后不积极主动履行债务，使得申请执行人的权益无法得到保障。为此，制定《解释》时，特参照民法的公平原则和《民事诉讼法》中关于优先偿债的规定，对被执行人赔偿金优先偿债作出明确规定，更符合执行工作规律，以彰显社会公平正义。

【条文精义】

本条明确被执行人在执行程序终结例外情形中因财产权被侵害获得国家赔偿的，获得的赔偿金应优先用于清偿其债务。

一、遵循的原则

随着经济的发展和社会的进步，当前公民的权利意识空前增长，但法律意识尤其是义务和责任意识相对淡薄，通常容易看到行为自由的一面，忽视了责任自负的一面。实践中，一部分人将自己的权利绝对化，无视自己应承担的义务，这一现象在诉讼中较为常见。因此，理解适用本条时，应当从公平正义的角度出发，遵循权利义务相统一的原则。

1. 公平原则是人民法院民事审判、执行的基本遵循

公平原则作为民法的基本原则，是民事主体从事民事活动应当遵守的基本行为准则。产生民事法律关系时，民事主体要秉持公平理念，公平、平允、合理地确定各方的权利和义务；进行民事活动时，要按照公平观念行使权利、履行义务，特别是对于双方民事法律行为，一方的权利和义务应当相适应，双方之间的权利和义务应当对等，不能一方只承担义务而另一方只享有权利；民事行为的结果不能显失公平，如果显失公平，就应当以公平为尺度，协调处理当事人间的利益关系。

2. 赔偿请求人的权利义务是不可分割的统一整体

马克思曾指出，"没有无义务的权利，也没有无权利的义务"。当事人的权利与义务是一个不可分割的统一整体，有权利就有义务，有义务就有权利，它们是相互关联、对立统一的。在错误执行赔偿案件中，一部分作为赔偿请求人的被执行人要求享有获得国家赔偿的权利，不履行民事诉讼应当承担的义务，获得国家赔偿后具有履行能力却故意逃避执行，严重影响了申请执行人的合法权利，不利社会良好风尚的形成。

3. 强调权利与义务相统一有利于保障申请执行人的合法权益和社会的安全与秩序

作为被执行人的赔偿请求人实质上仍然是民事法律关系中的一方主体，强调权利与义务相统一即意味着其与申请执行人的权利义务主体地位必须平等，如果允许被执行人只享有因财产权被公权力侵犯而获得赔偿的权利、不履行民事主体应尽的义务，权利义务平衡状态将会被打破，社会不平等的现象就会出现，民事主体的合法权益、社会的安定和谐稳定将难以保障。由此可见，要维护民事主体合法权益，保障社会的安定与秩序，就必须维护好权利义务关系的平衡，确保权利义务相统一。

综上，对赔偿请求人的权利救济是国家赔偿的核心功能与价值追求，但是这种权利救济不是单方面的，应当遵循公平正义的理念与平等、公平的基本原则来进行。《解释》第5条对执行程序终结原则的例外情形作出的规定，系从赔偿请求人（被执行人）的角度考虑，为实现实质正义对其已经受到的损害进行救济，其在享受权利救济的同时，应当积极履行对申请执行人所承担的义务，方才符合公平正义的价值体现。

二、适用的条件

首先，赔偿金优先偿债的适用前提是执行程序终结原则的例外情形，即《解释》第 5 条第 1 款规定。具体包括以下无法在相关诉讼程序或者执行程序中予以补救的情形：(1) 罚款、拘留等强制措施已被依法撤销，或者实施过程中造成人身伤害的；(2) 被执行的财产经诉讼程序依法确认不属于被执行人，或者人民法院生效法律文书已确认执行行为违法的；(3) 自立案执行之日起超过 5 年，且已裁定终结本次执行程序，被执行人已无可供执行财产的；(4) 在执行程序终结前可以申请赔偿的其他情形。换言之，正是因为执行程序未终结，才给予了人民法院对赔偿金进行执行的合法性。

其次，赔偿金优先偿债的主体是未终结的执行程序中的被执行人。因人民法院生效法律文书已确认执行行为违法或者其他符合法律规定的情形，被执行人有可能在执行程序终结前申请赔偿因而获得国家赔偿金，而为了保证民事执行程序中当事人之间利益均衡，让被执行人承担相应的民事责任，保障申请执行人的合法权益，特作此规定，可视为国家赔偿程序和执行程序的反向衔接。

最后，优先偿债的赔偿金性质是财产损害赔偿。以民事权利有无财产内容为标准，可以将民事权利分为财产权和人身权。财产权是指以实现财产利益的自由为内容，直接体现某种物质利益的权利，如物权、债权等。人身权是指以实现人身利益的自由为内容、与权利人的人身不可分离的民事权利，包括人格权（如生命、健康、姓名、肖像、名誉等权利）和身份权（如荣誉权等）。[1] 由于人身权与权利人不可分离，故本条只规定被执行人因财产权受侵害获得国家赔偿金的情形。

【实务指南】

公平原则是民法的一项基本原则，它既要求当事人在民事活动中应当以社会正义、公平的观念指导自己的行为、平衡各方的利益，也要求立法者和裁判者在民事立法和司法的过程中应维持民事主体之间的利益均衡。因此，不能因为被执行人没有清偿民事债务就不予国家赔偿，同理，不能因为给予国家赔偿就不再要求被执行人清偿民事债务。

---

[1] 参见王利明主编：《民法》，中国人民大学出版社 2000 年版，第 46 页。

实践中，对于国家赔偿程序中错误执行赔偿之后的衔接处理问题有两种情形。第一种是本条规定的情形，即在执行程序未终结的情况下，作为原执行依据的生效法律文书确定的内容尚未执行完毕，国家赔偿请求人还对申请执行人负有金钱给付义务，此时国家赔偿程序与执行程序同时存在，两者不能合并。国家赔偿程序只解决国家对赔偿请求人的赔偿问题，但在国家赔偿金支付时，具有法定执行权的人民法院可同时对民事判决按照执行程序相关规定进行执行。第二种是通过赔偿义务机关（执行法院）的错误执行行为，生效法律文书确定的内容全部执行完毕，申请执行人的权利已经得到满足，此时执行程序结束，而据以执行的法律文书没有被撤销或变更，不发生执行回转的情形。赔偿义务机关由于错误执行行为对被执行人进行赔偿，而被执行人始终负有偿还申请执行人债务的法定义务，故申请执行人通过原执行程序实现的债权相当于国家替代被执行人履行判决而垫付的金额，国家因此取得对被执行人的追偿权，在支付给被执行人的国家赔偿金中应当扣除原执行程序中给付给申请执行人的金额。关于人民法院以何种形式行使对赔偿请求人的追偿权，目前法律和司法解释均没有作出规定。实践中有的人民法院在国家赔偿决定书中直接扣减，也有观点建议由于我国《国家赔偿法》设定的赔偿程序主要是解决赔偿请求人的赔偿权利实现问题，可以考虑由受理赔偿请求的人民法院单独作出裁定，要求赔偿请求人向赔偿义务机关偿还债务，国家赔偿决定与裁定一并予以执行。

此外，尝试探讨以下两个引申问题。

1. 合理保护被执行人的生存权

生存权是公民享有的维持其本身所必需的健康和生活保障权，在民事执行中，主要体现在保障被执行人必需的生活费用、生活用品、居住的房屋等方面。我国《民事诉讼法》及相关司法解释中规定，被执行人未按执行通知履行法律文书确定的义务，人民法院有权查封、扣押、冻结、拍卖、变卖被执行人应当履行义务部分的财产，但应当保留被执行人及其所扶养家属的生活必需品，只有在保障被执行人及其所扶养家属基本居住权利的条件下，才可以强制执行被执行人的唯一住房。实践中对于本条的适用，应当对以下两种情形予以注意：第一，因错误执行导致被执行人及所扶养家属失去唯一住房时，可以参照《执行异议复议规定》第20条第1款第3项的规定，由申请执行人按照当地廉租住房保障面积标准为被执行人及所扶养家属提供居住房屋，或者同意参照当地房屋租赁市场平均租金标准从该房屋的变价款中扣除 5 至 8 年租金后，将被执行人所获赔偿金予以执行。第二，被执行人丧失劳动能力且并无其他收入来源时，应当保留被执行人的生活必需费用，对其余部分予以执行，既保障了执行人的合法权益，也充分体现了人民法院坚持善意文明执行、倡导人文关怀的理念。

2. 被执行人为企业法人时应当注意债务清偿的顺序

一般而言，执行程序未终结的情况下，赔偿请求人因财产权被侵犯获得的赔偿金应当直接偿还对申请执行人所负的金钱给付义务。但是，当被执行人为企业法人时，可以借鉴《企业破产法》第 113 条的规定，对职工债权进行特别保护，即对职工的工资和医疗、伤残补助、抚恤费用，所欠的应当划入职工个人账户的基本养老保险、基本医疗保险费用，以及法律、行政法规规定应当支付给职工的补偿金进行优先清偿。

【相关法律法规】

1.《宪法》

第三十三条 凡具有中华人民共和国国籍的人都是中华人民共和国公民。

中华人民共和国公民在法律面前一律平等。

国家尊重和保障人权。

任何公民享有宪法和法律规定的权利，同时必须履行宪法和法律规定的义务。

2.《民法典》

第六条 民事主体从事民事活动，应当遵循公平原则，合理确定各方的权利和义务。

第一百三十一条 民事主体行使权利时，应当履行法律规定的和当事人约定的义务。

3.《民事诉讼法解释》

第五百零六条 被执行人为公民或者其他组织，在执行程序开始后，被执行人的其他已经取得执行依据的债权人发现被执行人的财产不能清偿所有债权的，可以向人民法院申请参与分配。

对人民法院查封、扣押、冻结的财产有优先权、担保物权的债权人，可以直接申请参与分配，主张优先受偿权。

4. 1998 年《执行若干规定》

93. 对人民法院查封、扣押或冻结的财产有优先权、担保物权的债权人，可以申请参加参与分配程序，主张优先受偿权。

第十一条　因错误执行取得不当利益且无法返还的，人民法院承担赔偿责任后，可以依据赔偿决定向取得不当利益的人追偿。

　　因错误执行致使生效法律文书无法执行，申请执行人获得国家赔偿后申请继续执行的，不予支持。人民法院承担赔偿责任后，可以依据赔偿决定向被执行人追偿。

【条文主旨】

　　本条是关于人民法院承担赔偿责任后对取得不当得利的人可以追偿的规定。

【起草背景】

　　错误执行赔偿属于非刑事司法赔偿范畴。对于非刑事司法赔偿，《国家赔偿法》仅以第38条一个条文进行了规定。2016年出台的《非刑事司法赔偿解释》，细化了各类非刑事司法侵权行为范围，增加了责任划分、损害赔偿和程序衔接等方面的规定，为非刑事司法赔偿审判实践提供了更为明确充分的裁判标准，但是对错误执行作出单条或者单项规定的条文仅有四条。其中，第8条、第9条分别规定了"多因一果"侵权形态和与有过失形态下人民法院应当承担最终责任的情形，对于人民法院应当承担中间责任的情形未作规定。而在审判实践中，人民法院承担中间责任的情形不在少数，原因是错误执行不同于其他违法行为，其在损害赔偿请求人利益的同时，往往会有民事相对方从错误执行中获得不当利益。本条、第12条对人民法院承担中间责任的情形进行了补充规定，并明确了人民法院承担赔偿责任后可以进行追偿，从而与《非刑事司法赔偿解释》共同构建了涉执行司法赔偿的责任形态。

　　损害赔偿责任的功能在于填补损害，基于公平正义的理念，其主要目的是使受害人的损害能获得实质、完整迅速的填补，将损害转由能够以最低成本避免损害发生的一方承担。国家赔偿责任亦具备该基本功能，其权利救济功能是指当国家机关及其工作人员执行职务的行为侵害公民、法人或其他组织的合法权益时，国家赔偿责任所具有的对公民、法人或其他组织受侵害的合法权益给予恢复或弥补的功能。同时，也要认识到，任何一个国家的财力都是有限的，不可能承担无限制的赔偿责任。为了减少国家利益的损失，减轻国有财政负担，在国家工作人员对损害的发生、扩大具有故意或重大过失时，或有其他民事义务主体因此取得不当得利时，国家机关在赔偿受害人损失后对其享有追偿权。这也在一定程度上发挥了公正与效率的价值整合，实现了国家赔偿责任的公务保障功能。总而言之，一方面，要保障公民、法人和其他组织享有依法取得国家赔偿的权利；另一方面，也需要平衡保障私权与维护公权之间的关系。

具体到错误执行造成生效法律文书无法执行、因错误执行取得不当得利等情形下，人民法院因错误执行与赔偿请求人之间产生的赔偿权利义务关系与相关民事案件双方当事人之间权利义务关系（如债权债务关系）是两种不同性质的法律关系，彼此不能相互替代，国家赔偿限于人民法院错误执行行为造成损害的部分，不能替代当事人、第三人、案外人等其他责任主体的民事责任。为防止国家替基础法律关系中的民事义务主体"买单"，错误执行的法院依法对受害人承担国家赔偿责任后，对最终责任人即不当得利的人，也应依法享有追偿权，方符合实质正义的要求。

【条文精义】

本条规定了在错误执行造成生效法律文书无法执行、因错误执行取得不当得利等情况下，人民法院应当承担赔偿责任并可以进行追偿，目的在于防范因国家赔偿不当得利的情形，防止国家替民事义务主体"买单"。第1款是考虑到错误执行不同于其他违法行为，其在损害赔偿请求人利益的同时，往往会有民事相对方从错误执行中获得不当利益，故作此规定。例如，将案外人的财产错误执行给申请执行人，申请执行人取得无法律依据的财产，又如超出生效法律文书确定的数额执行，申请执行人取得超过其债权额的不当利益。申请执行人取得不当利益且无法返还的，人民法院对受害人承担赔偿责任后，可以依据赔偿决定向取得不当利益的人追偿。第2款是指因人民法院错误执行致使申请执行人生效法律文书无法执行的赔偿案件，比如，部分或者全部债权无法实现，赔偿请求人获得赔偿，意味着其申请执行的财产权的损失已经得到全部或者部分填补，即使其后被执行人恢复继续履行的能力，赔偿请求人也不得再就这部分已经获得填补的损失主张权利，而应当由人民法院行使追偿权，这也是对司法实践经验的总结。实践中，因人民法院错误执行致使申请执行人部分或者全部债权无法实现的赔偿案件，存在赔偿请求人获得赔偿款后不愿意放弃申请执行权的情形，逐案协调解决难度过大，需要加以明确规定。对于本条规定，可以从以下三方面进行理解。

一、对责任性质的理解

对于国家赔偿责任性质，可以从不同角度进行分类。其中，向来为学界讨论最多和争议最大的，是代位责任说、自己责任说。代位责任说的主要观点是，公务人员在执行职务过程中的侵权行为，本质上仍是公务人员的个人侵权行为，由此形成的赔偿责任也应该是公务人员个人赔偿责任。但是，公务人员的个人财力有限，让其承担赔偿责任，不足以保护受害人。同时，若公务人员总要为其职务行为的侵权负责赔偿，难免会使其产生对执行职务的畏惧心理，从而影响公务的开展和效率。因此，对于公务人员职务行为的侵害后果，由国家代替公务人员向受害人赔偿，国家同时保留对公务人员的追偿权。自己责任说的主要观点是，公务人员执行职务的侵权行为，是公务人员代表国家时所做的不法行为，由此产生的责任应该直接归属于国家，由国家对受害人负责。国家既然授权公务人员执行职务，而公务人员在行使职权过程中难免会产生侵害个人或者组织正当权益的情形。公务人员的这种侵害危险，应由国家担负责任，无论造成侵害的行为是违法的还是合法的。在代位责任说、自己责任说基础上，还发展出合并责任说、折中说等观点。在我国，自己责任说是主流学理，理由还是认为自己责任说比代位责任说更便于受害人取得国家赔偿，是国家赔偿责任的发展主线和趋势。但不论是哪种观点，都需要考虑一个核心现实问题，即如何通过制度设计在国家、公务人员和受害人之间寻求或达成一个合理的权责关系，包括受害人得到充分或公平的救济，维护公务人员执行公务的积极性，在必要的范围内保持公务人员对职务侵权行为的应责性，确保国家财政对公务侵权的适当负担。[①]

本条需要从最终责任、中间责任的分类角度进行理解，可以参考《最高人民法院关于审理人身损害赔偿案件适用法律若干问题的解释》中关于经营者安全保障义务的直接责任、补充责任进行分析。经营者安全保障义务的直接责任，是经营者未尽合理限度范围内的安全保障义务，致相关公众遭受人身损害，其构成要件包括经营者从事经营活动引起正当信赖，损害发生于经营者的危险控制范围内，对发生损害的潜在危险经营者能够合理予以控制，损害结果的发生没有第三者责任的介入；补充责任是经营者未尽安全保障义

[①] 参见沈岿：《国家赔偿法原理与案例》，北京大学出版社2017年版，第20页。

务，致使第三人侵权造成他人人身损害，其构成要件包括第三人侵权是损害结果发生的直接原因，经营者对第三人的侵权未尽必要的防范和合理控制义务，第三人侵权与经营者未尽安全保障义务发生原因竞合。[①] 在国家赔偿责任中，最终责任和中间责任均是由国家对行使公权力的侵权行为造成的损害后果承担赔偿责任，其最主要区别是损害结果的发生有无第三人原因的介入，具体到本条规定，通常是指民事法律关系相对方的债务不履行，与人民法院错误执行发生原因竞合。这种原因竞合通常表现为如果人民法院依法正确履职，通常能够防止损害结果的发生或扩大。应注意从两方面进行把握：一是国家赔偿作为最后的救济途径，通常以穷尽其他救济手段作为国家赔偿责任发生的前提；二是不以赔偿请求人的所有损失总额为赔偿数额，而是以自己的行为应当承担的赔偿责任的总额为限。人民法院因错误执行与赔偿请求人之间产生的赔偿权利义务关系与相关民事案件双方当事人之间权利义务关系（如债权债务关系）是两种不同性质的法律关系，彼此不能相互替代。需要从两个方面把握人民法院不承担赔偿责任的情形：一方面，防止以国家赔偿责任替代民事责任。国家赔偿限于人民法院错误执行行为造成损害的部分，不能替代当事人、第三人、案外人等其他责任主体的民事责任。另一方面，防止以民事责任替代国家赔偿责任。人民法院存在违法或者过错执行行为的，不能因其他责任主体承担民事责任，免除其最终应当承担的国家赔偿责任。

二、对不当得利的理解

国家赔偿责任本质上是侵权责任，赔偿义务基础建立在民事法律基础上，《国家赔偿法》与民事法律的关系密不可分，参照适用《民法典》不当得利相关规定具有理论依据。第一，民事法律为国家赔偿制度的萌芽和确立提供了制度前提和理论准备。在《宪法》第 41 条第 3 款对国家赔偿作了原则性规定后，原《民法通则》第 121 条规定，"国家机关或者国家机关工作人员在执行职务中，侵犯公民、法人的合法权益造成损害的，应当承担民事责任。"《最高人民法院关于贯彻执行〈中华人民共和国民法通则〉若干问题的意见（试行）》第 152 条进一步明确由国家机关承担民事责任。在

---

① 参见陈现杰：《〈最高人民法院关于审理人身损害赔偿案件适用法律若干问题的解释〉的若干理论与实务问题解析》，载《法律适用》2004 年第 2 期。

《国家赔偿法》的发展还处于萌芽状态时,原《民法通则》等有关国家赔偿的民事法律规定及《民事诉讼法》成为公民、法人保护自身合法权益免受公权侵害的有力武器。可以说,国家赔偿责任是依民事侵权理论发展产生的,其发展也依赖于传统民法理论的支撑。第二,《民法典》是《国家赔偿法》适用的补充和参照标准。国家赔偿责任以民事侵权理论为渊源,且《国家赔偿法》是相对独立于《民法典》的特别法,即使在处理有关《国家赔偿法》有所观点的问题时,也应把《民法典》相关规定作为参照系,只有这样才能更好地保护人民群众的合法权益。

在国家赔偿中引入不当得利制度,赋予国家不当得利追偿权,是衡平原则在国家赔偿责任体系中的重要体现,也是追求实质正义的必然要求。衡平意指"公平""正义",是实质正义的代名词。不当得利侧重追求公平的价值,因此,衡平思想所蕴含的基本理念构成了不当得利原则的精神内核和实质内容。不当得利制度关联物权、债权、人格权、身份权等民法基本制度,如同填补民法不同制度之间的黏合剂,在民法各项制度之间起着起承转合的重要作用,特别是在填补法律漏洞方面更是发挥着难以替代的作用。不当得利在国家赔偿制度体系内有着重要的制度价值,符合实质正义的要求。

《民法典》用第118条、第122条、第985条、第986条、第987条、第988条六个条文,分别阐明了不当得利系债的发生原因之一、总括不当得利关系、明确构成要件和法律效果以及排除情形、设置利益不存在规则、宣明聚合规则和无偿受让返还规则,为国家赔偿引入不当得利制度提供了理论支撑和制度保障。同民法中的不当得利类似,涉执行司法赔偿中所指的不当得利也应当包括四个构成要件。一是民事义务主体取得利益。不当得利制度的首要功能是使得利人返还没有法律根据取得的利益,即去除利益功能。其利益仅限于财产性利益,且指具体财产利益,即受益是因错误执行这一特定事实而取得的,既包括财产增加的积极利益,也包括应减少而未减少的消极利益。二是国家受有损失。不当得利中的损失不同于侵权中的损害,认定不当得利构成要件中的损失应采用具体、个别的标准,只要得利人是没有法律根据获得利益,即可认定为国家损失。三是得利与受损之间存在因果关系。四是获利没有法律根据。既包括自始无法律根据,也包括嗣后丧失法律根据。"是否有法律根据"应依据法律规定和民事主体之间的法律行为来判断。

三、对追偿的理解

追偿制度是国家赔偿制度的延续，是当国家与受害人之间的赔偿关系终结后，确立的解决国家与侵权者之间关系的制度。以往，国家追偿是指狭义的国家追偿，主要表现在国家承担赔偿责任后，向其内部对损害发生具有过错的工作人员追偿。追偿制度在功能上表现为两个方面：第一，有利于保护受害人的合法权益，通过对侵权者的惩戒来保证国家机关及其工作人员依法运用权力，从而在客观上取得保护公民合法权益的效果。第二，有利于国家建立法律秩序，规范国家权力的有效运行，在国家机关内部建立起制约机制，使整个国家赔偿制度处于良性的运行轨迹。世界各国的国家赔偿法或其他有关法律均确定了追偿制度，但对追偿制度的理解不尽相同。根据国家赔偿自己责任说，国家是一个抽象集合体，其意志由国家机关及其工作人员的行为来实现。国家本身不实施具体行为，只授权国家机关及其工作人员代表国家实施具体行为，如果国家机关及其工作人员违反法律规定，造成他人合法权益的损害，就意味着国家实施了侵权行为，应当由国家承担赔偿责任。但是，国家机关工作人员违反法律规定实施加害他人合法权益的侵权行为的，应当对实施侵权行为的国家机关或工作人员实施追偿。根据国家赔偿代位责任说，损害赔偿责任本应由实施加害行为的国家机关工作人员自己承担，但为使受害人得到充分、合理的补偿，国家代替国家机关工作人员承担赔偿责任，再向责任人员要求偿还国家赔偿费用。而广义的国家追偿，是指国家向国家赔偿请求人履行赔偿责任以后，依法要求对损害发生具有过错的组织或人员承担部分或全部赔偿责任的制度。依广义说，国家追偿不仅包括《国家赔偿法》明确规定的对有故意或重大过失公务人员或受委托组织的追偿，而且包括对其他共同赔偿义务机关的追偿和对有过错第三人的追偿。[①]

但不论上述狭义还是广义的国家追偿，均建立在侵权责任理论基础上，是对有过错的组织和个人进行的追偿。以不当得利返还请求权（债权请求权）为基础的国家追偿与之有本质区别。对于在国家赔偿中是否设置不当得利追偿权，学界存在一定争议，主流观点赞成设置，认为依照民法中的不当得利返还请求权规定，建立对真正义务主体进行追偿的外部追偿制度，是完

[①] 参见高家伟：《国家赔偿法》，商务印书馆 2004 年版，第 279 页。

善国家赔偿追偿制度的一大进步，能够切实防止国家替基础法律关系中的民事义务主体"买单"，是公平原则的应有之义。

同时也要注意到，虽然本条原则性规定可以依据赔偿决定对不当得利进行追偿，但对追偿的条件、时效、范围、标准、程序等，均未作明确规定，需要参考民事法律相关规定并结合国家赔偿审判实践，进一步探索完善。

【典型案例】

沈阳航天新阳速冻设备制造有限公司申请河北省保定市中级人民法院错误执行赔偿案

2005年6月29日，河北省保定市中级人民法院（以下简称保定中院）在审理袁某诉威尔公司拖欠工程款纠纷一案过程中，查封了威尔公司的机器设备，后作出（2005）保民初字第4021号民事判决书。民事判决生效后，袁某申请强制执行。2006年3月30日，保定中院对涉案的机器设备委托拍卖。拍卖前，沈阳航天新阳速冻设备制造有限公司（以下简称新阳公司）以其与威尔公司已达成补充协议，保留对设备的所有权为由，请求保定中院撤回对涉案的2×LG-200型真空冷冻干燥成套设备（1套）和SSDY-2000型液态预冷食品速冻装置的拍卖委托，保定中院对其所提证据不予审查，对其异议不予支持，驳回了其提出的执行异议。2007年11月，全部涉案设备被拍卖，案件执行完毕。新阳公司诉威尔公司买卖合同纠纷一案，保定中院于2011年11月作出（2011）保民三初字第129号民事判决，由威尔公司给付新阳公司欠款146.2万元，并承担相应利息。该判决生效后，新阳公司申请执行。现上述案件正在执行过程中。

2008年11月14日，新阳公司以保定中院违反法律规定，对新阳公司提出的执行异议不予审查，使该公司作为案外人的诉讼权利被非法剥夺，依法保留所有权的财产被违法查封、拍卖，造成财产损失146.2万元为由，向保定中院提出确认申请。2011年3月24日，河北省高级人民法院（以下简称河北高院）赔偿委员会作出（2011）冀确申字第4号裁定，确认保定中院在执行该院（2005）保民初字第4021号民事判决过程中拍卖案外人新阳公司保留所有权的2×LG-200型大型食品真空冷冻干燥成套设备（1套）的执行行为违法。2016年4月19日，新阳公司向保定中院提出赔偿申请。河北高院以新阳公司存在通过申请执行生效民事判决实现权利救济可能性，其最终损失尚未确定为由，驳回其国家赔偿申请。最高人民法院赔偿委员会对案件进行提审，经审理认为，保定中院（2005）保民初字第 4021 号民事判决执行终结，新阳公司即有权提出赔偿申请，不应以（2011）保民三初字第 129 号民事判决执行终结作为其申请条件；保定中院的执行行为已被确认违法，且新阳公司的损失已经确定，无法在相关的诉讼或者执行程序中补救，保定中院应当承担赔偿责任。新阳公司分别通过在执行程序中以案外人身份提出执行异议，在民事诉讼程序中以债权人身份提起合同纠纷之诉的不同途径主张权利救济，但该两种不同途径所指向的权利救济对象实为同一损害，该损害源于威尔公司不能向新阳公司履行 146.2 万元设备余款的事实基础。因此，在新阳公司长期无法通过（2011）保民三初字第 129 号民事判决的执行获得权利补救的情况下，保定中院应当对其已被确认违法的执行行为承担相应的赔偿责任。经组织新阳公司和保定中院进行协商，双方自愿达成协议，保定中院支付新阳公司各项损失赔偿金共计 190 万元，新阳公司不再就此案提出新的诉求，不再要求保定中院承担任何赔偿责任，新阳公司自愿放弃对保定中院（2011）保民三初字第 129 号民事判决的执行，该民事判决终结执行。

上述案件是人民法院通过个案协调，赔偿请求人获得赔偿金的同时，在书面协议中承诺放弃对相关债权申请执行的权利，这是《解释》本条第 2 款在审判实践中的具体体现。考虑到在审判实践中，因人民法院错误执行致使申请执行人部分或者全部债权无法实现的赔偿案件，有赔偿请求人获得赔偿款后不愿意放弃申请执行权的情形，逐案协调解决难度过大，因此，通过本条内容对此类情形加以明确规定。

【相关法律法规】

《民法典》

第一百二十二条 因他人没有法律根据，取得不当利益，受损失的人有权请求其返还不当利益。

第九百八十五条 得利人没有法律根据取得不当利益的，受损失的人可以请求得利人返还取得的利益，但是有下列情形之一的除外：

（一）为履行道德义务进行的给付；

（二）债务到期之前的清偿；

（三）明知无给付义务而进行的债务清偿。

第九百八十六条 得利人不知道且不应当知道取得的利益没有法律根

据，取得的利益已经不存在的，不承担返还该利益的义务。

第九百八十七条 得利人知道或者应当知道取得的利益没有法律根据的，受损失的人可以请求得利人返还其取得的利益并依法赔偿损失。

第九百八十八条 得利人已经将取得的利益无偿转让给第三人的，受损失的人可以请求第三人在相应范围内承担返还义务。

第十二条 在执行过程中，因保管人或者第三人的行为侵犯公民、法人和其他组织合法权益并造成损害的，应当由保管人或者第三人承担责任。但人民法院未尽监管职责的，应当在其能够防止或者制止损害发生、扩大的范围内承担相应的赔偿责任，并可以依据赔偿决定向保管人或者第三人追偿。

【条文主旨】

本条是关于人民法院未尽监管职责时赔偿责任的规定。

【起草背景】

在非刑事司法赔偿中，因数个原因造成同一损害，如何确定国家赔偿责任，之前的司法解释已作出相关规定。2016年《非刑事司法赔偿解释》第8条规定："因多种原因造成公民、法人和其他组织合法权益损害的，应当根据人民法院及其工作人员行使职权的行为对损害结果的发生或者扩大所起的作用等因素，合理确定赔偿金额。"第10条规定："公民、法人和其他组织的损失，已经在民事、行政诉讼过程中获得赔偿、补偿的，对该部分损失，国家不承担赔偿责任。"总体原则即是根据人民法院及其工作人员行使职权的行为对损害结果的发生或者扩大所起的作用等因素确定赔偿责任，对于在其他诉讼程序中获得赔偿、补偿的，对该部分损失，国家不承担赔偿责任。但是，关于这种责任的性质、归责的原则、和其他诉讼程序的先后关系等问题，仍存在不同认识和理解。

因此，本条规定进一步明确了在保管人或者第三人直接侵权、人民法院未尽监管职责情形下，人民法院承担赔偿责任并享有追偿权。在《解释》起草过程中，关于人民法院未尽监管职责的责任形态，一种观点认为与安全保障义务类似，人民法院应承担补充责任；另一种观点认为与销售者承担的产品责任类似，人民法院应承担不真正连带责任。经讨论认为，考虑到人民法院在此情形下虽然有过错，但对于结果的发生没有直接的原因力，从法理上讲承担补充责任更为合理。但如果规定人民法院承担补充责任，受害人需先经民事诉讼向直接侵权人请求赔偿，在第三人下落不明、清偿能力不足等情形下才可以向人民法院申请国家赔偿，不利于及时实现受害人权利救济。如果规定人民法院承担不真正连带责任又过于严苛，人民法院极易成为责任的实际承担者，导致国库负担过重。实践中，有的法院被决定承担全部责任，超出了其过错影响的责任范围，不符合比例责任的原理。综合考虑多种因素，本条规定将上述两种观点予以折中，规定人民法院承担"相应的赔偿责任"，即介于补充责任与不真正连带责任之间的一种责任形态，与其存在的过错程度相一致。这种责任并非终局责任，仍属于中间责任，人民法院承担责任后可以向直接侵权人追偿，这也是为了防止以国家赔偿责任来规避民事责任，使得保管人或者第三人不当得利。另外，本条规定对2016年《非刑事司法赔偿解释》的相关规定进行了吸收整合，对于国家不承担赔偿责任与多因一果赔偿责任的区分作了细化规范。该司法解释第7条规定，人民法院依法指定的保管人对查封、扣押、冻结的财产违法动用、隐匿、毁损、转移或者变卖的，国家不承担赔偿责任。该条规定看似是绝对免责，但是结合该司法解释第5条第8项①、第8条的规定，可以确定在保管人直接侵权、人民法院未履行监管职责的情形下，人民法院仍然应当承担相应的赔偿责任。因此，本条规定将该司法解释的相关规定进一步整合到了一个条文中，并明确了责任的性质和承担方式，更具有可操作性。同时，本条规定不将第三人直接侵权、人民法院未履行监管职责的情形限定为对查封、扣押、冻结的财产违法动用、隐匿、毁损、转移或者变卖，而是作了更为概括的规定，更能涵盖复杂多样的执行实践。

【条文精义】

一、人民法院未尽监管职责的责任形态

所谓侵权责任形态，是指依据法律规定在当事人之间分配侵权责任的具体形式。② 侵权责任形态主要针对损害赔偿而言，旨在解决多个责任人之间应当如何承担损害赔偿责任的问题，具体分为按份责任、连带责任、不真正连带责任和补充责任等。需要注意的是，只有存在多个责任人，才会产生责任形态的问题；如果仅有一个责任人，需要考虑的只有责任的承担方式，即停止侵害、排除妨碍、消除危险、赔偿损失等。

关于人民法院未尽监管职责的责任形态，本条规定为"相应的赔偿责

---

① 《非刑事司法赔偿解释》第5条规定："对判决、裁定及其他生效法律文书执行错误，包括以下情形：……（八）对执行中查封、扣押、冻结的财产不履行监管职责，造成财产毁损、灭失的，属于对判决、裁定及其他生效法律文书执行错误；……"

② 参见杨立新：《侵权法论》，人民法院出版社2005年版，第516页。

任"，并可以向保管人或第三人追偿。这种责任形态介于补充责任和不真正连带责任之间，是一种符合国家赔偿审判实践、充分保障赔偿请求人合法权益的特殊责任形态。

1. 与补充责任的区别

所谓补充责任，是指在不能确定直接侵权人或加害人不能承担全部责任的情况下，由补充责任人在一定范围内对受害人直接承担赔偿责任的责任形态。换言之，如果直接侵权人能够完全承担全部责任，就没有必要适用补充责任。① 补充责任的主要特点有以下几个。

第一，具有次位性。在补充责任的情况下，行为主体和责任主体发生了分离，行为人承担责任的同时，还可能使行为人之外的人承担责任，责任主体不一定是直接的行为人。通常直接责任人即直接侵权人为第一顺位的责任主体，承担首要责任，而补充责任人则是第二顺位的责任主体，承担次要责任。因此，只有在受害人无法从直接责任人那里获得救济的情况下，比如无法找到直接侵权人或者直接侵权人不具有完全的赔偿能力，补充责任人才承担责任。

第二，具有从属性。一方面，在责任成立上，补充责任从属于直接侵权人的侵权损害赔偿责任，即只有行为人实施加害行为构成侵权责任时，补充责任才会产生；另一方面，在责任范围上，补充责任的赔偿范围不能超过直接侵权人的侵权损害赔偿责任的赔偿范围。由于《民法典》延续了原《侵权责任法》关于相应的补充责任的规定，这意味着补充责任人仅在一定限度内对损害承担赔偿责任，而非承担全部责任。根据责任自负原则和比例原则，这个限度取决于补充责任人的过错程度与原因力大小。

第三，具有非终局性。根据《民法典》关于补充责任的规定②，已经将其明确为一种非终局性责任，即责任人在承担补充责任后可以向直接侵权人追偿。关于补充责任是否为非终局性责任，法律和司法解释的规定实际上有一个变化的过程。补充责任是在 2004 年《最高人民法院关于审理人身损害赔偿案件适用法律若干问题的解释》中首次规定的一种责任形态。该司法解

---

① 参见王利明：《王利明民法学研究系列：侵权责任法研究》，中国人民大学出版社 2018 年版，第 48~49 页。

② 《民法典》第 1198 条、第 1201 条。

释第 6 条、第 7 条①分别规定了安全保障义务人和学校、幼儿园等教育机构的补充责任，前者规定可以向第三人追偿，即安全保障义务人承担的补充责任为非终局性责任，后者没有规定可以向第三人追偿，即学校、幼儿园等教育机构承担的补充责任为终局性责任。之后，原《侵权责任法》的第 37 条、第 40 条②对这两种补充责任作出了调整，均规定为终局性责任，安全保障义务人和学校、幼儿园等教育机构承担补充责任后都不能向第三人追偿。2020 年《民法典》出台，第 1198 条、第 1201 条对这两种补充责任作出了最新规定，明确了为非终局性责任，即安全保障义务人和学校、幼儿园等教育机构承担补充责任后可以向第三人追偿。这种变化体现了受害人合法权益保护、直接侵权人损害赔偿责任、安全保障义务人和教育机构的相关职责义务的调整平衡，既要以自己责任为原则，对受害人的损害予以赔偿，又要注意不能让公共场所的管理人或教育机构承担过重的责任，从而影响正常社会活动和教学活动的良性开展。

鉴于此，关于补充责任与"相应的赔偿责任"的区别主要体现在弱化了"相应的赔偿责任"的次位性。虽然在人民法院未尽监管职责时，保管人或第三人仍是第一顺位的责任主体，承担首要责任，但是不要求受害人必须在无法找到直接侵权人或者直接侵权人不具有完全赔偿能力的情况下，才能主张由人民法院承担相应的赔偿责任，这样将更利于及时实现受害人权利救济，并且将最终不能受偿的风险分配为由人民法院承担，将以人民为中心的司法理念落实到具体案件中。

2. 与不真正连带责任的区别

所谓不真正连带责任，是指数个责任人基于不同的原因而依法对同一被

---

① 《最高人民法院关于审理人身损害赔偿案件适用法律若干问题的解释》（法释〔2003〕20 号）第 6 条第 2 款规定："因第三人侵权导致损害结果发生的，由实施侵权行为的第三人承担赔偿责任。安全保障义务人有过错的，应当在其能够防止或者制止损害的范围内承担相应的补充赔偿责任。安全保障义务人承担责任后，可以向第三人追偿。赔偿权利人起诉安全保障义务人的，应当将第三人作为共同被告，但第三人不能确定的除外。"第 7 条第 2 款规定："第三人侵权致未成年人遭受人身损害的，应当承担赔偿责任。学校、幼儿园等教育机构有过错的，应当承担相应的补充赔偿责任。"

② 原《侵权责任法》第 37 条规定："宾馆、商场、银行、车站、娱乐场所等公共场所的管理人或者群众性活动的组织者，未尽到安全保障义务，造成他人损害的，应当承担侵权责任。因第三人的行为造成他人损害的，由第三人承担侵权责任；管理人或者组织者未尽到安全保障义务的，承担相应的补充责任。"第 40 条规定："无民事行为能力人或者限制民事行为能力人在幼儿园、学校或者其他教育机构学习、生活期间，受到幼儿园、学校或者其他教育机构以外的人员人身损害的，由侵权人承担侵权责任；幼儿园、学校或者其他机构未尽到管理职责的，承担相应的补充责任。"

侵权人承担全部的赔偿责任，某一责任人在承担责任之后，有权向终局责任人要求全部追偿。①《民法典》第1203条关于产品缺陷造成损害的连带责任，第1223条关于药品、消毒产品、医疗器械等造成损害的连带责任，第1233条关于因第三人过错污染环境造成损害的连带责任，都是不真正连带责任。其主要特点有如下几个。

第一，数个责任人基于不同的原因承担责任。根据《民法典》的规定，在不真正连带责任中，直接侵权人，比如产品生产者、药品生产者、血液提供机构都是因其过错行为而承担责任，而相应的销售者、医疗机构是因其销售缺陷产品、使用缺陷药品和不合格的血液而承担责任，其本身并不存在过错，是基于法律规定而承担责任。

第二，数个责任人对同一受害人承担全部的赔偿责任。就外部关系而言，每个责任人对损害承担全部赔偿责任，这一点与连带责任相同，也是这种责任形态被称为不真正连带责任的原因。就内部关系而言，各责任人承担的责任是独立的，并不存在连带关系。

第三，受害人享有选择权。在不真正连带责任的情况下，受害人可以选择要求任何一个责任人承担全部赔偿责任，与补充责任的次位性不同，每一位责任人都处于同一顺位。

第四，某一责任人在承担责任之后，有权向终局责任人要求全部追偿。传统的不真正连带责任是指没有追偿权的责任，但是《民法典》明确规定了追偿权，原因在于直接侵权人承担责任是因其过错行为，而其他责任人承担责任都是基于法政策考量而保护受害人的措施。因此，规定其他责任人的追偿权，符合责任自负原则。

鉴于此，关于不真正连带责任与"相应的赔偿责任"的主要区别在于人民法院未尽监管职责时仅在其能够防止或者制止损害发生、扩大的范围内承担相应的赔偿责任，而非承担全部的赔偿责任。

综上，人民法院未尽监管职责时承担相应的赔偿责任，不要求受害人必须在无法找到直接侵权人或者直接侵权人不具有完全赔偿能力的情况下，才能主张由人民法院承担赔偿责任；人民法院承担的责任限于其能够防止或者制止损害发生、扩大的范围内，而非全部赔偿责任；人民法院承担的是非终

---

① 王利明：《王利明民法学研究系列：侵权责任法研究》，中国人民大学出版社2018年版，第47页。

局性责任，人民法院承担赔偿责任后可以向直接侵权人追偿。

二、人民法院未尽监管职责时承担赔偿责任的构成要件

（一）人民法院未尽监管职责

在保管人或第三人直接侵权的情形下，人民法院承担赔偿责任的要件之一是未尽监管职责，主要表现为不作为。按照侵权责任原理，不作为构成侵权的前提是行为人须有作为的义务，对于人民法院而言，作为的义务来源主要是法律和司法解释规定的监管职责，主要集中规定于《民事诉讼法》《民事诉讼法解释》《执行若干规定》《查扣冻财产规定》。另外，实践中情况比较复杂，相关法律和司法解释规定比较模糊的地方，要根据善意文明执行理念，结合具体情形进行判断，避免一刀切。2019年12月，最高人民法院出台《关于在执行工作中进一步强化善意文明执行理念的意见》，明确指出执行工作对各方当事人影响重大，人民法院在执行过程中也要强化善意文明执行理念，严格规范公正保障各方当事人合法权益；要坚持比例原则，找准双方利益平衡点，避免过度执行。尽管这个意见并非司法解释，但是对实践中结合具体情形判断人民法院是否应当采取某个执行措施、是否履行监管职责具有指导作用。

具体而言，比较常见的未履行监管职责的情形，主要有以下几种。

1. 人民法院指定的保管人不符合条件

有的情形下，查封、扣押的财产需要具备一定的保管条件或者对于保管有特殊要求，第三人不能满足该条件或要求的，在申请人或者被执行人提出不同意指定该第三人保管的情况下，如果人民法院仍然指定该第三人保管，之后第三人没有尽到保管责任造成保管的财产损毁，人民法院应当承担相应的赔偿责任。

2. 人民法院未依法采取实际控制措施

根据上述法律和司法解释的规定，人民法院采取查封、扣押等保全、执行措施的，应当实现对查封、扣押财物的实际控制，主要有人民法院直接控制和交付其他人控制两种方式。在这两种情形下，人民法院履行的监管职责有所不同，这也是本条将侵权主体分开规定为"保管人或者第三人"的原因。保管人实施直接侵权行为的，对应人民法院交付其他人控制财物的情形，第三人实施直接侵权行为的，对应人民法院或者保管人直接控制财物的

情形。在人民法院直接控制财物情形下，人民法院承担完全的监管职责，应当根据财物的性质尽到善良保管义务，采取的实际控制措施要符合法律规定和现实需要。比如，人民法院将扣押的车辆长期停放在某地，疏于管理，且未采取任何安保措施，导致车辆被第三人偷走，可以认定为未尽到监管职责，需要承担相应的赔偿责任。在人民法院交付其他人控制财物的情形下，人民法院实际上不对财物采取实际控制措施，其承担的监管职责不同于自行保管的监管职责，主要是与之相关的依法告知财物保管要求、指定符合条件的保管人、依法采取公示方法等相关职责，主要的保管义务应当由保管人承担。这也是《非刑事司法赔偿解释》第7条规定保管人造成查封、扣押、冻结的财产毁损、灭失的，国家不承担赔偿责任的原因。

3. 人民法院未及时采取措施制止损害

当人民法院知道保管人或第三人有擅自使用、处置等行为，导致查封、扣押财产已经或者可能发生价值减少或者毁损灭失时，人民法院具有及时采取措施制止损害发生或扩大的职责。2008年《查扣冻财产规定》第26条第2款规定，第三人未经人民法院准许占有查封、扣押、冻结的财产或者实施其他有碍执行的行为的，人民法院可以依据申请执行人的申请或者依职权解除其占有或者排除其妨害。2008年《执行若干规定》第44条规定，被执行人或其他人擅自处分已被查封、扣押、冻结财产的，人民法院有权责令责任人限期追回财产或者承担相应的赔偿责任。根据上述规定，人民法院知道保管人或第三人有擅自使用、处置等行为时，应该视情况解除保管人的保管，另行指定保管人或者自行保管；如果已经出现损害后果的，人民法院应当责令责任人限期追回财产或者承担相应的赔偿责任。基于此，2013年12月12日最高人民法院发布的《关于国家赔偿法实施中若干问题的座谈会纪要（二）》（法办〔2013〕151号）第16条规定，根据《非刑事司法赔偿解释》第7条第5项的规定，人民法院查封、扣押财产，指定第三人、申请执行人或者被执行人作为保管人，因保管人不履行监管职责或者擅自处分保管物，导致查封、扣押财产毁损、灭失的，国家不承担赔偿责任。但是，人民法院明知保管人有上述情形而不及时采取措施加以制止的，应当承担相应的赔偿责任。

（二）人民法院存在过错

根据本条规定，人民法院在保管人或第三人直接侵权时承担的是过错责任，即人民法院对于损害的发生存在过错。在具体的判断标准上，本条规定体现了客观的过错判断标准，即人民法院的过错是根据其是否履行了法定的监管职责来判断的。因此，从这个意义上，人民法院未尽监管职责时承担赔偿责任以违法归责、过错归责为归责原则。

需要注意的是，在保管人或第三人直接侵权的情形下，如果人民法院工作人员明知未履行监管职责的行为会造成损害的发生仍拒绝依法履责时（比如，人民法院工作人员收受贿赂后未依法履责），则不应当适用本条，其主要原因在于：第一，本条规定在保管人或第三人直接侵权时，人民法院承担的是非终局性责任，人民法院在承担赔偿责任后可以向直接侵权人追偿。从主观上看，正是由于人民法院的过错程度较轻，令其承担非终局性责任才具有合理性。如果其主观状态为明知的故意，仍令其承担非终局性责任显然与其主观可归责性不相适应，且与其他侵权行为相比，存在法律评价上的不一致。第二，人民法院承担非终局性责任在于其并非直接侵权人，是保管人或第三人实施的直接侵害行为与人民法院未尽到监管职责的间接侵害行为发生竞合，导致了损害结果的发生或扩大，从逻辑上而言，人民法院对于该损害结果既不期望亦非明知而放任。第三，从因果关系的角度来看，人民法院故意状态下的行为与保管人或第三人的行为对于损害结果的产生均为直接原因，在此情形下，根据是否存在意思联络则有可能成立两者共同侵权的连带责任或者按份责任，而不应当仅使人民法院承担相应的赔偿责任。综上所述，在人民法院工作人员明知未履行监管职责的行为会造成损害的发生仍拒绝依法履责的情形下，应当根据本《解释》第2条的规定认定人民法院的赔偿责任。

(三) 受害人的合法权益受到损害

在保管人或者第三人侵权的情形下，人民法院承担的监管职责系指对公民、法人和其他组织的合法财产权益的保护，不包括保护人身权益。关于在非刑事司法赔偿中对公民人身权益的保护，根据《国家赔偿法》第38条应当适用刑事赔偿的相关规定。受害人的合法权益受到损害作为构成要件之一，重点要把握两点：一是侵犯的是公民、法人和其他组织的合法权益。如果涉案的财物是公民、法人和其他组织的违法所得，即使受到损害，人民法院亦不承担赔偿责任。二是受害人的合法权益受到损害。实践中，有的保管人或第三人侵犯了公民、法人和其他组织的合法权益，但是并未对其财产权益造成损害，或者损害已经在民事、行政诉讼过程中获得赔偿、补偿的，人民法院不承担赔偿责任。

（四）人民法院未尽监管职责的行为与损害后果之间存在因果关系

人民法院未尽监管职责承担赔偿责任是多因一果的情形之一，但是与共同侵权的因果关系存在明显不同。在共同侵权情形下，数个侵害行为都是损害结果发生的直接原因，且因数个直接原因的结合而共同造成了损害结果，两者缺一不可。在人民法院未尽监管职责情形下，保管人或第三人的侵害行为是损害结果发生的直接原因，人民法院未尽监管职责客观上为损害的发生或扩大提供了便利和条件，因而在未尽监管职责与损害结果的发生之间建立起了间接的因果关系。因此，在判断因果关系上，应当着眼于人民法院尽到了应尽的监管职责、实施了其应当实施的作为义务是否可以避免或者减轻损害后果的角度作出判断。这就需要综合损害发生的时间、地点、情形，人民法院采取避免损害发生措施的必要性和可行性等因素综合考虑。

三、人民法院承担的赔偿责任份额

关于人民法院未履行监管职责承担的赔偿责任份额问题，本条规定在人民法院能够防止或者制止损害发生、扩大的范围内承担相应的赔偿责任，重点需要把握以下几点：第一，主要根据原因力来确定人民法院承担赔偿责任的份额。在过错责任的情形下，原因力和过错通常是结合在一起作为确定责任范围的依据，因此还应当考虑过错程度等因素。在实践中，原因力的判断是一个比较复杂的裁量问题，通常需要法官结合经验法则进行判断，必要时可以由专业鉴定机构出具鉴定意见或者询问有专门知识的人。第二，人民法院并非直接侵权人，其未履行监管职责承担的赔偿责任本质上是一种次要责任，也是一种中间责任。第三，当保管人或第三人完全履行赔偿责任时，人民法院无须承担赔偿责任。第四，人民法院在其能够防止或者制止损害发生、扩大的范围内承担相应的赔偿责任，如果该部分损失已经法定程序获得赔偿、补偿的，人民法院对该部分损失不承担赔偿责任。

【实务指南】

一、与民事诉讼程序的衔接问题

由于国家赔偿审判中没有追加第三人为共同被告的程序,在保管人或第三人直接实施侵权行为的情形下,有可能存在国家赔偿程序与民事诉讼程序并行的情况,此时需要注意以下几点:第一,当受害人直接向人民法院申请赔偿时,如果符合国家赔偿案件受理条件,应当依法予以受理,无须先行提起民事诉讼要求保管人或第三人赔偿。第二,当受害人在起诉保管人或第三人的同时向人民法院申请赔偿时,人民法院不予受理国家赔偿,已经受理的予以驳回。根据国家赔偿作为最后一道救济程序的原则,应当等待民事诉讼程序终结后再依法提出赔偿申请,否则有可能产生程序交叉、责任认定出现矛盾的情形。第三,如果生效民事裁判文书已就保管人或第三人的侵权事实、损害结果、责任大小作出认定,在确定人民法院未尽监管职责的赔偿责任时应当作为决定依据。

二、本条的举证责任问题

关于举证责任问题,《国家赔偿法》第 26 条规定,人民法院赔偿委员会处理赔偿请求,赔偿请求人和赔偿义务机关对自己提出的主张,应当提供证据,同时仅在被羁押人在羁押期间死亡或者丧失行为能力时,将因果关系的举证责任分配给了赔偿义务机关。因此,原则上赔偿请求人应当承担证明其请求权成立的举证责任。但是结合本条规定,在保管人或第三人直接侵权,人民法院未尽监管职责时,应当根据优势地位、举证能力等因素合理分配赔偿请求人与赔偿义务机关的举证责任。具体而言,关于人民法院是否尽到监管职责的举证责任,赔偿请求人仅需提供初步的证据予以证明,在此情形下赔偿义务机关需要提供证据证明其采取了法定措施确保尽到监管职责,如果赔偿义务机关无法证明其采取了法定措施,就要对该事实承担举证不能的后果。

【典型案例】

古某学申请陕西省汉中市中级人民法院违法保全赔偿案

古某学因与汉中市华森木业制品厂(以下简称华森厂)仲裁一案向陕西

省汉中市中级人民法院（以下简称汉中中院）申请财产保全并提供担保。汉中中院作出（1999）汉经保字第06号民事裁定，对华森厂的财产进行扣押，扣押金额775000元，或冻结银行存款775000元。裁定作出后，汉中中院先后对华森厂的多项财产进行查封、扣押并制作清单，但未加贴封条。后华森厂向汉中中院申请对扣押的岗木圆棒进行处理。汉中中院告申庭承办人员批注"保全50立方米圆棒同意出售，处理价款应如数存入银行，存票交法院保管"，但未实际采取控制措施。经仲裁委员会裁决，华森厂应返还古某学本金754490元、利息201408.40元。案件进入执行程序后，汉中中院清点保全财产时，发现查封的50立方米圆棒材和50立方米圆木材均不存在，已被华森厂的法定代表人胡某泉出售，被查封、扣押的青岗木板材75立方米、山毛榉板材25立方米，因保全时未编号登记、加贴封条，已无法辨认原物。后汉中中院通过执行华森厂其他财产，总计为古某学实现债权173000元，因华森厂已无财产可供执行，汉中中院终结该案的执行。另查，华森厂法定代表人胡某泉因犯非法处置查封、扣押财产罪，被判处有期徒刑二年。

古某学申请确认汉中中院保全行为违法。案经汉中中院、陕西省高级人民法院（以下简称陕西高院）审理后，陕西高院作出确认裁定：对汉中中院作出（1999）汉经保字第06号民事裁定行为不予确认违法；对汉中中院在不便对保全财产加贴封条的情况下又未张贴查封、扣押公告的行为确认违法；对汉中中院没有组织监督被执行人按照合理价格在指定期限内变卖保全财产和没有采取措施控制变卖价款的行为确认违法。

2007年6月25日，古某学向汉中中院申请赔偿。汉中中院决定赔偿古某学经济损失250000元。古某学不服该院决定，向陕西高院赔偿委员会申请作出赔偿决定。陕西高院赔偿委员会认为，古某学向汉中中院提出财产保全申请，请求对华森厂的财产进行扣押，扣押金额限定在775000元或冻结存款775000元。执行中，古某学已实现债权173000元，汉中中院裁定查封金额为775000元，因其违法行为承担国家赔偿责任应以602000元为限。

该案争议焦点问题之一即人民法院未尽监管职责是否违法并承担赔偿责任。审查处理非刑事司法赔偿案件时，要注意区分人民法院在保全或执行中作出的法律行为和事实行为。本案中，人民法院依申请裁定采取保全措施的法律行为不存在违法情形，但事实行为不当，属"查封、扣押具体措施不当"的违法情形，具体表现为：裁定查封、扣押被保全人的动产，应当采取加贴封条或张贴公告的方式而未采取，允许被保全人变卖保全财产且未采取措施控制变卖价款造成财产流失，该行为已经生效裁定确认违法。

本案中人民法院违法保全行为与被保全人侵权行为并存，且与损害结果均具有因果关系，即存在多因一果、混合责任的情形。陕西高院赔偿委员会在被保全人法定代表人因非法处置查封财产已经刑事判决定罪处罚、被保全人确无其他财产可供执行的情况下，以申请保全的数额为限，扣除执行中已经实现的利益对申请保全人给予全额赔偿，充分保护了申请保全人的合法权益。

【相关法律法规】

1. **《民法典》**

第一千一百九十八条 宾馆、商场、银行、车站、机场、体育场馆、娱乐场所等经营场所、公共场所的经营者、管理者或者群众性活动的组织者，未尽到安全保障义务，造成他人损害的，应当承担侵权责任。

因第三人的行为造成他人损害的，由第三人承担侵权责任；经营者、管理者或者组织者未尽到安全保障义务的，承担相应的补充责任。经营者、管理者或者组织者承担补充责任后，可以向第三人追偿。

第一千二百零一条 无民事行为能力人或者限制民事行为能力人在幼儿园、学校或者其他教育机构学习、生活期间，受到幼儿园、学校或者其他教育机构以外的第三人人身损害的，由第三人承担侵权责任；幼儿园、学校或者其他教育机构未尽到管理职责的，承担相应的补充责任。幼儿园、学校或者其他教育机构承担补充责任后，可以向第三人追偿。

2. **《行政强制法》**

第二十六条第二款 对查封的场所、设施或者财物，行政机关可以委托第三人保管，第三人不得损毁或者擅自转移、处置。因第三人的原因造成的损失，行政机关先行赔付后，有权向第三人追偿。

3. **《最高人民法院关于审理铁路运输人身损害赔偿纠纷案件适用法律若干问题的解释》**

第十三条 铁路旅客运送期间因第三人侵权造成旅客人身损害的，由实施侵权行为的第三人承担赔偿责任。铁路运输企业有过错的，应当在能够防止或者制止损害的范围内承担相应的补充赔偿责任。铁路运输企业承担赔偿责任后，有权向第三人追偿。

车外第三人投掷石块等击打列车造成车内旅客人身损害，赔偿权利人要求铁路运输企业先予赔偿的，人民法院应当予以支持。铁路运输企业赔付后，有权向第三人追偿。

4.《最高人民法院关于审理旅游纠纷案件适用法律若干问题的规定》

第七条 旅游经营者、旅游辅助服务者未尽到安全保障义务，造成旅游者人身损害、财产损失，旅游者请求旅游经营者、旅游辅助服务者承担责任的，人民法院应予支持。

因第三人的行为造成旅游者人身损害、财产损失，由第三人承担责任；旅游经营者、旅游辅助服务者未尽安全保障义务，旅游者请求其承担相应补充责任的，人民法院应予支持。

5.《行政诉讼法解释》

第九十八条 因行政机关不履行、拖延履行法定职责，致使公民、法人或者其他组织的合法权益遭受损害的，人民法院应当判决行政机关承担行政赔偿责任。在确定赔偿数额时，应当考虑该不履行、拖延履行法定职责的行为在损害发生过程和结果中所起的作用等因素。

6.《最高人民法院关于公安机关不履行、拖延履行法定职责如何承担行政赔偿责任问题的答复》

……

公安机关不履行或者拖延履行保护公民、法人或者其他组织人身权、财产权法定职责，致使公民、法人或者其他组织人身、财产遭受损失的，应当承担相应的行政赔偿责任。

公民、法人或者其他组织人身、财产损失系第三人行为造成的，应当由第三人承担民事侵权赔偿责任；第三人民事赔偿不足、无力承担赔偿责任或者下落不明的，应当根据公安机关不履行、拖延履行法定职责行为在损害发生过程和结果中所起的作用等因素，判决其承担相应的行政赔偿责任。

公安机关承担相应的赔偿责任后，可以向实施侵权行为的第三人追偿。

……

第十三条　属于下列情形之一的，人民法院不承担赔偿责任：

（一）申请执行人提供财产线索错误的；

（二）执行措施系根据依法提供的担保而采取或者解除的；

（三）人民法院工作人员实施与行使职权无关的个人行为的；

（四）评估或者拍卖机构实施违法行为造成损害的；

（五）因不可抗力、正当防卫和紧急避险造成损害的；

（六）依法不应由人民法院承担赔偿责任的其他情形。

前款情形中，人民法院有错误执行行为的，应当根据其在损害发生过程和结果中所起的作用承担相应的赔偿责任。

【条文主旨】

本条是关于人民法院不承担赔偿责任情形的规定。

【起草背景】

人民法院执行工作，虽然是人民法院主导的对生效法律文书的执行，但实际上是一个社会系统工作，有赖于申请执行人、被执行人、协助执行人、社会其他相关单位部门的配合方可完成，这一点通过"两到三年基本解决执行难"攻坚战以及近年来执行工作信息化水平的提高，得到了更加广泛的共识。针对不同的执行和协助执行主体具有法定的不同的义务权利要求，在对当事人形成侵害时，就有可能并非人民法院执行行为所致或者存在一果多因造成损害的情形。本条主要在第2条、第8条的基础上，列举了不应由人民法院承担赔偿责任的五种具体情形，目的也是促进和保障一线执行人员依法行使执行权，充分保护其工作积极性。不承担赔偿责任的情形主要有三类：一是当事人自身原因造成的，即第1款第1项、第2项；二是其他协助执行单位、机构的原因造成损害的，即第1款第4项评估或者拍卖机构的原因造成损害的情形；三是非执行行为本身的原因造成损害，即第1款第4项、第5项，因执行工作人员个人或者不可抗力及执行行为以外的原因造成损害的情形。当然，本条第2款同时规定如果赔偿义务机关也有过错或者错误执行行为的，也要承担部分相应责任。这也是本条与第8条相区别的一个方面，如果说第8条规定的情形为绝对不承担赔偿责任情形，本条则为相对不承担赔偿责任情形。

相较 2016 年《非刑事司法赔偿解释》第 7 条规定的国家不承担赔偿责任的情形，本条进行了以下三个方面的修改。

一是补充规定了"执行措施系根据依法提供的担保而采取或者解除的"和"评估或者拍卖机构实施违法行为造成损害的"两种情形。前者包括执行异议、复议期间，被执行人、利害关系人提供担保请求停止处分，申请执行人提供担保请求继续执行；案外人异议和异议之诉期间，案外人提供担保请求解除查封，申请执行人提供担保请求继续执行；被裁定变更、追加的被申请人申请复议、提起执行异议之诉期间，申请人提供担保请求继续执行；被执行人、案外人对仲裁裁决执行案件提出不予执行申请并提供担保要求中止执行，申请执行人提供担保请求继续执行；不予执行公证债权文书审查期间，被执行人提供担保请求停止相应处分，申请执行人提供担保请求继续执行。实践中提供担保的主体类型较多，包括申请执行人、被执行人、第三人等，此处未——列明。后者主要是考虑到实践中相关情形较常见，有必要单列，其内容还应包括《网络拍卖规定》第 32 条规定的网络司法拍卖中其他主体的行为违法引起的赔偿责任，以及第 33 条规定的网络司法拍卖服务提供者的行为违法引起的赔偿责任。

二是 2016 年《非刑事司法赔偿解释》第 7 条第 3 项关于保管人造成损害的免责规定，因与本条责任形态不同，已纳入《解释》第 12 条内容，本条不再规定。即将"人民法院依法指定的保管人对查封、扣押、冻结的财产违法动用、隐匿、毁损、转移或者变卖的"的情形，与第三人侵权造成损害的情形一并规定在第 12 条，原则上由保管人或第三人承担责任。同时补充规定了人民法院存在过错未尽监管职责的，应当在其能够防止或者制止损害发生、扩大的范围内承担相应的赔偿责任，并可以依据赔偿决定向保管人或者第三人追偿。关于由保管人或第三人承担责任的具体程序，根据《执行若干规定》第 32 条规定，被执行人或其他人擅自处分已被查封、扣押、冻结财产的，人民法院有权责令责任人限期追回财产或承担相应的赔偿责任。

三是增加规定了第 2 款，即第 1 款规定的人民法院不承担赔偿责任的情形中，如果人民法院有错误执行行为的，应当根据其在损害发生过程和结果中所起的作用承担相应的赔偿责任。该规定也是《非刑事司法赔偿解释》第 8 条关于"因多种原因造成损害的，根据执行行为对损害结果发生或扩大所起的作用等因素合理确定赔偿金额"的规则在保管人或第三人责任问题上的具体体现。

【条文精义】

本条规定的人民法院不承担赔偿责任情形主要有不承担赔偿责任的情形和有限承担赔偿责任的情形。具体包括以下几个方面。

一、不承担赔偿责任的情形

（一）申请执行人提供财产线索错误的

查人找物是执行工作的重要内容，财产调查主要有三种方式：一是申请执行人应当提供被执行人的财产线索；二是被执行人应当如实报告财产；三是人民法院依职权进行财产调查。也就是说，申请执行人在债务人未按期履行生效法律文书确定的义务时向人民法院申请强制执行，其不能就此等待，急于要求被执行人履行义务，其依法有义务提供被执行人财产线索。1998年《执行若干规定》第28条第1款规定，申请执行人应当向人民法院提供其所了解的被执行人的财产状况或线索，被执行人必须如实向人民法院提供其财产状况。这条规定与2021年《最高人民法院关于民事执行中财产调查若干问题的规定》第1条，2011年《最高人民法院关于制裁规避执行行为的若干意见》第2条、第3条相关。其中2011年《最高人民法院关于制裁规避执行行为的若干意见》第2条强化了申请执行人提供财产线索的责任，并规定可根据实际情况，探索尝试以调查令、委托调查函等方式赋予代理律师法律规定范围内的财产调查权。实践中，一般申请执行人或者其代理律师向人民法院提供了被执行人相应的财产线索，执行法院会立即采取措施进行执行，如果该财产线索有误或者不准确，可能导致执行错误，致使申请执行人的权益未能得到保护，这时候申请执行人应当对其自身提供错误线索的行为承担责任，而不能请求人民法院进行赔偿。

（二）执行措施系根据依法提供的担保而采取或者解除的

此项规定是根据近年执行规范所增加的内容，实践中根据提供担保的主体类型不同，主要包括申请执行人、被执行人、案外人（利害关系人）提供执行担保情形，具体说来有：被执行人、利害关系人对执行行为提出异议、复议并提供担保请求停止处分，申请执行人提供担保请求继续执行；案外人对执行标的提出异议及异议之诉，提供担保请求解除查封，申请执行人提供担保请求继续执行；被裁定变更、追加的被申请人申请复议、提起执行异议之诉期间，申请人提供担保请求继续执行；被执行人、案外人对仲裁裁决执行案件提出不予执行申请并提供担保要求中止执行，申请执行人提供担保请求继续执行；不予执行公证债权文书审查期间，被执行人提供担保请求停止相应处分，申请执行人提供担保请求继续执行。应当注意的是，除了正式进入强制执行阶段的执行行为，对于诉讼中财产保全采取执行措施或者解除，也存在担保情形，除了《最高人民法院关于人民法院办理财产保全案件若干问题的规定》第9条规定的可以不要求提供担保的情形外，申请采取财产保全措施均需要提供担保。2021年《民事诉讼法》第108条规定，明确了错误保全申请人对被申请人的损害赔偿责任，2005年《最高人民法院关于当事人财产保全错误造成案外人损失应否承担赔偿责任问题的解释》进一步明确了错误保全申请人对案外人的损害也要承担赔偿责任。综上，对于有担保情况下采取的执行措施或者对执行措施的解除，如果造成损害，是可以有担保财产予以执行以弥补损失，或者在执行程序中向申请人一方诉请赔偿，则无须再要求司法赔偿。但是根据本条第2款的内容，如果执行行为本身也存在错误的话，则需要承担相应赔偿责任，比如在担保之外又超标的查封处置，造成损害的。

(三) 人民法院工作人员实施与行使职权无关的个人行为的

《国家赔偿法》第19条第4项规定，行使国家侦查、检察、审判职权的机关以及看守所、监狱管理机关的工作人员与行使职权无关的个人行为造成损害的，国家不承担赔偿责任。2016年《非刑事司法赔偿解释》第7条第4项也规定了国家不承担赔偿责任的情形包括人民法院工作人员与行使职权无关的个人行为，以及因不可抗力、正当防卫和紧急避险造成损害后果的情形。本条第1款第3项规定的前部分内容与此条规定一脉相承，也充分体现了国家赔偿的基本原理，国家机关及其工作人员履行公职的侵权行为，均属于可归咎于国家的责任范畴；对于国家机关工作人员的个人行为造成的损害，则由工作人员自己承担责任。无论行政赔偿还是司法赔偿，这一原理是共通的。[①] 在西方国家，"如果法官的行为不在职权范围内，法官就不能享有豁免权"，将职务行为与个人行为予以区别，个人行为所承担责任与国家赔

[①] 参见房绍坤：《国家赔偿法学》，北京大学出版社2021年版，第231页。

偿后对行为人的追责相区分。一般表现为两种情形：人民法院执行工作人员作出与执行工作无关的行为侵害了执行案件当事人或利害关系人的权益的情形；执行工作人员利用其司法机关工作人员身份为自己牟取非法利益而侵害执行案件当事人或者利害关系人权益的情形。

（四）评估或者拍卖机构实施违法行为造成损害的

因评估机构实施违法行为造成损害的情形。根据《资产评估法》第20条的规定，评估机构不得有下列行为：(1) 利用开展业务之便，谋取不正当利益；(2) 允许其他机构以本机构名义开展业务，或者冒用其他机构名义开展业务；(3) 以恶性压价、支付回扣、虚假宣传，或者贬损、诋毁其他评估机构等不正当手段招揽业务；(4) 受理与自身有利害关系的业务；(5) 分别接受利益冲突双方的委托，对同一评估对象进行评估；(6) 出具虚假评估报告或者有重大遗漏的评估报告；(7) 聘用或者指定不符合本法规定的人员从事评估业务；(8) 违反法律、行政法规的其他行为。实际上，上述行为中除了第6项指向直接的错误评估报告外，其他均是评估机构可能导致评估错误从而造成损害的行为表现，如果仅有这些行为，评估机构应当按照该法第47条的规定受到处罚，还应当结合案件实际情况予以判断。因拍卖错误造成损害的，被侵权人可以通过民事诉讼寻求救济。

对于拍卖机构实施违法行为造成损害的情形。2014年《执行异议复议规定》第21条规定了应予撤销拍卖的情形，但该规定中的五种情形并未区分造成错误拍卖的主体。《网络拍卖规定》第31条予以沿用，并在第1项中增加了拍卖标的等严重失实，致使买受人产生重大误解，购买目的无法实现的情形，系对《执行异议复议规定》第21条第4项"未按照法律、司法解释的规定对拍卖标的物进行公告的"情形的细化；在第2项中新增由于系统故障、病毒入侵、黑客攻击、数据错误等原因致使拍卖错误，严重损害当事人或者其他竞买人利益的情形。《网络拍卖规定》施行后，进行网络拍卖的，以该规定为准，进行传统拍卖的，适用《执行异议复议规定》第21条[①]。《网络拍卖规定》第32条则进一步规定了网络司法拍卖中其他主体的行为违法引起的赔偿责任，第33条规定了网络司法拍卖服务提供者的行为违法引

[①] 最高人民法院执行局编著：《最高人民法院执行司法解释条文适用编注》，人民法院出版社2019年版，第490页。

起的赔偿责任,并对救济途径明确为可以另行提起诉讼,与《解释》中由于拍卖机构造成的错误拍卖,人民法院不予赔偿的精神相一致。

(五) 因不可抗力、正当防卫和紧急避险造成损害的

2016年《非刑事司法赔偿解释》第7条第5项也规定了国家不承担赔偿责任的情形包括因不可抗力、正当防卫和紧急避险造成损害后果的情形。发生不可抗力、正当防卫和紧急避险属于法律通说认为应予免责的情形。

(六) 依法不应由人民法院承担赔偿责任的其他情形

此项为不承担责任情形的兜底条款。2016年《非刑事司法赔偿解释》第7条第6项规定为依法不应由国家承担赔偿责任的其他情形,此次规定与本条第1款第6项兜底条款的表述基本一致。能够继续保留此兜底条款,也为实践中出现的除前面列举的几种情形之外的更为复杂的免责情形留下了必要的空间。

二、有限承担责任赔偿的情形

本条第2项规定充分体现了以人民为中心的司法赔偿理念,如存在多种原因造成同一损害后果情形或者人民法院在损害后果发生过程中也存在错误执行行为,则人民法院对损害后果的扩大也要承担相应责任。这里应当承担的责任,一般以第三方为主,错误执行行为为辅。实践中还存在错误执行行为是造成损害后果的主要因素,但第三人或者案外人也存在过错,或者存在不可抗力等其他自然原因,此时这些原因是减轻人民法院赔偿责任的因素,要区分各方所应承担的份额。

【实务指南】

关于对评估、拍卖机构实施违法行为造成损害的责任认定问题。评估价格是拍卖的前置程序,对评估结果,人民法院应当及时向执行双方当事人送达评估报告。对评估报告有异议,可以在收到评估报告10日内以书面形式向人民法院提出,当事人或者其他利害关系人有证据证明评估机构、评估人员不具备相应的评估资质或者评估程序严重违法而申请重新评估的,人民法院应当准许。应当注意的是,在执行拍卖评估过程中,被执行人往往会对评估人员的资质、评估方法、评估对象范围、评估价格等存在异议,由于其可

以按照程序对评估机构提出意见，评估机构应予以答复和说明，执行异议的范围与此有所不同，应注意区分。

在当事人或者其他利害关系人有证据证明评估机构、评估人员不具备相应的评估资质或者评估程序严重违法而申请重新评估时，人民法院应进行审查是否重新评估。因此，通过人民法院审查异议、复议进行认定或者纠正的错误评估，仅限于评估人员不具备相应的评估资质或者评估程序严重违法等在人民法院职权审查范围内的情形。其他错误评估情形造成损失的，应由评估机构承担赔偿责任。实践中，对评估、拍卖机构造成损害的，还要注意区分在评估、拍卖过程中人民法院与机构的权利义务划分，正确区分赔偿责任份额。

【疑难问题】

实践中，适用本条时还应当具体问题具体分析。比如，对申请执行人提供财产线索错误的认定，要注意判断是否属于赔偿请求人提供错误财产信息的情形。具体来说，对于预售房屋的查封和执行，就不能仅因被执行人还未取得所有权，尚未办理过户，就认定系申请人提供财产信息错误。还应当注意，这里针对的是申请执行人作为提出赔偿请求主体的情形，如果因该错误执行导致被执行人损失的，则需执行法院有过错方可追究其赔偿责任。也就是说，人民法院对申请执行人及其代理律师所提供的财产线索有进行形式审查的义务，如果案外人或者被执行人提出异议，经审查成立的应及时解除执行措施。

【相关法律法规】

1. **《非刑事司法赔偿解释》**

第七条 具有下列情形之一的，国家不承担赔偿责任：

（一）属于民事诉讼法第一百零五条、第一百零七条第二款和第二百三十三条规定情形的；

（二）申请执行人提供执行标的物错误的，但人民法院明知该标的物错误仍予以执行的除外；

（三）人民法院依法指定的保管人对查封、扣押、冻结的财产违法动用、隐匿、毁损、转移或者变卖的；

（四）人民法院工作人员与行使职权无关的个人行为；

（五）因不可抗力、正当防卫和紧急避险造成损害后果的；

（六）依法不应由国家承担赔偿责任的其他情形。

2. 1998 年《执行若干规定》

第 74 条 对案外人提出的异议一时难以确定是否成立，案外人已提供确实有效的担保的，可以解除查封、扣押措施。申请执行人提供确实有效的担保的，可以继续执行。因提供担保而解除查封扣押或继续执行有错误，给对方造成损失的，应裁定以担保的财产予以赔偿。

3. 2020 年《最高人民法院关于适用〈中华人民共和国民事诉讼法〉执行程序若干问题的解释》

第十五条 案外人异议审查期间，人民法院不得对执行标的进行处分。

案外人向人民法院提供充分、有效的担保请求解除对异议标的的查封、扣押、冻结的，人民法院可以准许；申请执行人提供充分、有效的担保请求继续执行的，应当继续执行。

因案外人提供担保解除查封、扣押、冻结有错误，致使该标的无法执行的，人民法院可以直接执行担保财产；申请执行人提供担保请求继续执行有错误，给对方造成损失的，应当予以赔偿。

4.《民事诉讼法解释》

第三百一十三条 案外人执行异议之诉审理期间，人民法院不得对执行标的进行处分。申请执行人请求人民法院继续执行并提供相应担保的，人民法院可以准许。

被执行人与案外人恶意串通，通过执行异议、执行异议之诉妨害执行的，人民法院应当依照民事诉讼法第一百一十六条规定处理。申请执行人因此受到损害的，可以提起诉讼要求被执行人、案外人赔偿。

5.《最高人民法院关于人民法院办理财产保全案件若干问题的规定》

第二十二条 财产纠纷案件，被保全人或第三人提供充分有效担保请求解除保全，人民法院应当裁定准许。被保全人请求对作为争议标的的财产解除保全的，须经申请保全人同意。

6.《最高人民法院关于执行〈中华人民共和国行政诉讼法〉若干问题的解释》（已失效）

第九十四条 在诉讼过程中，被告或者具体行政行为确定的权利人申请人民法院强制执行被诉具体行政行为，人民法院不予执行，但不及时执行可能给国家利益、公共利益或者他人合法权益造成不可弥补的损失的，人民法院可以先予执行。后者申请强制执行的，应当提供相应的财产担保。

第十四条 错误执行造成公民、法人和其他组织利息、租金等实际损失的，适用国家赔偿法第三十六条第八项的规定予以赔偿。

【条文主旨】

本条是关于可赔偿损失范围的规定。

【起草背景】

《国家赔偿法》自 1995 年 1 月 1 日施行以来，关于赔偿标准、范围的规定，主要问题集中在以下三点：第一，国家赔偿标准低于民事赔偿标准，在财产损害赔偿中尤为突出。《国家赔偿法》制定之前，原《民法通则》已经施行。原《民法通则》第 121 条规定，国家机关或者国家机关工作人员在执行职务中，侵犯公民、法人的合法权益造成损害的，应当承担民事责任。第 117 条规定，侵占财产的应当返还，不能返还的折价赔偿，损坏财产的应当恢复原状或折价赔偿，造成其他重大损失的应当赔偿损失。该条规定的赔偿范围既包括既得利益损失也包括预期可得利益损失，即已经确立了财产损害赔偿的实际损失赔偿标准。但《国家赔偿法》施行后，其关于财产损害赔偿确立的直接损失赔偿标准，致使受害人无法就预期可得利益损失获得赔偿，相较于其出台之前，在受害人权利保护方面，实际是一种退步。第二，国家赔偿无法弥补受害人的全部实际损失。1995 年 1 月 1 日开始施行的《国家赔偿法》确立的是抚慰性赔偿，在其出台之前，时任全国人大常委会法制工作委员会副主任胡康生在《关于〈中华人民共和国国家赔偿法（草案）〉的说明》中就提到，该法确定的赔偿标准是"使受害人所受到的损失能够得到适当弥补"，并非对实际损失予以全部弥补。虽然该赔偿标准的确立与当年我国的经济发展水平和财政负担能力有关，但这种不完全的救济与国家赔偿制度本身的设立目的是相悖的，并没有充分发挥事后救济和保障机制的作用，未能从根本上弥补受害人的损失，且将部分国家公权力过错责任转嫁给受害人承担，不但有违公平原则，亦不利于国家公信力的建立。第三，规定的可赔偿损失范围过窄。在人身损害赔偿方面，1994 年《国家赔偿法》没有规定精神损害赔偿；在财产损害赔偿方面，该法在第 28 条第 7 项兜底规定"对财产权造成其他损害的，按照直接损失给予赔偿"，其前 6 项列举的可赔偿损失均系既得利益损失。结合传统民法理论认为，直接损失是现有财产的减损，是既得利益的损失，而间接损失是未来财产的减损，是预期可得利益损失。因此，当时的司法实践中普遍认为该第28条规定系确定了财产损害国家赔偿的直接损失赔偿标准，即只赔付既得利益损失。该条规定对于预期可得利益是否可获赔偿未留自由裁量的空间，致使在司法实践中，哪怕受害人的部分预期可得利益损失确实属于其实际损失，亦无法予以支持。

2010年，《国家赔偿法》第一次修正，关于赔偿标准、范围的规定，较之之前，有了明显进步。有观点认为，此次修法采纳了补偿性赔偿标准，体现在人身损害赔偿方面，将精神损害纳入可赔偿损害范围；在生命健康损害赔偿方面，增加了护理费、残疾生活辅助具费、康复费等因残疾而增加的必要支出和继续治疗所必需费用的赔偿，尤其是条文表述中使用了"等"字，采取了一种开放式的立法模式，使公民因国家侵权行为遭受的生命健康权损害得到全面赔偿成为可能；在财产损害赔偿方面，扩大了直接损失的界定范围，修正后的第36条在原第28条规定的基础上增加了一项"返还执行的罚款或者罚金、追缴或者没收的金钱，解除冻结的存款或者汇款的，应当支付银行同期存款利息"的规定，将期待利益损失——利息纳入赔偿范围。

2016年9月7日，最高人民法院根据2010年《国家赔偿法》修法精神，发布了《非刑事司法赔偿解释》。该解释第15条第3项规定，应当返还的财产系现金的，应当支付利息；在2000年《最高人民法院关于民事、行政诉讼中司法赔偿若干问题的解释》第12条第3项关于保全、执行的财产系国家批准的金融机构贷款的，应支付的该贷款借贷状态下的贷款利息属于直接损失的规定的基础上，以第16条进一步规定，依照《国家赔偿法》第36条规定返还的财产系国家批准的金融机构贷款的，除贷款本金外，还应当支付该贷款借贷状态下的贷款利息。《非刑事司法赔偿解释》对于赔偿标准、范围的规定实际上已经在部分适用补偿性赔偿标准，对受害人的救济已经在趋近于弥补其实际损失。由此可以看出，我国关于国家赔偿标准、范围的确定，也是在不断探索、变化和发展的。

近年来，随着我国经济实力的不断提高，特别是党的十八大以来，我国经济总量连续跨越多个重要关口。2020年国内生产总值突破100万亿元大关，稳居世界第二；2021年，我国脱贫攻坚战取得全面胜利，在中华大地上全面建成了小康社会。国家的经济实力已经可以支持国家赔偿从"使受害人所受到的损失能够得到适当弥补"的"抚慰性"赔偿过渡到"补偿性"赔偿。在新发展阶段，人民群众权利意识也在不断增强，党和国家更加重视人权事业的全面发展，国家赔偿作为人权司法保护的重要一环，亦应与时俱进。因此，此次在制定《解释》时，所涉的国家赔偿标准、范围不应再局限于过去的狭义理解，确有必要根据《国家赔偿法》的立法精神在法律框架内对直接损失作出进一步的解释，以符合未来法治发展的方向。可不拘泥于直接损失与间接损失的划分，而是从因果关系的角度将直接损失理解为与错误执行行为有直接因果关系的损失，实质上也就是实际损失。基于这一理解，在总结赔偿审判实践做法的基础上，《解释》第14条将与错误执行有直接因果关系的实际损失纳入赔偿范围，并列举了利息和租金两种常见的可赔偿实际损失。第15条关于其他合理方式计算损失、第16条关于营运损失以及第17条关于侵犯债权的赔偿规定也体现了实际损失赔偿的原则。

【条文精义】

一、财产损害赔偿标准

在现实生活中，合法财产权益遭受侵害，产生的损失究竟有多少，其实是一个很难精准计算的问题，除财产被侵占、损坏等既得利益损失外，还有可能产生如利息、营业收入等预期可得利益损失以及贷款利息、租金等营运成本的支出损失。因保护财产的价值，往往取决于人们对与其冲突的其他利益的评价如何，因此，财产损害国家赔偿因各国具体情况不同，赔偿标准、范围有很大差异。

赔偿标准具体可分为惩罚性赔偿、补偿性赔偿和抚慰性赔偿三类。适用惩罚性赔偿标准的国家大多为发达国家，如美国、英国，主要认为赔偿不但要足以弥补受害人的损失，还须支付侵犯他人合法权益应当承担的惩罚性费用。适用惩罚性赔偿标准，受害人获得的赔偿金是大于其实际损失的，对于个体权益而言，无疑最为有利，但对国家负担来说，责任最重。适用补偿性赔偿标准的国家大多为传统大陆法系国家，如德国、法国，主要认为赔偿的目的在于弥补受害人实际损失，使其从权利被侵害的状态恢复原状。例如，德国的国家赔偿适用民法规定，《德国民法典》第249条规定："损害赔偿义务人必须恢复假如没有发生引起赔偿义务的情况所会存在的状态。因为伤害人或者损坏物件而须赔偿时，债权人可以请求对此来说为必要的金额，以代替请求恢复原状。"该条规定明确地界定了财产损害的赔偿标准，是恢复原状的赔偿标准，即补偿性质的损害赔偿标准。因此，赔偿的范围不但包括既得利益损失，也包括预期可得利益损失，赔偿金额基本等同于实际损失。相比较前两者，抚慰性赔偿标准对受害人权利的保护无疑最弱，只能对法律规定的可赔偿范围内的损失予以赔偿，对于法律没有规定但实际发生的其他损失则不予赔偿，受害人获得赔偿的金额将小于其实际损失。适用抚慰性赔偿标准的国家大多系受其历史文化、经济发展水平等因素的影响，如我国在1995年1月1日开始施行的《国家赔偿法》采用的就是抚慰性赔偿标准。

不同的赔偿标准各有利弊。惩罚性赔偿标准明显对于保护受害人实体权利更为有利，且具有惩戒、震慑作用，但对国家机关苛责颇重，不仅给财政方面造成压力，在国家机关及其工作人员整体执法水平还不够高的情况下，执法过程中难免存在失误，如果确定高额的赔偿标准，也会挫伤工作人员的积极性，甚至会出现为了规避赔偿、追责而怠于行使职权的情况。但抚慰性赔偿又无法对受害人的全部实际损失予以赔偿，这与国家赔偿制度的设立目的和初衷又是相背离的。国家赔偿作为国家侵权行为发生后的救济制度，即使在某个阶段，因平衡财政负担、执法代价等各方利益考虑，采取了抚慰性赔偿标准，但与"如同损害没有发生一般"的矫正正义的理想目标是相差甚远的。尤其在民事侵权赔偿已经基本采纳补偿性赔偿标准，甚至部分领域实施惩罚性赔偿标准的情况下，国家与个体相比，拥有强大的财政后盾，管理着社会各项制度的运行，更应当率先垂范，落实充分的救济措施。因此，随着人权保障的提高、法治不断进步，采用补偿性赔偿标准或者建立补偿性为主、惩罚性兼并的赔偿制度已经成为国家赔偿的最优选择。

二、涉执行财产损害的可赔偿损失范围

损害是构成国家赔偿责任的基础，损害的产生是救济的基本前提。以是否经过法律确认，可将损害分为事实损害和法律损害。事实损害是指国家侵权行为所造成的受害人在人身或财产方面的客观事实上的不利益；法律损害则是指损害发生后，经《国家赔偿法》确认并予以赔偿的事实损害，即所谓的"可赔偿损失"。可赔偿损失，是客观存在并且经法律认可，能够由赔偿义务机关给予赔偿的损失。[1]

可赔偿损失的范围直接决定受害人可以获得赔偿的多少，与确立的国家

---

[1] 参见江必新、梁凤云、梁清：《国家赔偿法理论与实务》，中国社会科学出版社2010年版，第788~789页。

赔偿标准密切相关。如前一部分所述，德国作为传统大陆法系国家，采纳的是补偿性赔偿标准，主张对受害人的损害应尽可能做到恢复或填平。《德国民法典》第252条规定："待赔偿的损害也包括所失利益。根据事物的惯常运行或者特殊情况，特别是根据所作的准备和所采取的预防措施，可以极大的可能性期待得到的利益，视为所失利益。"明确对于财产损害的救济并不局限于赔偿既得利益损失，也将预期可得利益纳入可赔偿损失范围。同样，采纳补偿性赔偿标准的法国，也明确"行政主体的赔偿金额是实际发生的全部损失"。与之不同，我国在制定1994年《国家赔偿法》时，采纳的是抚慰性赔偿标准，基于该标准所作的相关赔偿范围规定，必然是无法涵盖受害人全部损失的。该法第28条对于财产损害赔偿亦并未按照"一般条款+列举"的模式进行规定，抛弃了以一般条款的高度抽象性保证财产损害概念的周延性，而是采用"列举+兜底"的规定方式。前6项列举的应予赔偿损失均系既得利益损失，第7项兜底规定对其他损害按照直接损失给予赔偿，实质系将可赔偿财产损失限定在直接损失的范围内。

传统民法认为，直接损失作为与间接损失相对的概念，也称为积极损害，指现有财产或者利益的减少。在实践中，直接损失是直观的、实在的。侵占财产，表现为公民、法人或者其他组织财产的丧失占有，该物的全部价值即为直接损失。损坏财产，表现为被损坏的财产价值的减少和灭失。财产减少的，减少的部分就是直接损失；财产灭失的，该物的全部价值就是直接损失。在侵占财产无法返还和损坏财产无法恢复原状的情况下，就会发生财产的直接损失。即使可以返还原物和恢复原状，但原物的交换价值和使用价值已发生减损的，也会发生财产的直接损失。间接损失，也称消极损害，是可得利益的减少，即受害时尚不存在，但受害人如果不受侵害，在通常情况下应当或者能够得到的利益的丧失。间接损失的是一种未来的可得利益，在侵害行为实施时，它只具有一种财产取得的可能性，尚不是一种现实的利益。间接损失与直接损失的区别主要在于：第一，间接损失不是现有财产的减少，不表现为受害人现实拥有的财产价值量的实际减少，而是受害人应当或者可能得到的财产利益因侵权行为的实施而没有得到。第二，间接损失具有依附性，而直接损失不具有依附性。间接损失与直接损失有直接的关联，即间接损失是依据直接损失的发生而发生。第三，直接损失是直观的、现实的财产价值的损失；间接损失虽属客观的事实损失，但不如直接损失那样直观现实，需根据实际情况进行计算。

1994年《国家赔偿法》第28条规定的赔偿直接损失就是赔偿传统民法意义上的直接损失，即赔偿已经发生的、确定的损失，而不对权利人应得到的或者能够得到的利益予以赔偿。但随着我国国家赔偿制度的不断进步与发展，如起草背景所述，我们已经不是在严格地执行抚慰性赔偿标准，开始在向补偿性赔偿标准逐渐过渡，关于直接损失的理解也在不断变化。此次制定《解释》，对人民法院错误执行造成损害的赔偿，采纳的已经是对受害人的财产损失做到尽可能地填平或恢复的补偿性赔偿标准。本条规定"错误执行造成公民、法人和其他组织利息、租金等实际损失的，适用国家赔偿法第三十六条第八项的规定予以赔偿"，是对《国家赔偿法》第36条第8项的"直接损失"进一步扩大解释，应理解为与错误执行行为具有直接利害关系的实际损失。

　　关于如何判断受害人主张的某项损失是否属于涉执赔偿实际损失的问题。上文提到，法律损害是以事实损害为基础的。实际损失其实就是经过法定条件筛选的应予赔偿的事实损失。因此，在判断某项损失是否属于实际损失之前，确有必要先厘清错误执行发生后，可能产生的事实损失的范围。从广义而言，一切与错误执行相关的不利益结果都可以认定为事实损失的范畴。例如，房屋被错误执行给他人后，受害人的损失往往并不局限于房屋价值本身，使用该房屋从事生产经营活动的，损失可能还包括停产停业期间的生产经营收入、应当支付的职工工资、水电费、另行租房费用、搬迁费等。受害人提起赔偿申请时，还有要求赔偿律师费、差旅费，甚至主张因错误执行行为导致其本人或家人情绪激动突发疾病，请求赔偿住院治疗、陪护等费用。上述损失的产生都与错误执行行为相关，总共可以分为三类：一类是既得利益损失，如房屋价值；一类是预期可得利益损失，如生产经营收入；还有一类是支出损失，如水电费等。其中支出损失又可细分为两类：一类是侵权行为不发生则不会额外支出的费用，如上述的律师费；一类是即便侵权行为不发生也需要支出的费用，但该类费用的支出是为了获得相应的利益，因为侵权行为的发生，导致支出并未停止而相应的利益未能获得，如上述停产停业期间的职工工资。这三类损失中，既得利益损失是受害人已有财产权的减损，无疑属于应予赔偿的范围，但预期可得利益损失和支出损失因为具体侵权行为不同、结果不同，有的予以赔偿更为公平、合理，有的予以赔偿则苛责过重，还有的如果支持了预期可得利益，则无须再赔偿支出损失，例如，已按照往年平均营业额赔偿停产停业期间的经营收入的，则无须再赔偿停产停业期间的职工工资、水电费等支出。因此，确定可赔偿损失范围十分复杂又至关重要，既要对受害人予以救济，又不能毫无边界地一概赔偿，特别是当事人对一些预期可得利益、支出的计算甚至是无穷无尽的，不论国家赔偿还是民事侵权赔偿都不可能兜底支持。在此，就需要通过"现实性""必然性""直接因果关系"三个工具对各项事实损失进行判断。

首先，实际损失必须具备现实性或必然性。也就是说，实际损失是已经发生的或者必然会发生的。结合上一部分讨论的损失种类，既得利益损失系指已有财产或者权利的毁损、灭失，这种损失是切实的、可见的减少，具有现实性，属于实际损失的范围。比较难以判断的是预期可得利益损失和支出损失。

在涉执行司法赔偿案件中，预期可得利益是指如无错误执行行为则在未来可能获得的利益。关于预期可得利益损失是否予以赔偿，应该先判断如无错误执行行为，该预期可得利益产生的必然性，即根据该利益未来可获得的概率高低来进行判断，特别典型的例子就是银行存款的利息。在错误执行发生时，该时间点之后的利息尚未产生，但如无银行存款被错误执行，其利息的获得概率很高，已接近于100%，则属于应予赔偿的实际损失。那么，金钱是否只有存入银行，被错误执行才能申请利息赔偿，以现金形式存在放在家里或者公司里，被错误执行后就不能申请利息赔偿？答案又是否定的。金钱本身虽不能自然产生利息，但基于货币的特殊属性，以及现代社会银行业的充分发展，特别是线上支付、存款已经十分便捷的情况下，任何金钱持有人都可以随时通过将金钱存入银行获得相应利息，这已经变得十分普遍又容易，是只要愿意就可以做到的事情。因此，在这样的金融背景下，将金钱借出或因被违约、被侵权等原因遭受损失，出借方或者受害人丧失了支配金钱的自由，同时也丧失了随时将金钱存入银行获得利息的可能性，应获得相应利息的赔偿。《非刑事司法赔偿解释》第15条第3款即规定，应当返还的财产系现金的，应当支付银行同期存款利息。

关于预期可得利益必然性的判断，通常情况下，并非所有的预期可得利益都像上述的利息那样好做判断，有些是无法预测的，或者有些预期可得利益未来可获得的概率不高抑或依赖其他因素的程度较大时，都不宜认定为实际损失。例如，一批原计划用于雕刻的木材被错误执行，因木材雕刻后其作品价值受雕刻人知名度、雕刻技术、宣传、销售策略以及市场行情等多种因素的影响，雕刻后大幅增值的发生概率尚未可知，因此，受害人主张赔偿雕刻后预期可获得的市场价值并不属于应予赔偿的实际损失。

预期可得利益中，经营收入是否属于实际损失的问题则更为复杂。实践中，赔偿请求人常会请求按照历年平均营业额赔偿因错误执行而停产停业期间的经营收入损失。一般而言，如果市场平稳，原材料价格和消费者的消费能力在一段时间内不出现较大波动，经营者不出现经营失误，其预期经营收入的获得的确是一个高概率事件，在一定程度上可以认为其发生具有必然性。但进一步分析预期经营收入，可以看出，租赁了经营用房、雇用了职工、购买了原材料、缴纳了水费、电费等必要支出，还需要劳动者投入生产劳动，才能最终获得经营收入，即经营收入中除了前期投入的成本还有生产劳动的价值。因错误执行行为导致停产停业，虽然在停产停业期间还会产生职工工资、房屋租赁费、水电费、保管费等，但并没有投入生产劳动，没有产生生产劳动价值。因此，其实际损失应是已投入的职工工资、房屋租赁费、水电费、保管费等支出，而非预期经营收入。当然，如果从更好地保护受害人实体权益角度出发，采纳惩罚性赔偿标准，赔偿受害人停产停业期间的经营收入损失也未尝不可，但赔偿经营收入后，就不应再赔偿停产停业期间的职工工资、房屋租赁费、水电费等营运支出费用。

关于支出损失，上一部分提到可以具体划分为两类：一类是错误执行行为不发生则不会额外支出的费用；一类是即便错误执行行为不发生也需要支出的费用，但该类费用的支出是为了获得相应的利益，因为错误执行导致支出并未停止而相应的利益未能获得。这两种支出损失都是因为错误执行行为而发生的损失，具有现实性，但是否属于实际损失，还要看是否与错误执行行为之间具有直接因果关系。

关于因果关系的研究主要有条件说和原因说两大类。条件说认为凡是与结果有联系的条件都是结果发生的原因，认为条件即原因，无论条件与结果之间联系的远近，都具有同等的原因力。例如，甲法院查封了被执行人的一批木材，因仓库失火而全部毁损。在条件说看来，如果法院不查封木材，木材已经出售，不会继续存放在仓库内，就不会被火烧毁。因此，法院查封和仓库失火都是导致木材毁损的原因。相反，原因说认为，与结果有联系的条件未必都是结果发生的原因，只有根据公众和常识的标准[①]，才可以在与结果有联系的条件中找到真正的原因。还是上述的例子，在原因说看来，法院

---

① 参见郭自力：《英美刑法》，北京大学出版社2018年版，第125页。

查封木材、仓库失火都是木材毁损的条件，但是实践中法院查封木材的行为发生过很多次，并不会直接、必然导致木材毁损，是仓库失火直接导致木材毁损，则真正的原因是仓库失火。两相对比，可以看出，原因说与条件说最显著的不同在于原因说对与结果有联系的条件进行了筛选，只有与结果的发生联系最直接、紧密的条件，才被视为原因，更为公平，也更符合一般社会公众认知，因此，也有学者认为原因说才是真正的因果关系理论。在涉执行司法赔偿中，采用的也是因果关系中的原因说，即损害结果的发生与错误执行行为具有直接因果关系的，才能认定该损失属于应予赔偿的范围。在判断支出损失是否属于实际损失时，就需要判断是否与错误执行行为具有直接因果关系。例如，申请赔偿因错误执行导致情绪激动引发疾病的住院费、护理费等，因与错误执行行为不具有直接因果关系，则不属于应予赔偿的实际损失的范围。

三、其他需要特别注意的问题

在民事财产损害赔偿中，根据《民法典》第1183条第2款规定，侵害自然人具有人身意义的特定物造成严重精神损害的，被侵权人有权请求精神损害赔偿。但国家赔偿实行法定赔偿原则，对于赔偿的范围要严格遵守《国家赔偿法》的相关规定。该法对财产损害并未规定可以申请赔偿精神损害，因此，在涉执行司法赔偿中，实际损失的范围并不包括精神损害。

此外，本条文中所指"错误执行造成公民、法人和其他组织利息、租金等实际损失"并非等内之意，此处只列举了常见的利息、租金两种形式，其他损失例如律师费、车旅费、住宿费等是否属于实际损失，要根据具体案情进行判断。

【典型案例】

1. 秦某义、李某静等人申请湖南省衡南县人民法院错误执行赔偿案

中国工商银行衡南县支行诉衡南县糖酒副食品总公司（以下简称糖酒公司）贷款利息纠纷一案，经湖南省衡南县人民法院（以下简称衡南法院）作出生效判决后，由该院执行。1994年12月29日，衡南法院执行人员在糖酒公司沿江北路批发部仓库拟查封库存的洋河大曲酒500件。糖酒公司批发部主任李某静对查封提出异议，主张库存洋河大曲酒为私人寄存。法院执行人员要求李某静提供证据，李某静未能提供，法院执行人员采取了异地扣押措施。其后，秦某义、李某静提供了其与衡阳市城北公安分局下属的雁北物资贸易公司购销洋河大曲酒的清账协议和调拨单，糖酒公司出具的被扣押的洋河大曲酒不是该公司所有的证明，及诉争的洋河大曲酒寄存在沿江北路批发部仓库以及仓储费证明。1995年2月21日，衡南法院根据申请人的要求和所提供的证据，决定解除扣押，将先前扣押的500件洋河大曲酒返还给赔偿请求人，并支付搬运费350元，对扣押期间损坏的10瓶洋河大曲酒赔偿225元。1995年3月28日，秦某义等人依据《国家赔偿法》的相关规定，向衡南法院申请国家赔偿，因不服该院作出的不予赔偿决定，于同年5月3日向湖南省衡阳市中级人民法院（以下简称衡阳中院）赔偿委员会申请作出赔偿决定。

衡阳中院赔偿委员会经审理认为，衡南法院在行使职权、扣押糖酒公司库存洋河大曲酒时，由于事先未能查清被扣押物的归属，且李某静以及被执行人的法定代表人王某友当场不能、不愿出具证明，导致错误扣押。后经查证被扣押的洋河大曲酒非糖酒公司所有，执行人员及时解除了扣押，返还给赔偿请求人，支付了返还的搬运费，并赔偿扣押期间原物损坏的价款。衡南法院对错误扣押行为的处理是合适的，但处理决定形式欠妥，应予纠正。赔偿请求人要求赔偿货款利息以及扣押物因扣押在时间上可能造成的差价损失于法无据，不予支持，遂于1995年8月8日决定：解除对500件洋河大曲酒的扣押，并返还给赔偿请求人，驳回其他赔偿请求。

2. 丹东亚克商贸有限公司申请山西省吕梁市中级人民法院错误执行赔偿案

孝义市和中兴矿产有限公司诉凤城市钢铁有限公司（以下简称钢铁公司）、凤城市凤辉商贸有限公司、辽宁凤辉实业集团有限公司（以下简称凤辉实业集团）分期付款买卖合同纠纷一案，经山西省吕梁市中级人民法院（以下简称吕梁中院）作出生效民事调解书后，由该院执行。2013年11月16日，吕梁中院查封钢铁公司、凤辉实业集团存放在丹东港集团有限公司（以下简称丹东港公司）的还原铁1483吨、钢坯172.96吨、线材81.6吨及以后到港存放的全部物资。案外人丹东亚克商贸有限公司（以下简称亚克公司）对查封提起执行异议之诉，被判决驳回诉讼请求。2016年6月3日，山西省高级人民法院（以下简称山西高院）二审确认钢铁公司存放于丹东港公司的1483吨还原铁为亚克公司所有，停止对上述还原铁的执行。之后，吕梁中院裁定解除对还原铁的查封。2017年1月24日，亚克公司以错误执行赔偿为由，申请吕梁中院予以国家赔偿。

山西高院赔偿委员会审理认为，吕梁中院的查封、解封行为符合法律规定。亚克公司提出执行异议后，当时并未向法院提供该公司与钢铁公司签订的《进口货物港务代理合同》，也没有提供该公司与丹东至诚金属材料有限公司签订的《购销合同》。吕梁中院对亚克公司的执行异议尽到了审查义务，驳回该公司提出的执行异议，与其未及时提交证据有关。但吕梁中院自2013年11月16日查封1483吨还原铁后，明知在丹东港公司的港口存放费为每天每吨0.8元，且还原铁的市场行情不断变化，但未积极采取合理措施，造成被查封还原铁实际价值减少，应负相应责任。亚克公司在执行异议之诉阶段才提供相关证据，客观上延长了案件办理时间，对导致损失的不断增加负有一定责任。山西高院赔偿委员会遂决定吕梁中院、亚克公司根据各自过错分别承担相应的港口存放费，吕梁中院另赔偿还原铁从被查封时到解封止市场价值发生下滑造成的货物损失以及亚克公司为评估资产损失支付的25000元评估费用，驳回该公司的其他国家赔偿请求。

【相关法律法规】

1. 1994年《国家赔偿法》

第二十八条　侵犯公民、法人和其他组织的财产权造成损害的，按照下列规定处理：

（一）处罚款、罚金、追缴、没收财产或者违反国家规定征收财物、摊派费用的，返还财产；

（二）查封、扣押、冻结财产的，解除对财产的查封、扣押、冻结，造成财产损坏或者灭失的，依照本条第（三）、（四）项的规定赔偿；

（三）应当返还的财产损坏的，能够恢复原状的恢复原状，不能恢复原状的，按照损害程度给付相应的赔偿金；

（四）应当返还的财产灭失的，给付相应的赔偿金；

（五）财产已经拍卖的，给付拍卖所得的价款；

（六）吊销许可证和执照、责令停产停业的，赔偿停产停业期间必要的经常性费用开支；

（七）对财产权造成其他损害的，按照直接损失给予赔偿。

2. 2012年《国家赔偿法》

第三十六条　侵犯公民、法人和其他组织的财产权造成损害的，按照下列规定处理：

（一）处罚款、罚金、追缴、没收财产或者违法征收、征用财产的，返还财产；

（二）查封、扣押、冻结财产的，解除对财产的查封、扣押、冻结，造成财产损坏或者灭失的，依照本条第三项、第四项的规定赔偿；

（三）应当返还的财产损坏的，能够恢复原状的恢复原状，不能恢复原状的，按照损害程度给付相应的赔偿金；

（四）应当返还的财产灭失的，给付相应的赔偿金；

（五）财产已经拍卖或者变卖的，给付拍卖或者变卖所得的价款；变卖的价款明显低于财产价值的，应当支付相应的赔偿金；

（六）吊销许可证和执照、责令停产停业的，赔偿停产停业期间必要的经常性费用开支；

（七）返还执行的罚款或者罚金、追缴或者没收的金钱，解除冻结的存款或者汇款的，应当支付银行同期存款利息；

（八）对财产权造成其他损害的，按照直接损失给予赔偿。

3. 2000年《最高人民法院关于民事、行政诉讼中司法赔偿若干问题的解释》（已失效）

第十二条 国家赔偿法第二十八条第（七）项规定的直接损失包括下列情形：

（一）保全、执行过程中造成财物灭失、毁损、霉变、腐烂等损坏的；

（二）违法使用保全、执行的财物造成损坏的；

（三）保全的财产系国家批准的金融机构贷款的，当事人应支付的该贷款借贷状态下的贷款利息。执行上述款项的，贷款本金及当事人应支付的该贷款借贷状态下的贷款利息；

（四）保全、执行造成停产停业的，停产停业期间的职工工资、税金、水电费等必要的经常性费用；

（五）法律规定的其他直接损失。

4.《非刑事司法赔偿解释》

第十五条 国家赔偿法第三十六条第七项规定的银行同期存款利息，以作出生效赔偿决定时中国人民银行公布的一年期人民币整存整取定期存款基准利率计算，不计算复利。

应当返还的财产属于金融机构合法存款的，对存款合同存续期间的利息按照合同约定利率计算。

应当返还的财产系现金的，比照本条第一款规定支付利息。

第十六条 依照国家赔偿法第三十六条规定返还的财产系国家批准的金融机构贷款的，除贷款本金外，还应当支付该贷款借贷状态下的贷款利息。

5.《行政赔偿规定》

第二十九条 下列损失属于国家赔偿法第三十六条第八项规定的"直接损失"：

（一）存款利息、贷款利息、现金利息；

（二）机动车停运期间的营运损失；

（三）通过行政补偿程序依法应当获得的奖励、补贴等；

（四）对财产造成的其他实际损失。

第十五条　侵害公民、法人和其他组织的财产权，按照错误执行行为发生时的市场价格不足以弥补受害人损失或者该价格无法确定的，可以采用下列方式计算损失：

　　（一）按照错误执行行为发生时的市场价格计算财产损失并支付利息，利息计算期间从错误执行行为实施之日起至赔偿决定作出之日止；

　　（二）错误执行行为发生时的市场价格无法确定，或者因时间跨度长、市场价值波动大等因素按照错误执行行为发生时的市场价格计算显失公平的，可以参照赔偿决定作出时同类财产市场价格计算；

　　（三）其他合理方式。

【条文主旨】

　　本条是关于财产损失计算方式的规定。

【起草背景】

　　《国家赔偿法》第32条规定："国家赔偿以支付赔偿金为主要方式。能够返还财产或者恢复原状的，予以返还财产或者恢复原状。"第36条规定："侵犯公民、法人和其他组织的财产权造成损害的，按照下列规定处理：（一）处罚款、罚金、追缴、没收财产或者违法征收、征用财产的，返还财产；（二）查封、扣押、冻结财产的，解除对财产的查封、扣押、冻结，造成财产损坏或者灭失的，依照本条第三项、第四项的规定赔偿；（三）应当返还的财产损坏的，能够恢复原状的恢复原状，不能恢复原状的，按照损害程度给付相应的赔偿金；（四）应当返还的财产灭失的，给付相应的赔偿金；（五）财产已经拍卖或者变卖的，给付拍卖或者变卖所得的价款；变卖的价款明显低于财产价值的，应当支付相应的赔偿金；（六）吊销许可证和执照、责令停产停业的，赔偿停产停业期间必要的经常性费用开支；（七）返还执行的罚款或者罚金、追缴或者没收的金钱，解除冻结的存款或者汇款的，应当支付银行同期存款利息；（八）对财产权造成其他损害的，按照直接损失给予赔偿。"

　　根据上述法条规定，侵犯公民、法人和其他组织的财产权造成损害的，赔偿义务机关承担国家赔偿责任的方式有如下三种：（1）返还财产。财产为特定物的，应当以该特定物返还。财产虽为种类物，但该种类物已特定化的，仍应当以该特定化的种类物之原物返还。具有流通性质、消费性质等的种类物，也可以种类物返还。(2)恢复原状。对应当返还的财产，因保管不善等原因造成损坏，致使该财产的物理结构、使用功能等受到影响的，应当通过修理、养护等措施恢复财产原有的结构完整、功能完善和使用品质的救济方式。(3)金钱赔偿。财产不能返还或者恢复原状的，则支付相应的赔偿金。关于赔偿金的具体计算方式或标准，《国家赔偿法》未予明确规定。

2016年《非刑事司法赔偿解释》第12条第2款对财产损失金钱赔偿的计算方式进行了规定，即："财产不能恢复原状或者灭失的，应当按照侵权行为发生时的市场价格计算损失；市场价格无法确定或者该价格不足以弥补受害人所受损失的，可以采用其他合理方式计算损失。"一般情况下，财产损失赔偿金应按照侵权行为发生时的市场价格计算，如果市场价格无法确定或者该市场价格不足以弥补受害人所受损失，可采用其他合理方式计算。

本条则是对计算财产损失"其他合理方式"的进一步细化和补充。针对司法实践中的常见多发情况，在充分参考借鉴《民法典》侵权责任编等相关规定、总结提炼赔偿审判实践经验的基础上，在原则上"按照错误执行行为发生时的市场价格确定"之外，明确列举了其他两种计算财产损失的合理方式。在《解释》起草过程中，全国人大常委会法工委对本条规定无不同意见。

【条文精义】

本条是关于财产损失计算方式的规定。条文只有一款但有三项，采取了列举加兜底规定的形式。本条规定财产损失计算方式的一般原则或标准是"按照错误执行行为发生时的市场价格确定"，按此方式不足以弥补损失或者价格无法确定时，第1项规定可以按错误执行行为发生时的市场价格计算财产损失并支付错误执行行为实施之日至赔偿决定作出之日的利息，第2项规定可以参照赔偿决定作出时同类财产市场价格计算财产损失，第3项保留"其他合理方式"规定，给国家赔偿审判留有充足的实践空间。需要注意的是，结合对2016年《非刑事司法赔偿解释》第15条规定的理解，本条第1项规定的利息赔偿是指银行同期存款利息赔偿，即以作出生效赔偿决定时中国人民银行公布的1年期人民币整存整取定期存款基准利率计算，不计算复利。本条第2项中"赔偿决定作出时"是指生效赔偿决定作出时。

一、财产损失计算方式的一般原则

《国家赔偿法》确立的财产损害赔偿原则是填平补齐，财产不能返还、恢复原状或已受到损害的，支付相应的赔偿金。用数学公式来表示，即：财产损失＝财产原价值－财产残余价值。

（一）关于市场价格

价值是物品的内在属性，价格是其外在体现。换句话说，价格是商品内在价值的外在体现。价格是指单位货物或服务的价值，在现代社会的日常应用中，价格一般指进行交易时，买方所需要付出的代价或钱款。总的来说，关于物的价格主要有三种。

一是市场价格，即物品在市场上流通时由供需关系而决定的交易价格，通常不以人的主观意志为转移，也被认为是一种客观价格。

二是特别价格，即依照特别情事而定的价格，例如，甲将其市价1万元的手机以8000元的价格卖给乙，手机的特别价格即为8000元。特别价格与市场价格可能不一致。

三是感情价格，即依照个人感情因素而确定的价格。感情价格明显是一种主观价格。

显然，对财产损害进行赔偿时，选择市场价格这一客观标准对当事人双方来讲更为公正。因此，在财产受损或灭失，不能恢复原状、原物返还的情况下，弥补受害人损失的最恰当方式就是：以市场价格为标准，支付财产减损的相应赔偿金。财产损失的计算方式也就转变为：赔偿金＝财产原市场价格－财产残余市场价格。

（二）关于市场价格的时间节点选择

市场价格取决于供需关系，市场是波动的，短时间内可能没有变动，也可能瞬息万变。因此，确定市场价格的时间节点就成为计算赔偿金的关键点。相对来说，确定财产残余市场价格的时间节点较为容易，如果财产已灭失或已无价值，其残余市场价格即为零；如财产受损但仍有价值则可依照受害人自赔偿义务机关处接受、控制、可以自由处分该财产的时间节点确定其残余市场价格。确定财产原市场价格的时间节点相对复杂，根据侵权行为、损害结果的发生，乃至赔偿损失实现过程中有关行为的时间节点不同，可以有多种选择，各种时间节点的选择各有优缺点。理论上和实践中有以下六种时间节点。

1. 损失发生时

多数情况下，侵权行为发生时，损害结果也就开始显现了，损失也就产生了。少数情况下，损害结果即财产受损滞后于侵权行为发生时。从损害赔偿的基本原理来讲，有损害结果才有赔偿，因此，无论是原《侵权责任法》，还是现行的《民法典》都规定，财产损害赔偿都是按照"损失发生时"的市场价格或者其他（合理）方式计算财产损失。

2. 错误执行行为发生时，也即侵权行为发生时

《解释》采用的是这一时间节点，也是从2016年《非刑事司法赔偿解释》第12条第2款中"侵权行为发生时"沿用而来。之所以继续采用行为发生时为财产损失计算时点，主要是考虑到《国家赔偿法》兼具公权规制和私权救济的功能，调整的是国家机关与民事主体之间的法律关系，是对公权力侵犯私权利造成损害的救济，不同于平等民事主体之间的侵权损害赔偿。采用这一计算时点，更利于受害人寻求权利救济。首先，有利于受害人及时、及早行使赔偿请求权，因为"行为发生时"早于"结果发生时"。其次，受害人申请国家赔偿时对其受到的财产损害负有一定的举证责任，但案涉财产往往处于执行法院直接或者间接控制之下，受害人举证能力受限、不足。法院采取执行措施或强制措施均须依法作出裁定或决定，因此，受害人在申请国家赔偿时举证证明错误执行行为的发生比证明错误执行行为的结果即损失的发生，相对更为容易。

3. 侵权行为被确认违法时

违法确认程序与国家赔偿程序未合一之前，以及在行政赔偿领域，有些案件是将侵权行为被确认违法时作为计算财产损失的时间点。这种做法的优点是有利于固定赔偿请求，可以督促受害人在侵权行为被确认违法后及时行使赔偿请求权或诉权。

4. 受害人申请赔偿时

将受害人申请赔偿时作为计算财产损失的时间点，优点是体现了对受害人作为权利人的尊重和保护，也有利于固定赔偿请求；但缺点是不利于鼓励受害人及时行使赔偿请求权，特别是相关财产的市场价格上涨趋势明显、上涨幅度较大时，有可能会对侵权人形成不公。

5. 赔偿决定作出时

在绝大部分物品的价格呈上涨趋势的情况下，以赔偿决定作出时为计算财产损失的时间点，能够较为充分地保障受害人的财产权益。但其缺点如同"受害人申请赔偿时"的缺点一样，不利于鼓励受害人及时行使赔偿请求权，甚至会起到鼓励怠于行使权利、拖延申请赔偿的作用，从而导致对侵权人不公。

6. 实际赔付时

这种做法更具有不确定性，也更容易引发争议。

按照前四种时间节点计算财产损失有一个共同的缺点，对于获赔期较长的案件，可能会因为时间跨度长、市场价格波动大等因素导致计算出来的赔偿金不足以弥补受害人的损失，结果显失公正。基于此，本条引入了财产损失计算方式的衡平原则。

二、财产损失计算方式的衡平原则

衡平原则是一项重要的法律原则，体现在立法领域，就是将衡平的理念内化在具体的法律条文中，让抽象的法律规范渗透着衡平的理念。这是一种抽象的衡平。衡平原则体现在司法领域，主要是指在具体的个案中实现衡平、正义。基于最高人民法院依法具有制定司法解释的权力，司法解释又是裁判案件的重要法源，具有法律效力，因此，司法解释同样可以体现抽象的衡平理念。上文已提及，在确立财产损失计算方式时，无论选取哪一种时间节点计算市场价格，都各有利弊，而法律规范或司法解释均须具有一定的确定性、明确性，故在确立一般原则后，尚需根据司法实践进一步确立能够矫正一般原则的衡平原则。本条列举了两种具体方式。

（一）支付利息

从金融学角度讲，利息是指在特定时期内使用货币资金所支付的代价，也指货币所有人所获得的报酬；从法学角度讲，利息是指使用他人本金的对价，以金钱或其他代替物为给付的一种法定孳息。1994年《国家赔偿法》并未规定利息问题，2010年修正的《国家赔偿法》增加了在返还金钱的同时应当支付利息的规定，即第36条第7项"返还执行的罚款或者罚金、追缴或者没收的金钱，解除冻结的存款或者汇款的，应当支付银行同期存款利息"。该条规定的利息，对受害人来讲，属于法定孳息的损失；对占有罚款或者罚金、追缴或者没收的金钱、冻结的存款或汇款的赔偿义务机关或国库来说,可能在占有期间获取了利息收益。

传统民法理论认为,直接损失是现有财产的减损,既得利益的损失,而间接损失是未来财产的减损,可得利益或期待利益的损失;实际损失包括直接损失和间接损失。在国家赔偿领域,关于人身损害的赔偿,包括医疗费、护理费、残疾生活辅助具费、康复费、丧葬费等直接损失,也包括误工费、残疾赔偿金、死亡赔偿金、被扶养人生活费等间接损失;关于财产损害的赔偿,《国家赔偿法》2010年修改前仅限于直接损失,修法后增加了对利息的赔偿。该利息属于直接损失还是间接损失,存在不同观点,但主流观点认为属于间接损失。[①] 2016年《非刑事司法赔偿解释》第15条、第16条,以及2016年《最高人民法院、最高人民检察院关于办理刑事赔偿案件适用法律若干问题的解释》第20条对《国家赔偿法》第36条第7项规定的利息问题进行了具体解释。

根据本条第1项规定,按照错误执行行为发生时的市场价格不足以弥补受害人损失时,则可以在按照市场价格计算财产损失的同时以支付利息的形式增加财产损失赔偿金,来达到弥补受害人财产损失的目的。换句话说,增加支付利息是增加财产损失赔偿金的一种合理方式。利息计算期间为错误执行行为实施之日至赔偿决定作出之日。需要说明的是,此种财产损失计算方式适合依法应当执行但财产作价过低甚至未作价,且财产的市场价格波动有一定幅度,但也不是很高的情形。

(二)参照赔偿决定作出时同类财产的市场价格计算财产损失

前文已提及,在绝大部分物品的价格呈上涨趋势的情况下,以"赔偿决定作出时"为计算财产损失的时间点,能够较为充分地保障受害人的财产权益。特别是错误执行行为发生时市场价格无法确定,或者时间跨度长、市场价格波动幅度较大,按照错误执行行为发生时的市场价格计算损失显失公平的,可以参照赔偿决定作出时同类财产市场价格计算财产损失。需要注意的:一是"参照"与"按照"不同,"参照"实际上是给予裁判者一定的酌

[①] 参见时任最高人民法院副院长江必新2012年10月18日在中国审判理论研究会国家赔偿理论专业委员会成立大会暨"完善刑事赔偿制度"主题论坛上的讲话,载最高人民法院赔偿委员会办公室编:《国家赔偿办案指南》2013年第1期,法律出版社2013年版,第9页。

定、裁量权，即裁判者可以根据具体案件情况予以衡平、酌定参照的幅度；二是"赔偿决定作出时"指的是生效赔偿决定作出时，如果人民法院赔偿委员会改变了赔偿义务机关作出的原赔偿决定，就应以新作出赔偿决定时为时点；三是参照的标准一定是"同类财产"的市场价格，即财产的类别、性质等基本属性应当相同。

（三）其他合理方式

其他合理方式，强调的是"合理性"，应合乎法理、合乎道理、合乎情理，要符合财产权益救济"填平补齐"的目标，能够在个案中实现公平正义。采用"其他合理方式"计算财产损失时，应综合考虑被侵害的财产的种类、性质、受害人的职业、受影响范围、侵权行为的目的、手段、方式、持续时间、范围、后果，侵权机关及其工作人员的违法或过错程度、原因力比例等各种因素，最后确定合适、恰当的财产损失计算方式。

三、其他需要注意的问题

（一）关于市场价格的地域选择问题

同一财产在不同地域其市场价格可能相同也可能不同，尽管本条未规定市场价格的地域选择问题，但在实践中仍需予以重视。涉及不动产的，其市场价格按照不动产所在地的标准确定即可。涉及动产的情况相对复杂。在民商事领域，是以财产损害发生地的市场价格作为计算损失的标准，该标准能客观反映受害人所受损失的情况。在国家赔偿领域，由于《国家赔偿法》第36条规定的财产权赔偿原则是赔偿直接损失，确需对间接损失进行赔偿的，则由法律具体加以列举。[1]《解释》提出了实际损失的赔偿范围[2]。因此，审理国家赔偿案件，应当遵循直接损失赔偿为原则，兼顾法律、司法解释列举规定的间接损失赔偿，以及财产损害发生地的市场价格。

---

[1] 如《国家赔偿法》第36条第7项规定的对罚款、罚金等支付利息。2000年《最高人民法院关于民事、行政诉讼中司法赔偿若干问题的解释》第12条第3项规定对贷款在借贷状态下的贷款利息予以赔偿，2016年《非刑事司法赔偿解释》第12条第3款规定应当返还的财产属于现金的，应当支付利息。上述司法解释规定的间接损失赔偿仍局限于贷款、现金的利息损失赔偿。

[2] 涉及的条文是第14条、第15条、第16条、第17条。

(二) 关于残存价值确定问题

一般情况下，如果没有其他合适方式，特别是涉及财产数额较大的，残存价值通过鉴定或评估的方式进行确定更为客观、公正。如果财产是日常生活物品或者价值不高，尤其是进行鉴定或者评估费用过高，或者鉴定、评估费用与被损害物品价值明显不对等的情况下，可以运用日常生活经验法则、公平原则等来确定残存价值，以尽量减少当事人的诉讼成本负担。

【典型案例】

1. 游某发申请广东省陆河县人民法院错误执行赔偿案

游某发与庄某莉于1990年1月7日离婚，1993年4月2日复婚，2002年3月18日再次离婚。庄某莉、游某发在陆河县×××路（县公路大厦旁）建设有一栋七层半楼房。该楼房分别登记在庄某莉与游某发名下，办证时间均为1996年9月18日（其中，庄某莉《房地产权证》证号为：粤房地产权证字第005××××，层数为七层半；游某发《房地产权证》证号为：粤房地产权证字第005××××，层数为七层）。

庄某莉以联系工程和兴建楼房缺乏资金为由，于1996年1月11日至同年9月20日先后向黄某沾、刘某略、刘某炉借款43.9万元（含利息4.9万元）；因庄某莉未偿还到期债务引起诉讼，1997年3月3日，广东省陆河县人民法院（以下简称陆河县法院）对黄某沾、刘某略、刘某炉诉庄某莉借款抵押纠纷一案作出（1997）陆河法民初字第014号民事判决，判决：(1) 被告庄某莉在判决生效之日起15日内偿还原告黄某沾欠款25万元及利息、偿还原告刘某略欠款6.5万元及利息、偿还原告刘某炉欠款7.5万元及利息；(2) 被告庄某莉与原告黄某沾二次产生借款抵押行为无效；(3) 被告庄某莉与第三人庄某善对其夫妻共同共有的位于陆河县县城××公路大厦旁七层半楼房产生的假转让真转移的行为是违法行为，以第三人庄某善为名字登记领取的《房地产权证》粤房地证字005××××号予以作废，并由发证机关收回注销。1997年7月14日，广东省汕尾市中级人民法院（以下简称汕尾中院）作出（1997）汕中法民终字第43号民事判决：驳回上诉，维持原判。

1997年8月13日，黄某沾、刘某略、刘某炉根据生效的民事判决，向陆河县法院申请强制执行。陆河县法院于同日立案并向庄某莉发出执行通知书。8月21日，陆河县法院作出（1997）陆河法执字第34号民事裁定，裁定：评估被执行人庄某莉位于陆河县县城××路公路大厦旁七层半楼房（含其夫游某发之楼房）。同日，陆河县法院委托陆河县房地产评估所对庄某莉、游某发坐落于县城人民南路（即县公路大厦旁）的房地产进行评估。陆河县房地产评估所作出《陆河县房地产评估报告书》，载明评估基准日：1997年8月31日，评估结果：确定陆河县城人民南路（县公路大厦旁）的庄某莉、游某发的房地产价值在评估基准日内的市场综合总价值约为809870.54元。

1997年9月18日，游某发向陆河县法院提出执行异议，后被驳回。1997年10月14日，陆河县法院作出（1997）陆河法执裁字第38号民事裁定，将被执行人庄某莉（含其夫游某发之楼房）的一至五层分别抵偿给黄某沾、刘某略、刘某炉、另案当事人叶某彪抵债，剩下的六至八层（二层半）留给其他案件的当事人清偿。并于1997年10月16日向陆河县房产交易所发出陆河法执字（1997）第46号协助执行通知书将涉案房产过户。现一至五层已过户，并已再次转让。剩下的六至八层（二层半）至今无过户信息。

经申诉，汕尾中院于2018年12月24日作出（2018）粤15执监3号执行裁定，裁定：撤销陆河县法院（2017）粤1523执监1号执行裁定、陆河县法院（1997）陆河法执字第34号民事裁定书、（1997）陆河法执裁字第38号民事裁定、陆河法执字（1997）第46号协助执行通知。后，游某发向陆河县法院要求将涉案房产执行回转。2019年8月20日，陆河县法院向游某发发出通知：案涉房产在执行过程中，一层至五层部分经抵债处理后已再次转让，致使该部分财产执行回转不能；剩下的六至八层（两层半）至今无过户信息。

2020年4月27日，游某发以错误执行为由向陆河县法院申请国家赔偿。2020年8月28日，陆河县法院驳回了游某发的国家赔偿申请。汕尾中院赔偿委员会审理认为，因涉案房产在陆河县法院的执行过程中，一至五层经抵债处理后已再次转让，致使涉案房产执行回转不能，而未经抵债处理的两层半楼房现不能以层为单位独立办理过户手续，故本案应确定以支付赔偿金的方式进行国家赔偿。陆河县法院于1997年10月16日向陆河县房产交易所发出协助执行通知书将涉案房产过户，故侵权行为发生时应确定为1997年间。陆河县法院在执行过程中委托陆河县房地产评估所对涉案房产整栋进行评估，确定涉案房产在1997年间的市场综合总价值约为809870.54元，则游某发在夫妻共同财产中50%的份额，故陆河县法院依法应当赔偿809870.54元的50%即404935.27元给游某发。根据《非刑事司法赔偿解释》第15条第1

款关于"国家赔偿法第三十六条第七项规定的银行同期存款利息,以作出生效赔偿决定时中国人民银行公布的一年期人民币整存整取定期存款基准利率计算,不计算复利"及该条第3款关于"应当返还的财产系现金的,比照本条第一款规定支付利息"之规定,本案赔偿的财产系现金,依照前述规定陆河县法院应支付相应的利息(按2021年公布的1年期整存整取定期存款利率1.75%,从1997年10月16日至2021年6月30日止,404935.27元共计利息为168092.51元)。但鉴于房地产的市场价值自1997年以来逐年出现较大幅度价格上涨的现状,本案按照侵权行为发生时的市场价格计算直接损失,将明显不足以弥补游某发的实际损失,亦有失公允,违背公平合理的原则。因此,参照涉案房产现时的评估总值为3756964元(其中游某发名下的房产评估价值为1858967元)的实际情况,应当酌情再给予130万元以弥补游某发实际损失。以上款项合计为1873027.78元。决定:撤销原决定,陆河县法院向游某发支付赔偿款1873027.78元。

2. 阮某周申请广东省茂名市茂南区人民法院错误执行赔偿案

阮某周原在广东省茂名市工业加工区××号建有五层混合结构楼房一幢,并依法取得粤房地证字第××××号《房屋所有权证》和茂(市)府国用字(93)第××××号《国有土地使用证》。1997年12月22日,就茂名市茂南区官渡农村合作基金会(以下简称官渡基金会)诉汪某坚、阮某周借款合同纠纷一案,广东省茂名市茂南区人民法院(以下简称茂南法院)作出(1997)茂南法经初字第1120号民事判决,判令汪某坚10日内偿还借款8万元并支付相应的利息,阮某周负担其提供抵押担保的相应清偿责任。经官渡基金会申请,茂南法院于1999年5月18日委托茂名市房地产评估所对涉案抵押的阮某周位于广东省茂名市工业加工区××号一栋五层楼房进行评估核价,涉案楼房评估价值为116105.50元。1999年5月31日,茂南法院作出(1999)茂南法执字第0062号民事裁定,将阮某周位于广东省茂名市工业加工区××号一栋五层楼房(证号为:粤房地证字第××××号)交由有关部门拍卖,提取拍卖价款偿还欠款。1999年9月26日,茂名市拍卖行依法对涉案楼房公开拍卖,未成交。后严国泽、严四海以拍卖底价116105.50元向茂南法院申请,茂南法院同意,扣除相关手续费用后,将剩余86589.32元支付给了官渡基金会。1999年9月10日,茂南法院向茂名市国土局送达茂南法执(1999)第0062-1号协助执行通知书,请求协助注销茂(市)府国用字(93)第××××号《国有土地使用证》。1999年10月31日,茂南法院作出

（1999）茂南法执字第 0062-1 号民事裁定，裁定涉案房屋的产权转移给严某泽、严某海所有。严某泽、严某海取得涉案房屋的《房屋所有权证》和涉案房屋附属土地的《国有土地使用证》。

后经广东省高级人民法院指令再审，茂名市中级人民法院（以下简称茂名中院）于 2015 年 5 月 26 日作出（2014）茂中法审监民再字第 4 号民事判决，认定官渡基金会与汪某坚于 1995 年 3 月 8 日签订的《借款协议》无效，阮某周的担保行为亦同时无效，阮某周由原"提供抵押担保的相应清偿责任"改为"驳回茂名市茂南区区直债权债务清偿中心（原官渡基金会）请求阮某周对本案借款债务承担连带清偿责任的诉讼请求"。该判决已于 2015 年 9 月 29 日发生法律效力。

茂名市茂南区区直债权债务清偿中心已取得执行款 86589.32 元。茂南法院（2000）茂南法经重字第 0007 号民事判决发生法律效力后，阮某周于 2008 年 12 月 1 日向茂南法院提出执行回转申请，茂南法院已责令茂名市茂南区区直债权债务清偿中心返还已取得执行款 48427.45 元及其孳息。该款已到茂南法院账上，经法院多次通知，阮某周拒绝领取。茂名中院（2014）茂中法审监民再字第 4 号民事判决生效后，阮某周再向茂南法院提出执行回转申请。2017 年 12 月 13 日，茂南法院作出（2017）粤 0902 执异 57 号执行裁定，裁定茂名市茂南区区直债权债务清偿中心在该裁定生效之日起 15 日内返还已取得款项 38161.87 元及其孳息给阮某周。但该款尚未执行到位。

另，2019 年 10 月 14 日，茂名中院委托房地产评估公司对案涉土地进行评估，确定估价对象在 1999 年 5 月 25 日的总价值（不含土地出让金）为 23184 元。

2015 年 11 月 13 日，阮某周以错误执行造成其经济损失为由向茂南法院提出国家赔偿申请。茂名中院赔偿委员会审理认为，茂南法院仅委托茂名市房地产评估所对粤房地证字第××××号《房屋所有权证》作出估价，并未就该房产占用土地使用权范围的价值委托评估。茂南法院作出（1999）茂南法执字第 0062 号民事裁定，将涉案房屋（证号为：粤房地证字第××××号）交由有关部门拍卖，提取拍卖价款偿还欠款的内容，也仅是显示涉案房屋的房产证号码，没有土地使用权证号码。而茂南法院在拍卖阮某周的房屋后却出具协助执行通知书，要求原茂名市国土资源局协助办理阮某周该栋楼房土地的过户手续，致使阮某周的土地使用权未经评估和拍卖程序就无偿转移给了严某泽、严某海。阮某周主张茂南法院将涉案房屋范围内土地使用权违法转移,应当赔偿其损失的理由成立。根据《非刑事司法赔偿解释》第12条第2款关于"财产不能恢复原状或者灭失的,应当按照侵权行为发生时的市场价格计算损失;市场价格无法确定或者该价格不足以弥补受害人所受损失的,可以采用其他合理方式计算损失"的规定,该院依法委托广东新鸿信土地房地产评估有限公司以1999年时的市场价格对涉案土地评估,涉案土地价值为23184元,茂南法院应当支付23184元及该款的利息给阮某周。后茂名中院赔偿委员会作出国家赔偿决定,由茂南法院向阮某周支付赔偿金23184元及利息(该利息按照银行同期存款利率计算,自违法执行行为作出之日的1999年5月25日起至付清给阮某周之日止)。

【相关法律法规】

1. 《民法典》

第一千一百八十四条 侵害他人财产的,财产损失按照损失发生时的市场价格或者其他合理方式计算。

2. 《侵权责任法》(已失效)

第十九条 侵害他人财产的,财产损失按照损失发生时的市场价格或者其他方式计算。

3. 《非刑事司法赔偿解释》

第十二条 人民法院及其工作人员在民事、行政诉讼过程中,具有本解释第二条至第五条规定情形,侵犯公民、法人和其他组织的财产权并造成损害的,应当依照国家赔偿法第三十六条的规定承担赔偿责任。

财产不能恢复原状或者灭失的,应当按照侵权行为发生时的市场价格计算损失;市场价格无法确定或者该价格不足以弥补受害人所受损失的,可以采用其他合理方式计算损失。

第十五条 国家赔偿法第三十六条第七项规定的银行同期存款利息,以作出生效赔偿决定时中国人民银行公布的一年期人民币整存整取定期存款基准利率计算,不计算复利。

应当返还的财产属于金融机构合法存款的,对存款合同存续期间的利息按照合同约定利率计算。

应当返还的财产系现金的,比照本条第一款规定支付利息。

第十六条 依照国家赔偿法第三十六条规定返还的财产系国家批准的金融机构贷款的,除贷款本金外,还应当支付该贷款借贷状态下的贷款利息。

4. 《最高人民法院、最高人民检察院关于办理刑事赔偿案件适用法律若干问题的解释》

第十九条 侵犯公民、法人和其他组织的财产权造成损害的，应当依照国家赔偿法第三十六条的规定承担赔偿责任。

财产不能恢复原状或者灭失的，财产损失按照损失发生时的市场价格或者其他合理方式计算。

第二十条 返还执行的罚款或者罚金、追缴或者没收的金钱，解除冻结的汇款的，应当支付银行同期存款利息，利率参照赔偿义务机关作出赔偿决定时中国人民银行公布的人民币整存整取定期存款一年期基准利率确定，不计算复利。

复议机关或者人民法院赔偿委员会改变原赔偿决定，利率参照新作出决定时中国人民银行公布的人民币整存整取定期存款一年期基准利率确定。

计息期间自侵权行为发生时起算，至作出生效赔偿决定时止；但在生效赔偿决定作出前侵权行为停止的，计算至侵权行为停止时止。

被罚没、追缴的资金属于赔偿请求人在金融机构合法存款的，在存款合同存续期间，按照合同约定的利率计算利息。

5. 《行政赔偿规定》

第二十七条 违法行政行为造成公民、法人或者其他组织财产损害，不能返还财产或者恢复原状的，按照损害发生时该财产的市场价格计算损失。市场价格无法确定，或者该价格不足以弥补公民、法人或者其他组织损失的，可以采用其他合理方式计算。

违法征收征用土地、房屋，人民法院判决给予被征收人的行政赔偿，不得少于被征收人依法应当获得的安置补偿权益。

第三十一条 人民法院经过审理认为被告对公民、法人或者其他组织造成财产损害的，判决被告限期返还财产、恢复原状；无法返还原物、恢复原状的，判决被告限期支付赔偿金和相应的利息损失。

人民法院审理行政赔偿案件，可以对行政机关赔偿的方式、项目、标准等予以明确，赔偿内容确定的，应当作出具有赔偿金额等确定给付内容的判决；行政赔偿决定对赔偿数额的确定确有错误的，人民法院判决予以变更。

第十六条 错误执行造成受害人停产停业的,下列损失属于停产停业期间必要的经常性费用开支:

(一)必要留守职工工资;

(二)必须缴纳的税款、社会保险费;

(三)应当缴纳的水电费、保管费、仓储费、承包费;

(四)合理的房屋场地租金、设备租金、设备折旧费;

(五)维系停产停业期间运营所需的其他基本开支。

错误执行生产设备、用于营运的运输工具,致使受害人丧失唯一生活来源的,按照其实际损失予以赔偿。

【条文主旨】

本条是关于《国家赔偿法》第36条规定的"停产停业期间必要的经常性费用开支"所指向的具体赔偿范围的规定。

【起草背景】

《国家赔偿法》第36条规定:"侵犯公民、法人和其他组织的财产权造成损害的,按照下列规定处理:(一)处罚款、罚金、追缴、没收财产或者违法征收、征用财产的,返还财产;(二)查封、扣押、冻结财产的,解除对财产的查封、扣押、冻结,造成财产损坏或者灭失的,依照本条第三项、第四项的规定赔偿;(三)应当返还的财产损坏的,能够恢复原状的恢复原状,不能恢复原状的,按照损害程度给付相应的赔偿金;(四)应当返还的财产灭失的,给付相应的赔偿金;(五)财产已经拍卖或者变卖的,给付拍卖或者变卖所得的价款;变卖的价款明显低于财产价值的,应当支付相应的赔偿金;(六)吊销许可证和执照、责令停产停业的,赔偿停产停业期间必要的经常性费用开支;(七)返还执行的罚款或者罚金、追缴或者没收的金钱,解除冻结的存款或者汇款的,应当支付银行同期存款利息;(八)对财产权造成其他损害的,按照直接损失给予赔偿。"

司法实践中,对于如何理解直接损失的范围,一直存在不同认识,亟待对此作出相关规范。2000年出台的《最高人民法院关于民事、行政诉讼中司法赔偿若干问题的解释》(法释〔2000〕27号,2016年《非刑事司法赔偿解释》出台时,该解释即被同步废止)第12条曾就直接损失的范围作出相关规定。其具体规定为："国家赔偿法第二十八条第（七）项规定的直接损失包括下列情形：（一）保全、执行过程中造成财物灭失、毁损、霉变、腐烂等损坏的；（二）违法使用保全、执行的财物造成损坏的；（三）保全的财产系国家批准的金融机构贷款的，当事人应支付的该贷款借贷状态下的贷款利息。执行上述款项的，贷款本金及当事人应支付的该贷款借贷状态下的贷款利息；（四）保全、执行造成停产停业的，停产停业期间的职工工资、税金、水电费等必要的经常性费用；（五）法律规定的其他直接损失。"

2016年《非刑事司法赔偿解释》第14条规定，《国家赔偿法》第36条第6项规定的停产停业期间必要的经常性费用开支，是指法人、其他组织和个体工商户为维系停产停业期间运营所需的基本开支，包括留守职工工资、必须缴纳的税费、水电费、房屋场地租金、设备租金、设备折旧费等必要的经常性费用。

综上，无论是2000年《最高人民法院关于民事、行政诉讼中司法赔偿若干问题的解释》，还是2016年《非刑事司法赔偿解释》，对于《国家赔偿法》规定的直接损失问题，尤其针对《国家赔偿法》第36条第6项规定的"停产停业期间必要的经常性费用开支"，均有所涉及，作出了相应的解释。而且相关规定逐步扩大，日渐精细，体现了司法理念、实践的逐步与时俱进。

《解释》本条在2016年《非刑事司法赔偿解释》第14条规定的基础上，作了进一步的扩展、修改和补充。所涉修改包括以下三方面：一是将"留守职工工资"前加以"必要"的限定，限定了具体范围；二是结合实际情况，增加了必须缴纳的社会保险费，应当缴纳的保管费、仓储费、承包费等费用；三是结合对既有司法实践经验的总结，增加了对特殊情形下营运损失予以保护的规定，并将适用条件限定为"致使受害人丧失唯一生活来源"，旨在体现对公民基本生存权给予合理保障。同时，为避免国库负担过重，暂未将法人和非法人组织的经营性损失纳入赔偿范围。

【条文精义】

一、停产停业

《国家赔偿法》第36条第6项规定的"责令停产停业"，通常出现在行政执法领域，属于法定的行政处罚方式。《行政处罚法》第9条规定："行政处罚的种类：（一）警告、通报批评；（二）罚款、没收违法所得、没收非法财物；（三）暂扣许可证件、降低资质等级、吊销许可证件；（四）限制开展经营活动，责令停产停业、责令关闭、限制从业；（五）行政拘留；（六）法律、行政法规规定的其他行政处罚。"根据前述规定可知，行政处罚一般又被细分为人身自由罚、声誉罚、财产罚、资格罚、行为罚。责令停产停业属于行为罚，是国家行政机关对违反法律、行政管理法规的行政相对人（主要是企业和个体工商户），依法实施在一定期限内剥夺其从事某项生产经营活动权利的处罚。

实践中，责令停产停业，一般由具备相关行政执法权限的机关，出于环保、安全、健康等需要，要求从事违法生产经营活动的行政相对人停止生产经营活动。因此种处罚直接影响到被处罚行政相对人的经济利益，故其属于较重的处罚方式，一般只适用于较严重的行政违法行为。同时，责令停产停业的处罚并未剥夺被处罚者的生产经营权利和资格，只是对被处罚者的权利作出一定限制，只要被处罚者在一定期限内纠正其违法行为，按期履行法定义务后，仍可继续从事生产经营活动。

如前所述，责令停产停业是行政处罚方式之一。在民事诉讼领域，并未规定人民法院有权实施"责令停产停业"之类的强制措施或者执行措施。但在司法实践中，确实存在因执行手段、措施不当，导致被执行人（通常亦为企业或者个体工商户）实际上被迫处于停产停业的局面。例如，对被执行人从事生产经营活动的厂房、车间、核心设备进行死封，以致该被执行人实际上无法从事正常生产经营，造成被执行人在事实上被迫处于停产停业的状态。例如，某法院工作人员在强制执行过程中，违反某企业安全生产操作规程，拉掉正在生产运行的某粮油公司烘干塔电源总闸，以致热风炉损坏，无法开机运行，造成该企业部分车间被迫停产；又如，法院在强制执行某运输公司案件过程中，不但超标地查封了该公司整栋办公楼，还超申请范围查封了该公司的账户、行政公章、财务专用章、法定代表人名章长达2年时间，造成该公司无法正常经营；再如，某法院在执行某养殖场案件时，给该场大门贴上封条，造成养殖场无法正常运营，导致部分生猪死亡。基于以上情形，有必要对错误执行导致停产停业这一情况予以规范。

二、停产停业损失

如前所述，责令停产停业是一种行政处罚方式，那么在行政法领域，如何看待停产停业所致损失问题。《国有土地上房屋征收与补偿条例》第 17 条规定："作出房屋征收决定的市、县级人民政府对被征收人给予的补偿包括：（一）被征收房屋价值的补偿；（二）因征收房屋造成的搬迁、临时安置的补偿；（三）因征收房屋造成的停产停业损失的补偿。"

目前，司法实践中较权威的观点认为，该条例规定的停产停业损失，应主要包括：（1）经济损失。即因停产、停业使被征收人失去了获得利润的机会，经济损失其实就是被征收人的利润损失。经济损失在实际房屋征收工作中较难把握，数量也难以界定。不论被征收人选择货币补偿还是产权调换，征收活动都势必会造成停产停业，会或多或少造成经济损失。因此，对因征收房屋造成的停产停业损失的补偿，应根据房屋被征收前的效益、停产停业期限等因素根据公平、合理的原则加以确定。（2）因征收而必须发生的一些费用。实践中一般包含以下费用：设备、仪器、生产成品、半成品或商品的搬迁运输费用；设备、仪器、搬迁过程中发生损坏的费用及重新安装调试的费用；生产成品、半成品或商品搬迁过程中发生损坏的费用；停产停业期间职工（包括离休、退休人员）工资、福利费、各种保险等社会基金；企业因征收倒闭、解散后职员的安置费用；为特定经营环境而设的牌匾及其他装饰物的报废损坏的费用；生产、经营证照的重新办理或变更的费用；因解除房屋租赁关系而发生的房租损失及违约赔偿金或安置房屋承租人的费用；等等。① 以上观点虽只针对国有土地上房屋征收与补偿过程中所引发的停产停业损失问题，但其所界定的损失范畴，对于行政诉讼过程中，如何确定停产停业损失，以及如何予以补偿、赔偿，具有一定的参考价值。

三、必要的经常性费用开支

对于如何界定停产停业的赔偿范围，有观点认为，停产停业属于可得性利益损失，应把受害人为实现可得利益而应付出的劳动和其他代价考虑在内，故在赔偿标准中应考虑受害人停产停业期间所损失的利润。② 但此种观点，未被《国家赔偿法》所采纳。现行《国家赔偿法》第 36 条对停产停业的赔偿范围之界定，并非停产停业所造成的全部损失范围，而是限于赔偿停

---

① 参见江必新主编：《国有土地上房屋征收与补偿条例理解与适用》，中国法制出版社 2012 年版，第 166 页。

② 参见江必新、梁凤云、梁清：《国家赔偿法理论与实务》，中国社会科学出版社 2010 年版，第 867 页。

产停业期间必要的经常性费用开支。也就是说,《国家赔偿法》规定的停产停业赔偿范围,限于较低限度的直接损失,而排除了停产停业期间可得利益的损失。据此,如何正确理解必要的经常性费用开支,即成为国家赔偿审判实践中,需要解决的问题。

必要的经常性费用开支,一般应理解为企业或个体工商户停产停业期间用于维持该企业或个体工商户基本运转、运营所需要的一些具体开支。对于如何理解必要的经常性费用开支,也有两种观点,一种观点认为,这些开支应是指维持已经停产停业的受害人生存的基本开支,如水电费、仓储保管费、职工的基本工资等;另一种观点认为,这些开支应是指停产停业以前的经常性开支中除去直接用于生产经营活动开支的其他经常性费用开支,不是也不应当只限于维持生存的费用开支,有一部分停产停业前的经常性费用开支,如行政管理费用、设备维修维护费、广告宣传费等,可能在停产停业以后仍然需要开支,亦应计入赔偿范围。[①]

2000年出台的《最高人民法院关于民事、行政诉讼中司法赔偿若干问题的解释》,将职工工资、税金、水电费等,确定为属于停产停业期间必要的经常性费用。2016年《非刑事司法赔偿解释》,在吸收原解释规定的同时,结合审判实践的发展,司法理念的不断进步,进一步将停产停业期间必要的经常性费用开支,规定为是指法人、其他组织和个体工商户为维系停产停业期间运营所需的基本开支,包括留守职工工资、必须缴纳的税费、水电费、房屋场地租金、设备租金、设备折旧费等必要的经常性费用。

《解释》在2016年《非刑事司法赔偿解释》规定基础上,作了进一步的扩展、修改和补充。将法人、其他组织和个体工商户在停产停业期间的必要留守职工工资,必须缴纳的税款、社会保险费,应当缴纳的水电费、保管费、仓储费、承包费,合理的房屋场地租金、设备租金、设备折旧费,维系停产停业期间运营所需的其他基本开支,都规定为属于停产停业期间必要的经常性费用开支。

2022年发布的《行政赔偿规定》(法释〔2022〕10号)第28条规定:"下列损失属于国家赔偿法第三十六条第六项规定的'停产停业期间必要的经常性费用开支':(一)必要留守职工的工资;(二)必须缴纳的税款、社会保险费;(三)应当缴纳的水电费、保管费、仓储费、承包费;(四)合

[①] 参见沈岿:《国家赔偿法原理与案例》,北京大学出版社2022年版,第365页。

理的房屋场地租金、设备租金、设备折旧费；（五）维系停产停业期间运营所需的其他基本开支。"

从《解释》以及《行政赔偿规定》相关规定来看，在行政赔偿和司法赔偿领域，对于停产停业期间必要的经常性费用开支的界定，所理解和掌握的具体范围，大体相当。

《解释》中，"必要留守职工工资"，是指企业或者个体工商户在停产停业期间，为维系该企业或个体工商户生存进行必要的管理，其管理人员应支付的必要留守人员的基本工资，一般不包括奖金；"必须缴纳的税款、社会保险费"，是指企业或者个体工商户在停产停业期间，按照国家法律规定，必须向税务部门、社保部门缴纳的税款和社会保险费用；"应当缴纳的水电费、保管费、仓储费、承包费"，是指企业或者个体工商户，为维系该企业或个体工商户的生存进行必要的管理，依照相关规定或者合同约定，应当向水电部门、保管人、仓储人、承包人缴纳的水电费、保管费、仓储费以及承包费。"合理的房屋场地租金、设备租金、设备折旧费"，是指企业或个体工商户为了维系该企业或个体工商户的生存需要，而需要向租赁人缴纳的房屋场地租金或者设备租金，以及相关设备在被采取执行措施（通常指查封、扣押）期间实际发生的折旧费用。同时，《解释》将这些费用限定于合理的幅度之内，既避免了部分案件中，赔偿请求人索要高额赔偿金的情况，也体现了国家赔偿审判工作兼顾保护赔偿请求人合法权益和保障纳税人整体利益的平衡。此外，《解释》还将"维系停产停业期间运营所需的其他基本开支"，作为兜底条款予以规定，以防止前述列举款项无法涵盖实践中发生的各种具体情况。

2019年最高人民法院发布的体现产权保护的国家赔偿典型案例中，有这样一个案例：某公安局在侦办曲某涉嫌非法经营一案过程中，扣押了B公司（其主营业务为软件开发）用于经营的电脑主机、服务器、笔记本电脑、银行卡、现金及账本等物品。案件移送起诉后，检察机关以曲某的行为不构成犯罪为由作出不起诉决定，公安局将相关财物退还B公司。嗣后，B公司以该刑事侦查行为造成其财产损失为由申请国家赔偿。法院赔偿委员会经审理认为，公安局在刑事侦查过程中，扣押了B公司用于经营的电脑主机、服务器、笔记本电脑等物品，导致B公司无法经营，实质上造成了B公司的停产停业，遂决定由公安局按照直接损失赔偿B公司房屋租金、电费、留守职工工资、电脑维修费等费用。该案例虽属于刑事赔偿案件，但其对于造成企业停产停业的理解，以及对停产停业期间必要的经常性费用开支的范围的确定，与《解释》的规定情形，在基本原理与法律适用上是完全一致的。

需要说明的是，2010年《国家赔偿法》修改后，司法赔偿和行政赔偿实践中均有对因停产停业致使丧失唯一生活费用来源的赔偿请求人，予以适当营运损失赔偿的案例。尤其针对那些以营运收入作为基本生活来源的被侵权人，如其营运工具（一般为车辆）被违法保全或者执行，给其造成的损失，除其需要缴纳的各种税费以外，还包括因失去赖以谋生的工具，而给其造成的作为生活来源的收入之减少，当此时，如对这些减少的收入不予支持，则难以体现国家赔偿制度救济和保障人权之初衷。实践中，在具体计算此类案件的赔偿数额时，以违法扣押用于营运的车辆为例，实际损失原则上以其作为生活来源的营运纯收入为准，在营运纯收入无法准确计算的情况下，可根据同类车辆的营运收入情况，结合赔偿请求人的请求金额酌情确定。《解释》根据司法实践的发展，对前述情形予以关注，规定错误执行生产设备、用于营运的运输工具，致使受害人丧失唯一生活来源的，按照其实际损失予以赔偿。

《行政赔偿规定》（法释〔2022〕10号），将机动车停运期间的营运损失，规定属于《国家赔偿法》第36条第7项的"直接损失"。换言之，行政赔偿司法解释，对于营运损失的规定，无论是请求的主体还是具体的赔偿范围，都要大于《解释》的规定。

【典型案例】

1. 周某民、金某杰申请吉林省白城市洮北区人民法院错误执行赔偿案

周某民、金某杰系自雇经营的个体工商户。1995年7月24日，吴某祥因与周某民运输合同纠纷，向吉林省白城市洮北区人民法院（以下简称洮北法院）起诉。同日，洮北法院在吴某祥处原地扣押周某民车辆。8月27日，洮北法院判决周某民赔偿吴某祥经济损失9640元，吴某祥支付因违法扣车给周某民造成的经济损失1000元，两项冲抵后周某民应向吴某祥支付8640元。1995年12月28日，吉林省白城市中级人民法院（以下简称白城中院）二审维持原判。案件经再审，法院判决周某民和吴某祥各自承担50%的损失责任，吴某祥支付因扣留车辆给周某民造成的损失1483.2元。原审民事判决生效后，1996年1月12日，洮北法院委托对周某民的车辆进行评估，评估价值为12775元。1996年2月13日，洮北法院向车管所发出协助执行通

知书，将周某民的车辆以 12775 元价值及车籍手续转至吴某祥名下。后该车被吴某祥卖掉。民事案件经再审改判后，洮北法院按照执行回转程序，将 12775 元执行给周某民。

周某民、金某杰申请确认洮北法院采取诉前保全措施扣押其车辆造成停运、执行中未下达任何强制执行的法律文书将车辆予以变卖的行为违法，请求返还被违法扣押的车辆并恢复原状，赔偿扣押、执行造成的停运损失、误工损失，给付精神伤害补偿金等。该案经多次审理，2008 年 6 月 12 日，白城中院确认洮北法院对周某民车辆未经法定程序予以执行的行为违法。法院在决定赔偿时，除对灭失车辆以评估值予以赔偿外，考虑到错误执行的营运车辆属于周某民、金某杰的主要生活来源，故参照同类车辆的营运收入情况，酌情予以赔偿。

该案典型意义在于，对错误执行营运车辆造成赔偿请求人丧失主要生活来源的情形是否赔偿、如何赔偿作出了规范，具有一定指导意义。对于以营运收入作为基本生活来源的被侵权人，违法保全或执行除给其造成营运工具、税费等直接财产损失外，还致使其因失去赖以谋生的工具造成收入减少。为体现国家赔偿制度救济和保障人权的初衷，对这部分减少的收入予以保护。实践中，错误执行生产设备、用于营运的运输工具，致使受害人丧失唯一生活来源的，按照其实际损失予以赔偿。

2. 杭州科成运输有限公司申请浙江省天台县人民法院违法查封赔偿案

2011 年 7 月，张某山驾驶杭州科成运输有限公司（以下简称科成公司）所有的一辆中型厢式货车与陈某磊驾驶的一辆小型普通客车发生碰撞，天台县交警大队作出交通事故认定书，认定张某山负事故全部责任。事故发生后，陈某磊因与科成公司交通事故赔偿问题于 2011 年 8 月 11 日向浙江省天台县人民法院（以下简称天台法院）提出诉前保全申请。天台法院同日作出民事裁定书，查封涉案中型厢式货车。后陈某磊一直未起诉，天台法院直至 2011 年 12 月 27 日才解除对涉案车辆的查封，科成公司当日取走车辆。

科成公司于 2013 年 11 月 7 日以超期查封为由，向天台法院申请国家赔偿，请求赔偿因涉案货车被超期查封所造成的各项经济损失 6 万元（其中停车费 1400 元、车辆损坏维修费 15270 元、车辆营运损失费 43330 元）。天台法院认为，根据 2007 年修正的《民事诉讼法》第 93 条第 3 款的规定，申请人在人民法院采取诉前财产保全措施后 15 日内未起诉的，人民法院应当解除财产保全。法院未及时解除对涉案车辆的保全所造成科成公司的相应损失，应予赔偿。但科成公司要求赔偿车辆修理费用，因其所提供的三份证据（销售清单、发货清单、销货日报表）的时间均是2010年，不能证明因车辆被查封导致损坏，对该项赔偿请求不予支持。但停车费和车辆营运损失系直接损失，应予赔偿。2014年1月3日，天台法院作出决定，赔偿科成公司因车辆被超期查封所造成的损失（含停车费和车辆营运损失）人民币29400元。

该案典型意义在于，对被超期查封车辆所造成的相关损失，尤其是营运损失是否赔偿、如何赔偿作出了规范，具有类案指导意义。按照通常理解，直接损失是受害人现有财产利益的减损，间接损失是受害人可得利益的损失。但对直接损失不应作机械理解，营运车辆被查封停运期间的营运损失应纳入国家赔偿的损失范围。营运损失原则上以其营运纯收入为准，在营运纯收入无法准确计算的情况下，可根据同类车辆的营运收入情况，结合赔偿请求人的请求金额酌情确定。

3. 刘某国申请黑龙江省嫩江县人民法院错误执行赔偿案

刘某国以自有龙江牌大客车作为抵押，向嫩江县大理岩矿借款13万元。因刘某国未还款，嫩江县大理岩矿向法院起诉。黑龙江省嫩江县人民法院（以下简称嫩江法院）受理后，于1998年1月16日查封刘某国的蒙E×××0龙江牌大客车，但允许其正常营运。嫩江县大理岩矿胜诉后申请执行。1998年5月20日嫩江县价格事务所作出《估价鉴定结论书》，对扣押、抵押的蒙E×××0、蒙E×××1两台大型客车估价金额共132000元。《估价鉴定结论书》未送达刘某国。1998年5月24日，嫩江法院发出执行通知，要求刘某国限期自动履行，但送达回证上无送达日期及刘某国或代收人签名。1998年6月13日，嫩江法院作出执行裁定，要求刘某国限期自动履行，否则将变卖刘某国所有的蒙E×××0、蒙E×××1大客车；同年10月19日，嫩江法院作出执行裁定，变卖刘某国所有的两台大客车顶抵所欠嫩江县大理岩矿欠款，蒙E×××0、蒙E×××1共作价132000元，两车所有权变更为嫩江县大理岩矿所有。以上两份裁定书只有一份送达回证，且此送达回证上无送达日期及刘某国或代收人签名，亦无执行人员签名。

2007年4月5日，刘某国申请确认嫩江法院执行行为违法。同年9月12日，黑龙江省黑河市中级人民法院（以下简称黑河中院）裁定撤销嫩江法院的两份执行裁定，确认嫩江法院执行程序违法。刘某国申请国家赔偿。黑河中院赔偿委员会经审查认为，嫩江法院未能提供估价鉴定人员的资质凭证，故估价鉴定结论不应采信，应以刘某国购买并改装两台大客车的实际价款认定车价。刘某国购买两台客车及改装客车实际支付187000元，在偿还欠款后余57000元，属于直接损失，应予赔偿；蒙E×××0客车1998年半年养路费、车船使用税等共4760元已实际发生，属于直接损失，应予保护；刘某国请求赔偿两台客车营运损失，但两台客车未营运不是法院查封、执行行为造成的，故不予支持。决定由嫩江法院对因执行程序违法给刘某国造成的直接损失共61760元予以赔偿。

该案典型意义在于，对于错误执行营运车辆造成的税费损失是否赔偿、如何赔偿作出了规范，具有一定指导意义。根据《解释》本条第1款第2项的规定，必须缴纳的税款、社会保险费属于停产停业期间必要的经常性费用开支。在成品油税费改革前，根据国家有关规定所征收的公路养路费、公路运输管理费、公路客货运附加费等行政性收费，是道路运输经营者从事营运活动所必须缴纳的交通规费，应理解为本条第1款第2项规定的必须缴纳的税款，属于直接损失，应纳入国家赔偿的损失范围。税费损失赔偿标准应当综合在案证据情况，按照实际损失计算。

第十七条 错误执行侵犯债权的，赔偿范围一般应当以债权标的额为限。债权受让人申请赔偿的，赔偿范围以其受让债权时支付的对价为限。

【条文主旨】

本条与第3条是关联条文，是关于债权损失赔偿范围的规定。首先规定，赔偿范围一般应当以债权标的额为限。同时对特定情况加以限制，即在债权是受让而来的情况下，赔偿范围以受让债权时支付的对价为限。

【起草背景】

起草过程中，对于本条前段的规定没有争议。对于后段的规定，有观点认为不应当对转让的债权的赔偿范围进行限制，应与普通债权一视同仁，也以债权数额为限。我们考虑，实践中大量的金融不良债权通过打包转让的方式流转，受让人取得的债权数额很大，而付出的对价相对极低。在商业活动中出于营利目的，这种"以小博大"的活动无可非议，但国家赔偿的目的在于填平损害，民事主体通过申请国家赔偿，通过"以小博大"牟利不符合《国家赔偿法》救济受损权利的立法精神，故作了此规定。

还有观点提出，将本条后段规定为："赔偿范围以其受让债权时支付的对价为限，但对价高于受让债权标的额的，以受让债权标的额为限。"此观点与前一种观点出发点基本一致，但认为这种修改更为严谨全面，可以涵盖更多种情况。一方面，尽可能限定受让债权人申请国家赔偿的范围，以防止有人通过受让国家赔偿请求权的方式牟利；另一方面，尽可能保护受让债权人的合法权益，填补其实际利益损失。但我们经研究认为，实践中受让债权的对价高于受让债权的标的额的情况很少见，在条文中如此规定意义不大，因此没有采纳该种意见。

【条文精义】

本条的主要内容是确定对侵害债权的司法赔偿范围限度，主要目的是限制，而非明确赔偿范围，具体确定赔偿范围应当适用《解释》其他条文。

在确定侵害债权的赔偿范围时，首先应当明确侵害债权责任的地位，其是独立的责任抑或是违约责任的补充责任。对此，有观点认为，因为第三人侵害债权制度是作为违约责任的补充责任出现，即在发生第三人侵害债权的情况下，对受损害一方的救济首先是违约责任，只有在违约责任不足以弥补损失时，才适用侵权责任作为补充。也有观点认为，侵害债权责任是一种独立的责任形式，理由是：第一，侵害债权人与违约人之间并非共同侵权人或共同违约人，因而不存在以侵害债权责任作为违约责任之补充；第二，侵害债权责任的认定与违约责任的认定应分别进行，二者之间不存在主次之分，也不存在先后之分。[1] 还有学者将侵害债权的损害赔偿分为侵权人的直接责任和侵权人、债务人共同责任两类，具体分为四种情形：（1）侵权人直接侵害债权的直接责任。在直接侵害债权的场合，损害赔偿关系的主体是债权人和侵权人即第三人。债权人为赔偿权利人，侵权人即第三人为赔偿义务人，第三人直接向债权人承担侵权损害赔偿的民事责任。这种侵害债权的侵权法律关系的侵权责任形态是自己责任，侵权人自己承担侵权责任。（2）侵权人间接侵害债权的直接责任。在第三人间接侵害债权的场合，如第三人基于侵害债权的故意而伤害债务人、毁损债的标的物，以诈欺、强制等方法阻止债务人履行债务，而债务人本身并无过错的，构成的侵权法律关系仍然是自己责任。其损害赔偿关系的主体仍然是债权人和第三人。债权人为权利人，第三人为义务人，第三人直接向债权人承担侵权损害赔偿等民事责任。（3）不真正连带责任。在间接侵害债权的场合，第三人诱使债务人不履行债务，如果债务人知道或者应当知道第三人为违约引诱，有抵制的余地而不加以抵制，致使债权人债权无法实现的，显然对债务不履行有过错，应承担相应的民事责任，与第三人共同对债权人的债权损失负责。但这种责任不是连带责任，而为不真正连带债务。第三人和债务人各自向债权人承担各自的责任，构成第三人的侵权责任与债务人的违约责任竞合。在此情况下，债权人可以进行选择，或者追究侵权人的侵权责任，或者追究违约人的违约责任。（4）连带责任。第三人与债务人恶意串通，侵害债权人债权的，构成侵害债权的共同侵权行为，应当承担连带责任。这种侵权法律关系，其债权人为赔偿权利人，第三人和债务人为共同加害人，为赔偿义务人，向债权人承担连带赔偿责任。对于第三人劝说、教唆债务人不履行债务，而债务人明知其有侵害债权的意图而同意的，视为恶意串通。因为第三人与债务人之间有共同故意，

---

[1] 参见江必新、何东宁主编：《最高人民法院指导性案例裁判规则理解与适用·合同卷1》，中国法制出版社2012年版，第323~324页。

应共同承担连带责任。①

笔者认为，在涉执行国家赔偿领域，补充责任、独立责任这两种责任都可能存在，应区分情况作不同的认定。如果执行行为直接损害债务人的财产，导致财产灭失，债务人无法向债权人履行，但债务人本身并无过错的，国家本应当对债务人进行赔偿，以便由债务人向债权人履行，但由于最终的损害后果是债务人无法再向债权人履行，则由国家将赔偿金直接支付给债权人，这时的国家赔偿责任，相对于债务人来说是独立责任，在国家赔偿之后不能向债务人追偿，《解释》第10条作了相关规定；但如果存在第三人的责任，国家仍然可以向第三人追偿，即《解释》第12条所规定的情形；但相对于债权人来说，仍属补充责任，只有在债务人无法履行的情况下，国家才向债权人承担该赔偿责任。如果是执行机构的执行行为和债务人共同作用导致债务人无法履行，债权人的债权无法实现的，则这时的国家赔偿责任，无论是连带责任抑或不真正连带责任，均是一种补充责任，国家承担赔偿责任后，在债务人事后恢复履行能力时，国家可以根据具体情况向债务人再行追偿，即《解释》第11条第2款所规定的情形。而在代位执行的情况下，执行机构给被执行人的债权造成了损害时，对于债权人（被执行人）来说，国家则应承担独立的赔偿责任。

一、关于一般情况下侵害债权的赔偿范围限度

本条前段的规定属于一般规定，即通常情况下，赔偿范围应当以债权标的额为限。

《民法典》第1184条规定："侵害他人财产的，财产损失按照损失发生时的市场价格或者其他合理方式计算。"该规定是对侵权赔偿中财产损失计算方式的原则性规定，表述比较笼统，并未明确区分物权债权，理论上可以涵盖债权被侵权的情形，其所称的"损失发生时的市场价格"一般理解为是客观计算的直接损失，但又规定了可以"其他合理方式计算"财产损失。民法理论一般认为，直接损失是现有财产的减损、既得利益的损失；间接损失是未来财产的减损、可得利益或者期待利益的损失。但债权是请求权而不是支配权，只能通过请求债务人履行债务，才能获得债权的预期利益，将债权的预期利益转变为现实财产利益。债权标的本身就属于可得利益、预期利

---

① 参见杨立新：《侵权责任法原理与案例教程》，中国人民大学出版社2013年版，第139页。

益，而非现实的既得利益。因此，侵害债权造成的损失必然是预期利益的损失。《民法典》第584条规定："当事人一方不履行合同义务或者履行合同义务不符合约定，造成对方损失的，损失赔偿额应当相当于因违约所造成的损失，包括合同履行后可以获得的利益；但是，不得超过违约一方订立合同时预见到或者应当预见到的因违约可能造成的损失。"虽然该条规定的是违约情况下的损害赔偿，但可见，可得利益损失是违约损失之一。并且在计算可得利益损失时，仍应遵循一定之规则，如可预见规则、减轻损害规则、损益相抵规则和过失相抵规则。对侵害债权行为提供救济时，除可得利益损失之外，其他违约损失一般还有为合同履行而支出的必要费用、为防止损失扩大而采取补救措施的费用等。

按照《国家赔偿法》第36条的规定，对财产侵权的国家赔偿以赔偿直接损失为原则，这与《民法典》规定侵权责任填补损害的功能要求基本一致。在涉及执行的国家赔偿领域，对侵害债权造成损害的赔偿，与民事领域的侵害债权的赔偿相比，则相对单纯一些，因为执行行为损害的债权，通常是生效法律文书所确定的债权，该债权由法院执行机构以强制手段帮助债权人实现，故不存在为合同履行而支出的费用、为防止损失扩大而采取补救措施的费用等，只以判决内容即债权标的额为准。且在法院执行程序中，一般包括金钱债权和非金钱债权，非金钱债权又分为物的交付请求权和行为请求权，其中涉及行为请求权的执行案件较少，因此《解释》以实现金钱债权和物之交付请求权的执行为基础作出规定，即以债权标的额为准。

在执行过程中，债权标的额一般是生效法律文书所确定的给付范围，以之作为当事人的预期利益范围并无疑义，这也是最直接、可量化的损失，作为直接损失的范围也争议不大。按照这样的赔偿范围，错误执行侵害债权的司法赔偿能够比较充分地填补债权人的债权损害，既与民事理论保持了基本一致，也符合了国家赔偿一般限于直接损失的原则。

二、关于依法转让的债权的赔偿范围限度

按照本条后段的规定，依法受让债权，例如通过拍卖取得债权，其赔偿范围应当以获得债权时所支付的对价为限。对此，有观点认为，这一规则与民事领域的侵害债权赔偿原则不同，存在不当，因为受让的债权也是债权，其中包含的利益也是该债权的预期利益，债权受到侵害后，请求赔偿的就不是支付的对价，而是该债权的债权标的额，只有这样，才能够保护好受让债

权的新债权人的合法权益。对此，笔者认为有必要重申国家赔偿的基本原则，即按照《国家赔偿法》第 36 条的规定，赔偿直接损失，亦即实际损失，对于预期的利益损失不予赔偿。原因是受让的债权并非受让人与债务人之间原始产生的债权债务关系，而是受让人与债权出让人之间通过交易方式，支付对价或继受的债权，一般来说，其所付出的对价相较于原债权人在与债务人最初产生债权债务关系时所付的对价显然不同，基于权利义务相平衡的基本公平原则，在侵权赔偿中确定受让的债权的实际损失时，采取与初始债权人不同的规则，并无不当。既然债权受让人受让债权时所支付的对价数额确定，当该债权被错误执行行为所侵害时，造成的实际损失也就是其支付的对价。在国家赔偿范围内，采取这样的实际损失赔偿方法，更严格地执行赔偿实际损失的原则，是适当的，也是符合填补损害的民事侵权责任基本原则和国家赔偿基本功能的。

【实务指南】

一、关于债权标的额的内涵

债权标的额根据债权类型不同可有不同的内涵。如为金钱债权，则指的是金钱数额；如为物之交付请求权，则为物之价值，故标的额也可称为标的之价额。本条规定的债权标的额是指生效法律文书确定的债权标的的价额，或者是被执行人本身所享有的债权标的价额。对其理解应注意以下几点。

首先，生效法律文书确定的债权标的额不包含《民事诉讼法》第 260 条规定的加倍支付的迟延履行期间的债务利息或者迟延履行金，该迟延履行利息和迟延履行金是法律规定的被执行人因不履行生效法律文书确定的义务而需支付的原债务之外的款项，主要体现对被执行人的制裁，不应纳入《解释》的债权标的额之内。

其次，如果生效法律文书确定的金钱债权包含计算利息的内容，原则上利息应当包含在债权标的额内，但由于利息随着时间的增加而在不断增加，呈现随时变动的状态，故在国家赔偿时，利息应当计算到何时，是一个需要考虑的问题？有观点认为计算到作为执行依据的法律文书生效之日即可，有观点认为计算到执行立案之日，有观点认为应计算到错误执行行为导致损害发生之日。笔者认为，计算到错误执行行为导致损害发生之日当然是能够充分地保障债权人的利益，也完全符合预期利益的范畴，但在某些情形下，不便于确定错误执行行为发生的日期，比如拖延执行，何时是错误执行行为发生的日期？因此，参照《企业破产法》第 46 条第 2 款"附利息的债权自破产申请受理时起停止计息"的规定，将计算日期截止到执行案件立案日期也不失为一种合理选择，能够更好实现国家赔偿责任与当事人利益保护之间的平衡，在一定程度上也符合申请执行人申请法院强制执行时的心理预期。

最后，该标的额不包含在执行过程中，以物抵债获得的物后期升值后所代表的价值。例如，生效法律文书确定的是金钱债权，在执行过程中，执行机构将被执行人的房产以物抵债给申请执行人，而后因存在错误而将该以物抵债行为予以撤销，嗣后导致申请执行人的债权无法实现，则申请执行人不得主张房产价值的损失，而只能以生效法律文书确定的金钱债权数额为限获得赔偿。

对于"以债权标的额为限"的理解，还涉及错误执行行为侵害金钱债权后，以债权标的额为限进行赔偿时，是否同时还要以该债权标的额为本金计算损害发生时至国家赔偿时的利息问题？例如，生效判决确认债权标的额为 17 万元，已执行了 7 万元，后因错误执行行为需予以国家赔偿，在再赔偿 10 万元之外，是否还应支付利息？笔者认为，在民事责任中，资金占用产生的利息损失一般作为直接损失予以赔偿，在《解释》第 14 条、第 15 条中也规定可以对利息损失予以赔偿，故在损害金钱债权的情况下，在以债权标的额为限的基础上，再支付相应利息，能够充分弥补受害人的损失，是比较合理的。

另外，如果执行案件涉及行为请求权受损的，因行为并非财产，也非标的物，难以界定该行为的价值，一般情况下，不产生损害赔偿。若确有特殊情况发生损害，应依据案件具体情况，根据《国家赔偿法》的基本原理原则进行具体分析予以处理。

二、在债权转让情形下的适用

本条后段所指的情形一般是债权完全无法实现的情形。在该种情形下以赔偿申请人受让债权时支付的对价为限。如果债权已有部分执行到位，且执行到位的数额已经超过其受让债权时支付的对价的话，则对赔偿申请人而言不存在实际损失，即便部分债权因错误执行而无法受偿，也无法获得国家赔偿。

如果部分执行到位的数额尚未达到受让债权的对价时，如何计算赔偿数额？对此有两种观点：一种认为应按比例赔偿，即按照因该错误执行行为导致的未执行到位的数额以债权标的额所占比例，乘以受让对价，进行赔偿。举例如下，以 1000 万元为对价受让债权标的额为 1 亿元债权，已执行到位 500 万元，则按 95%×1000 万元＝950 万元，鉴于已执行 500 万元，则扣除该 500 万元，赔偿 450 万元。一种观点认为以对价为限全额赔偿，就前述所举例的情形，则应以受让对价 1000 万元减去已执行到位的 500 万元，赔偿 500 万元。笔者认为，后一种观点更为合理，更有利于实现对债权的保护，也符合实际损失的确定原则。

【疑难问题】

如果在部分债权已经执行到位之后，原申请执行人将债权转让，而债权受让人继续申请执行，则应根据错误执行行为发生在债权受让之前还是之后分情况处理，如果错误执行行为发生在债权转让之后，则显然不存在争议，应以现申请执行人受让债权时支付的对价为限。如果错误执行行为发生在债权转让之前，则需要考虑适用继受的权利不大于原权利的原则，如果出让人的债权也是受让而来，其在执行阶段已经执行到位的债权已经达到其受让时的对价的，则该出让人已无法获得国家赔偿，那么现在的债权受让人也不可能因为本次受让债权行为而使本已无法获得的国家赔偿又重新获得。如果出让人的债权是初始债权，则债权受让人即现申请执行人的申请国家赔偿的权利不受之前执行部分到位的影响，仍以其受让债权时的对价为限。

至于在受让债权包的情况下，如何确定受让案涉特定债权的对价，在民事上一般按照案涉特定债权数额占债权包总数额的比例计算确定，并无太大争议，此处亦不赘述。

【典型案例】

蔡某地申请安徽省宿州市中级人民法院错误执行赔偿案

蔡某地诉林某才、灵璧县灵璧石投资发展有限公司（以下简称灵璧石投资公司）民间借贷纠纷一案，江苏省徐州市铜山区人民法院（以下简称铜山法院）在诉讼过程中查封灵璧石投资公司一宗土地使用权（此前，林某才、灵璧石投资公司向孙某凯借款 1900 万元，以正在开发建设的房屋及该土地使用权作为抵押，并办理了土地使用权抵押担保登记）。铜山法院于 2012 年 4 月 10 日作出（2012）铜民初字第 54 号民事调解书，确认林某才欠蔡某地借款本息总计509.1万元,灵璧石投资公司对上述债务承担连带清偿责任。因林某才未按生效民事调解书履行还款义务,蔡某地申请法院强制执行。2012年11月8日,铜山法院为蔡某地执行189.884万元。

安徽省宿州市中级人民法院(以下简称宿州中院)在执行孙某凯及谷某、彭某华分别申请法院强制执行林某才、灵璧石投资公司两案中,于2013年9月17日裁定将灵璧石投资公司所有的上述土地使用权及地上在建工程作价2780.7万元交付孙某凯抵偿债务(其中孙某凯2420.7万元,谷某、彭某华360万元)。

2013年12月18日,铜山法院以被执行人确无财产可供执行,申请执行人也未能提供被执行人有可供执行的财产线索,且同意终结执行为由,裁定对蔡某地申请执行林某才、灵璧石投资公司案终结执行。

蔡某地申请宿州中院国家赔偿一案,安徽省高级人民法院赔偿委员会于2019年8月14日作出国家赔偿决定,认为:根据林某才、灵璧石投资公司与孙某凯签订借款协议的抵押担保条款,孙某凯对涉案的建设用地使用权办理了抵押担保登记,领取了他项权证,其时不具备对地上建筑物一并抵押的条件,实际也未办理抵押登记,故对该地上建筑物的拍卖价款,孙某凯无权优先受偿。而铜山法院为蔡某地查封土地的范围及于地上在建工程,且查封时间先于宿州中院为孙某凯、谷某、彭某华的查封,按查封时间先后确定清偿顺序,蔡某地对该在建工程拍卖价款应先于孙某凯、谷某、彭某华受偿。宿州中院拍卖流标,该地上在建工程拍卖流标保留价1007.7万元。即便孙某凯主张依据借款合同约定对地上建筑物一并抵押而享有优先受偿权的数额为2420.7万元的理由成立,那么对其余的360万元,蔡某地也应先于谷某、彭某华受偿。宿州中院于2013年9月17日裁定将涉案地上在建工程作价1007.7万元抵偿给孙某凯、谷某、彭某华,把本该属于第一顺位受偿人蔡某地的执行款执行给了他人,违反了执行的相关规定,构成违法将案件执行款物执行给其他当事人或者案外人的情形,在执行监督程序不能回转的情况下,应对蔡某地承担国家赔偿责任。蔡某地依据生效调解书申请法院强制执行509.1万元,后铜山法院已为其执行189.884万元,至2013年9月17日,蔡某地可依法申请法院执行的余款为319.216万元。因宿州中院2013年9月17日抵偿行为违法,且在孙某凯优先受偿后,被执行人的剩余财产能够满足蔡某地申请余款319.216万元的执行,故应认定宿州中院的错误执行已造成蔡某地实际损失319.216万元。宿州中院应赔偿蔡某地该直接损失319.216

万元。关于蔡某地申请赔偿 2013 年 9 月 17 日前的利息,与生效调解书不符;2013 年 9 月 17 日之后的利息部分不属于《国家赔偿法》规定的直接损失,依法不予赔偿。据此决定:宿州中院赔偿蔡某地 319.216 万元,驳回蔡某地的其他赔偿请求。

第十八条 违法采取保全措施的案件进入执行程序后，公民、法人和其他组织申请赔偿的，应当作为错误执行案件予以立案审查。

【条文主旨】

本条是关于违法采取保全措施案件进入执行程序后申请赔偿案件的案由的规定。

【起草背景】

违法采取保全措施的案件进入执行程序后，公民、法人和其他组织申请赔偿的，应当作为错误执行案件予以立案审查还是作为违法保全赔偿案件予以立案审查？实践中还存在争议，主张作为违法保全赔偿立案审查和作为错误执行赔偿立案审查的观点兼而有之。本条文根据《民事诉讼法解释》第168条及其他司法解释规定并结合审判实践，将此类案件的案由确定为错误执行赔偿。本条起草过程中，有观点认为不宜确定为错误执行赔偿，其理由是，违法保全进入执行程序的，不仅需要考虑案由变化，还需考虑赔偿义务机关主体是执行法院还是保全法院。遇到执行法院和保全法院不一致时，如果规定此类案件作为错误执行赔偿案件予以立案审查，如何确定赔偿义务机关是个问题，列执行法院为赔偿义务机关则不符合"谁侵权谁赔偿"的一般原则，列保全法院为赔偿义务机关则与错误执行赔偿案件案由所反映的法律关系内容不符。此类案件还有可能涉及保全概括性裁定和执行实施具体裁定的区别问题，凭此规定解决不了实践中的疑难问题。有鉴于此，有观点认为，有必要在原则规定基础上对某些特殊情形进行细化，遵从"谁侵权谁赔偿"的基本原则，在此基础上设立保全法院与执行法院不一致时的除外情形，不搞一刀切。但《解释》考虑到实践中保全法院与执行法院不一致的情形并不多见，如果再作细化规定显得过于精细，因此暂未设计其他条款。

【条文精义】

一、错误执行赔偿

错误执行赔偿，是指人民法院在民事诉讼、行政诉讼过程中，对判决、裁定及其他生效法律文书执行错误造成损害，对受害人承担国家赔偿责任。

《国家赔偿法》第 38 条规定,"人民法院在民事诉讼、行政诉讼过程中,违法采取对妨害诉讼的强制措施、保全措施或者对判决、裁定及其他生效法律文书执行错误,造成损害的,赔偿请求人要求赔偿的程序,适用本法刑事赔偿程序的规定"。《非刑事司法赔偿解释》第 5 条规定:"对判决、裁定及其他生效法律文书执行错误,包括以下情形:(一)执行未生效法律文书的;(二)超出生效法律文书确定的数额和范围执行的;(三)对已经发现的被执行人的财产,故意拖延执行或者不执行,导致被执行财产流失的;(四)应当恢复执行而不恢复,导致被执行财产流失的;(五)违法执行案外人财产的;(六)违法将案件执行款物执行给其他当事人或者案外人的;(七)违法对抵押物、质物或者留置物采取执行措施,致使抵押权人、质权人或者留置权人的优先受偿权无法实现的;(八)对执行中查封、扣押、冻结的财产不履行监管职责,造成财产毁损、灭失的;(九)对季节性商品或者鲜活、易腐烂变质以及其他不宜长期保存的物品采取执行措施,未及时处理或者违法处理,造成物品毁损或者严重贬值的;(十)对执行财产应当拍卖而未依法拍卖的,或者应当由资产评估机构评估而未依法评估,违法变卖或者以物抵债的;(十一)其他错误情形。"错误执行赔偿的情形包含四个方面:一是执行对象错误,如对案外人的财产予以执行;二是未按法定条件及程序采取执行措施,包括执行未生效之法律文书,违法对执行财产拍卖、变卖等;三是超出申请范围执行;四是对被执行财产不履行保管或者监管职责等。

错误执行赔偿具有以下基本特征:(1)赔偿请求人不仅包括财产所有权受到损害的受害人,还包括用益物权、担保物权、承租权等其他优先权受到损害的受害人。《非刑事司法赔偿解释》第 17 条规定:"用益物权人、担保物权人、承租人或者其他合法占有使用财产的人,依据国家赔偿法第三十八条规定申请赔偿的,人民法院应当依照《最高人民法院关于国家赔偿案件立案工作的规定》予以审查立案。"(2)错误执行赔偿的赔偿义务机关一般为执行法院,例外情况为复议机关。《非刑事司法赔偿解释》第 18 条规定:"人民法院在民事、行政诉讼过程中,违法采取对妨害诉讼的强制措施、保全措施、先予执行措施,或者对判决、裁定及其他生效法律文书执行错误,系因上一级人民法院复议改变原裁决所致的,由该上一级人民法院作为赔偿义务机关。"(3)赔偿请求人针对人民法院在执行阶段所发生的执行行为申请国家赔偿。民事、行政诉讼分立案、审理和执行阶段,审理程序还分一审、二审和再审。赔偿请求人对人民法院非执行阶段的错误行为申请国家赔偿的，不能称为错误执行赔偿。（4）赔偿请求人除了规定的情形外，一般应在执行程序终结后才能申请错误执行赔偿。《国家赔偿法解释（一）》第8条规定："赔偿请求人认为人民法院有修正的国家赔偿法第三十八条规定情形的，应当在民事、行政诉讼程序或者执行程序终结后提出赔偿请求，但人民法院已依法撤销对妨害诉讼采取的强制措施的情形除外。"《非刑事司法赔偿解释》第19条第1款规定："公民、法人或者其他组织依据国家赔偿法第三十八条规定申请赔偿的，应当在民事、行政诉讼程序或者执行程序终结后提出，但下列情形除外：（一）人民法院已依法撤销对妨害诉讼的强制措施的；（二）人民法院采取对妨害诉讼的强制措施，造成公民身体伤害或者死亡的；（三）经诉讼程序依法确认不属于被保全人或者被执行人的财产，且无法在相关诉讼程序或者执行程序中予以补救的；（四）人民法院生效法律文书已确认相关行为违法，且无法在相关诉讼程序或者执行程序中予以补救的；（五）赔偿请求人有证据证明其请求与民事、行政诉讼程序或者执行程序无关的；（六）其他情形。"《解释》第5条第1款规定："公民、法人和其他组织申请错误执行赔偿，应当在执行程序终结后提出，终结前提出的不予受理。但有下列情形之一，且无法在相关诉讼或者执行程序中予以补救的除外：（一）罚款、拘留等强制措施已被依法撤销，或者实施过程中造成人身损害的；（二）被执行的财产经诉讼程序依法确认不属于被执行人，或者人民法院生效法律文书已确认执行行为违法的；（三）自立案执行之日起超过五年，且已裁定终结本次执行程序，被执行人已无可供执行财产的；（四）在执行程序终结前可以申请赔偿的其他情形。"（五）错误执行赔偿采以违法为主、过错为辅的归责原则体系。这一归责原则体系除了体现在《解释》，也体现在相关司法解释的具体条文中，如前述《非刑事司法赔偿解释》第5条规定。

二、错误执行赔偿与违法保全赔偿的关系

违法保全赔偿和错误执行赔偿属于非刑事司法赔偿的两个不同的案由，两者之间属于并列关系。违法保全赔偿，是指人民法院在民事诉讼、行政诉讼过程中，违法采取保全措施造成损害，对受害人承担国家赔偿责任。根据《非刑事司法赔偿解释》第3条规定："违法采取保全措施包括以下情形：（一）依法不应当采取保全措施而采取的；（二）依法不应当解除保全措施而解除，或者依法应当解除保全措施而不解除的；（三）明显超出诉讼请求

的范围采取保全措施的,但保全财产为不可分割物且被保全人无其他财产或者其他财产不足以担保债权实现的除外;(四)在给付特定物之诉中,对与案件无关的财物采取保全措施的;(五)违法保全案外人财产的;(六)对查封、扣押、冻结的财产不履行监管职责,造成被保全财产毁损、灭失的;(七)对季节性商品或者鲜活、易腐烂变质以及其他不宜长期保存的物品采取保全措施,未及时处理或者违法处理,造成物品毁损或者严重贬值的;(八)对不动产或者船舶、航空器和机动车等特定动产采取保全措施,未依法通知有关登记机构不予办理该保全财产的变更登记,造成该保全财产所有权被转移的;(九)违法采取行为保全措施的;(十)其他违法情形。"违法保全的情形包含以下四个方面:一是保全对象错误,如对案外人的财产采取保全措施;二是未按法定条件及程序采取有关措施,如依法不应采取保全措施而采取或者依法不应解除保全措施而解除之情形,以及违反拍卖、变卖财产的相关规定,对财物进行违法处置;三是超出申请范围采取保全措施,指明显超过申请人申请保全的数额及范围采取保全措施;四是对已采取保全措施的财产不履行保管或者监管职责等。从上述规定可以看出,违法保全赔偿在赔偿请求人、赔偿义务机关、申请赔偿条件以及归责原则上所体现的特征与错误执行赔偿基本相同,两者的区别特征在于申请国家赔偿所针对的侵权行为性质上。违法保全赔偿所针对的侵权行为为保全行为,错误执行赔偿所针对的侵权行为为执行行为,由于侵权行为的不同决定了两者之间具有本质的区别。同时,违法保全赔偿与错误执行赔偿虽然是两个独立的案由,体现赔偿请求人与赔偿义务机关之间不同的法律关系,但由于保全与执行在行为或者措施上具有一定的共同性或者相似性,便使违法保全赔偿与错误执行赔偿两个不同的案由产生了一定的关联性,因此,有必要从保全与执行的共性出发对特殊情形下的案由类型作出规定。

三、保全与执行

(一)保全

保全,根据时间标准可分为诉前保全和诉讼保全。利害关系人在情况紧急,不立即申请保全将会使其合法权益受到难以弥补的损害时,在起诉前向人民法院申请保全的,为诉前保全。当事人已经起诉,人民法院已经受理案件后申请保全的,为诉讼保全。保全根据不同的保全对象又可分为财产保全、行为保全和证据保全。人民法院根据利害关系人或当事人的申请，或者在必要情况下依职权对一定财产采取强制性保护措施的，为财产保全。人民法院根据利害关系人或当事人的申请，或者在必要情况下依职权责令被申请人或相关主体作出一定行为或者禁止其作出一定行为，从而避免造成难以挽回的损失的，为行为保全。我国婚姻关系诉讼中的人身安全保护令、知识产权侵权诉讼中的诉前禁令等都属于行为保全。在证据可能灭失或以后难以取得的情况下，人民法院根据申请人的申请或依职权，对证据加以固定和保护的，为证据保全。由于证据保全的对象同时具有证据和财产属性，因而实践中会存在同一保全行为具有证据保全和财产保全双重属性的现象。因此，从保护当事人合法财产权益的角度来讲，并不排除行为保全与证据保全的作用。为了方便理解，在此重点介绍民事诉讼财产保全。

财产保全属于诉讼范畴。根据《民事诉讼法》的规定，民事诉讼保全具有以下特征：（1）保全行为主体既可以是一审法院，也可以是二审法院。无论是一审阶段还是二审阶段，人民法院对于可能因当事人一方的行为或者其他原因，使判决难以执行或者造成当事人其他损害的案件，根据对方当事人的申请，可以裁定对其财产进行保全、责令其作出一定行为或者禁止其作出一定行为。（2）保全程序启动可以依当事人申请，也可以由人民法院根据案件的具体情况依职权启动。当事人没有提出保全申请的，人民法院在必要时也可以裁定采取保全措施。（3）保全目的是防止由于当事人一方的行为或者其他原因，使判决难以执行或者给对方当事人造成损害。（4）保全措施具有紧迫性。人民法院接受申请后，对情况紧急的，必须在48小时内作出裁定；裁定采取保全措施的，应当立即开始执行。这样规定的目的是迅速将财产固定，以防止债务人变卖、转移财产。（5）保全程序具有严格性。申请财产保全、作出保全裁定、采取保全措施、解除财产保全、申请保全复议等都具有严格的程序规范。比如人民法院采取保全措施，可以责令申请人提供担保，申请人不提供担保的，裁定驳回申请；保全限于请求的范围，或者与本案有关的财物，不能超范围保全；人民法院保全财产后，应当立即通知被保全财产的人；财产已被查封、冻结的，不得重复查封、冻结；财产纠纷案件，被申请人提供担保的，人民法院应当裁定解除保全。（6）保全效力具有暂时性。财产保全的法律效力存在于诉讼期间，即起于裁定送达或扣押之日，止于判决执行完毕之时（判决驳回诉讼请求的，止于判决生效之日）。同时，要求人民法院在采取财产保全过程中不能损害被申请保全一方当事人的基本权益，不能影响其正常的生产经营和生活。

(二) 执行

诉讼、行政诉讼中的执行，是指人民法院运用国家强制力量，根据法定程序和发生法律效力文书明确的具体执行内容，强制义务人履行义务，以保证权利人的权利得以实现的一种诉讼活动。发生法律效力的文书包括法院判决书、裁定书、调解书、支付令、仲裁裁决书、具有强制执行力的公证债权文书等。发生法律效力的文书是执行依据，一经生效，义务人即应自动履行，如拒不履行，权利人可申请人民法院强制执行。提出执行申请的人称申请执行人，被指名履行义务的人称被执行人。民事诉讼、行政诉讼分为审判和执行两个程序阶段。执行程序是独立于审判程序的诉讼程序，是实现当事人实体权利的程序。其主要特征有：(1) 执行主体具有特定性。人民法院和其他机关（包括仲裁机关、部分行政机关）为解决民事、行政纠纷而作出的生效法律文书的执行权均由人民法院行使。其他任何组织和个人都无权行使强制执行权。(2) 执行根据具有有效性。人民法院实施强制执行的根据是生效的具有给付内容的法律文书。人民法院和其他机关制作的生效的具有给付内容的法律文书是当事人申请执行和人民法院据以采取执行措施的主要依据。(3) 执行手段的强制性。民事、行政执行以其明显的强制性为主要特征，它表现在人民法院凭借国家强制力量，采取强制执行措施，迫使执行义务人履行义务，使法律所保护的权利得以实现。(4) 执行过程的程序性。民事执行是按照法律规定的程序和方式所进行的活动。民事执行程序是由一系列具有程序性的法律规范所组成的，参加执行程序的各个主体的行为受到法定程序的约束，只有严格依法进行，才能达到预期的目的。

保全与执行属于两种独立的民事诉讼制度，两者存在本质区别：(1) 实施阶段不同。保全实施于诉讼审理阶段或者诉讼前阶段，而执行则实施于法律文书生效债权人申请强制执行后的阶段。人民法院裁判文书作出后发生法律效力之前，人民法院依申请对债务人的财产进行查封、扣押、冻结的，都属于申请诉讼保全，而不属于申请强制执行。(2) 目的不同。保全的目的是保障将来的生效法律文书确定的债权能够顺利实现而暂时对债务人的财产采取强制措施，或者暂时强制作出一定的行为；执行的目的则是通过实施各种强制措施直接作出一定行为，或者将债务人的财产转为债权人的财产，以使生效法律文书确定的债权予以实现。(3) 适用条件不同。保全的适用条件主要有：可能因当事人一方的行为或者其他原因使判决不能执行或者难以执行，申请保全必须提供保全担保等。执行的适用条件主要有：据以执行的法律文书属于生效法律文书，即执行得先有执行依据；生效法律文书具有可执行的内容；由债权人提出执行申请等。(4) 程序终结的时点不同。保全程序终结的时点可能发生在整个诉讼中或者诉讼终结之后，而执行终结的时点只能是诉讼终结之时，执行终结证明整个诉讼程序终结。

由于保全与执行都是利用国家强制力来保证实施的诉讼制度，两者存在诸多相同之处，如两者均以强制措施如查封、扣押、冻结、拍卖、变卖等为核心内容，各项措施的程序步骤、实施对象和范围、法律效果、发生法律效力的期限等也都相同，《民事诉讼法解释》第156条明确规定："人民法院采取财产保全的方法和措施，依照执行程序相关规定办理。"保全与执行程序均存在裁量权和实施权，对于每一项实施权的行使，人民法院均应先作裁定后实施，且应履行通知、送达等程序。从具体的强制措施上看，查封、扣押、冻结措施属于财产保全措施。该保全措施在审判阶段可以采取，称诉讼保全措施，在执行程序中也可以采取，称执行保全措施。司法实践中，有一种常见现象，即诉讼保全措施一直延续到生效判决作出，并一方当事人申请强制执行之后，即诉讼保全措施自动转化为执行保全措施。

【实务指南】

一、正确理解法律依据

《解释》本条的法律依据主要有：《民事诉讼法解释》第168条规定："保全裁定未经人民法院依法撤销或者解除，进入执行程序后，自动转为执行中的查封、扣押、冻结措施，期限连续计算，执行法院无需重新制作裁定书，但查封、扣押、冻结期限届满的除外。"《最高人民法院关于人民法院办理财产保全案件若干问题的规定》第17条规定，"利害关系人申请诉前财产保全，在人民法院采取保全措施后三十日内依法提起诉讼或者申请仲裁的，诉前财产保全措施自动转为诉讼或仲裁中的保全措施；进入执行程序后，保全措施自动转为执行中的查封、扣押、冻结措施。依前款规定，自动转为诉讼、仲裁中的保全措施或者执行中的查封、扣押、冻结措施的，期限连续计算，人民法院无需重新制作裁定书。"上述规定明确了诉讼保全强制措施向执行程序强制措施的转化规则，旨在简化执行程序，维持查封、扣押、冻结等强制措施的效力稳定性。其适用要满足以下两个条件：一是诉讼保全强制措施未撤销或者未解除；二是诉讼保全强制措施的有效期限未届满。

正确理解上述规定，首先要清楚以下基本概念。

第一，强制措施有效期限，指人民法院对财产采取查封、扣押、冻结等强制措施发生法律效力的期限，自生效之时至期限届满之时。期限届满，当事人可以申请续保延期。《民事诉讼法解释》第485条第1款规定："人民法院冻结被执行人的银行存款的期限不得超过一年，查封、扣押动产的期限不得超过两年，查封不动产、冻结其他财产权的期限不得超过三年。"第2款规定："申请执行人申请延长期限的，人民法院应当在查封、扣押、冻结期限届满前办理续行查封、扣押、冻结手续，续行期限不得超过前款规定的期限。"第3款规定："人民法院也可以依职权办理续行查封、扣押、冻结手续。"《查扣冻财产规定》第27条规定，"查封、扣押、冻结期限届满，人民法院未办理延期手续的，查封、扣押、冻结的效力消灭。查封、扣押、冻结的财产已经被执行拍卖、变卖或者抵债的，查封、扣押、冻结的效力消灭"。

第二，强制措施效力终止，指发生法律效力的强制措施因某种事由发生而不再具有法律效力。其存在两种情形：一是随着诉讼保全强制措施的有效期限届满而自然终止；二是由于人民法院依据相关事实作出撤销或者解除的法律行为而使强制措施强制终止或者失去法律效力。

第三，解除强制措施，是指对正在发生法律效力的强制措施终止实施。《查扣冻财产规定》第28条规定了以下六种应当裁定解除保全的情形：（1）查封、扣押、冻结案外人财产的；（2）申请执行人撤回执行申请或者放弃债权的；（3）查封、扣押、冻结的财产流拍或者变卖不成，申请执行人和其他执行债权人又不同意接受抵债，且对该财产又无法采取其他执行措施的；（4）债务已经清偿的；（5）被执行人提供担保且申请执行人同意解除查封、扣押、冻结的；（6）人民法院认为应当解除查封、扣押、冻结的其他情形。

第四，撤销强制措施，是指对正在发生法律效力或者已经发生法律效力的强制措施作出予以撤销的否定性评价。撤销后的保全裁定自始没有法律效力。保全裁定撤销后，保全措施该解除的应当解除，给当事人造成财产损失的，应当由相关人员依法承担赔偿责任。《民事诉讼法解释》第171条规定："当事人对保全或者先予执行裁定不服的，可以自收到裁定书之日起五日内向作出裁定的人民法院申请复议。人民法院应当在收到复议申请后十日内审查。裁定正确的，驳回当事人的申请；裁定不当的，变更或者撤销原裁定。"

二、分析案件基本特征

本条规定的错误执行赔偿与普通错误执行赔偿既有相同也有区别。其特征体现在：

第一，赔偿请求人具有不特定性，有可能是申请人、被申请人，也有可能是案外人。申请人为赔偿请求人的，财产保全申请人与申请执行人一般为同一人，其申请国家赔偿的理由是，法院故意拖延或者不采取强制措施，或者违法解除保全导致可供执行的财产流失给其造成财产损失，据此申请国家赔偿。被申请人为赔偿请求人的，被保全人一般同为被执行人，其申请国家赔偿的理由是，法院超标的、超范围执行、怠于履行对查封、扣押财产的保管或者监管责任等侵权行为给其造成财产损失。案外人为赔偿请求人的，其申请国家赔偿的理由为，法院对财产权属判断错误，错误执行了案外人的财产给申请执行人，或者对案外人设定在财产上的优先权未尽审查职责，违反法定顺序执行，给案外人造成财产损失。此项特征与普通错误执行案件没有不同。

第二，赔偿义务机关具有特定性，即采取保全措施和执行措施的法院。采取保全强制措施的法院与执行法院非为同一法院，进入执行程序后，之前的诉讼保全强制措施需要变更为执行强制措施，需要变更相关手续，先由裁定保全法院解除强制措施，再由执行法院对相关财产进行查封、扣押、冻结，俗称为"换查封""换扣押"，此情形不构成违法保全措施进入执行程序，不能适用《解释》的规定。此特征是与普通错误执行案件的区别之处。

第三，侵权行为标的具有多样性，既包括延续至执行程序的查封、扣押、冻结等保全措施，也包括延续至执行程序的行为保全，如责令第三人停止向被申请人支付等。此处的保全行为延续至执行程序是与普通错误执行案件相区别的主要特征。

第四，侵权损害结果于案件执行程序终结，或者执行程序虽未终结但被执行人确实已无可供执行的其他财产之后才能确定。此项特征与普通错误执行案件没有不同。

三、坚持受理案件的条件

国家赔偿的受理要贯彻终局赔偿原则。《国家赔偿法解释（一）》第 8 条规定："赔偿请求人认为人民法院有修正的国家赔偿法第三十八条规定情形的，应当在民事、行政诉讼程序或者执行程序终结后提出赔偿请求，但人民法院已依法撤销对妨害诉讼采取的强制措施的情形除外。"《非刑事司法赔偿解释》第 19 条规定："公民、法人或者其他组织依据国家赔偿法第三十八条规定申请赔偿的，应当在民事、行政诉讼程序或者执行程序终结后提出，但下列情形除外：（一）人民法院已依法撤销对妨害诉讼的强制措施的；（二）人民法院采取对妨害诉讼的强制措施，造成公民身体伤害或者死亡的；（三）经诉讼程序依法确认不属于被保全人或者被执行人的财产，且无法在相关诉讼程序或者执行程序中予以补救的；（四）人民法院生效法律文书已确认相关行为违法，且无法在相关诉讼程序或者执行程序中予以补救的；（五）赔偿请求人有证据证明其请求与民事、行政诉讼程序或者执行程序无关的；（六）其他情形。赔偿请求人依据前款规定，在民事、行政诉讼程序或者执行程序终结后申请赔偿的，该诉讼程序或者执行程序期间不计入赔偿请求时效。"上述司法解释确定了错误执行赔偿案件应当在执行程序终结后提出的一般原则。但《解释》第 5 条第 1 款规定例外的情形，即"公民、法人和其他组织申请错误执行赔偿，应当在执行程序终结后提出，终结前提出的不予受理。但有下列情形之一，且无法在相关诉讼或者执行程序中予以补救的除外：（一）罚款、拘留等强制措施已被依法撤销，或者实施过程中造成人身损害的；（二）被执行的财产经诉讼程序依法确认不属于被执行人，或者人民法院生效法律文书已确认执行行为违法的；（三）自立案执行之日起超过五年，且已裁定终结本次执行程序，被执行人已无可供执行财产的；（四）在执行程序终结前可以申请赔偿的其他情形"。

四、对特殊案件即部分强制措施进入执行程序的赔偿案件进行特殊处理

案由属于案件名称的一部分，反映案件所处理的法律关系的性质，是案件处理机关对当事人争议的法律关系的概括。当事人和法院立案部门正确确定案由，对案件后续的审理具有重要的作用。保全强制措施全部进入执行程序的赔偿案件，当事人申请国家赔偿时可以根据《解释》确定错误执行赔偿

的案由，但只有部分强制措施进入执行程序的案件当事人申请国家赔偿的，是确定违法保全赔偿还是错误执行赔偿，还是难以选择。《最高人民法院关于国家赔偿案件立案、案由有关问题的通知》（法〔2012〕33号）第三部分"关于国家赔偿案件案由的适用"部分指出，赔偿请求人提出的赔偿申请涉及同一赔偿义务机关的两个以上司法行为，且对应同一权利，应当一并审理的，可以确定并列案由。如赔偿申请既涉及刑事违法查封，又涉及刑事违法追缴的，案由为刑事违法查封、追缴赔偿；如赔偿申请既涉及违法保全，又涉及错误执行的，案由为违法保全、错误执行赔偿。根据该通知精神，如果诉讼保全强制措施中只有部分措施进入执行程序，还有部分措施未进入执行程序已经造成损害后果，受害人提出的赔偿申请既涉及违法保全，又涉及错误执行的，还是应当列并列的案由即违法保全赔偿和错误执行赔偿。

【相关法律法规】

1. 《民事诉讼法解释》

第一百六十八条　保全裁定未经人民法院依法撤销或者解除，进入执行程序后，自动转为执行中的查封、扣押、冻结措施，期限连续计算，执行法院无需重新制作裁定书，但查封、扣押、冻结期限届满的除外。

2. 《最高人民法院关于人民法院办理财产保全案件若干问题的规定》

第十七条　利害关系人申请诉前财产保全，在人民法院采取保全措施后三十日内依法提起诉讼或者申请仲裁的，诉前财产保全措施自动转为诉讼或仲裁中的保全措施；进入执行程序后，保全措施自动转为执行中的查封、扣押、冻结措施。

依前款规定，自动转为诉讼、仲裁中的保全措施或者执行中的查封、扣押、冻结措施的，期限连续计算，人民法院无需重新制作裁定书。

第十九条 审理违法采取妨害诉讼的强制措施、保全、先予执行赔偿案件，可以参照适用本解释。

【条文主旨】

本条是关于涉国家赔偿中的违法采取妨害诉讼的强制措施、保全、先予执行赔偿案件的"准用规则"的规定。例如案件受理、赔偿责任认定、损害赔偿等部分条款也适用于其他非刑事赔偿案件。

【起草背景】

国家赔偿分为司法赔偿和行政赔偿，司法赔偿又分为刑事赔偿和非刑事司法赔偿。在实践中，与人民法院在民事、行政诉讼程序和执行程序中行使职权相关的赔偿案件，称为非刑事司法赔偿案件，包括违法采取妨害诉讼的强制措施、违法保全、违法先予执行和错误执行的赔偿案件。依法审理非刑事司法赔偿案件，是国家赔偿工作的重要组成部分，也是让人民群众在每一个司法案件中感受到公平正义的必然要求。

《国家赔偿法》第 38 条规定，人民法院在民事、行政诉讼过程中，违法采取对妨害诉讼的强制措施、保全措施或者对判决、裁定及其他生效法律文书执行错误，造成损害的，适用刑事赔偿程序的规定。2000 年，最高人民法院出台了《关于民事、行政诉讼中司法赔偿若干问题的解释》，列举了违法采取司法强制措施、保全措施和错误执行的具体情形，确立了人身、财产损害赔偿的原则，明确了相关法律程序，对《国家赔偿法》第 38 条关于非刑事司法赔偿的规定进行了充分解释和有力补充。2004 年，最高人民法院出台了《赔偿确认案件规定》，补充了故意拖延执行或者不执行、应当恢复执行而不予恢复等违法行为，明确了人民法院撤销原违法裁决的权力，该解释后因 2010 年《国家赔偿法》取消确认程序于 2013 年被废止。2016 年，最高人民法院根据 2010 年修改的《国家赔偿法》以及前述两个司法解释的经验总结，出台了《非刑事司法赔偿解释》，细化了各类非刑事司法侵权行为范围，增加了责任划分、损害赔偿和程序衔接等方面的规定，为非刑事司法赔偿审判实践提供了更为明确充分的裁判标准，成为审理此类案件主要规范依据。2016 年《非刑事司法赔偿解释》施行以来，为人民法院正确审理非刑事司法赔偿案件起到了积极的作用。但是，《国家赔偿法》仅有第 38 条对非刑事司法赔偿作出规定，2016年《非刑事司法赔偿解释》对错误执行作出单条或者单项规定的条文仅有四条，审理涉执行司法赔偿案件的规范依据仍显供给不足。

党的十八大以来，在以习近平同志为核心的党中央的坚强领导下，人民法院攻坚克难、锐意进取，如期实现"基本解决执行难"的阶段性目标，狠抓执行规范体系建设，有效约束和规范执行权，执行工作取得了重大成效。与此同时，随着国家赔偿审判和执行工作实践的发展，涉执行司法赔偿领域的新情况、新问题不断出现，人民群众对于权利保障的新要求、新期待不断提高。为了进一步贯彻落实《国家赔偿法》及有关法律，及时回应社会关切，彰显社会公平正义，加强人权司法保障，最高人民法院在近几年深入调研的基础上制定了《解释》。

【条文精义】

"参照"是当前法律和司法解释高频率使用的术语。本条中"参照"的含义，可从三个层面理解和把握：一是参照本意是参考、比照，参照《解释》规定，即执行判决、裁定及其他生效法律文书过程中之外的涉国家赔偿案件时，如果涉及损害赔偿的，要参考、比照《解释》第1条至第18条。二是参照的法律含义是"参考、比照"而非"按照""依照"，因为《解释》毕竟是以执行判决、裁定及其他生效法律文书过程中，错误采取财产控制、处置、交付、分配等执行措施或者罚款、拘留等强制措施，侵犯公民、法人和其他组织合法权益并造成损害的国家赔偿案件为模板"量身打造"的，不能完全排除其他涉及损害赔偿的国家赔偿案件中存在不宜适用《解释》的情形，故只能采用准用性的"参照"而不能采用强制性的"按照""依照"。三是办理执行判决、裁定及其他生效法律文书过程中之外的涉国家赔偿案件，适用《解释》规定必须有正当和充足的理由。

本条所规定的参照适用，包含了以下具体情形。

一、违法采取对妨害诉讼的强制措施

根据《民事诉讼法》以及有关司法解释的规定，人民法院有权对故意妨害诉讼秩序、阻碍司法工作人员执行职务的人，根据不同的情况分别采取强制措施，具体包括：（1）对必须到庭的民事诉讼的被告（包括负有赡养、抚育、扶养义务和不到庭就无法查清案情的被告以及必须到庭的给国家、集体或他人造成损害的未成年人的法定代理人），经两次合法传唤，无正当理由拒不到庭的，可以拘传。(2) 对违反法庭规则的人，可以予以训诫，责令退出法庭或者予以罚款、拘留。(3) 对哄闹、冲击法庭，侮辱、诽谤、威胁、殴打审判人员，严重扰乱法庭秩序的人，依法追究刑事责任；情节较轻的，予以罚款、拘留。(4) 诉讼参与人或者其他人有下列行为之一的，人民法院可以根据情节轻重予以罚款、拘留，构成犯罪的，依法追究刑事责任；对有下列行为之一的单位，可以对其主要负责人或者直接责任人员予以罚款、拘留，构成犯罪的，依法追究刑事责任：伪造、毁灭重要证据，妨碍人民法院审理案件的；以暴力、威胁、贿买方法阻碍证人作证或者指使、贿买、胁迫他人作证的；隐藏、转移、变卖、毁损已被查封、扣押的财产，或者已被清点并责令其保管的财产，转移已被冻结的财产的；对司法工作人员、诉讼参加人、证人、翻译人员、鉴定人、勘验人、协助执行的人，进行侮辱、诽谤、诬陷、殴打或者打击报复的；以暴力、威胁或者其他方法阻碍司法工作人员执行职务的；拒不履行人民法院已经发生法律效力的判决、裁定的（包括在法律文书发生法律效力后隐藏、转移、变卖、毁损财产，造成人民法院无法执行的；以暴力、威胁或者其他方法妨碍或抗拒人民法院执行的；有履行能力而拒不执行人民法院发生法律效力的判决书、裁定书、调解书和支付令的）；擅自转移已被人民法院冻结的存款，或擅自解冻的；以暴力、威胁或者其他方法阻碍司法工作人员查询、冻结、划拨银行存款的；接到人民法院协助执行通知后，给当事人通风报信，协助其转移、隐匿财产的。(5) 对有义务协助调查、执行的单位有下列行为之一的，人民法院除责令其履行协助义务外，并可以予以罚款，同时对于该单位主要负责人或者直接责任人员予以罚款，还可以向监察机关或者有关机关提出予以纪律处分的司法建议：有关单位拒绝或者妨碍人民法院调查取证的；银行、信用合作社和其他有储蓄业务的单位接到人民法院协助执行通知书后，拒不协助查询、冻结或者划拨存款的；有关单位接到人民法院协助执行通知书后，拒不协助扣留被执行人的收入、办理有关财产权证照转移手续，转交有关票证、证照或者其他财产的；其他拒绝协助执行的。(6) 任何单位和个人采取非法拘禁他人或者非法私自扣押他人财产追索债务的，应当依法追究刑事责任，或者予以拘留、罚款。

同时，《民事诉讼法》及司法解释还对于上述强制措施适用的条件与程序作出了较严格的规定。根据上述有关规定，并结合国家赔偿审判工作实践，《非刑事司法赔偿解释》针对民事、行政诉讼中司法赔偿所涉及的违法采取对妨害诉讼的强制措施的侵权情形，界定为以下五种：对没有实施妨害诉讼行为的人或者没有证据证明实施妨害诉讼的人采取司法拘留、罚款措施的；超过法律规定期限实施司法拘留的；对同一妨害诉讼行为重复采取罚款、司法拘留措施的；超过法律规定金额实施罚款的；违反法律规定的其他情形。

这五种情形包含了三个方面的违法侵权情况：一是采取强制措施的对象错误，即对于未实施妨害诉讼行为的人或者无证据证明实施妨害诉讼的人采取司法拘留、罚款措施的；二是超出法定标准采取强制措施，即超出法律规定的司法拘留期限、司法罚款金额采取强制措施，或者对同一妨害诉讼行为重复采取强制措施的；三是其他违法情形，即对未列举详尽但实践中可能发生之违法侵权情形，以规定其他违法情形之方式予以涵盖。

二、违法采取保全措施

《行政诉讼法》第42条、《民事诉讼法》第84条和第九章以及有关司法解释分别对证据保全与财产保全采取的范围、条件及程序作出相关规定。

1. 证据保全

证据保全系指在审理民事案件、行政案件过程中，为防止证据可能发生灭失或者难以取得之情形，人民法院依照诉讼参加人之申请或者依职权对于有关物证、书证采取的保全措施。

2. 财产保全

财产保全又分为诉前财产保全和诉讼中财产保全两种。诉前财产保全通常发生在案件尚未起诉时，是当事人因出现紧急情况，为避免其合法权益受到损害或出现难以弥补之风险，在起诉前向人民法院申请采取的保全措施。诉讼中财产保全，是指在诉讼过程中对于可能因当事人一方的行为或者其他原因，使判决不能执行或者难以执行的案件，为保证权利义务关系正常运行和案件的有效执行，根据一方当事人的申请或法院依职权采取的保全措施。无论是诉前财产保全还是诉讼中财产保全，由于申请保全人与被保全人之间的权利义务关系尚未通过人民法院的判决加以确定，且保全措施虽不发生被保全物所有权的转移，但财产被查封、扣押、冻结的状态必然直接影响到流通领域，因此措施不当将会对市场经济秩序产生一定影响。正是由于保全措施所具有的此种特点，以及该措施可能产生的影响，因此采取保全措施更应当严格依照法律及司法解释的规定，同时应当做到慎之又慎。

根据《民事诉讼法》的规定，诉前财产保全应当具备以下条件：一是情况紧急，不立即采取保全措施将使申请人合法权益受到损害或出现难以弥补的风险；二是该保全必须依申请人之申请方能作出，且该申请人必须提供与申请保全财产价值相当的财产作为担保，一旦发生保全有误造成被保全人财产侵害，该担保财产可以弥补给被保全人造成的损失；三是申请人在法院采取保全措施后15日内必须提起诉讼，如15日内不起诉的，法院应当解除该诉前保全措施。对于具备上述条件的，人民法院在收到保全申请后，应在48小时内作出裁定，对相关财产予以保全。

根据《民事诉讼法》的规定，诉讼中财产保全应当具备以下条件：一是在案件审理过程中，必须具有因当事人一方的行为或者其他原因，使判决不能执行或者难以执行的情形，如债务人有转移、隐匿、出卖财产行为；又如诉讼标的物可能由于季节、物理属性等出现变质腐烂或难以保存之风险等。二是此种保全情形一般多适用于给付之诉的案件，实践中对于部分因权属不清而提起的确权之诉案件，也有依照一方当事人之申请将争议标的物暂行扣押，待权属确认清楚时再行交付的情况。三是依照法律及司法解释规定，此种保全既可以依申请人申请作出，亦可由人民法院依职权作出，但结合当前关于民事诉讼理念之转变，笔者认为，当前针对诉讼中财产保全，法院主要应依照当事人申请且在该申请人提供相应价值担保后方始作出，不到情况紧急或确不得已之情况，人民法院不宜依职权作出。四是对于申请诉讼中保全的当事人，法院亦需要求其提供相应价值之担保，不提供担保的应当驳回申请。对于申请有错误造成被保全人财产损失的，申请人应赔偿被保全人由此而造成之损失。

除规定上述条件外，《民事诉讼法》还就财产保全的适用范围及采取的有关措施作出规定。2007年《民事诉讼法》第94条第1款规定："财产保全限于请求的范围，或者与本案有关的财物。财产保全采取查封、扣押、冻结或者法律规定的其他方法。"2021年《民事诉讼法》第105条规定："保全限于请求的范围，或者与本案有关的财物。"第106条第1款规定："财产保全采取查封、扣押、冻结或者法律规定的其他方法。人民法院保全财产后，应当立即通知被保全财产的人。"有关司法解释针对上述规定的具体适用程序作出了较为细化和严格的规定。

根据上述有关规定，并结合民事审判及国家赔偿审判工作实践，《非刑事司法赔偿解释》将民事、行政诉讼中司法赔偿所涉及的违法采取保全措施界定为以下六种情形：依法不应当采取保全措施而采取保全措施或者依法不应当解除保全措施而解除保全措施的；保全案外人财产的行为，但案外人对案件当事人负有到期债务的情形除外；明显超过申请人申请保全数额或者保全范围的；对查封、扣押的财物不履行监管职责，严重不负责任，造成毁损、灭失的，但依法交由有关单位、个人负责保管的情形除外；变卖财产未由合法评估机构估价，或者应当拍卖而未经依法拍卖，强行将财物变卖给他人的；违反法律规定的其他情形。

这六种情形包含了五个方面的违法侵权情况：一是保全对象错误，指对于案外人或其他不应被采取保全措施的人采取保全措施。二是未按法定条件及程序采取有关措施，如依法不应采取保全措施而采取或者依法不应解除保全措施而解除之情形；又如违反拍卖、变卖财产的有关规定，对财物违法处置的情形。三是超出申请范围采取保全措施，即明显超过申请人申请保全的数额及范围，采取保全措施之情形。四是不履行监管职责，即对于已被保全的当事人之财产不履行监管职责、严重不负责任之情形。五是其他违法情形，即对未列举详尽但实践中可能发生之违法侵权情形，以规定其他违法情形之方式予以涵盖。

三、违法先予执行

先予执行是指人民法院在审理民事案件中，因当事人一方生活或生产的急需，在作出判决之前，根据当事人的申请裁定一方当事人给付另一方当事人一定数额的款项或者财物，或者停止或实施某些行为，并立即执行的法律制度。人民法院对下列案件，根据当事人的申请，可以裁定先予执行。

1. 追索赡养费、扶养费、抚养费、抚恤金、医疗费用的

追索赡养费、扶养费、抚养费的案件，通常情形下的支付对象是老人、妇女、儿童等弱势群体，追索的赡养费、扶养费、抚养费一般是他们的基本生活保障。追索抚恤金的案件，一般是指军人、国家机关工作人员以及其他因公牺牲或伤残人员，由民政部门依法对死者的家属或者伤残者本人发给抚恤金而未发的案件。允许这种案件先予执行，有利于激励军人、国家机关工作人员的爱国和献身精神。追索医疗费用的案件，不能一概而论，只有遇到不先予执行会使正在进行的医疗措施难以继续，严重影响申请人生命、健康的情况时，才能先予执行。如果医疗救治虽正在进行，但是申请人有能力支付费用的，也就无须先予执行。

2. 追索劳动报酬的

劳动报酬是当事人应得的劳动收入，一般关系劳动者及其家属的生活，对于这类案件，人民法院可以根据当事人的申请先予执行。《劳动合同法》第 30 条规定："用人单位应当按照劳动合同约定和国家规定，向劳动者及时足额支付劳动报酬。"

3. 因情况紧急需要先予执行的

因情况紧急需要先予执行的，是指在诉讼中，因一方当事人的行为或责任，使另一方当事人的生产或生活发生严重困难，不及时采取先予执行措施，生产、生活就难以维持下去的情况。

关于对被申请人因先予执行遭受损失的赔偿人民法院裁定先予执行后，案件应当继续审理，最终判决存在两种可能，申请人胜诉或者败诉。申请人胜诉的，先予执行的部分可以在判决中冲抵。申请人败诉的，申请人必须返还被申请人先予执行的部分，而且因先予执行给被申请人造成财产损失的，申请人应当予以赔偿。如果申请人提供了担保，可以用担保的财产予以赔偿。一方面，这样规定保护了被申请人的合法权益；另一方面，能促使申请人谨慎申请先予执行。《最高人民法院关于适用〈中华人民共和国民事诉讼法〉若干问题的意见》第 111 条规定，人民法院先予执行后，依发生法律效力的判决，申请人应当返还因先予执行所取得的利益的，适用执行回转的规定。《最高人民法院关于在经济审判工作中严格执行〈中华人民共和国民事诉讼法〉的若干规定》第 19 条规定，受诉人民法院院长或者上级人民法院发现采取财产保全或者先予执行措施确有错误的，应当按照审判监督程序立即纠正。因申请错误造成被申请人损失的，由申请人予以赔偿。

【相关法律法规】

1.《非刑事司法赔偿解释》

第二条 违法采取对妨害诉讼的强制措施，包括以下情形：

（一）对没有实施妨害诉讼行为的人采取罚款或者拘留措施的；

（二）超过法律规定金额采取罚款措施的；

（三）超过法律规定期限采取拘留措施的；

（四）对同一妨害诉讼的行为重复采取罚款、拘留措施的；

（五）其他违法情形。

第三条 违法采取保全措施，包括以下情形：

（一）依法不应当采取保全措施而采取的；

（二）依法不应当解除保全措施而解除，或者依法应当解除保全措施而不解除的；

（三）明显超出诉讼请求的范围采取保全措施的，但保全财产为不可分割物且被保全人无其他财产或者其他财产不足以担保债权实现的除外；

（四）在给付特定物之诉中，对与案件无关的财物采取保全措施的；

（五）违法保全案外人财产的；

（六）对查封、扣押、冻结的财产不履行监管职责，造成被保全财产毁损、灭失的；

（七）对季节性商品或者鲜活、易腐烂变质以及其他不宜长期保存的物品采取保全措施，未及时处理或者违法处理，造成物品毁损或者严重贬值的；

（八）对不动产或者船舶、航空器和机动车等特定动产采取保全措施，未依法通知有关登记机构不予办理该保全财产的变更登记，造成该保全财产所有权被转移的；

（九）违法采取行为保全措施的；

（十）其他违法情形。

第四条 违法采取先予执行措施，包括以下情形：

（一）违反法律规定的条件和范围先予执行的；

（二）超出诉讼请求的范围先予执行的；

（三）其他违法情形。

2.《最高人民法院关于民事、行政诉讼中司法赔偿若干问题的解释》（已失效）

第二条 违法采取对妨害诉讼的强制措施，是指下列行为：

（一）对没有实施妨害诉讼行为的人或者没有证据证明实施妨害诉讼的人采取司法拘留、罚款措施的；

（二）超过法律规定期限实施司法拘留的；

（三）对同一妨害诉讼行为重复采取罚款、司法拘留措施的；

（四）超过法律规定金额实施罚款的；

（五）违反法律规定的其他情形。

第三条 违法采取保全措施，是指人民法院依职权采取的下列行为：

（一）依法不应当采取保全措施而采取保全措施或者依法不应当解除保全措施而解除保全措施的；

（二）保全案外人财产的，但案外人对案件当事人负有到期债务的情形除外；

（三）明显超过申请人申请保全数额或者保全范围的；

（四）对查封、扣押的财物不履行监管职责，严重不负责任，造成毁损、灭失的，但依法交由有关单位、个人负责保管的情形除外；

（五）变卖财产未由合法评估机构估价，或者应当拍卖而未依法拍卖，强行将财物变卖给他人的；

（六）违反法律规定的其他情形。

第二十条 本解释自 2022 年 3 月 1 日起施行。施行前本院公布的司法解释与本解释不一致的，以本解释为准。

【条文主旨】

本条是关于《解释》施行时间及效力的规定。

【起草背景】

2010 年《国家赔偿法》第 38 条规定，人民法院在民事、行政诉讼过程中，违法采取对妨害诉讼的强制措施、保全措施或者对判决、裁定及其他生效法律文书执行错误，造成损害的，适用刑事赔偿程序的规定。该条虽然与 1994 年《国家赔偿法》第 31 条文字表述没变化，但是其实质内容有所变化。随后，最高人民法院分别于 2000 年、2004 年出台了《最高人民法院关于民事、行政诉讼中司法赔偿若干问题的解释》、《赔偿确认案件规定》（2013 年废止），对非刑事司法赔偿进行了补充规定。2016 年，最高人民法院根据 2010 年《国家赔偿法》以及前述两个司法解释的经验总结，出台了《非刑事司法赔偿解释》，细化了各类非刑事司法侵权行为范围，增加了责任划分、损害赔偿和程序衔接等方面的规定，为非刑事司法赔偿审判实践提供了更为明确充分的裁判标准，成为审理此类案件主要规范依据。但是，随着国家赔偿审判和执行工作实践的发展，在涉执行司法赔偿领域出现了新情况、新问题，《国家赔偿法》和 2016 年《非刑事司法赔偿解释》中关于非刑事司法赔偿的规定，对于审理涉执行司法赔偿案件的规范依据出现了供给不足问题。对此，最高人民法院在 2016 年《非刑事司法赔偿解释》的基础上，于 2022 年 2 月 8 日发布了《解释》。有必要明确《解释》施行时间和效力问题，即法律的时间效力问题和法律生效后溯及力问题。

【条文精义】

一、关于时间效力

法律开始生效的时间，指法律从何时起开始发生约束力，法律的施行日期的公布标志着法律开始生效。总体上，法律施行时间表示有以下几种情况：一是由该法律自行规定具体的生效日期，我国绝大多数法律的生效日期采用的都是这种形式,即法律公布后并不立即生效施行,而是经过一段时间后才生效施行;二是该法律自公布之日起施行,这种表示方法也较为常见;三是法律公布后到达一定期限开始生效,这种表示方法较为少见;四是比照其他法律以确定本法律的生效时间;五是自法律试行之日起生效;六是自法律文件到达之日起生效,这种方式在现代社会已经很少见。为使法律进入实施状态,使其得到执行、适用和遵守《立法法》规定,《立法法》第61条规定:"法律应当明确规定施行日期。"该规定明确了法律施行时间,使法律按照规定时间进入实施状态,充分发挥其应有的社会作用。

至于司法解释生效时间问题,最高司法机关一般根据实际需要采取不同形式,基本原理与立法相通。最高人民法院制定的很多司法解释,都采用了规定"自公布之日起施行"或者没有直接规定具体的生效日期的方式,这主要是基于情势急需、尽快统一法律适用等方面的考虑。但由于没有预留一定准备和宣传的时间,无论是相关法律关系主体还是执法办案机关,司法解释公布初期都有可能存在理解和适用的滞后与分歧,不利于司法解释的顺畅施行。

2007年8月23日,最高人民法院办公厅出台《关于规范司法解释施行日期有关问题的通知》(法办〔2007〕396号),规定:"为进一步规范我院司法解释的制定、发布工作,避免社会公众对司法解释施行日期产生误解,确保司法解释的正确适用,根据《最高人民法院关于司法解释工作的规定》第二十五条规定,现将我院制定、发布司法解释确定其施行日期的有关事项通知如下:一、今后各部门起草的司法解释对施行日期没有特别要求的,司法解释条文中不再规定'本解释(规定)自公布之日起施行'的条款,施行时间一律以发布司法解释的最高人民法院公告中明确的日期为准。二、司法解释对施行日期有特别要求的,应当在司法解释条文中规定相应条款,明确具体施行时间,我院公告的施行日期应当与司法解释的规定相一致。"此后,最高人民法院出台的司法解释,越来越多采用规定"自×年×月×日起施行"方式,《解释》即采用这种方式。

二、关于溯及力

(一)法律的溯及力

法律的溯及力,即溯及既往的效力,是指法律施行后,对生效前的行为是否适用的效力。如果适用,就表明具有溯及力;如果不能适用,表明法不具有溯及力。各国规定主要有以下几种情况:一是从旧原则,即新法没有溯及力;二是从新原则,即新法有溯及力;三是从轻原则,即比较新法与旧法,哪个法处理轻些就按哪个法处理;四是从新兼从轻原则,即新法原则上溯及既往,但旧法对行为人的处罚较轻时,则从旧法;五是从旧兼从轻原则,即新法原则上不溯及既往,但新法对行为人的处罚较轻时,则从新法。

目前,世界上多数国家采取从旧原则,法律没有溯及力。法不溯及既往原则的理论来源于法的安定性和信赖利益保护原则。之所以溯及既往的法律原则上被禁止,究其原因主要是在于破坏了法的安定性和侵犯了稳定的法律秩序下人们因对旧法的信赖而形成的既得权利。人们之所以要为自己的行为承担法律后果,就是因为事先已经知道或者应当知道哪些行为是法律允许的,哪些行为是法律不允许的,从而对人们的行为起指引和警示作用。故法律原则上不能要求人们遵守尚未制定出来的法律,而是只对其生效后的行为起规范作用,如果允许法律具有溯及力,人们无法预见自己的哪些行为会受到将来法律的禁止或者惩罚,就没有安全感,也没有行为的自由,信赖利益得不到保护,社会秩序也难以稳定。

法不溯及既往的原则也体现在很多国家和地区的法律规定中。《法国民法典》第2条规定,法律仅仅适用于将来,没有追溯力。《美国宪法》第1条第9款规定:"追溯既往的法律不得通过之。"第10款规定:"任何一州都不得通过剥夺公民权利的法案、追溯既往的法律或损害契约义务的法律。"《美洲人权公约》第9条规定:"不受有追溯力的法律的约束","任何人的行为或不行为,在其发生时按现行的法律并不构成犯罪者,不得将该人宣判为有罪。所施加的刑罚不得重于发生犯罪时所适用的刑罚","如果在犯罪之后,法律规定应处以较轻的刑罚,犯罪者应从中得到益处"。《公民权利和政治权利国际公约》第15条第1款规定:"任何人的任何行为或不行为,在其发生时依国家法或国际法均不构成刑事罪者,不得据以认为犯有刑事罪。所加的刑罚也不得重于犯罪时适用的规定。如果在犯罪之后依法规定了应处以较轻的刑罚,犯罪者应予减刑。"再如,《国家赔偿法》第42条(1994年《国家赔偿法》第35条)规定:"本法自1995年1月1日起施行。"法律、行政法规、地方性法规、自治条例和单行条例、规章不溯及既往,但为了更好地保护公民、法人和其他组织的权利和利益而作的特别规定除外。《立法法》第104条规定:"法律、行政法规、地方性法规、自治条例和单行条例、规章不溯及既往……"

虽然法不溯及既往是法律适用的一项基本规则，但也有例外情况，即有些情况下，法律又被认为是可以溯及既往的。我国《立法法》第104条的规定，法律不溯及既往，但为了更好地保护公民、法人和其他组织的权利和利益而作的特别规定的除外。笔者把这种情况称为"有利溯及"。这一规定也被称为有利法律溯及原则。《刑法》中的"从轻"原则，其目的就是最大限度地保护犯罪嫌疑人或被告人的权益。《最高人民法院关于适用〈中华人民共和国民法典〉时间效力的若干规定》第8条规定："民法典施行前成立的合同，适用当时的法律、司法解释的规定合同无效而适用民法典的规定合同有效的，适用民法典的相关规定。"该条是有利溯及适用规则在合同效力方面的具体适用，是典型的效力层面的有利溯及。根据该条规定，对于《民法典》施行前成立的合同，根据当时的法律、司法解释的规定该合同为无效合同，而《民法典》修改了原有规定，认定该合同为有效合同时，应当适用《民法典》的相关规定。除此种情形外，当时的法律、司法解释认为某一要件属于影响合同效力的重瑕疵，而《民法典》认定该要件属于影响合同效力的轻瑕疵或者不影响合同效力的其他情形，亦可参照适用该条规定。此时适用新法规定认定合同有效，从当事人角度而言，更有利于尊重双方当事人意思自治，最大程度保护当事人对自身权利义务安排的自由和行为预期，充分保障双方当事人的合法权益；从社会和经济秩序层面而言，更有利于促进和鼓励交易，维护交易安全和秩序，提高经济运行效率，促进社会整体发展。

综上，按照法律溯及既往的效果，可以分为不利溯及和有利溯及两类。一般认为，如果新的法律不溯及既往会减少甚至剥夺公民、法人或者其他组织原有的权利和利益，或者施以新的义务及责任，即为不利溯及；如果新的法律溯及既往会赋予公民、法人或者其他组织新的权利和利益，或者减少、免除他们已承担的义务和责任，则为有利溯及。从世界各国法律的发展态势来看，法律及有关规范越来越多地体现在人们的社会生活中，对人们权利义务的规范与制约也随着社会发展而不断扩大，因此，近代法多呈现出适用不溯及既往原则的特点。只有少量的法律制度由于增加了人权保障的具体内容，或是减少了相关义务，在法律有规定的情况下适用有利溯及原则。

（二）司法解释的溯及力

司法解释作为法律渊源之一，司法解释的溯及力主要是指司法解释施行后，对其施行前人民法院受理的案件是否适用的问题。在实践中关于司法解释溯及力一直存在争论：一种观点认为，司法解释虽然理论上是对既有法律的解释，但其在一定程度上起着填补立法空白甚至创设新规则的作用。按照法不溯及既往原则，司法解释只能适用于公布施行后人民法院新受理的案件，即只要案件的一审程序是在司法解释生效施行之前启动的，都不能适用该司法解释。另一种观点则认为，司法解释是对现行立法的解释，故应当自公布之日起，对于人民法院尚未审结的一审、二审案件均应适用。这种实际上肯定了司法解释对其生效前部分行为或事件（已经起诉或者尚未超过诉讼时效）的溯及力。在审判实践中，对适用法不溯及既往之例外，必须以有明确规定为依据，没有明确规定的，不得推定法律、司法解释溯及既往。

目前现行法律中，只有《最高人民法院、最高人民检察院关于适用刑事司法解释时间效力问题的规定》第1条明确规定："司法解释是最高人民法院对审判工作中具体应用法律问题和最高人民检察院对检察工作中具体应用法律问题所作的具有法律效力的解释，自发布或者规定之日起施行，效力适用于法律的施行期间。"但包括《国家赔偿法》有关司法解释在内的其他部门法司法解释则没有类似的统一规定。

三、关于《解释》的适用

关于《解释》的适用应当从以下几个方面把握。

第一，对于在《解释》施行前作出的赔偿决定已经发生法律效力的案件，适用当时相关法律司法解释的规定，不适用《解释》。民事、刑事和行政司法解释均遵循维护既判力的原则，《解释》也应当不例外。对于2022年3月1日《解释》施行前已发生法律效力的赔偿决定，人民法院赔偿委员会通过申诉程序进行审查，或者启动国家赔偿监督程序予以提审、指令重审时，仍应适用当时的有关法律司法解释规定，而不能适用《解释》规定。

第二，《解释》施行后案件正处在自赔程序、复议程序和赔偿委员会审理程序的，或者赔偿请求人在《解释》施行后提出赔偿申请且符合请求时效以及其他申请条件的，可以适用《解释》的规定。鉴于赔偿案件"一决生效"，即赔偿委员会作出的赔偿决定即为生效决定，对于尚未生效的赔偿案件，可以适用《解释》规定。即对于在《解释》施行后，但是在此之前，赔偿义务机关、复议机关或者赔偿委员会已经在审理的赔偿案件，或者2022年3月1日后，赔偿请求人提出国家赔偿申请的，均适用《解释》作出赔偿决定。

第三，2016年《非刑事司法赔偿解释》与《解释》规定不一致的，以《解释》为准。《解释》未规定的，适用2016年《非刑事司法赔偿解释》的相关规定。《解释》与2016年《非刑事司法赔偿解释》类似于特别法与一般法的关系，而非前者对后者的替代，前者系在后者的基础上进行的补充性规定，因此要遵循特别法优于一般法，特别法没有规定的遵照一般法规定这一法理。比如，2016年《非刑事司法赔偿解释》第8条、第9条分别规定了"多因一果"侵权形态和与有过失形态下人民法院应当承担最终责任的情形，但对于人民法院未尽监管职责、错误执行造成生效法律文书无法执行、因错误执行取得不当得利等形态下人民法院应当承担中间责任的情形未作规定。《解释》对此进行了补充规定，并明确了人民法院承担赔偿责任后可以进行追偿，从而与2016年《非刑事司法赔偿解释》共同构建了涉执行司法赔偿的责任形态。

第四，针对《解释》施行前，终结本次执行程序是否允许进入赔偿程序类案件的溯及力问题。在审判实践中，一些终结本次执行程序案件赔偿请求权人寻求救济途径不畅，甚至存在个别法院利用终结本次执行程序规避赔偿请求权人申请国家赔偿的情形。《解释》第5条第3项确定了"自立案执行之日起超过五年"的期限条件，以及"被执行人已无可供执行财产"这一条件，通过限制性条件的设定，证明已穷尽执行措施，被执行人客观上已无财产可供执行，不可能再有清偿能力，进而避免了在进入国家赔偿程序审查后又发现被执行人财产的情况出现。因此，在《解释》施行之前，对于终结本次执行程序（含自然人终结本次执行程序）一律未被允许进入国家赔偿程序的案件，只要符合《解释》第5条之规定，赔偿请求人申请错误执行赔偿的，适用《解释》，以解决某些终结本次执行程序案件赔偿请求人申请赔偿"无门"的历史遗留问题。

第三部分　专业解读

《最高人民法院关于审理涉执行司法赔偿案件适用法律若干问题的解释》理解与适用中的若干法律问题

孔 玲[*] 王振宇[**] 刘慧卓[***] 梁 清[****]

2022年3月1日，《解释》开始施行。该《解释》在2016年《非刑事司法赔偿解释》的基础上，针对与执行有关的非刑事司法赔偿法律适用问题作出进一步规定，对于充分保障公民、法人和其他组织的合法权益，依法规范和保证人民法院的执行行为，有效统一涉执行司法赔偿案件的裁量标准，具有重要作用和积极意义。在对《解释》的理解与适用过程中，需要从以下方面把握几个重要法律问题。

一、《解释》的制定背景和原则

《国家赔偿法》第38条规定，人民法院在民事诉讼、行政诉讼过程中，违法采取对妨害诉讼的强制措施、保全措施或者对判决、裁定及其他生效法律文书执行错误，造成损害的，适用刑事赔偿程序的规定。国家赔偿分为司法赔偿和行政赔偿，司法赔偿又分为刑事赔偿和非刑事司法赔偿。在实践中，与人民法院在民事、行政诉讼程序和执行程序中行使职权相关的赔偿案件，称之为非刑事司法赔偿案件，包括违法采取妨害诉讼的强制措施、违法保全、违法先予执行和错误执行的赔偿案件。

---

[*] 最高人民法院赔偿委员会办公室主任，一级高级法官。
[**] 最高人民法院赔偿委员会办公室副主任，一级高级法官。
[***] 最高人民法院执行局申诉审查室主任，二级高级法官。
[****] 最高人民法院赔偿委员会办公室第四调研指导组组长，二级高级法官。

2000年，最高人民法院出台了《最高人民法院关于民事、行政诉讼中司法赔偿若干问题的解释》，列举了违法采取司法强制措施、保全措施和错误执行的具体情形，确立了人身、财产损害赔偿的原则，明确了相关法律程序，对《国家赔偿法》第38条关于非刑事司法赔偿的规定进行了充分解释和有力补充。2004年，最高人民法院出台了《赔偿确认案件规定》，补充了故意拖延执行或者不执行、应当恢复执行而不予恢复等违法行为，明确了人民法院撤销原违法裁决的权力，该解释后因2010年《国家赔偿法》取消确认程序于2013年废止。2016年，最高人民法院根据2010年《国家赔偿法》和总结前述司法解释的经验，出台了《非刑事司法赔偿解释》，细化了各类非刑事司法侵权行为范围，增加了责任划分、损害赔偿和程序衔接等方面的规定，为非刑事司法赔偿审判实践提供了更为明确充分的裁判标准，成为审理此类案件主要规范依据并起到了积极引导作用。但是，《国家赔偿法》仅有第38条对非刑事司法赔偿作出规定，《非刑事司法赔偿解释》对错误执行作出单条或者单项规定的条文仅有四条，审理涉执行司法赔偿案件的规范依据仍显供给不足。

党的十八大以来，在以习近平同志为核心的党中央的坚强领导下，人民法院攻坚克难、锐意进取，如期实现"基本解决执行难"的阶段性目标，狠抓执行规范体系建设，有效约束和规范执行权，执行工作取得了重大成效。与此同时，随着国家赔偿审判和执行工作实践的发展，涉执行司法赔偿领域的新情况、新问题不断出现，人民群众对于权利保障的新要求、新期待不断提高。为进一步回应人民群众关切，完善错误执行赔偿制度，助力实现公正、高效、文明执行，最高人民法院在近年深入调研和《非刑事司法赔偿解释》的基础上制定了《解释》。

《解释》主要遵循四个原则：一是坚持人民至上。随着全面依法治国的深入实施以及我国经济实力和人权保障水平大幅提升，人民法院越来越注重保护人民群众的合法权益。继2016年第三次全国法院国家赔偿审判工作会议暨第一次全国法院国家司法救助工作会议提出"当赔则赔"新时代国家赔偿审判工作新理念之后，2021年全国法院国家赔偿审判暨司法救助工作座谈会进一步将工作理念提升到人民性的高度，要求国家赔偿审判更加彰显人民至上的根本立场，把权利救济摆在突出位置，下大力气解决不利于权利救济的堵点、难点问题。二是坚持依法解释。为充分发挥国家赔偿落实《宪法》、尊重和保障人权的价值功能，《解释》聚焦程序衔接、诉权保障、责任认定和损害赔偿等重大疑难问题,在法律规定的框架内作出进一步规范。在法律赋予司法解释权限的范围内,《解释》严格遵循2010年《国家赔偿法》的立法目的、原意及修法精神,对实践中的法律适用问题作出规定,确保符合《国家赔偿法》的立法宗旨,符合其他相关法律规定。三是坚持问题导向。对于《非刑事司法赔偿解释》已有规定且行之有效的,原则上不作重复解释,对于其虽有规定但需要完善的,根据实践中的问题和需求进行"并、优、增",不贪大求全。针对实践中具有一定普遍性和代表性的重点难点问题进行规定,对根据实践发展需要补充的错误执行情形、终结本次执行程序案件进入赔偿程序的具体条件等予以明确。四是坚持同向发力。近年来,随着执行工作力度的加大,执行及监督制度体系的完备,对执行行为的规范和权利保障的要求更高。《解释》由最高人民法院赔偿委员会办公室和执行局共同起草,坚持国家赔偿审判与执行工作同向发力,兼顾各方法律利益的平衡,以在保护公民、法人和其他组织合法权益,"倒逼"执行工作更加规范,保障执行工作正常进行等方面形成合力。

二、案件受理

(一) 适用范围的规定

受主权豁免思想的影响,国家赔偿责任在两大法系的确立比其他责任形式的确立晚得多,创设至今不过100多年的历史。现今在多数国家及地区,尤其是英美法系国家及地区,司法赔偿多限于冤狱赔偿即刑事赔偿,对于民事、行政审判过程中的司法行为,都认可司法豁免原则,即在民事、行政审判过程中,不发生国家赔偿问题。诚如学者所言,关于法律之适用及证据之取舍,难免有不同之见解。我国国家赔偿遵循司法豁免原则,裁判行为不属于国家赔偿审查范围,且非刑事司法赔偿相对于刑事赔偿,司法豁免适用的空间更大。

2011年《执行权配置意见》将执行事项区分为执行实施事项和执行审查事项,2021年《执行权制约机制意见》进一步规定,深化执行裁决权与执行实施权分离,据此,执行行为可以分为执行实施行为和执行裁决行为(即之前的执行审查行为)。关于错误执行案件的审查范围,赔偿委员会原则上对于类似于裁判行为的执行裁决行为(包括审查和处理执行异议、复议、申诉以及决定执行管辖权的移转等)不作审查,而是围绕执行实施行为(包括财产调查、控制、处置、交付、分配等执行措施以及罚款、拘留等强制措施）进行审查。《解释》第1条通过正面列举的方式将各类执行实施行为规定在赔偿范围之内，将执行裁决行为排除在司法赔偿范围之外，即单纯的执行裁决行为未被纳入国家赔偿审查范围。需要注意的是，《解释》根据《民事诉讼法》的有关规定，将执行实施行为分为采取执行措施和采取强制措施两类，与2022年《民事强制执行法（草案）》将执行实施行为分为采取调查措施、采取执行措施和采取制裁措施的划分方式有所不同，① 但二者对于执行实施行为的范围界定基本一致。

（二）错误执行的具体情形

错误执行包括违法执行和过错执行两种形态。违法执行基于违法归责原则，是主要的侵权行为形态，指的是违法造成公民、法人和其他组织合法权益损害的执行行为。过错执行基于过错归责原则，是次要的侵权行为形态，指的是虽未违法但因故意或者重大过失造成公民、法人和其他组织合法权益损害的执行行为。与错误执行形态划分密切相关的是归责原则问题，归责原则所要解决的核心问题是责任依据，即某一损害事实发生之后，是以行为人的过错、损害结果抑或行为的违法性为依据来确定赔偿责任。以行为人过错为依据的称为过错归责原则，以损害结果为依据、不论行为人有无过错的称为结果归责原则，以行为的违法性为依据的称为违法归责原则。过错归责原则、违法归责原则侧重于规范行为人的行为，结果归责原则侧重于填补受害人的损失。归责原则的选择，实际上反映了立法者的价值取向。《解释》继续采取了《非刑事司法赔偿解释》的立场，即包括错误执行在内的非刑事司法赔偿适用以违法归责原则为主、过错归责原则为辅的二元归责原则体系。有观点认为，非刑事司法赔偿适用结果归责原则为主、过错归责原则为辅的二元归责原则体系；也有观点认为，非刑事司法赔偿仅适用结果归责原则。但笔者认为，非刑事司法赔偿不同于适用结果归责的冤错案件赔偿，前者的基础法律关系是平等主体之间的民事法律关系，前提是一方民事主体诉诸公权力实现自己的个体权利，受到侵害的往往是财产权；后者的基础法律关系

---

① 按照《民事强制执行法（草案）》的规定，调查措施主要包括线索核实、法院查询、搜查、审计、悬赏等；执行措施主要包括查封、划拨、变价、强制管理、强制交付、替代履行、限制消费、限制出境、拘传等；制裁措施主要包括罚款、拘留、纳入失信被执行人名单等。

是不平等主体之间的刑事法律关系，前提是公民、法人或者其他组织因国家机器运转难以避免的风险而承受了"特别牺牲"，受到侵害的往往是人身自由权甚至生命权。在这个层面的价值取向上，冤错案件赔偿更为侧重对受害人的权利救济，适用结果归责原则，而非刑事司法赔偿更为侧重对公权力的行为规范，适用违法归责原则或者过错归责原则。

《解释》规定的错误执行包括违法执行和过错执行两类，考虑到错误执行的形态非常复杂，难以作进一步的类型化划分和全覆盖列举，因此，《解释》第2条在2016年《非刑事司法赔偿解释》第5条规定（以下简称原规定）基础上，根据近年来执行工作的发展，按照"并、优、增"的修改思路，列举了10种具体情形。第2条第5项、第9项、第10项系新增规定，但实质新增内容仅有第10项关于违法采取纳入失信被执行人名单、限制消费措施的规定。该条其余6项基本沿用了原规定的内容，但表述上予以部分修改。修改和增加主要体现在：（1）第1项在原规定"超出生效法律文书确定的数额和范围执行"前增加"明显"，以更加符合执行工作实际。（2）第4项与《民法典》接轨，针对优先受偿权等合法权益受侵害的情形，在原规定列举的抵押、质押、留置之外，增列"保留所有权"，并增加"等合法权益"的表述。根据该项规定，错误执行造成其他非典型担保、建筑工程款等的优先受偿权受到损害的，受害人也可以申请赔偿。（3）第6项在原规定"不履行监管职责"前增加"故意"，以排除无人告知、人民法院确实不知查封物被侵犯的情形；增加了"怠于履行监管职责"的表述，从而将因故意不作为和因重大过失不作为的情形均予以涵括，比原规定的表述更为周延。（4）第8项在原规定的基础上将违法拍卖、变卖中的作为和不作为情形予以概括性归纳；第9项系针对实践中违法撤销拍卖、变卖或者以物抵债，损害善意买受人合法权益的执行行为作出规定，既包括单纯作出执行实施行为的情形，也包括交织有执行实施行为和执行审查行为的情形。（5）第5项系根据司法实践需要增加的规定，该项属于《非刑事司法赔偿解释》第5条的应有之义，所列情形在实践中均有案例，但各地法院对是否属于错误执行范围、如何确定赔偿义务机关等问题认识不同、做法不一，故《解释》将其单列予以进一步明确。（6）第10项亦属于新增的规定，总结了已将限制出境纳入审查范围的实践经验，并在此基础上根据实践发展新增了违法采取纳入失信被执行人名单、限制消费等措施造成损害的情形。鉴于实践中各地法院处理情况差异较大，有的驳回申请，有的驳回诉讼请求，也有的决定由赔偿义务机关赔礼道歉或赔偿实际损失，有必要加以明确。需要说明的是，纳入失信被执行人名单、限制消费、限制出境等措施对于解决"执行难"发挥了不可替代的重要作用，在司法实践中取得了非常好的效果。《解释》将违法采取上述措施列为错误执行，赔偿请求人可以据此从程序上申请赔偿，但在审判实践中应当把握确实造成损失的情形才从实体上予以赔偿。

（三）赔偿主体的补充规定

《非刑事司法赔偿解释》对国家赔偿主体作出了补充规定，第17条规定了用益物权人、担保物权人、承租人或者其他合法占有使用财产的人可以成为赔偿请求权人；第18条规定了违法采取对妨害诉讼的强制措施、保全措施、先予执行措施或者错误执行，系因上一级人民法院复议改变原裁决所致的，由该上一级人民法院作为赔偿义务机关。在此基础上，《解释》总结实践经验，进一步对特殊情形下的赔偿请求权人和赔偿义务机关作了补充规定。

一是《解释》第3条规定，在债权转让的情况下，基于债权人申请国家赔偿的权利随之转移，债权受让人可以作为赔偿请求权人。在征求意见过程中，有观点认为，申请国家赔偿的权利具有较强的人身专属性，建议不作此规定。笔者认为，国家赔偿人身属性主要体现在刑事领域以及非刑事领域针对人身的强制措施（如司法拘留）引起的赔偿案件中，侵犯财产权的国家赔偿应当与财产权的流动性相适应。对于错误执行单纯侵犯财产权的情形，如不允许赔偿请求权一并转移，则会出现债权人与赔偿请求权人分离的情形，不利于案件审理，与一般法理也不一致。且在司法赔偿审判实践中已有此类案例，多数法院也认可赔偿请求权与债权一并转移，故予以规定。为确保周延，本条文在肯定申请国家赔偿权利一并转移作为原则的同时，参考《民法典》规定列举了不得转让的除外情形。

二是《解释》第4条规定，在事项委托情形下，委托法院为赔偿义务机关。根据执行工作规范对于委托执行原则上由全案委托改为事项委托的发展趋势，该条明确一般由委托法院作为赔偿义务机关，以进一步方便赔偿请求人主张权利。在适用中需要注意以下两点：（1）该条规定仅针对事项委托，如果是全案委托，根据《委托执行规定》第2条规定，案件委托执行后，委托法院应当在收到受托法院的立案通知书后作销案处理，此时的赔偿义务机关为受托法院。（2）该条适用于受托法院依照委托法院的意思表示在委托事项范围内实施执行行为的情形，不包括不作为或者消极执行的情形，也不包括委托法院有证据证明受托法院在实施过程中有扩大执行范围、执行对象错误等错误执行行为的情形。与民法上的委托原理类似，在后两类情形中，受托法院的执行行为背离了委托法院的意思表示和委托事项的范围，应当由受托法院作为赔偿义务机关。

三、程序衔接

（一）赔偿程序与执行程序的衔接

与其他国家赔偿一样，涉执行司法赔偿原则上以穷尽其他救济途径作为赔偿责任发生的前提，即赔偿程序是最后的救济程序。通常只有执行程序终结，在此过程中采取的执行行为是否违法、是否造成损害结果等才能最终确定。如未终结即申请国家赔偿，会造成执行程序与赔偿程序并存的情况，人民法院赔偿委员会也无法进行终局性审查。《解释》第5条继受了《非刑事司法赔偿解释》第19条关于以执行程序终结作为启动赔偿程序的原则规定。同时，考虑到司法实践中情况复杂多样，有些案件执行程序虽未终结，但司法行为已被确认违法、损害结果已无法补救，为及时救济受到侵害的权利，实现国家赔偿的实质正义，第5条在《非刑事司法赔偿解释》第19条规定的基础上，对执行程序终结原则的例外情形作出了规定，并在帽段总括性地提炼了"无法在相关诉讼程序或者执行程序中予以补救"的适用条件。

《解释》第5条所列执行程序终结原则的例外情形，共同点在于同时满足三个条件，即人民法院确有错误执行行为，确已造成损害，确已无法在相关诉讼程序或者执行程序中予以补救；赔偿请求人为申请执行人时，还需满足被执行人已无可供执行财产的条件。这是对审判实践的经验总结，最高人民法院第116号指导性案例丹东益阳投资有限公司申请辽宁省丹东市中级人民法院错误执行赔偿一案（以下简称益阳公司申请丹东中院错误执行案）以裁判要旨的形式明确了"人民法院执行行为确有错误造成申请执行人损害，因被执行人无清偿能力且不可能再有清偿能力而终结本次执行的，不影响申请执行人依法申请国家赔偿"。《解释》第5条第1款第1项、第2项和第2款系对《非刑事司法赔偿解释》第19条第1款第1项至第4项内容的吸收完善，未作实质修改。需要注意的是，《解释》第5条第1款第2项中"被执行的财产经诉讼程序依法确认不属于被执行人"的规定，在实体审理时应与《解释》第8条第3项结合理解。第8条第3项规定"案外人对执行标的享有足以排除执行的实体权利，系在执行措施完成后经法定程序确认的"，不认定为错误执行。实践中存在的采取执行措施之后，经案外人异议之诉确认被执行财产不属于被执行人的情形，不属于错误执行。

《解释》第5条第1款第3项针对实践中一些终结本次执行程序案件①赔偿请求权人寻求救济途径不畅，甚至个别法院利用终结本次执行程序规避赔偿请求权人申请国家赔偿的情形，新增了"自立案执行之日起超过五年，且已裁定终结本次执行程序，被执行人已无可供执行财产的"例外情形的规定。此前的实践中，各地法院对于终结本次执行程序的案件能否进入赔偿程序的问题存在不同做法。据统计，15个省份只要终结本次执行程序就可以进入赔偿程序，5个省份终结本次执行程序一律不可以进入赔偿程序，其余省份掌握的标准不一或者区分不同情形（例如，自然人终结本次执行程序不可以进入赔偿程序，但企业终结本次执行程序可以进入赔偿程序）。在征求意见过程中，一种观点认为，终结本次执行程序即应允许进入赔偿程序，如果要附加期限条件，建议规定立案执行满2年或3年。另一种观点认为，目前终结本次执行程序的条件已非常严格，此类案件应当允许进入赔偿程序，建议附加较长的期限，比如自终结本次执行程序之日起满5年。② 为兼顾穷尽其他补救措施和及时实现权利救济之间的平衡，《解释》确定了"自立案执行之日起超过五年"的期限条件。另外，该项未使用"未发现被执行人有财产可供执行"的表述，而是使用了"被执行人已无可供执行财产"，主要为了体现已经穷尽执行措施，被执行人客观上已无财产可供执行，不可能再有清偿能力，以尽可能避免国家赔偿终局审查后又发现被执行人财产的情况出现。

---

① 实践中，终结本次执行程序案件占已结案件的比例约40%。终结本次执行程序制度于2009年被中央政法委下发的清理积案活动通知正式确认，此后为各地法院逐渐广泛适用，2015年《民事诉讼法解释》予以正式规定。2016年《最高人民法院关于严格规范终结本次执行程序的规定（试行）》第1条规定："人民法院终结本次执行程序，应当同时符合下列条件：（一）已向被执行人发出执行通知、责令被执行人报告财产；（二）已向被执行人发出限制消费令，并将符合条件的被执行人纳入失信被执行人名单；（三）已穷尽财产调查措施，未发现被执行人有可供执行的财产或者发现的财产不能处置；（四）自执行案件立案之日起已超过三个月；（五）被执行人下落不明的，已依法予以查找；被执行人或者其他人妨害执行的，已依法采取罚款、拘留等强制措施，构成犯罪的，已依法启动刑事责任追究程序。"

② 2022年《民事强制执行法（草案）》第83条第8项规定了"自终结本次执行程序之日起满五年且未发现被执行人可供执行的财产"情形下可以执行终结。

(二) 赔偿程序与执行救济、监督程序的衔接

国家赔偿实践中，在审查对象上，赔偿委员会需要确认的主要为事实行为，较少有法律行为。具体而言，对于已由生效法律文书确认的法律行为，已由其他程序作出评价性结论的事实行为，不由赔偿委员会确认。对于未经其他程序确认的事实行为，法律、司法解释未规定终局确认程序或者原程序已经终结但未有评价性结论的法律行为，可由人民法院赔偿委员会确认。对于执行案件，赔偿委员会原则上对于执行审查权不作审查，而是围绕执行实施权进行审查。在审查程序上，赔偿委员会对于应当通过诉讼、执行或者审判监督等程序解决，或者是已经进入其他程序审查的，不予受理和审查。

为避免执行异议、复议或者执行监督程序审查期间又提出国家赔偿申请，导致对执行行为合法性的重复审查，不同程序并存冲突以及诉讼资源浪费，《解释》第6条第1款对执行救济、监督程序与赔偿程序衔接问题作出了规定，明确了执行异议、复议、监督审查期间申请执行赔偿的不予受理，体现了赔偿程序作为终局审查救济程序的特点。与此同时，该条第2款并未将执行异议、复议或者监督程序规定为赔偿程序的前置程序。主要理由在于：一是执行异议、复议或者监督程序并非法律规定的必经救济程序。如将这些程序规定为赔偿程序的前置程序，缺乏法律依据，也不符合2010年《国家赔偿法》确立的"确赔合一"原则。二是赔偿委员会作为居中审理者，以外部监督形式来确认违法并决定赔偿，相对于赔偿义务机关、复议机关内部监督形式的确认违法，更符合"任何人都不能成为自己案件的法官"这一自然公正原则的核心要求。三是执行监督虽与审判监督同属特别程序，但仍有重大区别。审判监督程序由诉讼法予以规定，具有相对独立性，而执行监督程序由1998年《执行若干规定》确立，仍属执行内部监督范畴。需要说明的是，第6条第2款强调"不影响其依法申请赔偿的权利"，是指人民法院对赔偿请求人提出的赔偿申请应当从程序上予以受理，最终能否从实体上予以支持取决于最终审查结果。

(三) 对错误执行的确认

2010年《国家赔偿法》修改以前，包括非刑事司法赔偿案件在内的国家赔偿案件的处理适用"确赔分离"原则。根据1994年《国家赔偿法》的

规定，赔偿请求人申请国家赔偿须先后经过确认、赔偿这两个独立的程序，未经确认前置程序确认违法的，不能进入赔偿程序申请赔偿。确认程序中，确认主体是赔偿义务机关或者复议机关；赔偿程序中，决定主体依次是赔偿义务机关、复议机关和人民法院赔偿委员会。单独的确认前置程序广受诟病的理由在于：一是由赔偿义务机关确认自己是否违法，违反了自然公正原则；二是确认程序前置于国家赔偿，使得一个侵权赔偿争议被拆成两个争议，通过两个程序分别解决，不符合诉讼经济，造成赔偿请求人不必要的讼累；三是确认程序解决的违法确认问题，可以在后续程序解决，无须在程序上重复设置。

2010年《国家赔偿法》修改的一项重要内容，就是总结以前国家赔偿实践的得失，取消了单独、前置的确认程序，确立了国家赔偿的"确赔合一"原则。通过这一修改，否定了赔偿义务机关、复议机关的终局确认权，确立了赔偿委员会司法终局审查的原则，防范了以内部监督阻隔外部监督，畅通了申请赔偿的渠道，体现了人权保障的法治进步。按照"确赔合一"原则的要求，在违法归责、过错归责案件中，赔偿委员会应当对是否存在违法或者过错、损害事实是否存在、职权行为与损害事实之间是否存在因果关系等事项一并进行司法终局审查并作出认定。根据前述立法修改，赔偿委员会在实践中对于除刑事错判外所有行为，包括公安机关、检察机关、监狱的司法行为均已被赋予确认审查的权力。

赔偿委员会审理涉执行司法赔偿案件过程中，按照责任构成要件进行损害赔偿要素审查，系判断赔偿责任是否成立的应有之义，而对错误执行行为的审查系其中的主要环节，且为司法审查的重点之一。民事、行政诉讼有些情形亦视为有法定性（视为确认），如果已通过执行异议、复议或者监督程序纠正错误执行行为，但未能在原执行程序中予以补救的，赔偿委员会在司法审查中即可省却确认审查的环节。与刑事诉讼不同的是，民事、行政诉讼实践多数情况在程序终结后无法或者未作定性（未确认执行行为存在违法或者过错）。在审理涉执行司法赔偿案件过程中，更是需要由赔偿委员会将错误执行行为、损害后果以及因果关系一并审查。在实践中，对于经执行异议、复议或者监督程序作出的法律文书，能否作为认定错误执行行为的根据，一直存在较大争议。有的认为，应一律作为证据进行审查。有的认为，应一律受其认定的羁束。还有的认为，应视情况决定其认定是否可以作为根据。《解释》为此作出了明确规定，考虑到人民法院执行救济和监督程序日臻完善,第7条第1款规定经执行异议、复议或者执行监督程序作出的生效法律文书,可以作为对执行行为定性的根据。同时,为落实《国家赔偿法》修法精神,对赔偿请求人给予充分的权利保障,规定了第2款,即赔偿请求人对执行行为的合法性提出相反主张,且提供相应证据予以证明的,赔偿委员会应当对执行行为进行合法性审查并作出认定。实践中需要注意的是,如当事人、利害关系人在执行实施过程中提出异议,执行行为确有错误的,执行法院应尽可能主动纠正和予以补救,防止消极应对,过度依赖执行异议、复议程序纠错的倾向,以避免因此引起国家赔偿。

四、责任认定

(一) 不认定错误执行的情形

对于涉执行赔偿责任的认定,《解释》通过第8条和第13条的规定,首次对不认定错误执行和不承担赔偿责任这两类情形加以区分。《解释》在《非刑事司法赔偿解释》第7条规定国家不承担赔偿责任的五种情形的基础上,将不认定错误执行的情形从中加以区分,并对不认定错误执行和不承担赔偿责任的两类情形进行了归纳和补充。为澄清司法实践中的模糊认识,《解释》根据执行法原理,明确了根据当时有效的执行依据或者依法认定的基本事实作出的执行行为,不因执行依据或者基本事实的嗣后改变而被认定为错误执行。根据《解释》第8条规定,执行结果错误,不等于执行行为存在违法或者过错,也不等于应当承担赔偿责任,这也体现了涉执行司法赔偿领域违法归责和过错归责的原则。

《解释》第8条第1项至第5项规定了不因执行依据或者基本事实的嗣后改变而被认定为错误执行的四类情形:(1)《非刑事司法赔偿解释》第7条第1项规定,属于执行回转的,国家不承担赔偿责任,但对于已采取的执行行为是否属于错误执行未予明确。根据《解释》第8条第1项规定,生效法律文书被依法撤销或变更前,人民法院依据生效法律文书采取执行措施的,属于依法执行行为,即使之后因生效法律文书被撤销或变更产生执行回转，也不属于错误执行。[1] 人民法院根据当时的生效法律文书采取强制措施的，亦是如此。(2) 根据《解释》第8条第2项、第3项规定，案外人异议、异议之诉以及债务人异议事由成立的，虽然强制执行的效果在实体上不当，但只要执行行为不存在违法或者过错，就不产生国家赔偿责任。执行程序终结后，被执行人、案外人可以依据《民法典》规定请求申请执行人赔偿损害或返还不当得利。根据执行法原理，执行依据本身存在问题或者案外人异议、异议之诉以及债务人异议事由成立，均不属于错误执行。(3) 人民法院作出准予执行行政行为的裁定并实施后，该行政行为被依法变更、撤销、确认违法或者确认无效的，其所作的执行行为亦不属错误执行。因据以执行的行政裁决错误造成的损害，如果强制执行中不存在错误，应由作出行政裁决的行政机关承担赔偿责任。(4) 根据财产登记采取执行措施后，该登记被依法确认错误的，不认定执行错误。这与《民法典》第222条第2款规定一致，因登记错误造成他人损害的，登记机构应当承担赔偿责任。对于登记机构赔偿责任的性质应为行政赔偿责任还是民事赔偿责任存在争议，[2] 但在此种情形下人民法院的执行行为不应认定为错误执行，在理论和实践中并无疑义。

（二）不承担赔偿责任的情形

人民法院因错误执行与赔偿请求人之间产生的赔偿权利义务关系与相关民事案件双方当事人之间权利义务关系（如债权债务关系）是两种不同性质的法律关系，彼此不能相互替代。需要从两个方面把握人民法院不承担赔偿责任的情形：一方面，防止以国家赔偿责任替代民事责任。国家赔偿限于人民法院错误执行行为造成损害的部分，不能替代当事人、第三人、案外人等其他责任主体的民事责任。另一方面，防止以民事责任替代国家赔偿责任。

---

[1] 需要注意的是，对于国家赔偿中的执行回转，通常从狭义角度进行理解，即与《民事诉讼法》第240条规定的执行回转一致，前提是确有错误的执行依据经法定程序被撤销。而对于执行过程中错误执行行为发生后人民法院采取补救措施的，比如法院对于超出债务人义务范围采取执行措施后启动补救措施的，并不将其归属于国家赔偿意义上的执行回转。后一种情形作为对错误执行的补救，在实践中可能被立为"执行回转"案件，但其既不属于国家免责情形，也并非申请国家赔偿所必经的前置程序，故既不能以此免责，也不能以该"执行回转"案件尚未终结为由驳回赔偿请求人的赔偿申请。

[2] 参见最高人民法院民法典贯彻实施工作领导小组主编：《中华人民共和国民法典物权编理解与适用》，人民法院出版社2020年版，第124~125页。

人民法院存在违法或者过错执行行为的，不能因其他责任主体承担民事责任，免除其最终应当承担的国家赔偿责任，这也是《解释》第13条第2款的要义所在。可见，该条关于人民法院不承担国家赔偿责任的规定，属于相对免责的情形。

《解释》第13条在《非刑事司法赔偿解释》第7条的基础上，规定了损害系由其他主体或者客观因素造成时，人民法院不承担赔偿责任的情形。相对于《非刑事司法赔偿解释》第7条规定的不承担赔偿责任的情形，《解释》主要进行了以下修改：（1）第13条第1款第2项新增了"执行措施系根据依法提供的担保而采取或者解除的"的情形。实践中提供担保的主体类型较多，包括申请执行人、被执行人、案外人、利害关系人等。具体情形包括：执行异议、复议期间，被执行人、利害关系人提供担保请求停止处分，申请执行人提供担保请求继续执行；案外人异议和异议之诉期间，案外人提供担保请求解除查封，申请执行人提供担保请求继续执行；被裁定变更、追加的被申请人申请复议、提起执行异议之诉期间，申请人提供担保请求继续执行；被执行人、案外人对仲裁裁决执行案件提出不予执行申请并提供担保要求中止执行，申请执行人提供担保请求继续执行；不予执行公证债权文书审查期间，被执行人提供担保请求停止相应处分，申请执行人提供担保请求继续执行。（2）第13条第1款第4项新增了"评估或者拍卖机构实施违法行为造成损害的"的情形。在实践中，评估或者拍卖机构实施违法行为造成损害的，人民法院对此不承担赔偿责任，故《解释》对此予以规定。该项规定的情形还应涵括《网络拍卖规定》第32条规定的网络司法拍卖中其他主体的行为违法引起的赔偿责任，以及第33条规定的网络司法拍卖服务提供者的行为违法引起的赔偿责任。（3）第13条第2款系根据实践做法新增的但书规定，即在第1款规定的人民法院不承担赔偿责任的情形中，如果人民法院有错误执行行为的，应当根据其在损害发生过程和结果中所起的作用承担相应的赔偿责任。这也是前述所说国家赔偿责任与民事赔偿责任互不替代理念的体现。

（三）承担中间责任的情形

《非刑事司法赔偿解释》第8条、第9条分别规定了"多因一果"侵权形态和与有过失形态下人民法院应当承担最终责任的情形，但对于人民法院未尽监管职责、错误执行造成生效法律文书无法执行、因错误执行取得不当

· 231 ·

得利等形态下人民法院应当承担中间责任的情形未作规定。《解释》对此进行了补充规定，并明确了人民法院承担赔偿责任后可以进行追偿，从而与《非刑事司法赔偿解释》共同构建了涉执行司法赔偿的责任形态。《解释》规定的人民法院应当承担中间责任的情形包括以下几种。

一是《解释》第12条规定了保管人或者第三人直接侵权、人民法院未尽监管职责情形下，人民法院应当承担赔偿责任并可以进行追偿。该条将《非刑事司法赔偿解释》第7条第3项规定的人民法院不承担赔偿责任情形，即"人民法院依法指定的保管人对查封、扣押、冻结的财产违法动用、隐匿、毁损、转移或者变卖的"情形，与第三人侵权造成损害的情形一并予以规定，明确原则上由保管人或第三人承担民事赔偿责任。同时，《解释》第12条补充规定了人民法院未尽监管职责的，应当在其能够防止或者制止损害发生、扩大的范围内承担相应的赔偿责任，并可以依据赔偿决定向保管人或者第三人追偿。在《解释》起草过程中，关于人民法院未尽监管职责的责任形态，一种观点认为与安全保障义务类似，人民法院应承担补充责任；另一种观点认为与销售者承担的产品责任类似，人民法院应承担不真正连带责任。对此，笔者认为，人民法院在此情形下存在过错，但对于结果的发生没有直接的原因力，从法理而言承担补充责任更为合理。但是，如规定为补充责任，受害人需先经民事诉讼向直接侵权人请求赔偿，在第三人下落不明、清偿能力不足等情形下才可以申请国家赔偿，程序上不利于及时实现受害人权利救济。如规定为不真正连带责任又过于严苛，人民法院实际承担的责任可能远超出其过错和原因力范围，导致国库负担过重。实践中，有的法院被决定承担全部责任，超出了其过错影响的责任范围，不符合自己责任和比例责任的原理。在综合考虑的基础上，《解释》将上述两种观点予以折中，规定人民法院承担"相应的赔偿责任"，但该责任仍属于中间责任，并非终局责任，人民法院承担责任后可以向直接侵权人追偿，以防止直接侵权人因此获得不当利益。

二是《解释》第11条规定了在错误执行造成生效法律文书无法执行、因错误执行取得不当得利等情况下，人民法院应当承担赔偿责任并可以进行追偿。该条目的在于防范因国家赔偿获得不当利益的情形，防止国家替民事义务主体"买单"。第1款是考虑到错误执行不同于其他违法行为，其在损害赔偿请求人利益的同时，往往会有民事相对方从错误执行中获得不当利益（例如，将案外人的财产错误执行给申请执行人，被执行人因未履行其债务获得不当消极利益；又如，超出生效法律文书确定的数额执行，申请执行人取得超过其债权额的不当利益），故作此规定。第 2 款是指因人民法院错误执行致使申请执行人生效法律文书无法执行（比如部分或者全部债权无法实现）的赔偿案件，赔偿请求人获得赔偿，意味着其申请执行的财产权的损失已经得到全部或者部分填补，即使其后被执行人恢复继续履行的能力，赔偿请求人也不得再就这部分已经获得填补的损失主张权利，而应当由人民法院行使追偿权。这也是对司法实践经验的总结，例如，益阳公司申请丹东中院错误执行案，益阳公司经协调获得赔偿金的同时，在书面协议中承诺放弃对债权申请执行的权利。

五、损害赔偿

（一）可赔偿损失范围

传统民法理论认为，实际损失包括直接损失和间接损失：直接损失是现有财产的减损，既得利益的损失，而间接损失是未来财产的减损，可得利益或期待利益损失。在国家赔偿上，对于人身损害的赔偿，包括医疗费、护理费、残疾生活辅助具费、康复费、丧葬费等直接损失，也包括误工费、残疾赔偿金、死亡赔偿金、被扶养人生活费等间接损失；对于财产损害的赔偿，《国家赔偿法》2010 年修改前仅限于直接损失，修法后增加了对利息的赔偿，从而扩及至间接损失。《非刑事司法赔偿解释》根据《国家赔偿法》的修法精神，在《国家赔偿法》第 36 条第 7 项规定返还执行的罚款或者罚金、追缴或者没收的金钱，解除冻结的存款或者汇款的，应当支付银行同期利息，以及 2000 年《非刑事司法赔偿解释》第 12 条第 3 项规定对贷款在借贷状态下的贷款利息予以赔偿的基础上，进一步规定应当返还的财产属于现金的，应当支付利息。

随着近年来我国经济实力和人权保障水平大幅提升，有必要根据《国家赔偿法》的立法精神在法律框架内对直接损失作出进一步的解释，以符合未来法治发展的方向。笔者认为，可不拘泥于直接损失与间接损失的划分，而是从因果关系的角度将直接损失理解为与错误执行行为有直接因果关系的损失，实质上也就是实际损失。基于这一理解，在总结赔偿审判实践做法的基础上，《解释》第 14 条将与错误执行有直接因果关系的实际损失纳入赔偿范围，并列举了利息和租金两种常见的可赔偿实际损失。第 15 条关于其他合理方式计算的损失、第16条关于营运损失以及第17条关于侵犯债权的赔偿规定也体现了实际损失赔偿的原则。需要注意的是，结合对《非刑事司法赔偿解释》第15条规定的理解，①《解释》第15条第1项规定的利息赔偿是指银行同期存款利息赔偿，即以作出生效赔偿决定时中国人民银行公布的一年期人民币整存整取定期存款基准利率计算，不计算复利。

（二）实际损失的计算方式

《非刑事司法赔偿解释》第12条第2款规定："财产不能恢复原状或者灭失的，应当按照侵权行为发生时的市场价格计算损失；市场价格无法确定或者该价格不足以弥补受害人所受损失的，可以采用其他合理方式计算损失。"《解释》第15条在此基础上，增加了第1项、第2项的规定，作为对前述关于计算损失的其他合理方式的细化和补充。借鉴《民法典》侵权责任编相关规定和总结赔偿审判实践经验，《解释》第15条在原则上"按照错误执行行为发生时的市场价格确定"的标准之外，明确了其他两种计算损失的合理方式。第1项规定的是按照错误执行行为发生时的市场价格以及行为时至赔偿决定作出时的利息进行赔偿的方式，第2项规定的是按照赔偿决定作出时同类财产市场价格进行赔偿的方式。在实践中，对于这两项规定的选择适用问题，通常把握两点：一是对于依法应当执行但作价过低甚至未作价的财产，按照第1项规定计算损失；对于依法不应当执行的财产，从错误执行时到赔偿决定作出时的价值涨幅较大的（比如错误执行案外人不动产），按照第2项规定计算损失。二是在同等情形下，选择有利于赔偿请求人的计算方式。

需要说明的是，因多数情况下错误执行行为发生的时间与损失发生时间一致，《解释》承继了《非刑事司法赔偿解释》采用的标准，以行为发生时作为计算时点，这与《民法典》采用的损失发生时的计算时点，在损害赔偿的计算上基本一致。之所以继续采用行为发生时计算时点，主要是考虑到《国家赔偿法》兼具公权规制和私权救济的功能，调整的是国家机关与民事主体之间的法律关系，是对公权力侵犯私权利造成损害的救济，不同于民事侵权的损害填补。此外，采用这一计算时点，更利于实现赔偿请求人的权利

---

① 《非刑事司法赔偿解释》第15条规定："国家赔偿法第三十六条第七项规定的银行同期存款利息，以作出生效赔偿决定时中国人民银行公布的1年期人民币整存整取定期存款基准利率计算，不计算复利。应当返还的财产属于金融机构合法存款的，对存款合同存续期间的利息按照合同约定利率计算。应当返还的财产系现金的，比照本条第一款规定支付利息。"

救济。这是因为，赔偿请求人通常负有对损害的举证责任，但案涉财产往往处于执行法院直接或者间接控制之下，赔偿请求人举证能力不足。由于人民法院采取执行措施均须依法作出裁定，赔偿请求人证明行为的发生比证明损失的发生，相对直观和容易。

（三）停产停业损失的赔偿范围

《解释》第16条是对《非刑事司法赔偿解释》第14条规定的修改和补充。实质修改包括：（1）将"留守职工工资"加以"必要"的限定；（2）增加了必须缴纳的社会保险费，应当缴纳的保管费、仓储费、承包费；（3）增加了特殊情形下营运损失赔偿的规定。第16条第2款系对审判实践经验的总结，并将适用条件限定为"致使受害人丧失唯一生活来源"，旨在实现对公民生存权的基本保障。同时，为避免国库负担过重，暂未将法人和非法人组织的经营性损失纳入赔偿范围。需要说明的是，2010年《国家赔偿法》修改后，司法赔偿和行政赔偿实践中均一直有对因停产停业致使丧失唯一生活费用来源的赔偿请求人予以适当营运损失赔偿的案例。以违法扣押用于营运的车辆为例，实际损失原则上以其营运纯收入为准，在营运纯收入无法准确计算的情况下，可根据同类车辆的营运收入情况，结合赔偿请求人的请求金额酌情确定。

（四）侵害债权的赔偿范围

根据《解释》第17条的规定，错误执行侵害了债权人的合法债权不能实现的，赔偿范围一般应当以债权标的额为限，既能保护债权人的合法债权，也符合《国家赔偿法》和《民法典》规定侵权责任填补损害的功能要求。作为与《解释》第3条的关联条文，第17条还规定了债权受让人申请赔偿的，赔偿范围以其受让债权时支付的对价为限。对于依法受让债权，例如通过司法拍卖取得债权，其赔偿范围应当以获得债权所支付的对价为限，这也是依照国家赔偿填补损害的基本功能确定的赔偿方法。这是因为，如果受让债权所支付的对价金额确定，错误执行行为侵犯债权造成的实际损失也就是债权受让人支付的对价。同时，也能防范实践中民事主体通过金融不良债权"打包"转让等方式受让债权，继而借国家赔偿实现"以小博大"的牟利行为。

六、其他内容

一是《解释》第18条对违法保全案件进入执行程序如何确定案由的问题作出了规定。审判实践中，法院采取违法保全措施后，案件进入执行程序的，应作为违法保全案件还是错误执行案件，是否需要在执行程序终结后受理赔偿申请，存在疑问。该条根据执行司法解释有关规定和审判实践经验的总结，明确此类案件应作为错误执行案件进行审查。

二是《解释》第19条是准用条款的规定，其他非刑事司法赔偿案件即违法采取妨害诉讼的强制措施、保全、先予执行赔偿案件，可以参照适用《解释》。《解释》既有专门针对涉执行赔偿案件的条款，也有部分通用于所有非刑事司法赔偿案件的条款，部分条款如案件受理、赔偿责任认定、损害赔偿等规定也适用于其他非刑事赔偿案件。

三是《解释》第20条是适用效力的规定，主要涉及《解释》与《非刑事司法赔偿解释》之间的适用关系。涉执行赔偿属于非刑事司法赔偿，《解释》与《非刑事司法赔偿解释》类似于特别法与一般法的关系，前者并非对后者的整体替代。《非刑事司法赔偿解释》与《解释》规定不一致的，以《解释》为准。《解释》未规定的，适用《非刑事司法赔偿解释》的相关规定，例如，《解释》第12条规定的人民法院因未尽监管职责承担的中间责任，与《非刑事司法赔偿解释》第8条、第9条分别规定的"多因一果"、与有过失形态下人民法院承担的最终责任，并非彼此替代的关系，而是互为补充的责任形态。

加强人权司法保障 彰显社会公平正义
——论涉执行司法赔偿解释的价值和意义

李洪雷[*]

党的十八大以来，以习近平同志为核心的党中央高度重视加强人权司法保障，维护社会公平正义。习近平总书记指出，[①] 我国目前人权司法保障制度不健全，[②] 要完善人权司法保障制度，让人民群众在每一个司法案件中都能感受到公平正义。[③] 维护公正司法是维护社会公平正义的最后一道防线，所谓公正司法，就是受到侵害的权利一定会得到保护和救济，违法犯罪活动一定要受到制裁和惩罚。[④] 人民法院为执行判决、裁定及其他生效法律文书，有时会采取财产调查、控制、处置、交付、分配等执行措施或者罚款、拘留等强制措施，当错误实施这些措施侵犯公民、法人和其他组织合法权益并造成损害时，根据人权司法保障和公正司法的要求，应当提供有效救济。我国《国家赔偿法》第38条规定，"赔偿请求人要求赔偿的程序，适用本法刑事赔偿程序的规定"，这一规定不能满足实践中处理这类案件的制度需求，不利于受害人获得有效的权利救济和司法保护，未能充分彰显公平正义的法治价值。为正确审理涉执行司法赔偿案件，保障公民、法人和其他组织的合法

---

[*] 中国社会科学院法学研究所副所长、研究员、博士生导师，中国社会科学院全面依法治国智库副理事长兼秘书长。

① 参见习近平：《论坚持全面依法治国》，中央文献出版社2020年版，第204~205页。
② 参见习近平：《论坚持全面依法治国》，中央文献出版社2020年版，第98页。
③ 参见习近平：《论坚持全面依法治国》，中央文献出版社2020年版，第75页。
④ 参见习近平：《论坚持全面依法治国》，中央文献出版社2020年版，第22页。

权益，《解释》于 2022 年 2 月 8 日发布。这一司法解释的出台，是贯彻落实习近平法治思想、加强人权司法保障、彰显公平正义的重要举措。

一、使人民法院应予受理的涉执行司法赔偿案件的范围更加明确

《解释》第 2 条规定："公民、法人和其他组织认为有下列错误执行行为造成损害申请赔偿的，人民法院应当依法受理：（一）执行未生效法律文书，或者明显超出生效法律文书确定的数额和范围执行的；（二）发现被执行人有可供执行的财产，但故意拖延执行、不执行，或者应当依法恢复执行而不恢复的；（三）违法执行案外人财产，或者违法将案件执行款物交付给其他当事人、案外人的；（四）对抵押、质押、留置、保留所有权等财产采取执行措施，未依法保护上述权利人优先受偿权等合法权益的；（五）对其他人民法院已经依法采取保全或者执行措施的财产违法执行的；（六）对执行中查封、扣押、冻结的财产故意不履行或者怠于履行监管职责的；（七）对不宜长期保存或者易贬值的财产采取执行措施，未及时处理或者违法处理的；（八）违法拍卖、变卖、以物抵债，或者依法应当评估而未评估，依法应当拍卖而未拍卖的；（九）违法撤销拍卖、变卖或者以物抵债的；（十）违法采取纳入失信被执行人名单、限制消费、限制出境等措施的；（十一）因违法或者过错采取执行措施或者强制措施的其他行为。"

本条所列举的错误执行行为，绝大多数均已经规定在《非刑事司法赔偿解释》中，较为值得注意的有两点。其一，第 10 项中规定的"违法采取纳入失信被执行人名单、限制消费、限制出境等措施"。在加强社会信用建设的背景下，2015 年《最高人民法院关于限制被执行人高消费及有关消费的若干规定》、2017 年《最高人民法院关于公布失信被执行人名单信息的若干规定》中对公布被执行人名单、限制高消费及非生活和工作必需的消费行为等作了规定。在实施这些规定时如果出现错误，可能给被执行人的合法权益造成损害，本项规定明确了在这种情况下需要给予赔偿，有利于对被执行人提供有效的权利救济。此外，实践中对于限制出境是否属于国家赔偿范围曾经产生争议。2013 年最高人民法院〔2013〕赔他字第 1 号《关于限制出境是否属于国家赔偿范围的复函》认为："根据国家赔偿法第三十八条的规定，人民法院在民事诉讼过程中违法采取限制出境措施的，属于国家赔偿范围。

对于因违法采取限制出境措施造成当事人财产权的直接损失,可以给予赔偿。"本项对此进一步予以了明确。其二,第11项的兜底规定"因违法或者过错采取执行措施或者强制措施的其他行为"。实践中,对于执行错误的归责原则,是采取结果归责、违法归责还是过错归责存在观点上的差异。[①] 根据本项规定,涉执行行为无论是违法还是过错,都可能导致国家赔偿。但应注意的是,根据《国家赔偿法》第38条,对于采取对妨害诉讼的强制措施、保全措施规定的是"违法",而对于执行生效法律文书规定的是"错误",在适用《解释》第2条第11项时,需要注意与《国家赔偿法》的衔接。

二、对申请错误执行赔偿的时间要求更加合理

为实现赔偿程序与执行程序的有效衔接、避免程序混乱,《解释》第5条第1款规定,公民、法人和其他组织申请错误执行赔偿,应当在执行程序终结后提出,终结前提出的不予受理。同时考虑到一些特殊情形下,尽管执行程序尚未完全终结,但实际损害结果已经发生且无法在相关诉讼或者执行程序中予以补救,《解释》也对这些情形进行了规定。相比较《非刑事司法赔偿解释》第19条中已有规定,本款增加的一项是第3项的规定,即"自立案执行之日起超过五年,且已裁定终结本次执行程序,被执行人已无可供执行财产的"。终结本次执行程序是指因被执行人没有可供执行的财产,人民法院将本次执行程序阶段性终结从而暂时结束执行程序的一种制度。[②] 2015年《民事诉讼法解释》以及2016年《终本执行规定》第1条等司法解释对此作了规定。由于终结本次执行程序并非将执行案件从整体进行终结,如果嗣后发现被执行人有可供执行的财产时,人民法院可再次启动本案执行程序,如果仅因为终结本案执行程序就允许启动司法赔偿程序,可能会导致执行程序和赔偿程序的混乱,因此,《解释》第5条第1款第3项还规定了"自立案执行之日起超过五年"的限制,更好地实现了法律安定性和实体公正之间的平衡。

《解释》第5条第2款规定,赔偿请求人依据前款规定,在执行程序终

---

① 参见江必新:《适用修改后的〈国家赔偿法〉应当着重把握的若干问题》,载江必新主编:《最高人民法院国家赔偿最新司法解释理解与适用》(2011卷),中国法制出版社2012年版,第248页。

② 参见百晓锋:《程序变革视角下的终结本次执行程序制度——以〈民诉法解释〉第519条为中心》,载《华东政法大学学报》2015年第6期。

结后申请赔偿的,该执行程序期间不计入赔偿请求时效。这一规定符合时效计算的一般规律和公平正义的基本要求。

三、对错误执行司法赔偿标准的规定更加公平

第一,《解释》第 14 条规定:"错误执行造成公民、法人和其他组织利息、租金等实际损失的,适用国家赔偿法第三十六条第八项的规定予以赔偿。"由于我国 1994 年《国家赔偿法》第 28 条规定对财产权损害,除有特别规定外只赔偿直接损失,而实践中又一般将直接损失理解为所受损害而排除掉可得利益,[①] 导致很长一段时期将可得利益排除在赔偿范围之外。2010 年修正后的《国家赔偿法》在第 36 条第 8 项保留了该规定,但增加了第 7 项规定:"返还执行的罚款或者罚金、追缴或者没收的金钱,解除冻结的存款或者汇款的,应当支付银行同期存款利率。"《解释》第 14 条规定在利息之外还规定了租金,还规定了"等实际损失",使得权利救济更加周延和有效。

第二,《解释》第 15 条规定:"侵犯公民、法人和其他组织的财产权,按照错误执行行为发生时的市场价格不足以弥补受害人损失或者该价格无法确定的,可以采用下列方式计算损失:(一)按照错误执行行为发生时的市场价格计算财产损失并支付利息,利息计算期间从错误执行行为实施之日起至赔偿决定作出之日止;(二)错误执行行为发生时的市场价格无法确定,或者因时间跨度长、市场价格波动大等因素按照错误执行行为发生时的市场价格计算显失公平的,可以参照赔偿决定作出时同类财产市场价格计算;(三)其他合理方式。"这一规定既体现了对被执行人权益的充分尊重与保护,又符合公平正义的要求。

第三,根据《国家赔偿法》第 36 条第 6 项的规定,吊销许可证和执照、责令停产停业的,赔偿停产停业期间必要的经常性费用开支。这一规定也应适用于错误执行造成受害人停产停业的情形。《非刑事司法赔偿解释》第 14 条对停产停业期间必要的经常性费用开支所包含的内容作了细化规定,本条在保留基本内容的基础上进行了补充,明确了必须缴纳的社会保险费,应当缴纳的仓储费、承包费等,也属于必要的经常性费用开支。《解释》第 16 条

---

① 参见管君:《论国家赔偿中的"直接损失"》,载《甘肃政法学院学报》2015 年第 1 期。

第 2 款还特别规定："错误执行生产设备、用于营运的运输工具，致使受害人丧失唯一生活来源的，按照其实际损失予以赔偿。"这主要是考虑到对于一些从事小生产、小本经营的业主，其生产设备（例如炉具、复印机）、运输工具（如三轮车、摩托车、货车）等被违法查封、扣押，可能导致其生活严重苦难，仅赔偿必要的经常性费用开支不足以维护其正当权益，为保障民生、维护社会公平正义，应当根据正常营运收入对其实际损失进行赔偿。

接近"如同损害没有发生"的救济理想

——评涉执行司法赔偿标准的进步

沈 岿[*]

一、引言

2022年2月8日,《解释》发布,于2022年3月1日起生效施行。该解释是为了适用《国家赔偿法》第38条中关于"对判决、裁定及其他生效法律文书执行错误"(以下简称"错误执行")致害赔偿的内容。[①]

《国家赔偿法》第38条虽然在文本中的位置并不显要,仅位于"第五章 其他规定"之中,但其是非刑事司法赔偿的唯一制定法依据。其实,非刑事司法赔偿的情形较为复杂,单单依据该条款简单、概括、缺乏可操作性的规定,显然既不能满足法院审理案件、保障受害者获得及时、充分救济的需要,又不能在清晰划分应赔偿性与不应赔偿性的基础上维护司法公务的积极性、有效性。因此,2016年9月7日,为全面执行和适用《国家赔偿法》第

---

[*] 北京大学法学院教授、博士生导师。
[①] 《国家赔偿法》第38条规定:"人民法院在民事诉讼、行政诉讼过程中,违法采取对妨害诉讼的强制措施、保全措施或者对判决、裁定及其他生效法律文书执行错误,造成损害的,赔偿请求人要求赔偿的程序,适用本法刑事赔偿程序的规定。"《解释》第1条呈现其目的:"人民法院在执行判决、裁定及其他生效法律文书过程中,错误采取财产调查、控制、处置、交付、分配等执行措施或者罚款、拘留等强制措施,侵犯公民、法人和其他组织合法权益并造成损害,受害人依照国家赔偿法第三十八条规定申请赔偿的,适用本解释。"

38条，《非刑事司法赔偿解释》出台，覆盖了但不限于错误执行赔偿问题。[①]然而，经过数年的司法实践，在错误执行赔偿领域，又有新的问题需要解决，新的经验需要汲取，新的规则需要确立。因此，最高人民法院适时发布专门针对该领域的《解释》，以适应这些需要。

《解释》在细致列举错误执行行为[②]、指出"错误"包括"违法或者过错"[③]、明确基于债权转让的国家赔偿请求权[④]、规定不认定为错误执行的情形[⑤]和国家免予赔偿的情形[⑥]、厘定错误执行的责任分担[⑦]、规范错误执行赔偿的特殊程序（包括举证责任）[⑧]、认定错误执行赔偿的损失[⑨]等方面，取得了更精细、更具操作性、在受害者救济与执行公务保障之间更具平衡性的进步。

对这些进步及未来可能的提升空间——予以评论，需要更大的篇幅才能完成。本文的旨趣并非在此，而是结合《解释》的若干条款，从矫正正义的理想目标出发，就其中体现出的向实际损失赔偿标准迈进的趋向，给出阐释和评论，并在此基础上，展望《国家赔偿法》未来的修改。

二、矫正正义的理想

关于矫正正义的经典阐述，可追溯至古希腊亚里士多德。他在《尼各马可伦理学》一书中，提出了分配正义和矫正正义两种相对立的正义。分配正义处理的是在政治共同体成员中间对可分之物的分配，如亚里士多德笔下的荣誉和物品。矫正正义则处理的是人们相互之间自愿发生的和非自愿发生的交往，大致相当于今天的合同和侵权。[⑩]

[①] 该解释先于《解释》发布，与后者存在不一致之处，以后者为准。就此，《解释》第20条规定："本解释自2022年3月1日起施行。施行前本院公布的司法解释与本解释不一致的，以本解释为准。"

[②] 参见《解释》第2条。

[③] 参见《解释》第2条第11项。

[④] 参见《解释》第3条。

[⑤] 参见《解释》第8条。

[⑥] 参见《解释》第13条。

[⑦] 参见《解释》第11条、第12条。

[⑧] 参见《解释》第4条、第5条、第6条、第7条、第9条、第10条、第18条。

[⑨] 参见《解释》第14条、第15条、第16条、第17条。

[⑩] See Ernest J. Weinrib, *Corrective Justice in a Nutshell*, The University of Toronto Law Journal, Vol. 52, No. 4, Autumn 2002, p. 349.

根据亚里士多德的论述，矫正正义应对的是加害者与受害者之间的关系。从矫正正义的立场看，加害者与受害者本是平等的，正义就是维护他们的平等关系。但是，加害者对受害者的不公正行为破坏了这个平等，使得加害者由此获益，而受害者遭受了等量的损失。为了重建最初的平等，矫正正义就要求加害者将收益归还给受害者，以补救后者的损失。由此，一个简单的操作就是同时消除获益和损失。亚里士多德把双方的地位类比为有着同样长度的两条线。把受害者那条线的一段加到加害者那条线上是不正义的，由此产生的不平等相当于那段线条的两倍。而法官恢复平等的工作，就是把加害者线条上新增的那段取下来，再重新接到受害者线条上。① "结果就是恢复两条线的原初平等。"② 亚里士多德的阐述显然给出了一个最简单的矫正正义工作图景，其理想目标就是恢复交往当事人之间的原初平等，也可以用一种最为广义的恢复原状概念来指称之，③ 即恢复到如同损害没有发生的状况。

也许，会有一种观点认为，亚里士多德的矫正正义观强调交往双方之间的共生相关性，强调加害者的获益与受害者的损失之间的共生相关性，但这并不能适用于所有的侵权情形。例如，交通事故制造者并没有在受害者损失中获益，未经允许在主人外出的房间里住上几夜而又离开的侵权者的获益并没有给被侵权者带来损失。对此，加拿大文瑞博教授（Ernest J. Weinrib）认为，根据德国哲学家康德对亚里士多德最初想法的重新解释，获益和损失的共生相关性指向的是权利和义务的共生相关性，而亚里士多德应该不会反对如此的术语重构。④ 他进而指出，存在两种获益和损失观念。一是"物质"的，即当事人相互关系对其资源数量或条件的影响，获益就是当事人资源的增加，损失就是减少；二是"规范"的，即当事人实际所有的与根据调整其相互关系的规范所应该有的之间的差异，获益就是超额部分，损失就是差额部分。⑤ 当被告违反了与原告权利共生相关的义务，那么，原告就有权获得赔偿。"侵权法让被告承担义务以尽可能使原告恢复到侵害行为未曾发生情

---

① See Ernest J. Weinrib, *The Gains and Losses of Corrective Justice*, Duke Law Journal, Vol. 44, No. 2, Nov. 1994, p. 280.

② Ernest J. Weinrib, *supra* note 11, p. 349.

③ 狭义的恢复原状是一种责任承担方式，与其他同样会达到"如同损害没有发生"效果的责任承担方式并列。例如，根据《民法典》第179条规定，"恢复原状"（狭义）是与排除妨碍、消除危险、返还财产、赔偿损失、消除影响、恢复名誉等责任方式并列的。

④ See Ernest J. Weinrib, *supra* note 12, p. 279.

⑤ *Ibid*, pp. 282-283.

况下原告所在的位置","就实现矫正正义的责任而言,侵权者并非必须有物质上的获益,恢复原状请求者也并非必须有物质上的损失。"①

简言之,亚里士多德原初的矫正正义观念,仍然可以适用于现代的侵权法领域,可以直接转化为这样一种表述,即通过救济使受害者处于如同损害事故未曾发生一般。因为,实现此目标就是在恢复规范意义上的权利和义务的失衡状态。这也就是为什么与矫正正义观念一致的表述在现代侵权法理论之中没有任何违和感地随处可见。② 对于绝大多数国家机关侵权致害但国家或国家机关并未获得"物质"上收益的情形而言,矫正正义观念的适用性同样是毋庸置疑的。当然,"如同损害没有发生"是一种虚拟、假定的理想状态。侵权损害事实既然已经发生,规范意义上的权利义务应有状态已然破坏,物质意义上的获益或损失也在很多情形下成为既成事实,再怎么进行补救,也不可能真正完全回归到侵权损害发生前的状态。甚至,虽然财产权的受损补救(如返还财产、狭义的恢复原状、赔偿损失等)相对较易形成"如同损害没有发生"的印象或感受,但是,人格权、受教育权、平等权、劳动权等其他权利受到侵害,以金钱赔偿的方式予以救济,是很难形成与财产权受损救济类似的印象或感受的。③ 因此,"如同损害没有发生"是作为一种矫正正义的理想而存在的,其无法真正完全实现;然而,无论如何,其是应当尽可能无限接近的。

三、"实际损失"概念的引入

对矫正正义理想的无限接近,还可以用相对通俗但并不精确的语言进行表达,如对侵权损害事件的受害者应当"应赔尽赔"。这个目标的实现涉及侵权损害赔偿制度的多个方面或环节,如归责原则、可赔偿范围、免责范围、损害赔偿责任构成要件、赔偿方式、赔偿标准、损失计算等。《解释》

---

① *Ibid*, pp. 295, 297.

② 例如,"侵权责任法适用的目的,主要是补偿受害人因侵权行为所受到的损害,通过赔偿的办法使已经受到侵害的财产关系和人身关系得到恢复和补救",杨立新主编:《侵权责任法》,复旦大学出版社 2010 年版,第 31 页。"以口头辩论结束之时作为标准时,就更能够恢复被破坏的平衡,使受害人达到'如同损害没有发生'的状态。"周友军:《我国侵权法上完全赔偿原则的证立与实现》,载《环球法律评论》2015 年第 2 期。

③ 例如,"许多人格权一旦遭受侵害,其损害后果具有不可逆转性,很难恢复到如同损害没有发生的状态。"王利明:《论人格权请求权与侵权损害赔偿请求权的分离》,载《中国法学》2019 年第 1 期。

也是在若干方面向"应赔尽赔"目标推进,而本文关切的则是其中的赔偿标准(包括损失计算标准)。

在侵权法上,赔偿标准通常有惩罚性标准、补偿性标准和抚慰性标准三种。惩罚性标准,是指超过受害者实际损失的范围使加害者对受害者予以额外的金钱赔偿,以示对加害者的惩罚。此赔偿标准已经超出矫正正义填平损失的目标,或多或少体现了惩罚和威慑的功能。[1] 普通侵权法上,该标准只在少数情形中出现,[2] 在我国的国家赔偿领域并不适用。补偿性标准是赔偿受害者的实际财产损失,加害者的赔偿以能够弥补受害者所受实际损失为限,故又称完全赔偿或全部赔偿标准。这是最接近矫正正义理想的标准,普通侵权法领域基本采用之。而抚慰性标准是加害者对受害者的损失不给予完全的弥补,仅以金钱赔偿的方式表示适当的抚慰。这显然有违矫正正义恢复当事人之间权利义务原状的原则。

在1994年《国家赔偿法》出台之前,关于采取何种标准,曾经有过争论。最终立法者还是倾向于抚慰性标准。[3] 当然,这并不意味着,在所有国家赔偿案件中,受害者都无法得到"应得的损失弥补"。在财产损害赔偿领域,致害行为与损害事实之间因果关系、损失类型、损失大小计算等相对简单以及有明确《国家赔偿法》相关条款依据的情况下,国家赔偿基本可以通过返还财产、恢复原状以及金钱赔偿等方式,使受害者的全部损失得到弥补。但是,在许多较为复杂的,尤其是制定法依据缺位的情形中,受害者是难以得到完全救济的。

特别是,1994年《国家赔偿法》第28条第7项的规定,即"对财产权造成其他损害的,按照直接损失给予赔偿",成了限制受害者损失得以填平的"魔咒"。因为,全部赔偿应该包括赔偿直接损失和间接损失。直接损失是受害者现有财产的减少,包括侵权行为直接造成财产价值减少(如财物被损毁、被侵占)和受害者为补救权益的必要支出(如身体健康受损而支付的

---

[1] 也有学者研究提出,惩罚性赔偿的实践更多倾向于支持赔偿理论——惩罚性赔偿是给予更多的赔偿,而不是倾向于支持惩罚-威慑理论。See Joan T. Schmit, S. Travis Pritchett and Paige Fields, *Punitive Damages: Punishment or Further Compensation?*, The Journal of Risk and Insurance, Vol. 55, No. 3, Sept. 1988, pp. 453-466.

[2] 参见《民法典》第1185条、第1207条、第1232条。

[3] 《关于〈中华人民共和国国家赔偿法(草案)〉的说明》指出:"国家赔偿的标准和方式,是根据以下原则确定的:第一,要使受害人所受到的损失能够得到适当弥补;第二,考虑国家的经济和财力能够负担的状况;第三,便于计算,简便易行。"

必要医疗费、护理费等)。间接损失是受害者可得财产利益的丧失。可得财产利益是指若没有侵权行为的发生,受害者必然或极有可能得到的利益。它有如下特征:第一,侵权行为发生时它尚未存在,受害者对它有取得的可能性,但并未实际拥有;第二,如果受害者未遭遇侵害,是必然或极有可能获得的利益。换言之,它是有现实意义的而不是假设的。[①] 在学理上,直接损失和间接损失通常由"实际损失"这个概念——相对假设的损失而言——覆盖。只有对实际损失予以赔偿,才能实现对受害者权利的全面保护。

《国家赔偿法》在 2010 年修改时仍然保持了抚慰性赔偿标准的基本框架,而没有正式确立补偿性标准,体现为第 36 条第 8 项是原法第 28 条第 7 项的直接保留。但是,国家经济建设、政治文明、法律制度 10 余年的发展成果,还是在国家赔偿标准上有了一定的反映。例如,护理费、残疾生活辅助具费、康复费等残疾治疗必要支出、继续治疗费用[②]、利息[③]等应赔偿细目的确定,表明了一种相当谨慎的稳步发展路径和趋势。

然而,《解释》在慎重稳健发展的道路上又向前迈进了一大步,因为,它正式在两个条款中提出了"实际损失"的概念。《解释》第 14 条规定:"错误执行造成公民、法人和其他组织利息、租金等实际损失的,适用国家赔偿法第三十六条第八项的规定予以赔偿。"第 16 条第 2 款规定:"错误执行生产设备、用于营运的运输工具,致使受害人丧失唯一生活来源的,按照其实际损失予以赔偿。"其中,"利息"损失已经为 2010 年《国家赔偿法》和 2016 年的《非刑事司法赔偿解释》所确认和细化。"租金"损失也是实践中常见的一种间接损失,是此次《解释》新列的。更加至关重要的发展不在于具体的间接损失细目的列举,而是明确了"实际损失"概念在国家赔偿法制度中的地位。这为国家赔偿实践中对各种"实际损失"的确认、核定、计算提供了依据。

值得注意的是,《行政赔偿规定》也在第 29 条第 4 项提出了"实际损失"概念,以对《国家赔偿法》第 36 条第 8 项中"直接损失"概念的解释

---

① 参见张新宝:《侵权责任法原理》,中国人民大学出版社 2005 年版,第 56~57 页;杨立新主编:《侵权责任法》,复旦大学出版社 2010 年版,第 97~98 页。

② 参见《国家赔偿法》第 34 条第 1 项、第 2 项。

③ 参见《国家赔偿法》第 36 条第 7 项。《非刑事司法赔偿解释》第 15 条、第 16 条对"利息"的具体计算给出了标准。

的形式径直呈现。① 可见，最高人民法院同时在涉执行司法赔偿、行政赔偿领域，通过司法解释，向实际损失标准、补偿性赔偿标准、全部赔偿或完全赔偿原则、矫正正义的理想靠拢，是值得为之击节的重要发展。

四、"实际损失"的列举与计算

《解释》不仅只是提出了"实际损失"概念，而且在有限的条款中，对停产停业期间的实际损失细目进行了列举，更是对实际损失的计算方式给出了一般性规则。以下分别述之。

根据《国家赔偿法》第4条和第36条第6项的规定，行政机关行使行政职权违法作出吊销许可证和执照、责令停产停业决定侵犯财产权的，应当赔偿停产停业期间必要的经常性费用开支（以下简称经常性开支）。但是，无论是1994年颁布的还是2010年修改以后的《国家赔偿法》，都没有规定行政机关、司法机关实施的其他行为或措施导致受害者停产停业的情形，也没有规定经常性开支究竟包括哪些。对于这两个方面的不足，一向有不同的观点提出相应的解决方案。②

2016年的《非刑事司法赔偿解释》首次以司法解释的形式，列出了经常性开支包括的细目：留守职工工资、必须缴纳的税费、水电费、房屋场地租金、设备租金、设备折旧费等。③ 这个规定有两方面的意义：第一，相当于承认，在民事、行政诉讼过程中违法采取保全措施、先予执行措施以及错误执行侵犯财产权，在事实上直接导致受害者停产停业的，④ 受害者同样可以获得赔偿。易言之，拓展了《国家赔偿法》规定的导致停产停业损害的侵

---

① 该条规定："下列损失属于国家赔偿法第三十六条第八项规定的'直接损失'：（一）存款利息、贷款利息、现金利息；（二）机动车停运期间的营运损失；（三）通过行政补偿程序依法应当获得的奖励、补贴等；（四）对财产造成的其他实际损失。"
② 参见沈岿：《国家赔偿法：原理与案例》，北京大学出版社2017年版，第421~422页。
③ 参见《解释》第14条。
④ 《非刑事司法赔偿解释》的适用范围还涉及"违法采取对妨害诉讼的强制措施"致害赔偿，但此类措施限于罚款和拘留，不会直接导致事实上的停产停业。

权行为范围。① 第二，以开放的、不穷尽列举的方式——技术上是以"等"字表示——明确了常见的经常性开支细目。

《解释》第16条第1款又在《非刑事司法赔偿解释》的基础上，明确了后者略显含糊的规定，列出了后者未曾提及的细目。具体而言，有三处看似细微但更增明晰性的变化：第一，在"留守职工工资"之前增加了"必要"一词，隐含之意是，受害者在停产停业期间也需对留守职工规模及其工资进行一定的控制，以"必要"为宜；第二，将较为笼统的"税费"概念明确拆解为"税款、社会保险费"，毕竟，日常生活语言习惯中的"税费"一词的内涵是相当宽泛的；第三，增加了保管费、仓储费、承包费三项常见的经常性开支。②

其实，《解释》在受害者停产停业期间可赔偿的损失之列举上，并没有给出任何属于"间接损失"的细目。这也是受到了《国家赔偿法》本身相关条款用词的约束，因为"必要的经常性费用开支"一词本身是不可能涵摄停产停业期间可得利益的损失的。然而，"对于被违法强行停产停业的权利人而言，更大的损失不是必要的经常性费用开支，而是因为停止生产经营活动而形成的可得利益的损失"③。因此，停产停业的国家赔偿离矫正正义的理想目标还相去甚远。

相较而言，《解释》关于实际损失计算方式的规则，对"间接损失"有所关照。《解释》第15条规定："侵害公民、法人和其他组织的财产权，按照错误执行行为发生时的市场价格不足以弥补受害人损失或者该价格无法确定的，可以根据具体情况采用下列方式计算损失：（一）按照错误执行行为发生时的市场价格计算财产损失并支付利息，利息计算期间从错误执行行为实施之日起至赔偿决定作出之日止；（二）错误执行行为发生时的市场价格

---

① 在司法实践中，法院也会通过个案，对导致停产停业的侵权行为进行拓展。例如，北京比特时代科技有限公司申请湖南省长沙市望城区公安局刑事违法扣押国家赔偿案（2019年最高人民法院发布的10起人民法院国家赔偿和司法救助典型案例之二），法院认定"望城区公安在侦查过程中，扣押了比特公司用于经营的电脑主机、服务器、笔记本电脑、银行卡、现金及账本等物品，导致比特公司无法经营，实质上造成了比特公司的停产停业"。许某云诉金华市婺城区人民政府房屋行政强制及行政赔偿案［最高人民法院（2017）最高法行再101号］，最高人民法院虽然认为赔偿请求人的具体主张"没有法律依据"，不予支持，但对违法强制拆除房屋导致停产停业损失的，还是承认应予赔偿。

② 《行政赔偿规定》第28条也是关于停产停业经常性开支的，有着基本一致的内容。

③ 沈岿：《国家赔偿法：原理与案例》，北京大学出版社2017年版，第423页。

无法确定,或者因时间跨度长、市场价值波动大等因素按照错误执行行为发生时的市场价格计算显失公平的,可以参照赔偿决定作出时同类财产市场价格计算;(三)其他合理方式。"

在原理上,财产实际损失的计算涉及被侵犯财产之原物价值。一般认为,原物价值应当以市场价格来确定,①市场价格本身既可以反映财物本来的价值,也可以反映其折旧或升值。只是,财物市场价格不是恒定的,其价值与核定、计算的时点有关。财物有财产权人最初获得的市场价,有侵权行为发生时的市场价,有财物损坏或灭失发生时的市场价,也有国家赔偿决定作出时的市场价。若不同时点的价格不一致,以哪个时点确定市场价,直接影响赔偿金额的大小。一般情况下,财物价格应该以国家机关对财物实施侵权行为时的市场价为准,无论此时市场价与原先取得时的市场价相比是下降还是上升,都反映出侵权行为发生时权利人的权利大小。这一点体现在《非刑事司法赔偿解释》第12条第2款之中,即"财产不能恢复原状或者灭失的,应当按照侵权行为发生时的市场价格计算损失;市场价格无法确定或者该价格不足以弥补受害人所受损失的,可以采用其他合理方式计算损失"②。

然而,即便以侵权行为发生时的市场价格为准确定赔偿金额,也会出现与矫正正义明显相悖的特殊情形,即当国家赔偿决定作出时,财产的市场价比侵权行为发生时的市场价有明显升值。例如,被扣押的珍贵珠宝灭失,从扣押到国家赔偿决定作出时,其市场价不降反升。如果仍然以扣押时的市场价为准,权利人的损失显然没有得到应有的弥补。这样的损失在法理上就属于可得利益损失,是间接损失。若按直接损失的通常语义,对此明显升值部分不予赔偿,对受害者显然不公。

但是,在国家赔偿的司法实践中,法院已经在努力挖掘《国家赔偿法》文本之潜力,尽可能实现公平救济。例如,在违法拆迁情形中,最高人民法院曾经指出:"拆迁人和相关行政机关违法实施拆迁,导致被拆迁人长期未

---

① 参见杨小君:《国家赔偿法律问题研究》,北京大学出版社2005年版,第169页。
② 但是,《行政赔偿规定》第27条的规定略有不同:"违法行政行为造成公民、法人或者其他组织财产损害,不能返还财产或者恢复原状的,按照损害发生时该财产的市场价格计算损失。市场价格无法确定,或者该价格不足以弥补公民、法人或者其他组织损失的,可以采用其他合理方式计算。"在实践中,"损害发生时"与"侵权行为发生时"可能是同一时点,即侵权行为发生之同时损害也即发生;然而,二者也有不一致时。例如,违法扣押汽车(侵权行为发生)数月或数年后,扣押所遭遇山火造成汽车损毁(损害发生),两个时间点汽车的市场价就会有所不同。在司法实践中,法院应当对两个司法解释的不一致之处给出统一的解释和适用。

依法得到补偿安置的，房价上涨时，拆迁人和相关行政机关有义务保证被拆迁人得到公平合理的补偿安置。被拆迁人选择实行房屋产权调换时，拆迁人和相关行政机关无适当房屋实行产权调换的，则应向被拆迁人支付生效判决作出时以同类房屋的房地产市场评估价格为标准的补偿款。"① 同理，最高人民法院在另外一个案件中明确提出全面赔偿原则并表示："在既未作出补偿决定又未通过补偿协议解决补偿问题的情况下，违法强制拆除被征收人房屋的，应当赔偿被征收人房屋价值损失、屋内物品损失、安置补偿等损失。人民法院在确定赔偿数额时，应当坚持全面赔偿原则，合理确定房屋等的评估时点，并综合协调适用《国家赔偿法》规定的赔偿方式、赔偿项目、赔偿标准与《国有土地上房屋征收与补偿条例》规定的补偿方式、补偿项目、补偿标准，确保被征收人得到的赔偿不低于其依照征收补偿方案可以得到的征收补偿。"②

这种努力不仅在行政赔偿领域有体现，在刑事赔偿领域也有体现，而且，最终赔偿决定的作出者不仅仅是法院，还有公安机关等国家机关。例如，2002年，吉林市公安局以非法经营罪为由查扣并变卖于某龙46公斤黄金。之后，因个人收购、买卖黄金不再被认为构成犯罪，于某龙最终被判无罪。于某龙多次讨要黄金。2015年，吉林市公安局决定赔偿于某龙当年变卖黄金价款384万元，但于某龙认为现在这些黄金价值已经有1300万余元。最终，吉林省公安厅撤销该决定，由吉林市公安局返还黄金。③ 虽然该案看上去是以"返还财产"的方式结局的，但其实受害者原有的黄金已经变卖给人民银行，公安机关"返还黄金"的实质就是以赔偿决定作出时的黄金市场价为准进行赔偿，黄金的升值部分作为间接损失得到了赔偿决定机关的认可。

这些个案的努力，在前引的《解释》第15条之中得以反映。当出现"按照错误执行行为发生时的市场价格不足以弥补受害人损失或者该价格无

---

① 参见陈某河与洛阳市人民政府、洛阳中房地产有限责任公司行政赔偿案［最高人民法院（2014）行监字第148号］。

② 参见许某云诉金华市婺城区人民政府房屋行政强制及行政赔偿案［最高人民法院（2017）最高法行再101号］。值得一提的是，《行政赔偿规定》第27条第2款规定："违法征收征用土地、房屋，人民法院判决给予被征收人的行政赔偿，不得少于被征收人依法应当获得的安置补偿权益。"其中也隐含着评估时点的合理确定。

③ 参见林斐然：《13年4次审判，要回46公斤黄金》，载《晚报文萃》2015年第10期。

法确定的"情形时，至少有两种计算方式：（1）"错误执行时市场价+利息"；（2）"赔偿决定作出时同类财产市场价"。后者适用于错误执行时的市场价难以确定，或者"时间跨度长、市场价值波动大等因素"造成按错误执行时市场价显失公平的情形。具体何种计算方式合理，需要根据具体情况而定。假设上述于某龙案以金钱赔偿方式结案，当以第二种方式为宜。

五、结语：未来可期

《解释》引入"实际损失"概念；在停产停业致害赔偿问题上虽然并未突破"必要的经常性费用开支"（直接损失）范畴，但也通过细目的清晰和添加，明确了应予赔偿的损失；而在应予赔偿的财产价值之计算上对间接损失给予了相当的关照。这些都呈现了一个接近矫正正义理想、接近"如同损害没有发生"目标的发展趋向。紧接着出台的《行政赔偿规定》也在同步着一致的方向和节奏。① 如前所述，最高人民法院的努力并非毫无根基，司法解释绝大多数规则都是在个案经验基础上形成的。当然，也正是因为许多个案裁判更倾向于严格按《国家赔偿法》的字面规定，② 为谋求司法统一和制度进步，最高人民法院才会出台司法解释。

然而，也必须承认，这样的进步还是局部的、不统一的、易出现另一种不公平的。首先，《解释》的适用范围是明确的，仅仅指向民事、行政诉讼过程中的错误执行致害情形，《行政赔偿规定》的适用范围略广，但也限于行政赔偿领域，这两个解释叠加显然无法覆盖整个国家赔偿领域。其次，由于制度的进步发生在局部领域，就会出现赔偿标准在不同领域的不统一。而且，"实际损失"和"直接损失"这两个概念的并存，也会带来理解和适用上的混乱。究竟是以"实际损失"解释"直接损失"——可能会带来更多的公平救济，还是以"直接损失"解释"实际损失"——仍然桎梏不前，抑或是在"直接损失"与"实际损失"之间摇摆，是一个棘手的难题。最

---

① 《行政赔偿规定》的前身是最高人民法院于 1997 年发布的《关于审理行政赔偿案件若干问题的规定》（法发〔1997〕10 号），所取得的进步可以对比察知。因不在本文主题范围内，故不予论述。

② 例如，不少个案裁判不承认利息、租金为"直接损失"。参见赣州市铜鑫旺矿产品有限公司与赣州新能源汽车科技城管理处城乡建设行政赔偿纠纷上诉案［江西赣州市中级人民法院（2021）赣 07 行赔终 11 号］；桂某划与广州市花都区赤坭镇人民政府强制拆除及行政赔偿行政二审判决书［广州市铁路运输中级人民法院（2020）粤 71 行终 1643 号］；高某求与邵阳市长阳铺镇人民政府城乡建设行政管理房屋拆迁管理（拆迁）再审审查与审判监督行政裁定书［湖南省高级人民法院（2020）湘行申 222 号］。

后，若接近矫正正义理想目标的国家赔偿，发生在此领域而未发生在彼领域，或者发生在此人此案而未发生在同样或同类情形中的彼人彼案，这不但会让有些受害者仍然得不到矫正正义的眷顾，还会造成受害者之间的不平等对待。

有鉴于此，未来仍然应该寄望于《国家赔偿法》的修改，在矫正正义理想的引导之下，在财产损失方面（包括人身权、受教育权、平等权、劳动权等权利受到侵犯导致的实际财产损失），以全部赔偿、完全赔偿为原则，在人身损失、精神损失方面（难以金钱量化的损失），以抚慰赔偿、合理赔偿为原则，建立全面、统一的国家赔偿标准体系。在此基础上，法院可进行更具一致性的法律解释和适用，并针对疑难的实际损失确认、核定和计算问题建立具有指导意义的裁判规则，尽可能让受害者普遍感受"如同损害没有发生"的正义。进而，法院以外的赔偿义务机关和赔偿决定机关也可接受、适用同样的规则，实现全方位的法律上的平等性。当下，在立法完善之前，最高人民法院的司法解释提供了更上层楼的阶石，期待的是国家赔偿实践可以更多地围绕着实际损失的完全赔偿展开，为以后的修法积累更多的、更丰富的经验。

涉执行司法赔偿解释保护债权规定的重要价值

杨立新[*]

《解释》规定了两个有关保护债权的条文，一是第 3 条规定："原债权人转让债权的，其基于债权申请国家赔偿的权利随之转移，但根据债权性质、当事人约定或者法律规定不得转让的除外。"二是第 17 条规定："错误执行侵害债权的，赔偿范围一般应当以债权标的额为限。债权受让人申请赔偿的，赔偿范围以其受让债权时支付的对价为限。"这两个规定对保护债权特别是被执行人的债权，具有重要价值。

一、确认错误执行侵害债权司法赔偿责任的重要价值

错误执行侵害债权，是法院执行机构在执行过程中，对被执行人依法享有的债权采取了错误的执行行为，侵害了被执行人的合法债权，造成了被执行人的债权利益损害。对此，应当对被执行人以及被执行债权的受让人予以国家赔偿救济，其有权请求国家赔偿。

《国家赔偿法》第 36 条规定的侵害公民、法人或者其他组织的财产权造成损失的赔偿责任中，没有明确规定侵害债权的司法赔偿责任。这与原《民法通则》、原《侵权责任法》没有明确规定侵害债权损害赔偿责任相关，《民法典》对此也没有十分明确的规定。有关《国家赔偿法》第 36 条规定的侵害"财产权"中是否包括债权，与原《侵权责任法》颁布实施后的情

---

[*] 中国人民大学民商事法律科学研究中心研究员、法学教授、博士生导师，中国民法学研究会副会长。

形相同，见解不一。《民法典》颁布实施后，对于债权是否为侵权行为客体也有不同看法，但是通说认为债权是侵权行为客体，侵害债权造成债权损害应当承担损害赔偿责任。

在《民法典》未明确规定债权属于侵权责任保护范围，有关适用《民法典》侵权责任编规定的司法解释也未明确规定的前提下，《解释》率先对此作出明确规定，确认在执行程序中，错误执行债权造成债权损害后果的，赔偿义务机关应当承担国家赔偿责任，是非常重要的，因为其率先确认了债权侵权责任的现实性和确定性，其具有的重要理论意义和司法实践价值在于：不仅对错误执行债权的司法赔偿责任确立了标准，也为民法解决债权保护的司法实践起到了引领作用，甚至对后者的借鉴价值更为重大。

原《侵权责任法》第2条第2款在列举侵权责任保护的权利中，没有明确规定债权，其立法本意并非否定侵权责任对债权的保护，而是避免导致对债权以侵权责任予以保护发生误解。但是，由此却引发争论，即对债权是否为侵权责任保护客体众说纷纭。这在国家赔偿问题上同样也造成影响，以至于形成错误执行债权造成被执行人债权损害应否承担司法赔偿责任的争论。公民、法人或者其他组织（自然人、法人、非法人组织）享有的民事权利包括人格权、身份权、物权、债权、知识产权、继承权和股权等其他投资性权利，这些民事权利都受到法律保护，在民事领域如此，在国家赔偿领域也是如此。因此，债权包括在《国家赔偿法》第36条规定的"财产权"范围内，是毫无疑问的。《解释》第17条规定了错误执行侵害债权的司法赔偿责任，就使这个问题得到了确定的回答，消弭了不必要的争论，不仅在国家赔偿领域，而且也在民法领域，都统一了见解。

二、确定错误执行侵害债权承担司法赔偿范围的重要价值

《解释》第17条规定的另外一个重要价值，是确定了对侵害债权的司法赔偿范围。

债权是财产权，但不是现实的既得财产权，而是可得利益的财产权，表现为债权所包含的预期利益。这是因为，债权是请求权而不是支配权，只能通过请求债务人履行债务，才能获得债权的预期利益，将债权的预期利益转变为现实财产利益。正因为如此，确定侵害债权的司法赔偿应当采取正确的方法，使债权受到的损害得到弥补。

《解释》第17条规定，错误执行侵害债权司法赔偿责任的计算方法是，

赔偿范围一般应当以债权标的额为限。按照这样的计算标准，错误执行侵害债权的司法赔偿责任能够补偿债权人的债权损害。

债权标的额，是债权的预期利益范围。当债权人和债务人通过民事法律行为或者依照法律规定设立了债的关系，债权人就享有债权。该债权在实现后所能取得的财产利益，就是债权的预期利益。无论是一般侵权行为，还是司法机关的错误执行行为，只要侵害了债权人的合法债权，造成债权不能实现，使债权人丧失了可以获得的债权预期利益，这个损失范围就是债权损害赔偿责任的范围。执行错误侵害债权，规定其赔偿范围一般应当以债权标的额为限，就确定了债权损害赔偿的准确范围，既能够保护债权人的合法债权，也符合《国家赔偿法》和《民法典》规定侵权责任填补损害的功能要求，具有重要价值。

至于依法受让债权，例如通过司法拍卖取得债权，其赔偿范围应当以获得债权所支付的对价为限，也是依照填补损害的国家赔偿基本功能确定的赔偿方法。原因是，既然受让的债权所支付的价金数额确定，当该债权被错误执行行为所侵害时，造成的实际损害也就是其支付的对价。在国家赔偿范围内，采取这样的实际损失赔偿方法，是适当的。不过，这一规则在民事领域的侵害债权中却不适当，因为受让的债权也是债权，其中包含的利益也是该债权的预期利益，债权受到侵害后，请求赔偿的就不是支付的对价，而是该债权的债权标的额。只有这样，才能够保护好受让债权的新债权人的合法权益。

三、规定债权转让司法赔偿请求权随之转移的重要价值

《解释》第3条规定的是债权转让，该债权的司法赔偿请求权随之转移规则。这也是一个特别重要的规则，涉及债权转让和债权侵权损害赔偿请求权的问题。

第一，原债权人转让债权，是原债权人依照债权转让规则，将债权转让给他人，受让人成为新的债权人；通过司法拍卖，受让人获得拍卖的债权，也成为新的债权人。第二，原债权人基于债权申请司法赔偿的权利随之转移，即基于被转让的债权所享有的申请国家赔偿的请求权，随着被转让的债权一并转让，使新债权人既取得该债权，也取得基于该债权被侵害而由原债权人转让的债权取得的申请司法赔偿请求权，例如，错误执行的债权被司法拍卖，受让的债权人基于该债权受到侵害的事实，同样也取得司法赔偿请求

权。因而可以说，该被转让的债权，是附加了一个司法赔偿请求权的债权，新债权人基于取得的债权和司法赔偿请求权，可以申请司法赔偿。第三，这里的申请司法赔偿请求权的内容，应当受到《解释》第3条后段的约束，即对受让债权的对价的损害赔偿请求权，而不是赔偿受让债权的债权标的额。第四，根据债权性质、当事人的特别约定以及法律规定不得转让的，即使债权转让，其附加的司法赔偿请求权也不能转让。这样的规则，无论是在国家赔偿，还是在普通民事赔偿中，都有重要价值。

在国家赔偿领域，债权在转让前，受到错误执行行为的侵害，即取得司法赔偿请求权。通过司法拍卖，原债权人将该债权转让，受让人取得该债权，成为新的债权人，当然也取得该债权的司法赔偿请求权，不仅保护原债权人的债权，而且也保护新债权人的合法权益。

在普通侵权责任领域，当债权被侵害后，债权人产生债权侵权损害赔偿请求权，当原债权人将该债权转让时，新债权人在取得受让的债权时，也一并取得基于该债权受到侵害所产生的损害赔偿请求权，可以向侵害债权的侵权人请求债权被侵害的损害赔偿，保护好自己受让所得的债权。

综上，《解释》规定的关于保护债权的规则在涉执行司法赔偿中具有保护债权的重要价值，规则明确，法理基础充分。在民事领域的侵害债权制度建设上，这些规则也具有重要价值，只是在被侵害的债权被转让后，随之一并转让的债权侵权损害赔偿请求权的内容有所不同，不是只可以请求赔偿受让债权所支付的对价，而是请求赔偿受让债权的标的额。形成这种差别的原因是国家赔偿具有特殊性，赔偿范围有别于普通侵权责任的侵害债权损害赔偿。

《最高人民法院关于审理涉执行司法赔偿案件适用法律若干问题的解释》若干问题解读

江 勇[*] 魏 星[**]

党的十八大以来，在以习近平同志为核心的党中央坚强领导下，全国法院认真贯彻落实党的十八届四中全会关于"切实解决执行难"的重大决策部署，如期实现了"基本解决执行难"的阶段性目标，执行工作取得显著成效，人民群众获得感持续增强。但是，随着人民群众新要求、新期待的进一步提升，执行工作仍有待进一步规范，执行监督管理不到位，执行权制约机制不完善等问题仍然存在。2022年3月1日，《解释》实施，对于充分保护赔偿请求人的合法权益，进一步促进和规范执行权的行使和运行，让人民群众感受到公平正义就在身边，具有重要意义。

一、指导思想

《国家赔偿法》第1条确立了依法保障国家赔偿救济权和监督执行权规范运作的立法目的。在制定过程中，有的同志存在一定的隐忧，认为《解释》的出台会使得执行工作举步维艰、动辄得咎。其实不然，纵观《解释》的总体思路和具体规定，出发点均立足于执行实际和赔偿实际，其目的是进一步规范执行行为而非追偿追责。比如，《解释》中关于违法归责和过错归责多元归责原则以及责任排除情形等规定均体现了依法支持合法执行行为，保证执行工作正常顺利开展的原则。又如，《解释》中关于救济途径的衔接

---

[*] 浙江省高级人民法院赔偿委员会办公室副主任，三级高级法官。
[**] 浙江省高级人民法院赔偿委员会办公室法官助理。

规定系以执行救济优先为原则，最大程度上在原有法律规定框架内充分尊重执行部门的先行判断。同时对不予认定执行错误和不承担赔偿责任的情形进行了规定，合理划定执行工作的责任界限。调研表明，错误执行赔偿案件限于对生效法律文书执行错误且产生损害后果的案件，监督"门槛"较高，案件总量有限，不仅不会影响执行工作的大局，而且监督优势日益显现，不失为纪检监督和执行部门自身监督以外的有效途径。一方面，赔偿委员会通过对个案的具体、深入和全面审理，往往能够发现执行工作中的深层次问题，从而达到"审理一案，规范一片"的效果。一是可以有效监督执行不作为、消极执行问题。从浙江审理错误执行赔偿案件的实践看，有些看似已经穷尽执行措施但仍无法执行到位的执行案件往往在进入国家赔偿程序后出现转机。二是及时预警执行工作中的问题。近年来，错误执行赔偿案件暴露出不少新情况、新问题。例如，执行中将无关人员误录入失信被执行人名单系统或者采取限制措施，未将已经履行完毕的被执行人从失信名单中移除或者解除限制措施等，在审理涉执行赔偿案件中均可及时预警从而有效规范执行行为。三是有利于发现执行工作的廉政风险点。针对执行系统存在的廉政风险，纪检监察部门虽采取了一系列措施，但依然难以杜绝执行中的廉政问题。而国家赔偿通过个案审查这一独有的监督方式，有效拓展了全方位多角度监督执行工作的路径。另一方面，国家赔偿以金钱给付作为主要赔偿方式，以追偿追责作为后盾，其作为一种相对柔性监督方式，赔偿义务机关可以通过后续执行手段弥补过错，避免赔偿。无论是赔偿请求人还是赔偿义务机关，均可接受。依法审理好涉错误执行赔偿案件，对于维护司法公信力，依法规范执行行为，正确处理支持与监督的关系大有裨益。

二、调整范围

《解释》调整对象为涉执行司法赔偿案件，此类案件包括但不限于上文提及的错误执行赔偿案件。《解释》第1条对涉执行司法赔偿案件的内涵与外延进行了界定，即"人民法院在执行判决、裁定及其他生效法律文书过程中，错误采取财产调查、控制、处置、交付、分配等执行措施或者罚款、拘留等强制措施，侵犯公民、法人和其他组织合法权益并造成损害"的案件。由此可见，申请国家赔偿的错误执行行为包括执行措施和强制措施。与此相对应的，根据《最高人民法院关于国家赔偿案件案由的规定》的案由规定，错误执行赔偿、违法司法罚款和违法司法拘留案件均可以《解释》作为审理依据。

需要说明的是，根据《执行权配置意见》关于对执行事项的区分规定，执行权是人民法院依法采取各类执行措施以及对执行异议、复议、申诉等事项进行审查的权力，包括执行实施权和执行审查权。执行实施权的范围主要是财产调查、控制、处分、交付和分配以及罚款、拘留措施等实施事项；执行审查权的范围主要是审查和处理执行异议、复议、申诉以及决定执行管辖权的移转等审查事项。《解释》第1条规定的执行措施和强制措施均属于执行实施行为，故执行审查行为应排除在涉执行司法赔偿案件的受案范围之外。如赔偿请求人因执行异议、复议等涉执行审查权等事项申请国家赔偿，应不予受理；如已受理，应驳回赔偿申请。

三、错误执行情形

《解释》第2条对错误执行情形进行了列举式规定，系在《非刑事司法赔偿解释》第5条规定的基础上进行了完善。第一，有效整合，合并类似情形。比如，将《非刑事司法赔偿解释》关于生效法律文书的规定合并规定为"执行未生效法律文书，或者明显超出生效法律文书确定的数额和范围执行的"；将涉及案外人、财、物的规定修改合并为"违法执行案外人财产，或者违法将案件执行款物交付给其他当事人或者案外人的"。第二，及时吸收，回应现实问题。执行实践纷繁复杂，轮候查封的法院违法执行首封法院已查封的执行财产，网络拍卖中违法撤销拍卖，违法纳入失信被执行人名单、采取限制消费和限制出境等问题尚有发生。第2条将上述情形纳入规范范围。第三，科学区分，合理界定条件。《解释》第2条与《非刑事司法赔偿解释》第5条的规定相比，最为明显的变化为在列举的具体情形中删除了关于损害后果的规定。比如，《非刑事司法赔偿解释》关于拖延执行或者不执行、应当恢复执行而不恢复中有"导致被执行财产流失"之规定；不履行监管职责中有"造成财产毁损、灭失"之规定；对不宜长期保存的物品有"造成物品毁损或者严重贬值"之规定。但在《解释》中，上述关于损害后果的规定均被删除，仅对违法行为本身进行表述，该做法更加科学地厘清了案件受理条件和赔偿要件的区别，对保护赔偿请求人申请国家赔偿的程序性权利大有裨益。

四、执行救济与国家赔偿的衔接

对于执行救济与国家赔偿两种救济途径的衔接问题，主要涉及程序和实体两方面，即立案条件的设定和合法性审查依据的确定。

根据现行的法律规定，我国执行救济程序主要包括执行异议、执行复议和执行监督程序。在"确赔合一"制度下，国家赔偿立案是否以赔偿请求人穷尽执行救济为前提，《解释》第6条对此作出明确回应，即公民、法人和其他组织在执行异议、复议或者执行监督程序审查期间，就相关执行措施或者强制措施申请赔偿的，人民法院不予受理，已经受理的予以驳回，并告知其在上述程序终结后可以依照《解释》第5条的规定依法提出赔偿申请。公民、法人和其他组织在执行程序中未就相关执行措施、强制措施提出异议、申请复议或者申请执行监督，不影响其依法申请赔偿的权利。因此，如果赔偿请求人在执行救济过程中申请国家赔偿，应不符合立案条件。如在执行程序终结后申请国家赔偿，人民法院不得以其未在执行程序中寻求救济为由不予受理。否则，相当于变相设立了要求赔偿请求人先行确认执行行为违法的前置程序，与《国家赔偿法》的"确赔合一"精神相悖。

2010年修正的《国家赔偿法》实施后，不再要求设立单独程序对执行行为的合法性进行认定，而是通过认定国家赔偿要件之一的侵权行为是否成立来实现。因此，如果要求相关生效法律文书应当作为认定执行行为的合法性依据，则等同于要求在申请国家赔偿之前必须存在前置确认程序，不符合"确赔合一"之精神。基于此，《解释》第7条采用目前共识度较高的观点，即原则上可以作为根据。具体规定为：经执行异议、复议或者执行监督程序作出的生效法律文书，对执行行为是否合法已有认定的，该生效法律文书可以作为人民法院赔偿委员会认定执行行为合法性的根据。除非赔偿请求人对执行行为的合法性提出相反主张，且提供相应证据予以证明的。

五、赔偿范围

根据《国家赔偿法》第36条第8项之规定，如错误执行行为对公民、法人和其他组织的财产权造成其他损害的，按照直接损失予以赔偿。实践中，"其他损害"如何界定，何种损失属于"直接损失"，均存在不同认识。一般而言，直接损失是指因遭受不法侵害而使现有财产必然减少或消灭，是既得利益的丧失或现有财产的减少。间接损失则是可得利益的丧失或未来财产的减损,是相对人未实际取得的期待利益,不能排除因意外情况的发生而导致无法实际取得的风险。但有时直接损失和间接损失之间存有模糊地带,比如,正在出租的房屋因错误执行导致流失或灭失,该房屋的租金损失如何认定。在司法实践中,已有法院将该租金损失认定为既得利益丧失的实际损失,并予以赔偿。

因此,如何进一步明确直接损失之赔偿范围,既有必要性亦有可行性。《解释》在充分吸收实践经验的基础上,追溯和体现了《国家赔偿法》关于"直接损失"表述的立法原意。其中第 14 条规定,错误执行行为造成公民、法人和其他组织利息、租金等实际损失的,适用《国家赔偿法》第 36 条第 8 项的规定予以赔偿。第 16 条第 2 款规定,错误执行生产设备、用于营运的运输工具,致使受害人丧失唯一生活来源的,按照其实际损失予以赔偿。从上述规定看,将"直接损失"解释为"实际损失",有效弥合了法律规定与实践做法之间的裂缝,既有利于保护赔偿请求人的合法财产权益,也有力地彰显了《国家赔偿法》之立法宗旨。但应当指出,实际损失必须具备合法性,如高利贷等违法支出不受法律保护,不应当纳入赔偿范围。

《解释》施行后,部分执行案件人民群众救济的目光将从执行部门转向赔偿部门,涉执行司法赔偿案件将显著增长,应当引起各级法院的高度重视。

涉执行司法赔偿解释对赔偿主体规定的完善

马兆河[*]

《解释》已于2022年3月1日实施。该《解释》是一部顺应新时代人民法院国家赔偿审判、执行工作的司法新规，《解释》的亮点之一是对赔偿主体即赔偿请求人、赔偿义务机关均作出进一步规定，方便了国家赔偿诉讼，意义重大、影响深远。

一、主体制度完善问题的提出与期待

近年来，随着人民法院执行制度的不断完备，一些特殊的涉执行司法赔偿案件因对赔偿主体缺乏明确规定，引发求偿程序不畅，导致裁判标准不一致，产生多次多头申请赔偿。这类案件虽然占比不多，但是问题具有典型性，已经成为困扰国家赔偿保障权利救济的难点问题，亟待进一步完善。

前期，最高人民法院鼓励各地法院用优用足法律规定加强权利保障、积极探索创新涉执行司法赔偿案件审判机制，及时发布了典型案例，发挥引领、示范、推动作用，积累了丰富的审判经验。在此基础上，最高人民法院经过论证、调研，广泛听取意见，及时吸收经验，科学界定条件，在《解释》中对赔偿主体问题予以明确规定，破解了影响审判的深层次问题。

二、主体问题的制度完善与思考

（一）基于受让债权申请国家赔偿的主体问题

之前，由于法律及司法解释对于此情形下的赔偿主体问题没有明确规

---

[*] 辽宁省高级人民法院赔偿委员会主任，三级高级法官。

定,司法实践中处理争议较大。以债权受让人孙某某申请大连市中级人民法院(以下简称大连中院)错误执行赔偿一案为例,大连中院于2008年11月10日将杨某春申请执行大连第三建筑工程公司指定甘井子区法院执行,其间杨某春将债权转让给孙某某,甘井子区法院于2009年4月19日裁定:变更孙某某为本案的申请执行人。孙某某以该案在大连中院执行期间存在执行错误造成损失为由申请国家赔偿,其是否具有赔偿请求人资格,存在两种观点。观点一认为,债权受让人没有求偿的权利主体资格。理由是:《国家赔偿法》第2条第1款规定,"国家机关和国家机关工作人员行使职权,有本法规定的侵犯公民、法人和其他组织合法权益的情形,造成损害的,受害人有依照本法取得国家赔偿的权利"。据此,国家赔偿强调法定赔偿原则,包括主体、范围、标准、程序等方面。关于赔偿请求人权利承继问题,《国家赔偿法》仅在第6条作了规定,其中,第2款规定"受害的公民死亡,其继承人和其他有扶养关系的亲属有权要求赔偿",明确了受害的公民死亡,自然人权利的承继问题;第3款规定"受害的法人或者其他组织终止的,其权利承受人有权要求赔偿",明确了受害的法人或者其他组织终止的,其权利承继问题。上述规定均未明确基于受让债权的国家赔偿申请问题,且孙某某所主张的大连中院错误执行导致判决不能执行的行为发生在大连中院执行期间,该期间孙某某并非执行案件当事人,大连中院的执行行为不能给其造成损害,因此,受让人以此主张权利,不符合法律规定的主体资格。观点二认为,债权受让人具有求偿的权利主体资格。理由是:虽然《国家赔偿法》没有明确规定债权受让人的求偿权利,但国家赔偿毕竟是一种特殊的侵权,面对权利保护意识日益增强的人民群众,应当合理解释法律,尤其在受害人求偿无门、救济无路时,应当参照民法相关规定,认定受让人具有求偿的权利主体资格,且该案中,孙某某经债权受让,并经法院裁定追加为执行案件的申请执行人。

  上述问题产生的根源,实质是对债权受让人的国家赔偿主体资格问题的认识分歧。由于法律缺乏明确、具体规定,易出现各法院处理意见不统一的情形,增加赔偿请求人诉累,亦浪费司法资源。为此,《解释》第3条规定,"原债权人转让债权的,其基于债权申请国家赔偿的权利随之转移,但根据债权性质、当事人约定或者法律规定不得转让的除外"。《解释》借鉴民事法律的规定,尊重债权转让的当事人意思自治,但强调根据债权性质、当事人约定或者法律规定不得转让的除外,赋予债权受让人的赔偿请求人资格。

该规定填补了法律空白，统一了法律适用，权利保护更明确、更方便。

(二) 委托执行案件的赔偿义务机关确定问题

委托执行是被执行人或者被执行财产在外地，受理执行申请的人民法院委托当地人民法院代为执行的制度，其本意为降低执行成本、提高执行效率。委托执行包括全案委托执行、事项委托执行。但在执行实践中，委托执行囿于各种因素影响，难免发生侵犯执行案件当事人合法权益的情形，由此引发的国家赔偿案件，如何确定赔偿义务机关，《国家赔偿法》及相关司法解释起初并无明确规定。2013年《最高人民法院办公厅关于国家赔偿法实施中若干问题的座谈会纪要（二）》第12条对此曾规定，受托法院对判决、裁定及其他生效法律文书执行错误，系因委托法院作出执行裁定错误所致的，应由委托法院作为赔偿义务机关；因受托法院具体执行行为违法所致的，应由受托法院作为赔偿义务机关。由此看来，委托执行案件的赔偿义务机关确定，需要进一步完善相关法律规定。

1. 关于执行事项委托执行的赔偿义务机关确定问题

之前，由于对执行事项委托执行的赔偿义务机关确定规定不明确，个别司法机关相互推诿，导致受害人求偿无门，引发多头求偿。《规范执行委托管理办法》对执行事项委托的情形进行了明确和规范，规定原则上要通过事项委托方式办理，不提倡将全案委托执行。基于上述规定及日臻成熟的执行实践，《解释》第4条对事项委托执行案件中的赔偿义务机关确定作出了明确，即"人民法院将查封、扣押、冻结等事项委托其他人民法院执行的，公民、法人和其他组织认为错误执行行为造成损害申请赔偿的，委托法院为赔偿义务机关"。之所以将因事项委托中的赔偿义务机关确定为委托法院，是因为受托法院在此过程中并没有行使司法判断权。在委托法院对委托执行事项已作出相应的执行裁定，受托法院亦在已确定的执行范围和执行对象内采取执行措施的情况下，因执行裁定错误引发的赔偿案件应由委托法院作为赔偿义务机关。但在适用中需要注意的是，受托法院有超越委托范围履行委托事项以及消极接受委托事项行为的，应由受托法院为赔偿义务机关。

《执行权制约机制意见》第28条规定："实行执行案件委托向执行事项委托的彻底转变，强化全国执行一盘棋的理念，健全以执行事项委托为主的全国统一协作执行工作机制。依托执行指挥管理平台，畅通异地事项委托的运行渠道，切实提高事项委托办理效率，降低异地执行成本。"今后，事项委托执行是委托执行的方向,为了进一步明确涉及此类执行司法赔偿案件的赔偿义务机关,《解释》第 4 条结合工作实际,提前谋划,对规范事项委托执行和国家赔偿审判具有指导意义。

2. 关于全案委托执行的赔偿义务机关确定问题

全案委托执行问题不复杂,相对简单,结合案件具体情况,根据已有的法律规定,不难确定赔偿义务机关。另外,由于相关规定已经明确今后实行执行全案委托向执行事项委托的彻底转变,因此,《解释》对此无须进一步规定。

(三)其他情形赔偿请求人的主体问题

《解释》第 2 条以列举加兜底的方式对错误执行情形予以规定,共计十一种情形,进一步明确了相关权利人。不仅执行案件的当事人,相关案外人也具有申请国家赔偿的主体资格。

上述规定,系对 2016 年《非刑事司法赔偿解释》第 5 条规定进行完善:一是整理合并原有法律规定,比如,合并《非刑事司法赔偿解释》关于生效法律文书的规定为"执行未生效法律文书,或者明显超出生效法律文书确定的数额和范围执行的";合并《非刑事司法赔偿解释》相关案外人、财、物的规定为"违法执行案外人财产,或者违法将案件执行款物交付给其他当事人或者案外人的"。二是吸收回应新问题、新情况,如违法执行其他法院已查封的财产,网络拍卖中违法撤销拍卖,违法纳入失信被执行人名单、限制消费和限制出境等问题。三是区分厘清案件受理条件和赔偿要件,《解释》删除了《非刑事司法赔偿解释》第 5 条具体情形中关于损害后果的规定,比如,《非刑事司法赔偿解释》关于拖延执行或者不执行、应当恢复执行而不恢复中有"导致被执行财产流失"之规定;不履行监管职责中有"造成财产毁损、灭失"之规定;对不宜长期保存的物品有"造成物品毁损或者严重贬值"之规定等。《解释》第 2 条在各项具体情形中仅对违法行为本身进行表述,强调"违法执行行为",适度降低了国家赔偿的立案门槛,对保护赔偿请求人申请国家赔偿的程序性权利大有裨益。

(四)受让债权的保护范围问题

该问题系前述"基于受让债权申请国家赔偿的主体问题"的延伸。实践中,一些债权受让人因为通过执行无法实现债权,因而便回溯至执行行为,以期通过申请涉执行行为国家赔偿实现利益最大化。

之前，辽宁法院对于这类案件的处理方式不一。对于存在错误执行情形的，有的未审查支付对价情况径行决定赔偿；有的以执行程序未终结驳回赔偿申请等。对于不存在错误执行或错误执行不明情形的，有的以不存在错误执行情形驳回赔偿请求；有的以受让人取得债权时应该概括承受该债权执行案件的执行现状，对受让之前发生的执行行为不具有提出错误执行的权利驳回申请；有的以执行程序未终结驳回赔偿申请；等等。为此，《解释》第17条明确对受让债权的保护范围，即"债权受让人申请赔偿的，赔偿范围以其受让债权时支付的对价为限"。该规定较好地限制了以购买风险债权等方式取得请求权以谋取不当利益的行为，堵塞了国家利益损失的漏洞，为今后此类案件审理指明了方向。

应当指出，审判实践中存在未支付对价、约定债权实现后按比例给付出让方的债权转让情形。比如，李某申请某区法院错误执行国家赔偿一案，沈阳某公司与李某签订债权转移协议书，该协议书约定支付方式为"李某在民事判决书确认的全部债权及权益执行有货币回款时，李某按照货币的70%即时支付给某公司；如果执行回收的房产、其他动产、有价证券等，李某如能变现按照70%支付给某公司，不能变现按照实物分割70%给某公司，税费由某公司自担。不可执行、没有回款（物）李某不支付"。由于李某受让债权时没有支付对价，视为未支付对价。

三、主体规定完善的意义与瞻望

《解释》立足于涉执行司法赔偿工作的实际，坚持国家赔偿制度的基本原则，进一步明确案件主体，推动实现涉执行司法赔偿的价值定位。

（一）保障公民、法人和其他组织享有依法取得国家赔偿的权利

保障权利救济是涉执行司法赔偿的目的之一，其基本内容：一是在程序上有依法请求国家赔偿的权利；二是在实体上依法获取人民法院的赔偿权利。《解释》紧紧围绕方便于"告什么"即涉执行司法赔偿，在第3条、第4条进一步明确了涉执行司法赔偿的案件主体问题即"谁来告""应告谁"。涉执行司法赔偿案件主体的明确，方便了赔偿请求人行使求偿权利，有利于保障权利救济。

（二）监督人民法院依法行使执行权力

国家利益至上，人民利益高于一切。其一，涉执行司法赔偿是由国家承担的一种法律责任，无疑会强化工作人员在行使执行权中的自我约束机制，促使其谨慎、勤勉依法行使职权，避免造成国家利益损失。其二，《国家赔偿法》赋予公民、法人和其他组织依法请求国家赔偿的权利，而请求国家赔偿的过程实质上就是一个监督过程。《解释》明确了涉执行司法赔偿主体，进而明确双方的权利、义务，完善对执行权的监督制约机制，能够有效促进人民法院规范行使执行权。

（三）保证人民法院依法正常顺利开展执行工作

国家赔偿制度设计的目的之一，就是维护国家公务人员的公务热情。监督人民法院执行权行使，同时也是支持、保证人民法院执行权行使，二者是一个问题的两个方面。比如，《解释》明确涉执行司法赔偿案件主体，能够将一些动辄申请国家赔偿的滥诉案件挡在立案环节，保证人民法院不会轻易被牵扯到国家赔偿诉讼当中，从而保证执行工作的依法正常顺利开展。

《解释》统一了涉执行司法赔偿案件主体的法律适用，其进步性是显著的。相信在《解释》的指导下，新时代国家赔偿审判制度能够发挥更大的作用！

涉执行司法赔偿与执行救济措施的合理衔接

林爱钦[*]　聂文佳[**]

司法实践中，围绕法院执行而衍生的国家赔偿案件不仅数量多，而且社会关注度高。《解释》的正式实施，对于人民法院适应新形势下推动和落实人权保障，贯彻司法为民根本宗旨，着力构建执行与国家赔偿双向发力新机制，推进国家赔偿审判精细化规范化高效化发展，具有重大的指导意义。其中，《解释》的亮点之一就是进一步强化了执行救济监督程序与涉执行国家赔偿司法审查程序的有效衔接，这对于人民法院充分运用好执行内部救济措施与涉执行司法赔偿"确赔合一"两把利器，正确高效处理好案件，切实维护人民群众合法权益，提供了强有力的制度保障。

一、《解释》明确了涉执行司法赔偿案件的执行程序终结原则及例外

《解释》第5条规定了公民、法人和其他组织申请错误执行赔偿，应当在执行程序终结后提出，终结前提出的不予受理。即在立案审查时，原则上应以执行程序终结作为审查受理的条件之一。理由在于：执行程序中存在对执行措施予以救济的相关规定，当事人对法院司法行为存在异议的，可以先按照法律规定对执行行为提出异议、申请复议和申请执行监督。若原执行案件尚未终结，则当事人之间的权利义务关系尚无定论，在此基础上无法判断是否造成了损害、损害的大小以及应否承担责任等问题。并且，在执行程序进行中启动赔偿程序，势必造成两个司法程序的并存甚至冲突，不利于问题

---

[*] 福建省高级人民法院赔偿委员会办公室副主任，二级高级法官。
[**] 福建省高级人民法院赔偿委员会办公室委员，四级高级法官。

的解决。

司法实践中还存在大量终结本次执行的案件，虽客观上已无继续执行或恢复执行之可能，但又不符合终结执行的要求。因此，《解释》对于当事人无法在执行程序中予以补救，实际损害又已经产生，亟待给予国家赔偿的，规定了四种无须待执行终结即可提出赔偿申请的情形。包括：罚款、拘留等强制措施已被依法撤销，或者实施过程中造成人身损害的；被执行的财产经诉讼程序依法确认不属于被执行人，或者人民法院生效法律文书已确认执行行为违法的；自立案执行之日起超过5年，且已裁定终结本次执行程序，被执行人已无可供执行财产的；在执行程序终结前可以申请赔偿的其他情形。这四种除外情形的规定，极大地保障了当事人寻求救济的途径，避免了当事人在执行与赔偿程序中迂回反复造成的讼累，节约了司法资源。

需要特别说明的是，在上述赋予当事人直接提起国家赔偿选择权的情形中，有三种在2016年《非刑事司法赔偿解释》中已有规定，而《解释》根据实践需要创新增设了人民法院自立案执行之日起超过5年，经穷尽财产调查措施，被执行人确无财产可供执行之情形。在这里，规定一个"自立案执行之日起五年"的期限，既符合司法审判实际，操作性也更强，还能有效降低赔偿请求人申请国家赔偿的"门槛"。《解释》第5条第2款还规定，赔偿请求人依据第1款规定，在执行程序终结后申请赔偿的，该执行程序期间不计入赔偿请求时效。以上规定，对当事人的诉权保障十分有利。

二、《解释》明确了涉执行司法赔偿案件穷尽其他救济途径的前提条件

《解释》第6条规定公民、法人和其他组织在执行异议、复议或者执行监督程序审查期间，就相关执行措施或者强制措施申请赔偿的，人民法院不予受理，已经受理的予以驳回，并告知其在上述程序终结后可以依照《解释》第5条的规定依法提出赔偿申请。即在人民法院立案受理时，应查明当事人是否已终结执行程序，其目的在于排除程序并行的情况。若当事人已选择先通过执行程序寻求救济，其可借助执行规范操作，达到尽快停止违法行为、减少利益受损的目的，最大限度发挥执行救济措施的制度价值。

需要注意的是，不能把"穷尽其他救济途径""排除程序并行"理解成"执行救济优先"。当事人未经执行救济程序，依然可以直接提起国家赔偿申请。正如《解释》第6条第2款规定，公民、法人和其他组织在执行程序中

未就相关执行措施、强制措施提出异议、申请复议或者申请执行监督，不影响其依法申请赔偿的权利。即只有赔偿请求人在执行救济过程中申请国家赔偿，才不符合立案条件。若当事人未经执行救济程序，人民法院不得以其未在执行程序中寻求救济为由而不予受理。否则，等同于变相设立了要求赔偿请求人先行确认执行行为违法的前置程序，与《国家赔偿法》的"确赔合一"精神相悖。

实践中，人民法院往往鼓励当事人先通过执行救济程序主张权益，是基于及时止损、避免损失扩大、提高司法效率之考量，以及与有过失原则在减轻国家赔偿责任中的适用。若当事人因人民法院错误执行财产受到损害，但其在相对充足的时间内，不主动寻求救济，放任财产被他人或者自然原因损害，对于扩大的损害依法应当由当事人自行承担，不属于国家承担赔偿责任的范畴。人民法院仅对错误执行行为造成损害的部分给予赔偿。

三、《解释》确立了国家赔偿程序对执行行为的全面审查

执行救济监督与涉执行国家赔偿司法审查是两种不同的制度设计，两者侧重不同，不可相互替代。执行救济监督作为一种执行内部救济途径，更加倾向于对行为的快速补正、消除争议，以确保后续执行的正确性与高效性。而涉执行国家赔偿司法审查，所追求的目标是要对当事人申请国家赔偿的执行行为进行准确的价值判断，更倾向于对行为合法性、损害结果、因果关系等实体上的判断。

《解释》第7条第1款规定，经执行异议、复议或者执行监督程序作出的生效法律文书，对执行行为是否合法已有认定的，该生效法律文书可以作为人民法院赔偿委员会认定执行行为合法性的依据。原因在于，执行环节的审查情况及结论，往往与国家赔偿中涉及具体情节的认定以及对赔偿范围的最终确认密切相关。故而，执行救济监督审查结果实际已构成对执行行为错误的确认，从节约司法资源和减轻当事人讼累的角度，《解释》认可该确认在国家赔偿程序中的效力。

《解释》第7条第2款规定，赔偿请求人对执行行为的合法性提出相反主张，且提供相应证据予以证明的，人民法院赔偿委员会应当对执行行为进行合法性审查并作出认定。这是因为，国家赔偿司法审查与执行异议、复议的审查范围并不一致，与执行监督的功能定位、制定设计也有差异。因此，涉执行司法赔偿审查应保持公正性、独立性，注意避免前期执行救济监督结

果对后续赔偿的不当影响。这对赔偿委员会的全局站位、责任担当、业务能力提出了更高的要求。

结合近三年福建省高级人民法院（以下简称福建高院）赔偿委员会审理的案件类型来看，非刑事司法赔偿案件数量逐年增多并成为最主要的案件类型。其中，涉执行司法赔偿案件占比高达七成，主要原因为：一是当事人法治意识增强，积极运用国家赔偿的方式维护自身权益；二是执行工作涉及判决权益的兑现和矛盾纠纷的最终解决，容易引发争议；三是执行工作面临的新情况、新问题更多也更复杂，是矛盾争议的高发领域。而从裁判结果来看，支持赔偿请求人的比率较低，客观上反映出人民法院执行行为的不断规范，但也在一定程度上表现为赔偿请求人对于其请求是否属于国家赔偿范围认识不清，较为盲目地提起赔偿请求且赔偿金额脱离实际的情况。例如，福建高院在审理厦门东妮娅实业股份有限公司申请厦门市中级人民法院赔偿案件中，审查认为厦门市中级人民法院在诉讼保全、执行过程中并不存在违法或者过错行为，赔偿请求人的损失系由保管人造成，遂向赔偿请求人释明可另行通过民事途径救济主张。做到既准确适用法律，又进行了诉讼引导，社会效果良好。再如，蒋某文申请莆田市中级人民法院赔偿一案中，经查明，莆田市中级人民法院错误将属于案外人蒋某文所有的工程款126158.63元执行给了蒋某汉，该执行行为确属违法。福建高院赔偿委员会经审查后，以蒋某文本金126158.63元为基数，按照银行同期存款利息计算利息赔偿其直接损失。

《解释》所着力构建的执行、赔偿同向发力新机制，要求人民法院切实发挥好国家赔偿审判制度优势，既通过依法处理、纠正违法执行行为，规范执行权力运行，形成人民法院部门间的监督制约作用。同时，也通过对执行行为的全面审查，依法保障执行行为的正确实施，维护执行效果、捍卫司法公正。真正做到以执行、赔偿的有效衔接、协调配合、同向发力，共促增进人民福祉，全面深化对人民群众合法权益的保障。

第四部分　经典案例

经典案例

一、指导性案例和个案答复

(一) 指导性案例

1. 指导案例 43 号：国泰君安证券股份有限公司海口滨海大道（天福酒店）证券营业部申请错误执行赔偿案

最高人民法院审判委员会讨论通过
2014 年 12 月 25 日发布

【关键词】 国家赔偿 司法赔偿 错误执行 执行回转

【裁判要点】

1. 赔偿请求人以人民法院具有《国家赔偿法》第 38 条规定的违法侵权情形为由申请国家赔偿的，人民法院应就赔偿请求人诉称的司法行为是否违法，以及是否应当承担国家赔偿责任一并予以审查。

2. 人民法院审理执行异议案件，因原执行行为所依据的当事人执行和解协议侵犯案外人合法权益，对原执行行为裁定予以撤销，并将被执行财产回复至执行之前状态的，该撤销裁定及执行回转行为不属于《国家赔偿法》第 38 条规定的执行错误。

【相关法条】

《国家赔偿法》第 38 条

【基本案情】

赔偿请求人国泰君安证券股份有限公司海口滨海大道（天福酒店）证券营业部（以下简称国泰海口营业部）申请称：海南省高级人民法院（以下简称海南高院）在未依法对原生效判决以及该院（1999）琼高法执字第 9-10、9-11、9-12、9-13 号裁定（以下分别简称 9-10、9-11、9-12、9-13 号裁定）进行再审的情况下，作出（1999）琼高法执字第 9-16 号裁定（以下简称 9-16 号裁定），并据此执行回转，撤销原 9-11、9-12、9-13 号裁定，造成国泰海口营业部已合法取得的房产丧失，应予确认违法，并予以国家赔偿。

海南高院答辩称：该院 9-16 号裁定仅是纠正此前执行裁定的错误，并未改变原执行依据，无须经过审判监督程序。该院 9-16 号裁定及其执行回转行为，系在审查案外人执行异议成立的基础上，使争议房产回复至执行案件开始时的产权状态，该行为与国泰海口营业部经判决确定的债权，及其尚不明确的损失主张之间没有因果关系。国泰海口营业部赔偿请求不能成立，应予驳回。

法院经审理查明：1998 年 9 月 21 日，海南高院就国泰海口营业部诉海南国际租赁有限公司（以下简称海南租赁公司）证券回购纠纷一案作出（1998）琼经初字第 8 号民事判决，判决海南租赁公司向国泰海口营业部支付证券回购款本金 3620 万元和该款截至 1997 年 11 月 30 日的利息 16362296 元；海南租赁公司向国泰海口营业部支付证券回购款本金 3620 万元的利息，计息方法为：从 1997 年 12 月 1 日起至付清之日止按年息 18% 计付。

1998 年 12 月，国泰海口营业部申请海南高院执行该判决。海南高院受理后，向海南租赁公司发出执行通知书并查明该公司无财产可供执行。海南租赁公司提出其对第三人海南中标物业发展有限公司（以下简称中标公司）享有到期债权。中标公司对此亦予以认可，并表示愿意以景瑞大厦部分房产直接抵偿给国泰海口营业部，以偿还其欠海南租赁公司的部分债务。海南高院遂于 2000 年 6 月 13 日作出 9-10 号裁定，查封景瑞大厦的部分房产，并于当日予以公告。同年 6 月 29 日，国泰海口营业部、海南租赁公司和中标公司共同签订《执行和解书》，约定海南租赁公司、中标公司以中标公司所有的景瑞大厦部分房产抵偿国泰海口营业部的债务。据此，海南高院于 6 月 30 日作出 9-11 号裁定，对和解协议予以认可。

在办理过户手续过程中，案外人海南发展银行清算组（以下简称海发行清算组）和海南创仁房地产有限公司（以下简称创仁公司）以海南高院 9-11 号裁定抵债的房产属其所有，该裁定损害其合法权益为由提出执行异议。海南高院审查后分别作出 9-12 号、9-13 号裁定，驳回异议。2002 年 3 月 14 日，国泰海口营业部依照 9-11 号裁定将上述抵债房产的产权办理变更登记至自己名下，并缴纳相关税费。海发行清算组、创仁公司申诉后，海南高院经再次审查认为：9-11 号裁定将原金通城市信用社（后并入海南发展银行）向中标公司购买并已支付大部分价款的房产当作中标公司房产抵债给国泰海口营业部，损害了海发行清算组的利益，确属不当，海发行清算组的异议理由成立，创仁公司异议主张应通过诉讼程序解决。据此海南高院于2003年7月31日作出9-16号裁定，裁定撤销9-11号、9-12号、9-13号裁定，将原裁定抵债房产回转过户至执行前状态。

2004年12月18日，海口市中级人民法院（以下简称海口中院）对以海发行清算组为原告、中标公司为被告、创仁公司为第三人的房屋确权纠纷一案作出（2003）海中法民再字第37号民事判决，确认原抵债房产分属创仁公司和海发行清算组所有。该判决已发生法律效力。2005年6月，国泰海口营业部向海口市地方税务局申请退税，海口市地方税务局将契税退还国泰海口营业部。2006年8月4日，海南高院作出9-18号民事裁定，以海南租赁公司已被裁定破产还债，海南租赁公司清算组请求终结执行的理由成立为由，裁定终结（1998）琼经初字第8号民事判决的执行。

（1998）琼经初字第8号民事判决所涉债权，至2004年7月经协议转让给国泰君安投资管理股份有限公司（以下简称国泰投资公司）。2005年11月29日，海南租赁公司向海口中院申请破产清算。破产案件审理中，国泰投资公司向海南租赁公司管理人申报了包含（1998）琼经初字第8号民事判决确定债权在内的相关债权。2009年3月31日，海口中院作出（2005）海中法破字第4-350号民事裁定，裁定终结破产清算程序，国泰投资公司债权未获得清偿。

2010年12月27日，国泰海口营业部以海南高院9-16号裁定及其行为违法，并应予返还9-11号裁定抵债房产或赔偿相关损失为由向该院申请国家赔偿。2011年7月4日，海南高院作出（2011）琼法赔字第1号赔偿决定，决定对国泰海口营业部的赔偿申请不予赔偿。国泰海口营业部对该决定不服，向最高人民法院赔偿委员会申请作出赔偿决定。

【裁判结果】

最高人民法院赔偿委员会于2012年3月23日作出（2011）法委赔字第3号国家赔偿决定：维持海南省高级人民法院（2011）琼法赔字第1号赔偿决定。

【裁判理由】

最高人民法院认为：被执行人海南租赁公司没有清偿债务能力，因其对第三人中标公司享有到期债权，中标公司对此未提出异议并认可履行债务，中标公司隐瞒其与案外人已签订售房合同并收取大部分房款的事实，与国泰海口营业部及海南租赁公司三方达成《执行和解书》。海南高院据此作出9-11号裁定。但上述执行和解协议侵犯了案外人的合法权益,国泰海口营业部据此取得的争议房产产权不应受到法律保护。海南高院9-16号裁定系在执行程序中对案外人提出的执行异议审查成立的基础上,对原9-11号裁定予以撤销,将已被执行的争议房产回复至执行前状态。该裁定及其执行回转行为不违反法律规定,且经生效的海口中院(2003)海中法民再字第37号民事判决所认定的内容予以印证,其实体处理并无不当。国泰海口营业部债权未得以实现的实质在于海南租赁公司没有清偿债务的能力,国泰海口营业部及其债权受让人虽经破产债权申报,仍无法获得清偿,该债权未能实现与海南高院9-16号裁定及其执行行为之间无法律上的因果联系。因此,海南高院9-16号裁定及其执行回转行为,不属于《国家赔偿法》及相关司法解释规定的执行错误情形。

· 278 ·

2. 指导案例 116 号：丹东益阳投资有限公司申请丹东市中级人民法院错误执行国家赔偿案

最高人民法院审判委员会讨论通过
2019 年 12 月 24 日发布

【关键词】　国家赔偿　错误执行　执行终结　无清偿能力

【裁判要点】

人民法院执行行为确有错误造成申请执行人损害，因被执行人无清偿能力且不可能再有清偿能力而终结本次执行的，不影响申请执行人依法申请国家赔偿。

【相关法条】

《国家赔偿法》第 30 条

【基本案情】

1997 年 11 月 7 日，交通银行丹东分行与丹东轮胎厂签订借款合同，约定后者从前者借款 422 万元，月利率 7.92‰。2004 年 6 月 7 日，该笔债权转让给中国信达资产管理公司沈阳办事处，后经转手由丹东益阳投资有限公司（以下简称益阳公司）购得。2007 年 5 月 10 日，益阳公司提起诉讼，要求丹东轮胎厂还款。5 月 23 日，丹东市中级人民法院（以下简称丹东中院）根据益阳公司财产保全申请，作出（2007）丹民三初字第 32-1 号民事裁定：冻结丹东轮胎厂银行存款 1050 万元或查封其相应价值的财产。次日，丹东中院向丹东市国土资源局发出协助执行通知书，要求协助事项为：查封丹东轮胎厂位于丹东市振兴区振七街 134 号土地六宗，并注明了各宗地的土地证号和面积。2007 年 6 月 29 日，丹东中院作出（2007）丹民三初字第 32 号民事判决书，判决丹东轮胎厂于判决发生法律效力后 10 日内偿还益阳公司欠款 422 万元及利息 6209022.76 元（利息暂计至 2006 年 12 月 20 日）。判决生效后，丹东轮胎厂没有自动履行，益阳公司向丹东中院申请强制执行。

2007 年 11 月 19 日，丹东市人民政府第 51 次市长办公会议议定，"关于丹东轮胎厂变现资产安置职工和偿还债务有关事宜"，"责成市国资委会同市国土资源局、市财政局等有关部门按照会议确定的原则对丹东轮胎厂所在地块土地挂牌工作形成切实可行的实施方案，确保该地块顺利出让"。11 月 21 日，丹东市国土资源局在《丹东日报》刊登将丹东轮胎厂土地挂牌出让公告。12月28日，丹东市产权交易中心发布将丹东轮胎厂锅炉房、托儿所土地挂牌出让公告。2008年1月30日，丹东中院作出（2007）丹立执字第53-1号、53-2号民事裁定：解除对丹东轮胎厂位于丹东市振兴区振七街134号三宗土地的查封。随后，前述六宗土地被一并出让给太平湾电厂，出让款4680万元被丹东轮胎厂用于偿还职工内债、职工集资、普通债务等，但没有给付益阳公司。

2009年起，益阳公司多次向丹东中院递交国家赔偿申请。丹东中院于2013年8月13日立案受理，但一直未作出决定。益阳公司遂于2015年7月16日向辽宁省高级人民法院（以下简称辽宁高院）赔偿委员会申请作出赔偿决定。在辽宁高院赔偿委员会审理过程中，丹东中院针对益阳公司申请执行案于2016年3月1日作出（2016）辽06执15号执行裁定，认为丹东轮胎厂现暂无其他财产可供执行，裁定：（2007）丹民三初字第32号民事判决终结本次执行程序。

【裁判结果】

辽宁省高级人民法院赔偿委员会于2016年4月27日作出（2015）辽法委赔字第29号决定，驳回丹东益阳投资有限公司的国家赔偿申请。丹东益阳投资有限公司不服，向最高人民法院赔偿委员会提出申诉。最高人民法院赔偿委员会于2018年3月22日作出（2017）最高法委赔监236号决定，本案由最高人民法院赔偿委员会直接审理。最高人民法院赔偿委员会于2018年6月29日作出（2018）最高法委赔提3号国家赔偿决定：一、撤销辽宁省高级人民法院赔偿委员会（2015）辽法委赔字第29号决定；二、辽宁省丹东市中级人民法院于本决定生效后5日内，支付丹东益阳投资有限公司国家赔偿款300万元；三、准许丹东益阳投资有限公司放弃其他国家赔偿请求。

【裁判理由】

最高人民法院赔偿委员会认为，本案基本事实清楚，证据确实、充分，申诉双方并无实质争议。双方争议焦点主要在于三个法律适用问题：第一，丹东中院的解封行为在性质上属于保全行为还是执行行为？第二，丹东中院的解封行为是否构成错误执行，相应的具体法律依据是什么？第三，丹东中院是否应当承担国家赔偿责任？

关于第一个焦点问题。益阳公司认为，丹东中院的解封行为不是该院的执行行为，而是该院在案件之外独立实施的一次违法保全行为。对此，丹东中院认为属于执行行为。最高人民法院赔偿委员会认为，丹东中院在审理益阳公司诉丹东轮胎厂债权转让合同纠纷一案过程中，依法采取了财产保全措施，查封了丹东轮胎厂的有关土地。在民事判决生效进入执行程序后，根据《查扣冻财产规定》第4条的规定，诉讼中的保全查封措施已经自动转为执行中的查封措施。因此，丹东中院的解封行为属于执行行为。

关于第二个焦点问题。益阳公司称，丹东中院的解封行为未经益阳公司同意且最终造成益阳公司巨额债权落空，存在违法。丹东中院辩称，其解封行为是在市政府要求下进行的，且符合最高人民法院的有关政策精神。对此，最高人民法院赔偿委员会认为，丹东中院为配合政府部门出让涉案土地，可以解除对涉案土地的查封，但必须有效控制土地出让款，并依法定顺位分配该笔款项，以确保生效判决的执行。但丹东中院在实施解封行为后，并未有效控制土地出让款并依法予以分配，致使益阳公司的债权未受任何清偿，该行为不符合最高人民法院关于依法妥善审理金融不良资产案件的司法政策精神，侵害了益阳公司的合法权益，属于错误执行行为。

至于错误执行的具体法律依据，因丹东中院解封行为发生在2008年，故应适用当时有效的司法解释，即2000年发布的《最高人民法院关于民事、行政诉讼中司法赔偿若干问题的解释》。由于丹东中院的行为发生在民事判决生效后的执行阶段，属于擅自解封致使民事判决得不到执行的错误行为，故应当适用该解释第四条第七项规定的违反法律规定的其他执行错误情形。

关于第三个焦点问题。益阳公司认为，被执行人丹东轮胎厂并非暂无财产可供执行，而是已经彻底丧失清偿能力，执行程序不应长期保持"终本"状态，而应实质终结，故本案应予受理并作出由丹东中院赔偿益阳公司落空债权本金、利息及相关诉讼费用的决定。丹东中院辩称，案涉执行程序尚未终结，被执行人丹东轮胎厂尚有财产可供执行，益阳公司的申请不符合国家赔偿受案条件。对此，最高人民法院赔偿委员会认为，执行程序终结不是国家赔偿程序启动的绝对标准。一般来讲，执行程序只有终结以后，才能确定错误执行行为给当事人造成的损失数额，才能避免执行程序和赔偿程序之间的并存交叉，也才能对赔偿案件在穷尽其他救济措施后进行终局性的审查处理。但是，这种理解不应当绝对化和形式化，应当从实质意义上进行理解。在人民法院执行行为长期无任何进展、也不可能再有进展，被执行人实际上已经彻底丧失清偿能力，申请执行人等已因错误执行行为遭受无法挽回的损失的情况下，应当允许其提出国家赔偿申请。否则，有错误执行行为的法院只要不作出执行程序终结的结论，国家赔偿程序就不能启动，这样理解与国家赔偿法以及相关司法解释的目的是背道而驰的。本案中，丹东中院的执行行为已经长达11年没有任何进展，其错误执行行为亦已被证实给益阳公司造成了无法通过其他渠道挽回的实际损失，故应依法承担国家赔偿责任。辽宁高院赔偿委员会以执行程序尚未终结为由决定驳回益阳公司的赔偿申请，属于适用法律错误，应予纠正。

至于具体损害情况和赔偿金额，经最高人民法院赔偿委员会组织申诉人和被申诉人进行协商，双方就丹东中院（2007）丹民三初字第32号民事判决的执行行为自愿达成如下协议：（1）丹东中院于本决定书生效后5日内，支付益阳公司国家赔偿款300万元；（2）益阳公司自愿放弃其他国家赔偿请求；（3）益阳公司自愿放弃对该民事判决的执行，由丹东中院裁定该民事案件执行终结。

综上，最高人民法院赔偿委员会认为，本案丹东中院错误执行的事实清楚，证据确实、充分；辽宁高院赔偿委员会决定驳回益阳公司的申请错误，应予纠正；益阳公司与丹东中院达成的赔偿协议，系双方真实意思表示，且不违反法律规定，应予确认。依照《国家赔偿法》第30条第1款、第2款和《最高人民法院关于国家赔偿监督程序若干问题的规定》第11条第4项、第18条、第21条第3项的规定，遂作出上述决定。

（二）个案答复

最高人民法院
关于执行行为被确认违法后，如何处理恢复执行程序与国家赔偿程序之间关系的答复

2011年11月16日 〔2011〕赔他字第7号

河南省高级人民法院：

你院〔2011〕豫法赔请字第2号《关于新乡市晖苑房地产置业有限公司申请新乡市中级人民法院国家赔偿一案适用法律问题的请示》报告收悉。经研究，答复如下：

根据《中华人民共和国国家赔偿法》第二十二条、第二十四条、第三十八条之规定，以及《中华人民共和国物权法》第二十八条"因人民法院、仲裁委员会的法律文书或者人民政府的征收决定等，导致物权设立、变更、转让或者消灭的，自法律文书或者人民政府的征收决定等生效时发生效力"之规定，在本案原执行程序已终结，涉案物权已变更到原申请执行人张性田名下，且新乡市中级人民法院执行行为已被确认违法，并进入国家赔偿程序的情况下，如果没有证据证明原申请执行人张性田在执行程序中存在与法院执行人员恶意串通的行为，恢复原执行程序没有法律依据。你院赔偿委员会应适用修正的国家赔偿法的有关规定，对本案新乡市中级人民法院的违法执行行为所造成的损害结果，依法予以赔偿。对于本案的赔偿方式，同意你院审判委员会关于应参考当时当地价格对房屋重新评估，对以物抵债拍卖保留价的差额及其他直接损失予以赔偿的意见。

最高人民法院
关于限制出境是否属于国家赔偿范围的答复

2013年6月4日 〔2012〕赔他字第1号

江苏省高级人民法院：

你院〔2012〕苏法委赔字第1号《关于限制出境是否属于国家赔偿范围的请示》收悉。经研究认为，根据《中华人民共和国国家赔偿法》第三十八条的规定，人民法院在民事诉讼过程中违法采取限制出境措施的，属于国家赔偿范围。对于因违法采取限制出境措施造成当事人财产权的直接损失，可以给予赔偿。你院应针对常州市中级人民法院作出的（2007）常民一初字第78-1号民事决定是否构成违法采取限制出境的措施予以认定，并依法作出决定。

最高人民法院
关于如何判断执行瑕疵与执行
违法行为边界的答复

2013 年 3 月 15 日　　　　　　　　　　　〔2012〕赔他字 5 号

四川省高级人民法院：

你院报送的〔2012〕川法委赔字第 1 号《关于张炳武申请确认芦山县法院执行是否违法的请示》收悉。经研究，答复如下：

根据你院请示报告中查明的案件事实，张炳武与芦山县华红石材厂达成的承包协议以替代华红石材厂偿还债务为条件，同时本案还存在着承包协议对履行期限约定不明，承诺履行债务的第三人张炳武承包已有较长时间（两年以上），且其在法院多次催收的情况下仍未按期及时交付承包费等情形，对法律文书确定的债权人的利益已造成损害。从有利于约束债务人、债务承受人依法依约履行义务及保护债权人的合法权益的角度考虑，芦山县人民法院对华红石材厂的执行行为虽存在瑕疵，尚不属于《最高人民法院关于审理人民法院国家赔偿确认案件若干问题的规定（试行）》第十一条规定的应被确认违法的情形。原则同意你院审判委员会第一种请示意见，请结合本案具体情况，妥善做好后续工作，力求案结事了。

最高人民法院
关于未经诉讼程序，推翻产权登记和生效法律文书的产权归属认定予以执行的，属于错误执行的答复

2013 年 9 月 30 日　　　　　　　　　〔2013〕赔他字第 6 号

广东省高级人民法院：

你院〔2012〕粤高法委赔申字第 28 号《关于广州市羊城房地产有限公司申请茂名市茂港区人民法院违法查封拍卖房产赔偿申诉一案的请示》收悉。经研究，答复如下：

原则同意你院审判委员会倾向性意见。根据你院请示报告认定的事实，本案执行过程中，茂名市茂港区人民法院在没有充分理据且未经诉讼程序审理的情况下，推翻不动产产权登记以及已生效民事判决、裁定作出的产权归属认定，裁定驳回案外人异议，嗣后裁定拍卖、过户案外人所有的不动产，其行为构成错误执行案外人财产，且经你院裁定依法确认，应当承担国家赔偿责任。本案情形不符合《最高人民法院关于民事、行政诉讼中司法赔偿若干问题的解释》第七条第二项以及《最高人民法院关于当事人申请财产保全错误造成案外人损失应否承担赔偿责任问题的解释》之规定，不适用上述司法解释。

最高人民法院
关于如何确定价格鉴定基准日及采取执行补救措施的电话答复

2014年5月19日　　　　　　　　　　　　〔2014〕赔他字第1号

山东省高级人民法院：

　　瑞华公司申请陵县法院错误执行赔偿一案中，德州中院已作出（2009）德中法执复字第38号执行裁定，以陵县法院依据超过期限的评估报告拍卖涉案房屋不妥、程序存在瑕疵为由，撤销了（2006）陵法执字第26-1号民事裁定。在此前提下，就本案处理而言，宜以涉案房产拍卖时为价格鉴定基准日，对涉案房产的价值进行重新评估。重新评估的价格如与原拍卖款项产生差价，亦应综合考虑截止法院拍卖之时瑞华公司应当承担的执行债务总额，以及未缴纳陵县法院罚款等情形，将有关款项纳入尚未终结的执行程序，确保申请执行人的剩余债权和人民法院生效罚款决定得到执行。

最高人民法院
关于轮候查封效力是否及于查封标的物剩余变价款及如何确定赔偿责任的答复

2022年4月22日　　　　　　　　　　　　　〔2021〕最高法赔他1号

福建省高级人民法院：

根据《最高人民法院关于正确处理轮候查封效力相关问题的通知》（法〔2022〕107号）的规定，轮候查封对首封法院具有约束力，其效力及于首封债权人受偿后的剩余变价款。本案首封法院在明知拍卖标的物有轮候查封的情况下，未将相关处置情况告知轮候查封法院，径行将剩余变价款退还被执行人，其行为属于错误执行。轮候查封申请人权利无法实现且不能补救的，应当综合考虑被执行人和赔偿义务机关的过错程度及行为原因力大小等因素，确定赔偿义务机关承担相应的次要赔偿责任。

二、典型案例

（一）错误执行典型案例

1. 秦某义等三人申请湖南省衡南县人民法院错误执行赔偿案

（《国家赔偿法》颁布实施25周年典型案例）

【基本案情】

中国工商银行衡南县支行诉衡南县糖酒副食品总公司（以下简称糖酒公司）贷款利息纠纷一案，经湖南省衡南县人民法院（以下简称衡南法院）作出生效判决后，由该院执行。1994年12月29日，衡南法院执行人员在糖酒公司沿江北路批发部仓库拟查封库存的洋河大曲酒500件。糖酒公司批发部主任李某静对查封提出异议，主张库存洋河大曲酒为私人寄存。法院执行人员要求李某静提供证据，李某静未能提供，法院执行人员采取了异地扣押措施。其后，秦某义、李某静提供了其与衡阳市城北公安分局下属的雁北物资贸易公司购销洋河大曲的清账协议和调拨单，糖酒公司出具的被扣押的洋河大曲不是该公司所有的证明，及诉争的洋河大曲酒寄存在沿江北路批发部仓库以及仓储费证明。1995年2月21日，衡南法院根据申请人的要求和所提供的证据，决定解除扣押，将先前扣押的500件洋河大曲酒返还给赔偿请求人，并支付搬运费350元，对扣押期间损坏的10瓶洋河大曲酒赔偿225元。1995年3月28日，秦某义等人依据《国家赔偿法》的相关规定，向衡南法院申请国家赔偿，因不服该院作出的不予赔偿决定，于同年5月3日向湖南省衡阳市中级人民法院（以下简称衡阳中院）赔偿委员会申请作出赔偿决定。

衡阳中院赔偿委员会经审理认为，衡南法院在行使职权、扣押糖酒公司库存洋河大曲酒时，由于事先未能查清被扣押物的归属，且李某静以及被执

· 289 ·

行人的法定代表人王某友当场不能、不愿出具证明，导致错误扣押。后经查证被扣押的洋河大曲酒非糖酒公司所有，执行人员及时解除了扣押，返还给赔偿请求人，支付了返还的搬运费，并赔偿扣押期间原物损坏的价款。衡南法院对错误扣押行为的处理是合适的，但处理决定形式欠妥，应予纠正。赔偿请求人要求赔偿货款利息以及扣押物因扣押在时间上可能造成的差价损失于法无据，不予支持，遂于1995年8月8日决定：解除对500件洋河大曲酒的扣押，并返还给赔偿请求人，驳回其他赔偿请求。

【典型意义】

法者，国之权衡，时之准绳也。1994年5月12日，第八届全国人民代表大会常务委员会第七次会议通过《国家赔偿法》，1995年1月1日实施，标志着国家赔偿在立法层面上升为国家意志，为今后国家赔偿审判工作的开展提供了规范遵循。我国国家赔偿制度的建立与实施，在国家的法治化进程中发挥了积极作用。《国家赔偿法》实施以来，司法机关依法处理了一批国家赔偿案件，一批当事人依法获得了国家赔偿。本案是《国家赔偿法》实施后，目前能够确认的人民法院受理的首例申请人依据《国家赔偿法》请求国家赔偿，人民法院依据《国家赔偿法》审理且作出赔偿决定的国家赔偿案件。案件的审理与决定尽管今天看来稍显粗糙，但案件中所隐含的对人民法院执行程序中错误扣押行为的认定、造成实际损失应予赔偿的规则，体现了《国家赔偿法》保障受害人依法享有国家赔偿权利、促进国家机关依法行使职权的立法宗旨和制度价值。

2. 金昌华西商贸发展有限公司申请甘肃省金昌市金川区人民法院错误执行赔偿案

(2013年非刑事司法赔偿典型案例)

【基本案情】

2003年至2005年，金昌华西商贸发展有限公司（以下简称华西公司）因多起民事案件被申请强制执行。2004年2月18日，甘肃省金昌市金川区人民法院（以下简称金川法院）依法查封了华西公司所建华西娱乐园主楼。2004年12月8日和30日，金川法院委托对华西公司在建工程进行评估。2005年3月28日，甘肃信诺房地产咨询估价中心作出在建工程价值为162289元的评估报告，送达后华西公司法定代表人魏某举未提出异议。同年9月16日，拍卖公司函告金川法院称，标的物委托底价过高，无人竞买，建议降价拍卖。金川法院于9月23日出具拍卖委托书，对首次拍卖的在建工程以评估价162289元为基础，三次相同比例降价后以93478元为保留价，委托拍卖公司继续拍卖。9月30日，经公开拍卖，金昌典泰房地产开发有限公司以98810元竞买成功。

嗣后，华西公司申请确认法院拍卖行为违法。甘肃省高级人民法院审理认为：金川法院对华西公司在建工程首次拍卖时，确定的保留价93478元仅为评估价162289元的57.6%，故确认金川法院对华西公司在建工程降价拍卖行为违法。

华西公司向金川法院申请国家赔偿。金川法院决定赔偿华西公司经济损失31021.2元。华西公司不服，向金昌市中级人民法院赔偿委员会申请作出赔偿决定。

金昌市中级人民法院赔偿委员会审理认为，金川法院应对华西公司在建工程降价拍卖行为给华西公司造成的损害予以赔偿，其直接损失应按照在建工程评估价162289元与实际成交价98810元之差额予以计算。华西公司提出的其他事项不属于《国家赔偿法》规定的赔偿范围，故不予支持。据此决定：金川法院赔偿华西公司损失 63479 元。

【典型意义】

人民法院在民事执行过程中，存在对应当拍卖的财产未予拍卖、拍卖财产未经合法评估、低价拍卖等情形，给当事人造成损失的，应承担相应的赔偿责任。本案中，赔偿义务机关对其委托拍卖物确定保留价的行为违反了《最高人民法院关于人民法院民事执行中拍卖、变卖财产的规定》第 8 条关于"人民法院确定的保留价，第一次拍卖时，不得低于评估价或者市价的百分之八十；如果出现流拍，再行拍卖时，可以酌情降低保留价，但每次降价的数额不得超过前次保留价的百分之二十"的规定内容。《国家赔偿法》第 36 条第 5 项规定："财产已经拍卖或者变卖的，给付拍卖或者变卖所得的价款；变卖的价款明显低于财产价值的，应当支付相应的赔偿金。"本案中，赔偿义务机关违法降低拍卖保留价，但评估价值仍为有效，赔偿委员会据此决定，以执行标的物评估价值与实际拍卖价值之间的差价作为直接损失予以赔偿，符合上述规定。

3. 刘某艳申请确认吉林省长春市宽城区人民法院错误执行案

（2013年非刑事司法赔偿典型案例）

【基本案情】

吉林太阳城有限公司（以下简称太阳城公司）因与刘某艳房屋租赁纠纷诉至法院。案件审理期间，太阳城公司强行将出租给刘某艳使用经营的太阳城美食广场房屋上锁，致使刘某艳无法对该房屋占有、使用。长春市中级人民法院（以下简称长春中院）审理并作出终审判决，判令双方租赁合同终止，刘某艳给付太阳城公司各项费用10959.40元，太阳城公司退还相关费用19500元，刘某艳立即将太阳城美食广场房屋内物品自行拉走。案件执行期间，长春市宽城区人民法院（以下简称宽城法院）裁定"被执行人刘某艳立即将太阳城美食广场房屋中的物品拉走"，并作出"长春市宽城区人民法院公告"，上述裁定及通知送达刘某艳本人。刘某艳拒不执行，宽城法院对其强制执行并制作了执行笔录及物品清单。执行时，被执行人刘某艳未在场，太阳城美食广场李某梅等10名工人在场。宽城法院将执行的财物交太阳城公司保管。后宽城法院向刘某艳之母杜某珍送达搬走物品通知书。同日，杜某珍向宽城法院出具了收到14248.60元的收条。

嗣后，经刘某艳申诉，长春中院作出再审民事判决，判决维持解除合同及部分赔偿项目；同时以太阳城公司强行将出租给刘某艳使用经营的房屋上锁，违约行为造成刘某艳损失为由，判决太阳城公司返还刘某艳清单所列的156项财产，如不能返还，赔偿损失128116元，赔偿利润损失114752.64元；上述款项相抵后，太阳城公司给付刘某艳290970.02元。案件现已执行到位并终结。

刘某艳申请确认宽城法院执行行为违法，长春中院以宽城法院执行行为符合法律规定，太阳城公司已对刘某艳滞留财产承担返还赔偿责任等为由，裁定不予确认违法。刘某艳不服，向吉林省高级人民法院提出申诉。吉林省高级人民法院作出裁定，对宽城法院的执行行为不予确认违法。

刘某艳仍不服，向最高人民法院提出申诉。最高人民法院审理认为，本案系对 2010 年 12 月 1 日以前已生效确认裁定的复查，仍应适用 1994 年《国家赔偿法》。刘某艳未履行生效判决确定的义务，宽城法院在立案执行及作出执行通知后对其予以强制搬出，执行时作出执行笔录及造具执行财产清单，并指定太阳城公司保管，以上执行行为并无不妥。刘某艳申诉所称的财产损失，已由人民法院再审生效民事判决认定系因太阳城公司自行封门、未清点财产的侵权行为所致，并已通过民事诉讼及执行程序予以补救。刘某艳再行申请确认宽城法院违法执行造成其物品损失，缺乏事实及法律依据。据此裁定驳回刘某艳的申诉。

【典型意义】

国家赔偿实行法定赔偿原则。在人民法院民事诉讼、执行过程中，对于因其他民事主体违法、侵权行为造成的损害结果，应由相应的民事主体承担赔偿责任，对此国家不承担赔偿责任。本案中，赔偿义务机关依据生效民事判决采取执行措施，其执行行为并无不当。赔偿请求人所主张的损失，已经生效民事判决认定系申请执行人的侵权行为所致，并已经通过民事诉讼及执行得到补救。因此，本案人民法院的执行行为不属于依法应予确认违法并予赔偿的情形。

此外，根据《国家赔偿法解释（一）》第 4 条、第 6 条的规定，人民法院在 2010 年修正的《国家赔偿法》实施以后，对 2010 年 12 月 1 日以前已发生法律效力的确认裁定予以复查的，仍应适用 1994 年《国家赔偿法》及当时的司法解释规定。

4. 张某娥申请重庆市渝北区人民法院错误执行赔偿案

（2013年非刑事司法赔偿典型案例）

【基本案情】

彭某芬向广东省惠州市惠城区人民法院申请执行生效民事判决，要求张某娥返还各类款项合计310000元，该院将此案委托重庆市渝北区人民法院（以下简称渝北法院）执行。因张某娥未履行判决确定义务，2009年11月16日，渝北法院将张某娥银行定期存款351863元（含迟延履行期间的债务利息）扣划至法院账户。同日，渝北法院收到广东省惠州市惠城区人民法院向其发出的公函，要求对该案终结执行。2010年1月13日，渝北法院通过原渠道退款未果。在终结执行后，该院未及时就上述退款事宜继续联系和查找张某娥。2010年8月31日，张某娥到渝北法院了解情况后，领回其被该院扣划的351863元。

赔偿请求人张某娥以渝北法院执行错误造成其银行定期存款利息损失31379.14元为由，申请国家赔偿。渝北法院决定不予赔偿。张某娥向重庆市第一中级人民法院赔偿委员会申请作出赔偿决定。

重庆市第一中级人民法院赔偿委员会审理认为，赔偿请求人张某娥所主张的损害后果（利息损失）系渝北法院实施的强制执行措施所致，依法应以渝北法院为赔偿义务机关。渝北法院在发现其对张某娥银行存款的扣划行为属于重复执行时，没有即时进行纠正，导致张某娥的银行存款在该院银行账户上无故停留九个多月的执行行为确有错误，张某娥要求赔偿法院扣划期间存款利息损失的请求符合申请国家赔偿的条件，决定：渝北法院支付赔偿请求人张某娥相当于按351863元本金计算的2009年11月17日至2010年8月30日的银行同期存款利息的赔偿金。因赔偿义务机关与赔偿请求人张某娥已庭外自行和解达成协议，决定准予赔偿请求人张某娥撤回赔偿申请。

【典型意义】

2010年修正的《国家赔偿法》施行后,对于原需要单独确认程序认定的事项,应适用"确赔合一"审理模式,即人民法院赔偿委员会在非刑事司法赔偿案件审查中,对人民法院是否存在违法情形、是否给赔偿请求人造成损失、是否应予赔偿及赔偿数额、标准等一并予以审查;人民法院赔偿委员会在其赔偿决定中应当对案件是否存在法律规定的违法侵权情形,是否构成国家赔偿责任,以及赔偿事项及标准等一并进行认定及论证理由。

本案中,受委托执行的法院实际采取执行措施,在其收到终结执行通知后未及时履职,拖延将扣划款项返还赔偿请求人,并造成赔偿请求人的利息损失。根据《国家赔偿法》第36条第7项规定,"侵犯公民、法人和其他组织的财产造成损害的,按照下列规定处理:……(七)返还执行的罚款或者罚金、追缴或者没收的金钱,解除冻结的存款或者汇款的,应当支付银行同期存款利息"。受委托执行法院应对其扣划期间给赔偿请求人造成的利息损失予以赔偿。

5. 胶州市泰和饮食有限公司申请山东省青岛市中级人民法院错误执行赔偿案

(首届全国法院"百篇优秀裁判文书")

【基本案情】

2003年11月20日,香港惠信投资有限公司向胶州市人民法院(以下简称胶州法院)申请对胶州市泰和饮食有限公司(以下简称泰和公司)强制执行,执行标的额为887900元。

胶州法院于2004年3月24日作出(2003)胶执字第3062-1号民事裁定,将泰和公司所有的四套网点房查封。2004年4月28日,胶州法院委托青岛青青岛置业顾问有限公司对上述四套网点房进行评估。该公司于5月10日作出鲁青青岛(房评)字(2004)胶字第0028号评估报告,被评估房地产总价值为152.30万元,该评估报告记载的应用有效期自2004年5月10日至2005年5月9日。2004年5月12日,胶州法院向泰和公司送达该评估报告,送达回证记载"该公司办公室人员拒签"。

2005年2月7日,山东省青岛市中级人民法院(以下简称青岛中院)裁定提级执行;3月23日作出(2005)青提执字第2号通知,要求泰和公司自动履行判决义务,逾期不履行将拍卖查封的房产。2005年3月24日送达该通知的回证记载"被执行人法定代表人高某荣拒绝签字,我们将通知书采取留置送达",在场人赵某明签字。

2005年4月19日,青岛中院执行局委托该院司法鉴定中心对上述四套网点房进行拍卖。经5月28日摇号确定,由青岛拍卖行负责拍卖。同年6月15日,青岛拍卖行在《青岛晚报》发布了拍卖公告。6月30日,经拍卖,1#、2#、3#三套网点房成交,成交价为87万元,4#网点房流拍。青岛拍卖行建议降低保留价20%,以64万元再次拍卖。青岛中院经研究决定降价10%,以72万元作为新的拍卖底价拍卖。同年7月16日,青岛拍卖行在《青岛晚报》发布拍卖公告,于8月1日举行了第二次拍卖,4#网点房以72

· 297 ·

万元成交。

拍卖的房产原为他人租赁经营，泰和公司并未实际使用。拍卖结束后，泰和公司拒不交接房屋。2005年8月1日，泰和公司组织数十名员工到市政府聚集，打出写有"还我房屋，还我土地"的横幅。执行过程中，青岛中院多次向市委政法委报告被执行人抗拒执行情况，建议依法追究有关人员的责任。

2006年2月13日，青岛中院书面通知泰和公司3日内主动腾出房屋，逾期将强制移交房产，该通知张贴在泰和公司。2006年9月1日，青岛中院采取强制执行措施，将拍卖房屋移交买受人；雇佣车辆和人员，将泰和公司存放在拍卖房产内的盒子、布匹、雨伞等物品提存至胶州市海尔大道69号开发区环海保税仓库5号库，并对提存财产制作了清单。收货人王某刚在财产清单上签字。10月14日，青岛中院作出（2005）青提执字第2-1号通知，告知泰和公司上述物品存放地，通知其10日内主动到存放地点领取，逾期将依法处理。10月18日的送达回证记载"看门人收下，拒绝签字"。

2013年6月13日，胶州市开发区环海保税物流有限公司书面通知胶州法院，称：贵院查封货物旧鞋子衣物等已出现霉变、腐烂、虫蛀现象，请在半个月内清理运走，否则将作为垃圾自行处理。青岛中院接到胶州法院通知后，于2013年6月19日书面通知泰和公司在7日内将存放在仓库内的货物及时清理运走，过期则视为自动放弃，并将通知张贴于泰和公司门前。

另查明：2004年6月1日，胶州市中云农村信用社向胶州法院提出异议，主张泰和公司于2002年2月4日将涉案房产抵押给该信用社，抵押保证金额为本金45万元及利息。2005年3月28日，胶州市中云农村信用社再次向青岛中院提出异议，以涉案房产已经在该信用社设定了抵押为由，请求解除查封。2005年4月6日，青岛中院作出（2005）青提执字第2-2号通知，告知其执行异议不成立，但可主张对房产拍卖后所得价款优先受偿。2005年4月7日，胶州市中云农村信用社要求在涉案房产资产处置过程中优先受偿。但在涉案房产被拍卖后，案款尚未发还之前，胶州市中云农村信用社自行从泰和公司的账户中将该款项截留。

还查明：2005年11月3日，青岛中院收取了泰和公司52万元，用以协商4#网点房买受人退回房屋，但协商工作未做成。青岛中院主张其已及时告知泰和公司领回该款，但泰和公司拒绝领取，致使该款在较长一段时间内无法退回。泰和公司主张青岛中院没有通知其领回该款。

再查明：2006年10月11日，青岛中院向申请执行人香港惠信投资有限公司发放执行案款1055796.41元，迟延履行利息计算至第二次拍卖成交之日。2015年2月13日，泰和公司从青岛中院领回案款90万元，同年4月29日领回64271.69元。2015年5月5日的执行笔录记载，以救助泰和公司困难职工的名义发放205552元，包括52万元的利息和发给房屋买受人的82421.9元。同日泰和公司出具保证书，保证按照法律程序办事（领取救助金案已了结）。

赔偿请求人泰和公司以青岛中院存在执行错误为由申请国家赔偿，主要理由包括执行中法律文书送达违法、评估拍卖程序违法、超标的额执行、腾空拍卖房屋造成物品损失等。青岛中院认为，不存在赔偿请求人主张的执行错误及违法情形，不应给予国家赔偿。

【典型意义】

法律文书送达、评估机构选定、评估报告有效期、执行标的额、腾空房屋等，是执行中常见问题，比较典型。国家赔偿实行法定赔偿原则，在法律无规定，执行中的瑕疵不构成违法，未造成损失或者无因果关系的情况下，依法不能给予国家赔偿。

本案裁判要点主要包括：（1）人民法院到被执行公司处送达法律文书，被执行公司的法定代表人或者办公室工作人员拒绝在送达回证上签字，人民法院工作人员签字证明已将法律文书留置送达，被执行人申请国家赔偿时主张人民法院未送达法律文书的，理由不能成立。（2）人民法院对外委托拍卖被执行人的房产，虽然没有组织申请执行人与被执行人协商选定拍卖机构，但确系通过摇号以随机的方式确定拍卖机构，并不构成《国家赔偿法》规定的错误执行。（3）评估报告的主要功能是确定拍卖保留价，拍卖物品的价值由市场需求决定。人民法院在评估报告有效期内委托拍卖执行的房产，拍卖机构短暂超出评估有效期拍卖，且拍卖价格超出评估价格，没有造成拍卖损失；被执行人申请国家赔偿时以超出评估报告有效期主张拍卖无效的，不应获得支持。（4）人民法院委托拍卖的房产存在银行抵押贷款，执行中有关银行向人民法院申请在房产处置中优先受偿，人民法院对该抵押贷款金额计入执行总金额，符合法律规定，并未构成超标的执行。（5）人民法院强制被执行人腾空已拍卖的房屋，被执行人拒绝接收室内存放物品，人民法院将其搬迁至异地保存并通知被执行人领取，因被执行人拒绝接收而造成的损失，由被执行人承担。

6. 重庆奥斯丽都娱乐有限公司申请重庆市第五中级人民法院错误执行赔偿案

（2018年度国家赔偿典型案例）

【基本案情】

2004年12月，友通公司将其所有的案涉房产抵押给綦江合作联社。次年8月5日，友通公司将该房产租赁给万家福超市使用。2007年，綦江合作联社向重庆市第五中级人民法院（以下简称重庆五中院）提起民事诉讼，并申请财产保全。2007年10月15日，重庆五中院裁定查封案涉房屋，但未限制房屋使用。2008年4月16日，重庆五中院作出一审民事判决，判决由友通公司向綦江合作联社支付所欠款项，同时载明如友通公司未履行，綦江合作联社有权对友通公司抵押房产予以拍卖、变卖或折价，并对其所得价款优先受偿。双方未上诉，该判决生效。

重庆五中院查封后于2009年6月1日恢复执行。在法院已启动执行程序后，万家福超市相继将部分房屋转租给重庆奥斯丽都娱乐有限公司（以下简称奥斯丽都公司）、张某强等人。友通公司亦与前述承租人分别签订租赁合同，租期分别为15年及12年。2010年6月10日，重庆五中院委托重庆沪渝拍卖公司拍卖，拍卖底价为1793.03万元。沪渝拍卖公司经实地勘查，发现拍卖标的物已出租，且承租人正在装修，即向重庆五中院书面提出要求确认承租人是否享有优先购买权。2010年7月15日，重庆五中院到房屋现场张贴公告，公告承租人停止装修，否则后果自负。2010年8月3日，重庆五中院以友通公司与承租人签订租赁合同系在法院查封之后为由，通知沪渝拍卖公司恢复拍卖。2010年12月，王某明竞得拍卖房产。2011年1月25日，重庆五中院裁定解除对案涉房屋的查封，并裁定该房产归买受人王某明所有。

根据重庆五中院指令，2011年12月30日，重庆市綦江区人民法院（以下简称綦江法院）发布公告，要求承租人搬出，后多次公告责令奥斯丽都公司搬出房屋。王某分、奥斯丽都公司自行委托评估装修价值。2012年8月1日，奥斯丽都公司、王某分向重庆五中院提出执行异议，请求撤销拍卖，对租赁后的装修价值评估后重新拍卖，确认其具有优先购买权。2012年8月13日，重庆五中院裁定分别驳回奥斯丽都公司和王某分的执行异议。奥斯丽都、王某分遂提起执行异议之诉，后在上诉期间，以已申请赔偿为由撤回上诉。2013年11月13日，綦江法院强制奥斯丽都公司迁出，将房屋交付买受人。

奥斯丽都公司以法院错误执行为由向重庆五中院申请国家赔偿，重庆五中院、重庆市高级人民法院（以下简称重庆高院）赔偿委员会认为，在重庆五中院已对涉案房屋开始执行处置后，奥斯丽都公司与友通公司签订租赁合同时未尽到相应的注意义务，在重庆五中院公告停止装修后仍继续进行装修投入，存在明显恶意，据此驳回其赔偿请求。

最高人民法院赔偿委员会审查认为，人民法院依据生效的法律文书，对已设定抵押的执行标的物采取强制执行措施并无不当，被执行人友通公司与奥斯丽都公司在法院已采取保全、执行措施后作出的合同约定，无法对抗抵押权人实现抵押权和人民法院处置变现抵押物的强制执行行为。奥斯丽都公司在法院已查封及行将拍卖的房产上再行装修添附，系其将自身财产置于法律风险之下的过错之举，其应对该行为的后果自行承担责任，国家对此不承担赔偿责任。

【典型意义】

人民法院依据生效的法律文书对已设定抵押的执行标的物采取强制执行措施，被执行人与案外人在法院采取保全、执行措施后作出的合同约定，无法对抗抵押权人实现抵押权和人民法院处置变现抵押物的强制执行行为。案外人在法院已查封及行将拍卖的房产上自行装修添附，系其将自身财产置于法律风险之下的过错之举，其应对该行为的后果自行承担责任，国家对此不承担赔偿责任。

首先，根据《最高人民法院关于适用〈中华人民共和国担保法〉若干问题的解释》第66条的规定，抵押人将已抵押的财产出租时，如果抵押人未书面告知承租人该财产已经抵押的，抵押人对出租抵押物造成承租人的损失的，承担赔偿责任，如果抵押人已书面告知承租人该财产已抵押的，抵押权实现造成承租人的损失，由承租人自己承担。本案中，友通公司对其所有的已设定抵押并行将拍卖的房产，再行出租，应当书面告知奥斯丽都公司，如其未告知的，则其应当依照前述规定，对给奥斯丽都公司造成的相应损失予以赔偿；如其已告知的，则因抵押权实现造成奥斯丽都公司的损失，应由奥斯丽都公司自行承担。

其次，重庆五中院依据生效民事判决和申请执行人的申请，对友通公司所有的已设定抵押的房屋查封、评估、拍卖、交付，其执行行为具有法律依据。奥斯丽都公司与友通公司签订租赁合同的时间在友通公司设定抵押和人民法院采取查封措施和启动执行程序之后，其不享有优先购买权。

最后，奥斯丽都公司对于人民法院已经采取保全措施并启动执行程序拟拍卖的执行标的物，自愿投入大量资金进行装修添附，在法院发布停止装修公告后，仍然继续装修，系其将自身财产置于法律风险之下的过错之举，其应对该行为的后果承担相应责任。且如前所述，如其承租时未获友通公司书面告知该房产抵押状况的，其亦可以通过民事诉讼途径向友通公司主张相应权利。因此，奥斯丽都公司主张的装修添附损失，并非人民法院执行行为所致，国家对此不承担赔偿责任。

7. 杨某城申请江苏省徐州市中级人民法院错误执行赔偿案

(2019年度国家赔偿典型案例)

【基本案情】

江苏省徐州市中级人民法院（以下简称徐州中院）在执行江苏倍力投资发展集团有限公司（以下简称倍力公司）案件中，于2014年1月对数名申请执行人的执行申请立案受理，在执行过程中裁定解除原案诉讼过程中对倍力公司名下"海伦哲"流通股票的冻结，并在上海市黄浦区人民法院因在前查封并拍卖执行后，基于轮候查封对涉案股票采取了相关执行措施，于2014年9月执行完毕。

杨某城因股东资格确认纠纷诉倍力公司及第三人徐州海伦哲专用车辆股份有限公司，江苏省徐州经济开发区人民法院根据杨某城的财产保全申请，于2014年3月31日裁定冻结倍力公司所持有的徐州海伦哲专用车辆股份有限公司98.824万股股票等，并于2014年12月11日作出（2013）开商初字第353号民事判决，确认倍力公司所持徐州海伦哲专用车辆股份有限公司的股票中的197.648万股属杨某城所有等。

杨某城以徐州中院执行争议股权，且在执行过程中未通知作为保全查封当事人的杨某城，属于错误执行为由，向徐州中院申请赔偿。徐州中院驳回杨某城的国家赔偿申请。杨某城不服，向江苏省高级人民法院（以下简称江苏高院）赔偿委员会申请作出赔偿决定。江苏高院赔偿委员会经审理认为，徐州中院冻结和变卖被执行人倍力公司名下的股票合法有据不构成错误执行，杨某城对徐州中院执行变卖案涉股票的款项不具有优先权和参与分配的权利，徐州中院的执行行为合法，不存在侵害杨某城合法权益的情形，决定维持徐州中院决定。杨某城不服，向最高人民法院赔偿委员会提出申诉。

最高人民法院赔偿委员会经审查认为，本案案涉股票登记在被执行人倍力公司名下，权利归倍力公司所有，徐州中院依据股权工商登记的权利外观进行保全、执行的行为，没有违反相关法律规定。杨某城不能以在徐州中院冻结和变卖处置之后取得的民事判决书对抗徐州中院的执行措施，也不能作为向徐州中院主张国家赔偿权利的依据。杨某城的股权确认之诉胜诉后未能得到执行，其还可以通过民事诉讼程序向倍力公司主张权利，寻求救济，其现以徐州中院执行行为侵犯其所有权为由主张徐州中院错误执行，理据不足，决定驳回。

【典型意义】

人民法院对登记机构记载于被执行人名下的股权采取的执行措施，一般不能认定构成对隐名股东财产的错误执行。上述股权此前未经生效判决确认的，对隐名股东提出的国家赔偿请求不予支持。

第一，关于股权代持的问题。股权代持又称委托持股、隐名投资或假名出资，是指实际出资人与他人约定，以该他人名义代实际出资人履行股东权利义务的一种股权或股份处置方式。

对于股权代持情况下争议股权权属问题，理论界有不同的观点，我国公司法未明确规定"股权代持"，根据相关司法解释的规定精神，股权代持属于实际出资人和名义股东之间关于隐名股东身份及持股份额之间的一种约定协议，只要没有触及法律的禁止性规定或公共道德、公序良俗，协议有效。但对公司内部而言，该协议属于实际出资人与名义股东之间形成的债权债务的合意，对公司不具有约束力；对公司外部而言，公司的股权应当以对外公示的工商登记为准。基于保护交易安全及保护善意第三人的考量，除非隐名股东要求变更为显名股东并变更登记，该股份代持协议不会引起外界其他法律关系的变化。实际情况中，对于一般的股权代持关系，实际出资人在幕后，名义股东在台前代为行使股东权利，很有可能出现名义股东侵害实际出资人利益的情形，比如名义股东不向实际投资人转交资产收益、滥用股东权利（重大决策事项未经协商）、擅自处置股权（转让、质押）等，这些都是实际出资人在订立股权代持协议时就应承担的风险。

本案中，在人民法院判决确认案涉股权属杨某城所有之前，案涉股票登记在被执行人倍力公司名下，权利归倍力公司所有，杨某城作为隐名股东，在享受隐名便利的同时，亦应承担相应的风险。

第二，关于徐州中院是否存在错误执行的问题。首先，根据股权工商登记的权利外观所示，案涉股权仍归属于倍力公司所有，徐州中院对登记在被执行人倍力公司名下的股权予以执行，其行为不违反法律及司法解释规定；

其次，杨某城在徐州中院执行变卖登记在倍力公司名下的股票时，并没有取得人民法院确认其股权权属的生效法律文书，杨某城不能以在徐州中院执行之后取得的确认权属的法律文书对抗徐州中院的执行措施。

第三，关于杨某城相关权利的救济渠道。本案杨某城作为隐名股东，其与倍力公司签订的股权代持协议，对其双方具有约束力，对案外第三人则不具有合同效力，其因隐名身份，在享受便利的同时亦要承担可能存在的风险，杨某城的股权确认之诉胜诉后，因涉案股权已被执行完毕，其无法实际取得股权，在确权案件执行不能的情况下，其可以基于股权代持协议通过民事诉讼程序向倍力公司提出给付之诉，确认损失，获得赔偿。

8. 陈某勤申请四川省乐山市中级人民法院错误执行赔偿案

(2019年度国家赔偿典型案例)

【基本案情】

陈某勤系四川省乐山市市中区望江台巷一处房屋的房主。2011年8月8日，乐山仲裁委员会作出仲裁裁决：陈某勤自裁决作出之日起15日内向乐山城市建设投资有限公司（以下简称乐山城建公司）腾交上述房屋。因陈某勤未自动履行，同年8月23日，乐山城建公司向四川省乐山市中级人民法院（以下简称乐山中院）申请强制执行。

2011年8月23日，乐山中院立案，同日作出执行通知书，责令陈某勤自通知书送达之日起3日内自觉履行法定义务，逾期不履行，将依法强制执行。因陈某勤拒收，该执行通知当日留置送达。亦在同日，乐山中院作出公告，责令陈某勤在2011年8月27日前腾交房屋，到期仍不履行的，将依法强制执行。

2011年8月26日，乐山中院接待陈某勤来访，笔录记载：乐山中院执行局工作人员告知陈某勤，其有申请撤销仲裁裁决或申请不予执行仲裁裁决的权利。陈某勤表示其申请不予执行，并在笔录上签名。当日，陈某勤递交申请，申请不予执行仲裁裁决。乐山中院随后于2011年8月29日作出裁定，驳回陈某勤不予执行仲裁裁决的申请，并于次日留置送达给陈某勤。

2011年8月29日，乐山中院作出诉讼费预收通知，告知陈某勤应于2011年9月4日前交纳案件受理费400元，逾期不交按撤诉处理。乐山中院2011年8月30日的执行笔录显示：执行人员告知陈某勤可行使撤销权，及时去交费，陈某勤明确表示放弃。

2011年9月1日，乐山中院对案涉房屋进行强制腾退，室内物品清点并制作财产清单后搬至乐山市市中区鹤翔路的另一处房屋，并将清单送交陈某勤，宣布执行完毕。但陈某勤拒绝在交付笔录和强制执行笔录上签字。同日，乐山中院将腾空后的房屋交付给乐山城建公司。

2011年9月19日，乐山中院裁定本案执行完毕，并将裁定书于2011年9月26日留置送达给陈某勤，随后乐山中院于2011年11月23日结案。

2013年10月14日，乐山中院对陈某勤作出信访回复，认为本案执行有合法依据，执行行为合法，陈某勤依法获得补偿应与市棚改办协调。

2018年8月28日，陈某勤以错误执行为由向乐山中院申请国家赔偿。乐山中院决定不予赔偿。陈某勤不服，向四川省高级人民法院（以下简称四川高院）赔偿委员会申请作出赔偿决定。四川高院赔偿委员会经审查认为：陈某勤向乐山中院申请不予执行仲裁裁决，被该院驳回，其又申请撤销仲裁裁决；乐山中院发出诉讼费预收通知书，指定陈某勤于2011年9月4日前交纳案件受理费400元，但同时乐山中院于2011年9月1日对案涉房屋进行了强制腾交。虽然2011年8月30日的执行笔录显示陈某勤表态放弃行使撤销权，但在指定的交费期间，陈某勤仍有随时改变主意并继续行使撤销权的权利，乐山中院在指定交费期间尚未届满即强制执行不当。但乐山中院未等待交费期满即强制执行的行为不属于司法解释规定的错误执行情形，不能认为乐山中院执行行为违法。据此维持乐山中院决定。

陈某勤不服该决定，向最高人民法院赔偿委员会提出申诉。最高人民法院赔偿委员会审查认为：陈某勤至迟在2011年即知道或者应当知道强制腾退的执行行为完毕，案涉房屋已被拆除，然而及至2018年才提出国家赔偿申请，明显已超出请求国家赔偿的2年时效。乐山中院何时以及是否作出裁定认定仲裁裁决执行完毕并执行结案，均不影响陈某勤知道或者应当知道执行行为侵犯其财产权，该事实不因乐山中院是否向陈某勤送达或者通知已执行结案而改变。乐山中院即使在指定的交费期间尚未届至即采取了强制腾退房屋的执行措施，亦不必然引致赔偿请求人所主张的损害后果。陈某勤对案涉房屋拆迁补偿安置不满应通过相应途径解决。

【典型意义】

依照《国家赔偿法》规定，知道或者应当知道权利被侵害，是当事人行使请求权的起算时点。国家赔偿案件的审理，应结合个案具体案情，判断当事人是否知道或者应当知道，不以其是否实际签收法律文书为唯一依据。

《国家赔偿法》一直以来都有关于请求国家赔偿的时效规定。2010年《国家赔偿法》第39条规定，赔偿请求人请求国家赔偿的时效为2年，自其知道或者应当知道国家机关及其工作人员行使职权时的行为侵犯其人身权、财产权之日起计算，但被羁押等限制人身自由期间不计算在内。在申请行政复议或者提起行政诉讼时一并提出赔偿请求的，适用《行政复议法》《行政诉讼法》有关时效的规定。赔偿请求人在赔偿请求时效的最后6个月内，因不可抗力或者其他障碍不能行使请求权的，时效中止。从中止时效的原因消除之日起，赔偿请求时效期间继续计算。而在此之前，1994年《国家赔偿法》第32条规定，赔偿请求人请求国家赔偿的时效为2年，自国家机关及其工作人员行使职权时的行为被依法确认为违法之日起计算，但被羁押期间不计算在内。赔偿请求人在赔偿请求时效的最后6个月内，因不可抗力或者其他障碍不能行使请求权的，时效中止。从中止时效的原因消除之日起，赔偿请求时效期间继续计算。

当事人"知道或者应当知道"应是一个事实认定问题，《国家赔偿法》此处的表述与原《民法通则》第137条关于"诉讼时效期间从知道或者应当知道权利被侵害时起计算"的规定没有本质区别，只不过对于再审改判无罪的案件应自再审改判之日起算。对于当事人依据《国家赔偿法》第38条之规定针对人民法院在民事诉讼、行政诉讼过程中违法采取强制措施、保全措施或者执行错误提起的国家赔偿，确定"知道或者应当知道"最大的困扰在于2016年《非刑事司法赔偿解释》第19条所规定的，公民、法人或者其他组织依据《国家赔偿法》第38条规定申请赔偿的，应当在民事、行政诉讼程序或者执行程序终结后提出。当事人有可能以其并不知晓民事、行政诉讼程序或者执行程序已经终结为由，否定请求国家赔偿时效的起算。对这一问题应当辩证地看待：如果当事人已经提起国家赔偿请求但被以程序尚未终结为由驳回，则不能倒推至行为发生之时起算其"知道或者应当知道"，否则就有可能陷入一方面以程序尚未终结为由驳回、另一方面又认为其请求国家赔偿的2年时效已经经过的悖论，令当事人主张权利救济求告无门；如果当事人以其并不知晓民事、行政诉讼程序或者执行程序已经终结为由否定请求国家赔偿时效的起算，也不应以其是否实际签收法律文书为唯一依据，毕竟标志执行结案的行为有很多，如案件财产已执行给付完毕，法院留置送达，或者存在司法解释规定的"终结执行"的情形等，不能仅以当事人是否实际签收结案文书作为唯一判断标准。

9. 李某申请湖北省十堰市中级人民法院错误执行赔偿案

（2019年度国家赔偿典型案例）

【基本案情】

湖北亚泰戈实业有限公司（以下简称亚泰戈公司，法定代表人李某）基于与十堰金天元实业有限公司（以下简称金天元公司）之间的租赁合同关系，对金天元公司位于十堰市人民北路27号副一楼（建筑面积约1450平方米）及两间办公室享有承租权。亚泰戈公司承租房屋后，出租人金天元公司分别从中国工商银行股份有限公司十堰分行六堰支行（以下简称六堰支行）和十堰市城区农村信用合作联社荣昌信用社（以下简称荣昌信用社）贷款并将上述出租房屋予以抵押。后因金天元公司无力偿还贷款，六堰支行、荣昌信用社将金天元公司诉至法院。湖北省十堰市中级人民法院（以下简称十堰中院）分别作出民事调解书，确认金天元公司应向六堰支行、荣昌信用社还款，合计金额达1050万元。嗣后，六堰支行、荣昌信用社分别申请执行，十堰中院执行中先对金天元公司所有位于十堰市茅箭区五堰街办东山路1号的两处抵押房产进行了评估，评估价格分别为809.89万元和826.35万元。后在拍卖过程中，于2011年11月14日，经六堰支行和荣昌信用社同意，金天元公司将上述两处房产及土地以2000万元的价格变卖给施某造、郑某鸟。2011年12月19日和20日，十堰中院分别作出执行裁定，将上述房产过户给买受人施某造、郑某鸟。

亚泰戈公司从2011年12月至2012年10月经十堰中院多次协调未向新房东施某造、郑某鸟支付房租。2012年10月10日，十堰中院发布公告：（1）金天元公司于15日内交付房地产；（2）各位租赁户于15日内同新房东施某造、郑某鸟续签租赁协议；（3）亚泰戈公司向施某造、郑某鸟支付2011年12月至2012年10月的租金收入；逾期本院依法执行。十堰中院公告后，亚泰戈公司仍未支付房租。2011年11月20日，施某造、郑某鸟向十堰中院书面申请查封李某个人房产。2012年11月22日,十堰中院出具裁定对亚泰戈公司的财产和其法定代表人李某个人的财产予以查封。2012年11月26日,十堰中院将裁定及协执通知送达市房地产管理局,查封了李某已抵押在银行的两套房屋,抵押金额分别为61万元和60万元,查封后李某于2012年12月3日、9日、12日提出书面执行异议,十堰中院对此执行异议未作出裁定。

2012年12月10日,施某造和郑某鸟与亚泰戈公司签订"新补签房屋出租协议",约定本协议签订之日起,亚泰戈公司必须向施某造、郑某鸟支付2011年12月1日至2013年4月30日共计17个月的租金127.5万元,于2012年12月一次性付清。2013年1月23日,李某同施某造和郑某鸟协商并签订和解协议,约定李某(实为亚泰戈公司)欠施某造、郑某鸟17个月房租127.5万元,扣减有关款项共计57.5万元,剩余70万元,李某于2013年2月5日支付20万元,2013年3月15日支付30万元,2013年4月15日支付20万元,逾期按127.5万元执行;双方签订和解协议之日,解除一套房屋查封,第二笔30万元还款后,再解除另一套房屋的查封。协议签订后,履行情况:李某2013年2月5日还款20万元,2013年3月11日还款30万元,2013年4月15日还款20万元。

另查明,2013年2月1日,王某与李某签订购房协议约定:(1)李某同意将其涉案的两套房屋出售给王某,两套总价款255万元,相关税费按国家规定由双方分别承担。(2)王某在2013年2月1日向李某支付购房定金50万元,李某在收到定金后必须在2013年4月15日前解除法院对上述两套房屋的查封措施。(3)上述房屋的查封措施解除后,王某应在2013年4月20日前将该房屋的银行贷款还清。(4)上述房屋银行贷款还清后30日内,李某必须协助王某将该房产过户给王某。(5)购房余款在房屋过户后7日内王某向李某一次性付清。(6)若王某擅自解除本合同,无权收回已支付的购房定金;若李某擅自解除本合同应向王某双倍返还定金。若李某没有按期解除法院对上述两套房屋的查封措施,造成王某无法履行本协议,视李某擅自解除本协议。(7)因履行本协议发生纠纷,由十堰仲裁委员会仲裁。(8)自双方签字且王某按约定向李某足额支付定金后生效。

李某于2013年2月1日收到王某购房定金50万元。李某依照前述执行和解协议履行完毕后,法院未及时解除前述两套房屋的查封,王某以李某不能履行协议为由,要求李某返还双倍定金。王某于2013年9月出具收条,表示收到李某返还购房订金 50 万元，李某主张该 50 万元系其以现金形式向王某支付。

2013 年 9 月 17 日，王某向十堰仲裁委员会申请仲裁，2013 年 10 月 30 日王某与李某达成书面调解协议，同日，十堰仲裁委员会作出仲裁裁决认为，调解协议是双方当事人的真实意思表示，不违反国家法律法规的相关规定，裁决：李某向王某支付因违约应承担的双倍定金 45 万元，分三次付清。该裁决为终局裁决，自作出之日起生效。李某主张其根据仲裁裁决、三次向王某支付共计 45 万元。王某于 2013 年 11 月 15 日、25 日和 2014 年 5 月 26 日向李某出具了三张收条，每次均表述为"今收到李某双倍赔偿款 15 万元"。

2013 年 11 月 11 日，李某持仲裁裁决，要求十堰中院执行局解除房产查封。同日十堰中院出具裁定解除对李某两套房屋的查封，并向十堰市房地产管理局送达协执通知。

2014 年 7 月 28 日，李某以错误执行赔偿为由向十堰中院申请国家赔偿，十堰中院作出不予赔偿决定。李某不服向湖北省高级人民法院（以下简称湖北高院）赔偿委员会申请作出赔偿决定。湖北高院赔偿委员会经审查，决定维持十堰中院决定。李某不服，向最高人民法院赔偿委员会提出申诉。

最高人民法院赔偿委员会经审查认为，李某在与他人的民事合同中将人民法院的职权行为约定为合同实现的要件及自身承担违约责任的前提，此非人民法院行使该职权行为的后果，其基于该合同约定而承担的违约金损失，不属于《国家赔偿法》规定的直接损失。据此决定驳回李某的赔偿申诉。

【典型意义】

当事人将人民法院解除查封行为约定为承担违约责任条件的，并因条件未成就而支付了相应的违约金，此违约金损失不属于《国家赔偿法》规定的直接损失；当事人就此申请国家赔偿的，不予支持。

《国家赔偿法》第 36 条第 8 项为法律规定的其他直接损失。对此，一般理解为现有财产或利益的减少，比较明显的有丧失占有或财物灭失两种情形，但如果在赔偿时返还了原物，而在保全、执行期间，该标的物发生了财产的贬值、孳息的损害、支付成本的增加或交易增值机会的丧失，是否属于《国家赔偿法》规定的直接损害，实践中存在争议。从国家赔偿法实务和制定初衷的情形看，有些特殊情形，将国家赔偿的范围限定在直接损害之内，是基于国家财力与实际操作风险及追求社会秩序稳定性的需要。目前，随着国家财力的持续增长，司法理念的不断更新，实践中已将一些直接造成的必然可得利益损失视为直接损害，如房屋被违法保全或执行期间，所有人基于合同约定本应实际取得的出租收益；以营运为基本谋生手段的赔偿请求人在其营运车辆被查扣期间所不能必然取得的营运损失等，视为直接损失予以赔偿。

　　结合本案而言，案涉争议焦点在于，李某所支付的违约金损失，与法院未及时解除查封的公权力行为之间是否存在直接因果关系。李某基于与王某的约定，将处于十堰中院查封控制之下的房产解封设定为其交易的保证性条款，并对不能如期解封和交易房屋设定违约责任，该约定条款带有一定的风险性，李某作为具有完全民事行为能力，在与他人在签订合同时即为自己设定了合同标的物限制状态下的特别风险加重义务，属于一种预约责任，并因该约束性条款而产生了特别义务及后果，但这只在李某与王某之间产生民事上的法律后果，不能及于人民法院。因此，李某向王某依约支付的违约金损失，与房屋未及时解封之间没有必然的联系。十堰中院亦无法预料到其解封行为与李某的违约金损失之间存在侵权关系，李某的45万元损失并非人民法院未及时解除对李某个人房产的查封所造成的国家赔偿法意义上的其他损害。因此，李某申诉所称的45万元的财产损失，并非属于《国家赔偿法》第36条第8项规定的直接损失。

　　可见，《国家赔偿法》规定的损害范围和赔偿内容，并不包括公民、法人和其他组织基于信赖和信任而为公权力行使设定的义务或责任内容，《国家赔偿法》第36条第8项所规定的其他财产权损害必须是公权力行使过程中对所作用的客体产生的直接影响或法律上所规定的后果。

10. 唐某媛、唐某申请安徽省合肥市中级人民法院错误执行赔偿案

（第四届全国法院国家赔偿优秀文书）

【基本案情】

原告徽商银行股份有限公司合肥长江西路支行诉被告安徽雅可贸易有限公司（该公司法定代表人系唐某）、唐某、邢某萍、唐某媛、邢某林、陈某军、卢某杰、祁某春金融借款合同纠纷一案，安徽省合肥市中级人民法院（以下简称合肥中院）于2015年6月8日作出（2015）合民二初字第00136号民事调解书。2017年8月4日，徽商银行股份有限公司合肥长江西路支行与安徽雅可贸易有限公司、唐某、邢某萍达成执行和解协议。同年8月7日，合肥中院作出（2016）皖01执23号执行裁定。2017年11月27日，合肥中院作出（2016）皖01执23之一号执行裁定。2018年5月21日，合肥中院作出（2018）皖01执异23号执行裁定。同年8月4日，合肥中院发布（2016）合执字第23号公告。截至2019年3月12日，合肥中院对徽商银行股份有限公司合肥长江西路支行与安徽雅可贸易有限公司、唐某、邢某萍、唐某媛、邢某林、陈某军、卢某杰、祁某春金融借款合同纠纷一案执行程序尚未终结。

另查明：在（2015）合民二初字第00136号民事调解书执行过程中，申请执行人安徽雅可贸易有限公司与被执行人唐某、刑海萍于2017年8月4日签订书面和解协议，约定将被执行人唐某、刑海萍名下的位于合肥市瑶海区××广场××3室、××4室（同一个产权证），以及位于瑶海区××与××交叉路口西南侧××大厦××8室，按照在合肥中院执行的另案评估价格（分别为267.25万元、120.46万元）进行拍卖。同年8月7日，依据申请执行人的申请，合肥中院作出拍卖裁定，并发布拍卖公告，要求买受人必须于同年11月16日前将余款缴入法院指定账户等。经依法委托拍卖，前述××3室、××4室房产流拍；××8室房产被陈某瑞以126.54万元的最高价竞得，唐某媛参

加了该房竞买。同年10月30日，陈某瑞作为买受人签名认可了合肥中院制作的成交确认书，载明陈某瑞于同年10月22日支付10万元，10月30日支付665400元，因需要办理贷款手续，限其25个工作日内将尾款缴纳至法院指定账户。同年11月27日，陈某瑞将尾款50万元转入合肥中院账户。同日，合肥中院作出（2016）皖01执23之一号执行裁定，将××大厦××8室房屋所有权及相应的其他权利归买受人陈某瑞所有。对此，唐某媛、唐某向合肥中院提出执行异议，认为陈某瑞未按拍卖公告关于付款期限的要求履行付款义务，已构成竞买行为的实质性瑕疵，不仅侵害了其他共同参与竞买人公平竞争的权利且严重影响了该房产的拍卖成交价格，同时其逾期付款行为亦给异议人造成了经济损失，唐某作为房屋所有人与另一共同参与竞买人唐某媛均不予认可，故请求撤销（2016）皖01执23之一号执行裁定，并依法裁定对该房屋重新拍卖。合肥中院经审查，于2018年5月21日作出（2018）皖01执异23号执行裁定书。该院认为，首先，虽然拍卖公告载明拍卖款须在2017年11月16日缴清，但同年10月30日的成交确认书中载明因陈某瑞申请贷款，故限其在25个工作日内付清尾款50万元，显然陈某瑞在同年11月20日付清尾款50万元符合成交确认书的规定。其次，唐某和唐某媛主张因陈某瑞迟延付款给其造成了损失，但未提供证据证明，且陈某瑞实际付清尾款的时间与拍卖公告规定的时间仅差4天，陈某瑞的拍卖款进入的是法院账户，用途是偿还唐某所负债务，并非直接支付给唐某，故唐某主张陈某瑞迟延付款给其和唐某媛造成损失缺乏事实依据，不予采纳。遂裁定：驳回唐某媛、唐某的异议请求。唐某媛、唐某不服，向安徽省高级人民法院（以下简称安徽高院）申请复议，请求撤销（2016）皖01执23之一号执行裁定，确认该次拍卖无效并依法重新拍卖。安徽高院经审查，于2018年7月3日作出（2018）皖执复44号执行裁定。该院认为，被执行人应当履行人民法院作出的生效法律文书确定的义务，执行法院对被执行人唐某所有的房屋依法进行拍卖符合法律规定。关于房产拍卖公告载明拍卖款须在2017年11月16日缴清问题，买受人陈某瑞在缴纳部分款项后，因需要办理贷款手续，执行法院限其25个工作日内将尾款缴纳至法院账户，同年11月20日，陈某瑞缴清了尾款。因此，买受人陈某瑞在执行法院许可的期限内交付款项并无不当。遂裁定：驳回唐某媛、唐某的复议申请。维持（2018）皖01执异23号执行裁定。

【典型意义】

　　国家赔偿程序与执行程序如何衔接，两种救济渠道如何协调，是司法赔偿理论和实务中的难题之一。对此，《国家赔偿法解释（一）》第 8 条规定，"赔偿请求人认为人民法院有修正的国家赔偿法第三十八条规定情形的，应当在民事、行政诉讼程序或者执行程序终结后提出赔偿请求，但人民法院已依法撤销对妨害诉讼采取的强制措施的情形除外"。实践中，由于一些地方法院将例外情形仅狭义理解为该条明示的一种情形，导致对涉执行国家赔偿的诉权保护力度有所不足。为此，最高人民法院赔偿委员会办公室通过《关于国家赔偿法实施中若干问题的座谈会纪要（一）》（法办〔2012〕490 号）和《关于国家赔偿法实施中若干问题的座谈会纪要（二）》（法办〔2013〕151 号）丰富了几种例外情形。此后，又以《非刑事司法赔偿解释》第 19 条确立了五种明确例外情形和一个兜底例外情形。然而，实践中对其中部分项应如何理解适用为妥，如何避免向兜底项逃遁而破坏原则，尚缺乏最高人民法院经办案件的指导。而本案的审理和裁判文书，较好地阐明了前述第 19 条第 1 款第 5 项的适用。

　　具体而言，《非刑事司法赔偿解释》第 19 条第 1 款第 5 项规定，"公民、法人或者其他组织依据国家赔偿法第三十八条规定申请赔偿的，应当在民事、行政诉讼程序或者执行程序终结后提出，但下列情形除外：……（五）赔偿请求人有证据证明其请求与民事、行政诉讼程序或者执行程序无关的"。实践中，如果全案执行中某些具体执行环节已经完成，那么当事人或利害关系人针对该具体执行程序提出的国家赔偿申请，显然独立于全案执行程序，符合前述第 5 项规定的除外情形，并不需要以全案执行程序终结为前提。此外，拍卖成交或者以流拍的财产抵债后，买受人逾期未支付价款或者承受人逾期未补交差价，但未使拍卖、抵债的目的难以实现的，人民法院可以不裁定重新拍卖。

11. 成都威斯特电梯有限公司申请四川省成都市中级人民法院错误执行赔偿案

(第四届全国法院"百篇优秀裁判文书")

【基本案情】

2000年,四川省成都市中级人民法院在执行成都威斯特电梯有限公司(以下简称威斯特公司)诉四川捷祥置业发展有限公司(以下简称捷祥公司)货款纠纷一案中,裁定将捷祥公司开发的南洋大厦中的案涉房产抵偿给威斯特公司,裁定送达威斯特公司和捷祥公司,威斯特公司书面确认收到案涉房产。因该房产属在建工程,不能办理房屋产权证。2003年10月,威斯特公司与成都南洋物业管理中心(以下简称南洋物业)签订转让合同,将该房产以280万元价格转让给南洋物业,南洋物业未依约足额支付转让金并委托捷祥公司出售案涉房产。成都市中级人民法院发现后采取续查封、贴封条等措施将案涉房产查封至2014年2月。2008年10月,南洋大厦登记为捷祥公司所有。2015年11月,成都市中级人民法院判决确认案外人龙某等人分别取得案涉房产所有权。威斯特公司以错误执行为由申请赔偿。

【典型意义】

审查法院的执行行为是否违法,要结合执行之时的历史背景、具体案情、法律和司法解释规定综合判断。同时,无论是民事侵权案件,还是国家赔偿案件,行为人应当各自承担与其行为相应的责任,不替代他人,尤其是不替代违法违约者承担其应承担的过错责任,是处理此类案件的一个基本原则。

12. 沈阳航天新阳速冻设备制造有限公司申请河北省保定市中级人民法院错误执行赔偿案

(2021年度最高人民法院裁判要旨案例)

【基本案情】

河北省保定市中级人民法院（以下简称保定中院）在执行袁某诉保定威尔冻干食品有限公司（以下简称威尔公司）拖欠工程款纠纷一案过程中，沈阳航天新阳速冻设备制造有限公司（以下简称新阳公司）以保留所有权为由，请求保定中院撤回对涉案设备的拍卖委托。保定中院裁定驳回新阳公司的执行异议，将设备以232.5268万元予以拍卖，该案执行完毕。新阳公司对此又提起诉威尔公司货款纠纷一案，保定中院判决威尔公司给付新阳公司余款146.2万元及利息。该判决现仍在执行中。河北省高级人民法院（以下简称河北高院）于2016年3月24日裁定确认保定中院前述执行行为违法。新阳公司提出赔偿申请，河北高院赔偿委员会以尚不具备进入国家赔偿程序的条件为由驳回新阳公司的赔偿申请。

【典型意义】

人民法院执行行为已被确认违法，且受害人的损失已经确定，无法通过相关诉讼或者执行程序予以补救，执行法院应当向受害人承担赔偿责任，赔偿委员会不得以尚不具备进入国家赔偿程序的条件为由驳回受害人的国家赔偿申请。受害人受偿后不得再就该部分已经获得填补的损失主张权利，而应由人民法院行使追偿权。

（二）违法保全典型案例

1. 绿宝鑫啤酒花有限责任公司申请甘肃省酒泉市中级人民法院违法查封国家赔偿案

（《国家赔偿法》颁布实施25周年典型案例、
2013年非刑事司法赔偿典型案例）

【基本案情】

2007年9月6日，甘肃省酒泉市中级人民法院（以下简称酒泉中院）在审理酒泉市西域绿嘉啤酒花有限公司（以下简称西域公司）与绿宝鑫啤酒花有限责任公司（以下简称绿宝鑫公司）买卖合同纠纷一案中，依据西域公司申请，查封了绿宝鑫公司13.2吨压缩啤酒花并指定该公司为保管人。后绿宝鑫公司提供房产证作为担保请求解封，酒泉中院以西域公司不同意为由不予解封。2008年5月13日，西域公司和绿宝鑫公司就双方民事纠纷达成调解协议。后绿宝鑫公司再次申请解除10吨压缩啤酒花的查封，酒泉中院未予同意。2008年8月14日，酒泉中院对查封的啤酒花进行了检测，拟抵顶债务，发现该批啤酒花甲酸含量严重降低，抵顶未果。2008年9月23日，绿宝鑫公司和执行申请人西域公司达成并履行了执行和解协议，酒泉中院于2008年10月6日解除了对绿宝鑫公司压缩啤酒花的查封，但因被长期查封，该压缩啤酒花甲酸含量过低，基本报废。绿宝鑫公司向酒泉中院申请国家赔偿被驳回，遂向甘肃省高级人民法院赔偿委员会申请作出赔偿决定。

甘肃省高级人民法院赔偿委员会委托兰州市价格认证中心对13.2吨压缩啤酒花查封时的市场价格进行鉴定，并以此为依据主持双方协商。绿宝鑫公司与酒泉中院达成协议，由酒泉中院对因查封造成绿宝鑫公司的财产损失赔偿48万元，甘肃省高级人民法院赔偿委员会决定对协议内容予以确认。

【典型意义】

《国家赔偿法》是一部权利救济法，其重要职能之一就是在人民群众合法权益受到公权力违法侵害时为其提供救济。本案中，被保全人多次申请解封并提供房产作为担保,但赔偿义务机关违反法律规定,对应予解封的不宜长期保存的财产未予解封,又未依法及时处理或变卖查封财产,导致查封财产变质毁损,造成赔偿请求人财产损失,赔偿义务机关应当予以赔偿。人民法院根据《国家赔偿法》的立法精神,将赔偿义务机关怠于履行法定职责的不作为情形界定为违法行使职权,由此造成权利人损害的,赔偿义务机关应予赔偿,体现了国家赔偿审判对权利人财产权利的充分保护。

2. 新乐市对外贸易公司破产清算组申请河北省新乐市人民法院违法保全赔偿案

（2013年非刑事司法赔偿典型案例）

【基本案情】

河北省新乐市人民法院（以下简称新乐法院）在中国人民银行无极县支行（以下简称无极人行）诉新乐市医药药材保健品出口公司（以下简称新乐市医药公司）购销纠纷一案中，根据无极人行提出的财产保全申请和担保，裁定保全新乐市医药公司价值40万元的财产，并实际查封海玉牌汽车一辆，扣押甘草184包由无极人行取走保管，就地查封100包甘草由新乐市医药公司负责保管。新乐市医药公司、葆祥河北进出口集团公司（以下简称葆祥公司）分别以被保全的甘草属葆祥公司所有为由，提出保全异议。新乐法院经审查，以不能认定284包甘草使用权属葆祥公司所有为由驳回了新乐市医药公司的异议申请。嗣后，案件经过一审、二审程序，由石家庄市中级人民法院（以下简称石家庄中院）作出二审生效民事判决，判令新乐市医药公司应偿还无极人行186876元并赔偿相应损失。执行期间，新乐法院对查封的甘草进行拍卖，实际得款33712.7元，海玉牌汽车一辆评估作价3700元，上述款项交付给无极人行。

在此期间，葆祥公司以新乐市医药公司不能按约交货为由将其诉至石家庄中院。石家庄中院作出（1997）石法经初字第108号民事判决，认定新乐法院将葆祥公司在新乐市医药公司加工的甘草查封，致使新乐市医药公司不能按约交货属违约行为，应承担违约责任，故判决新乐市医药公司赔偿葆祥公司284包甘草的货款及违约金共计334988.24元。该判决已发生法律效力并已实际执行到位。后新乐市对外贸易公司（含下属16家分支机构，包括新乐市医药公司）被宣告破产。

新乐市对外贸易公司破产清算组（以下简称清算组）以新乐法院诉讼财产保全违法为由向石家庄中院提出确认申请。石家庄中院审理认为，（1997）

石法经初字第 108 号民事判决书认定的事实，能够证明新乐法院在保全中查封、扣押了案外人葆祥公司的财产，遂裁定确认新乐法院查封、扣押 284 包甘草的行为违法。

清算组据此向新乐法院申请国家赔偿，新乐法院逾期不予赔偿，清算组即向石家庄中院赔偿委员会申请作出赔偿决定，石家庄中院赔偿委员会审理认为：新乐市医药公司经民事判决判令并已支付给葆祥公司的 346104 元（含诉讼费），属新乐法院错误查封、扣押 284 包甘草给赔偿请求人带来的直接损失，依法应予赔偿。284 包甘草拍卖得款 33712.7 元已抵顶了新乐市医药公司对无极人行的欠款，应当予以扣除，另赔偿运费为 4850 元，决定赔偿清算组人民币 317241.3 元。清算组不服该决定，向河北省高级人民法院赔偿委员会提出申诉。河北省高级人民法院赔偿委员经审查对其申诉予以驳回。

清算组不服，向最高人民法院赔偿委员会提出申诉。最高人民法院赔偿委员会审理认为，石家庄中院赔偿决定对因 284 包甘草被查封扣押造成新乐市医药公司已赔偿葆祥公司货款及违约金等所致损失 31 万余元，决定由新乐法院予以赔偿。上述款项已对该公司的直接损失予以弥补。申诉人的理由不能成立，予以驳回。

【典型意义】

非刑事司法赔偿案件审理中，已经由生效刑事、民事、行政裁判文书认定的事实，对于人民法院赔偿委员会审查认定案件事实，具有羁束力；在无充分证据证明该生效裁判可能存在错误的情况下，赔偿委员会应直接予以认定。本案中，就法院查封扣押财产是否属于案外人财产以及错误执行案外人财产造成的损失数额，生效民事判决已予以认定。赔偿委员会应据此对错误执行案外人财产的事实及损失予以认定并决定赔偿。

此外，赔偿义务机关违法保全案外人财产，但案外人选择依据合同约定向赔偿请求人主张权利并已实际获得救济，即赔偿请求人已承担了因赔偿义务机关违法保全给案外人造成的损害后果，故赔偿请求人有权作为实际受害人申请并获得国家赔偿。

3. 古某学申请陕西省汉中市中级人民法院违法保全赔偿案

(2013年非刑事司法赔偿典型案例)

【基本案情】

古某学因与汉中市华森木业制品厂（以下简称华森厂）仲裁一案向陕西省汉中市中级人民法院（以下简称汉中中院）申请财产保全并提供担保。汉中中院作出（1999）汉经保字第06号民事裁定，对华森厂的财产进行扣押，扣押金额775000元，或冻结银行存款775000元。裁定作出后，汉中中院先后对华森厂的多项财产进行查封、扣押并制作清单，但未加贴封条。后华森厂向汉中中院申请对扣押的岗木圆棒进行处理。汉中中院告申庭承办人员批注"保全50立方米圆棒同意出售，处理价款应如数存入银行，存票交法院保管"，但未实际采取控制措施。

经仲裁委员会裁决，华森厂应返还古某学本金754490元、利息201408.40元。案件进入执行程序后，汉中中院清点保全财产时，发现查封的50立方米圆棒材和50立方米圆木材均不存在，已被华森厂的法定代表人胡某泉出售，被查封、扣押的青岗木板材75立方米、山毛榉板材25立方米，因保全时未编号登记、加贴封条，已无法辨认原物。后汉中中院通过执行华森厂其他财产，总计为古某学实现债权173000元，因华森厂已无财产可供执行，汉中中院终结该案的执行。另查，华森厂法定代表人胡某泉因犯非法处置查封、扣押财产罪，被判处有期徒刑二年。

古某学申请确认汉中中院保全行为违法。案经汉中中院、陕西省高级人民法院（以下简称陕西高院）审理后，陕西高院作出确认裁定：对汉中中院作出（1999）汉经保字第06号民事裁定行为不予确认违法；对汉中中院在不便对保全财产加贴封条的情况下又未张贴查封、扣押公告的行为确认违法；对汉中中院没有组织监督被执行人按照合理价格在指定期限内变卖保全财产和没有采取措施控制变卖价款的行为确认违法。

2007年6月25日，古某学向汉中中院申请赔偿。汉中中院决定赔偿古某学经济损失25万元。古某学不服该院决定，向陕西高院赔偿委员会申请作出赔偿决定。陕西高院赔偿委员会认为，古某学向汉中中院提出财产保全申请，请求对华森厂的财产进行扣押，扣押金额限定在775000元或冻结存款775000元。执行中，古某学已实现债权173000元，汉中中院裁定查封金额为775000元，因其违法行为承担国家赔偿责任应以602000元为限。

【典型意义】

审查处理非刑事司法赔偿案件时，要注意区分人民法院在保全或执行中作出的法律行为和事实行为。本案中，人民法院依申请裁定采取保全措施的法律行为不存在违法情形，但事实行为不当，属"查封、扣押具体措施不当"的违法情形，具体表现为：裁定查封、扣押被保全人的动产，应当采取加贴封条或张贴公告的方式而未采取，允许被保全人变卖保全财产且未采取措施控制变卖价款造成财产流失，该行为已经生效裁定确认违法。

此外，本案中人民法院违法保全行为与被保全人侵权行为并存，且与损害结果均具有因果关系，即存在多因一果、混合责任的情形。对此，如何确定责任承担方式，实践中存在不同认识。本案中，赔偿委员会在被保全人法定代表人因非法处置查封财产已经刑事判决罪处罚、被保全人确无其他财产可供执行的情况下，以申请保全的数额为限，扣除执行中已经实现的利益对申请保全人给予全额赔偿，充分保护了申请保全人的合法权益。

4. 海南新世界彩色冲印有限公司申请海南省海口市中级人民法院违法保全赔偿案

(2013年非刑事司法赔偿典型案例)

【基本案情】

香港百士活有限公司（以下简称百士活公司）在与三亚市海天彩色冲印实业公司（以下简称三亚海天公司）企业经营纠纷申请仲裁期间，向海南省海口市中级人民法院（以下简称海口中院）申请保全其与三亚海天公司合资设立的海南新世界彩色冲印有限公司（以下简称新世界公司）和三亚海天公司的财产，并提供两套房屋作为担保。海口中院扣收担保房屋的房产证原件，作出（1995）海口法民保字第38-1号民事裁定，裁定查封新世界公司、三亚海天公司的财产，并指定新世界公司负责保管。查封期间，海口港集团公司致函海口中院称，该院查封三亚海天公司的机器设备所存放的铺面系该公司所有，该公司已将该铺面收回，请求将所封机器设备转移出该铺面。海口中院执行庭通知三亚海天公司及新世界公司，因二公司不积极协助配合，海口中院在公安机关全程见证下转移查封财产至另一地点保存，不便拆卸的两部空调及一部冲印设备仍留原地，委托海口港集团公司保管。

申请人新世界公司以海口中院违法查封为由申请确认违法，海南省高级人民法院（以下简称海南高院）审理认为，海口中院在（1995）海口法民保字第38-1号民事裁定执行过程中在查封财产被转移后，没有委托或指定专人负责看管，也没有依法采取适当的保全措施，对最终保全财产部分损毁，负有一定的监管不力责任，据此确认海口中院在（1995）海口法民保字第38-1号民事裁定中的执行措施违法。

新世界公司据此向海口中院申请国家赔偿。海口中院审查认为，就新世界公司被查封财产的实际损失，该院查封初始已指定了新世界公司作为保管人，新世界公司擅自使用，未尽保管之责，在接到该院通知后，其作为财产所有人及查封财产保管人又不积极配合财产清点、转移，因此对财产损失，新世界公司自身存在过错，应承担主要责任；该院怠于行使监管职责，应承担次要责任。据此决定由新世界公司承担80%的责任，该院承担20%的责任，故决定赔偿新世界公司财产被违法采取保全措施的损失48880.60元。

新世界公司不服，向海南高院赔偿委员会申请作出赔偿决定。海南高院赔偿委员会认为：海口中院因具有监管不力等情形，依法应承担其所造成查封财产损失的相应过错责任。新世界公司对于财产损失也具有一定过错，理应承担与海口中院相等的过错责任，故决定撤销海口中院赔偿决定，由海口中院对损失承担50%的赔偿责任，决定赔偿新世界公司122951.53元。

【典型意义】

非刑事司法赔偿案件中，人民法院违法行使职权造成损害，应承担与其违法侵权行为相适应的国家赔偿责任。此外，根据侵权法中普遍适用的过失相抵原则，如受害人对损害结果的发生或者扩大具有过错，应当依法减轻或者免除赔偿义务人的损害赔偿责任。本案中，查封财产损失，既有法院未指定保管人、未履行监管职责的过错，也有赔偿请求人自身不予配合、未尽保管之责，放任损害发生或扩大的原因。海南高院赔偿委员会的最终认定，既充分考虑了赔偿义务机关违法行为所致损害，也兼顾了受害人自身过错情形以及过失相抵原则的适用。

5. 老挝力宏摩托车组装有限公司申请重庆市第五中级人民法院违法保全赔偿案

(2013 年非刑事司法赔偿典型案例)

【基本案情】

重庆联飞机车有限公司(以下简称联飞公司)因与老挝力宏摩托车组装有限公司(以下简称力宏公司)买卖合同纠纷向重庆市第五中级人民法院(以下简称重庆五中院)申请诉前保全。重庆五中院裁定扣押力宏公司价值 14 万美元的摩托车散件 1000 套,查封联飞公司提供的打包线、检测线、组装流水线等担保财产,并将上述扣押物和担保物委托联飞公司一并保管。联飞公司未尽妥善保管义务,私自处理了部分被查封物和担保物,现已下落不明。重庆五中院知情后随即变更了保管人,将尚存的扣押物和担保物委托第三人保管。嗣后,重庆五中院经审理作出民事判决,力宏公司应支付联飞公司违约金 5 万美元。判决生效后重庆五中院解除对摩托车散件价值超过 5 万美元的部分约 640 套的扣押,将封存于第三人处尚存的扣押物移交给了力宏公司。

力宏公司以重庆五中院违法保全为由申请国家赔偿。重庆五中院审查认为,法院依据联飞公司的申请对力宏公司的摩托车配件进行扣押后,依法将扣押财产交由联飞公司保管,联飞公司应当承担相应的保管责任。在案件审结后,法院裁定解除部分财产的扣押,联飞公司应当将其保管并已解除扣押的财产如数返还给力宏公司。对因部分财产未能返还而造成的财产损失,力宏公司可以基于《民事诉讼法》第 96 条之规定要求联飞公司赔偿,也可以依据《执行若干规定》第 44 条之规定,向该院申请责令联飞公司限期追回财产或承担相应的赔偿责任。据此决定驳回力宏公司的赔偿申请。

【典型意义】

非刑事司法赔偿案件中,赔偿请求人所受损害,可能牵涉人民法院的职权行为、案件当事人甚至案外人的侵权行为等不同情形,要严格区分因果关系、分清责任。本案中，赔偿义务机关指定申请保全人为保管人，在发现其擅自处分财产后及时变更保管人，故不存在故意不履行监管职责的情形。赔偿请求人所受损害系因申请保全人在保管期间擅自处分查封财产的违法行为所致，《最高人民法院关于民事、行政诉讼中司法赔偿若干问题的解释》（已失效）第 7 条第 5 项规定，"被保全人、被执行人，或者人民法院依法指定的保管人员违法动用、隐匿、毁损、转移、变卖人民法院已经保全的财产的"，国家不承担赔偿责任。

6. 方某英申请福建省福州市台江区人民法院违法保全赔偿案

(2013年非刑事司法赔偿典型案例)

【基本案情】

方某英因与被告方某安等继承纠纷一案,于2007年7月12日向福建省福州市台江区人民法院(以下简称台江法院)提出财产保全的申请,请求冻结属方某铨的房屋拆迁补偿款人民币30万元。同日,台江法院通知方某英应提供担保,并裁定立即冻结拆迁补偿款30万元。7月13日,台江法院案件承办人到福州市拆迁工程处要求冻结房屋拆迁补偿款,但被该处工作人员口头告知该拆迁款在开发商处,应向开发商冻结。因方某英提供的开发商名称有误,7月13日当日,承办人经多方查找联系开发商未果。经核查开发商准确名称为福建永德信房地产开发有限公司(以下简称永德信公司),台江法院于7月17日向永德信公司和福州市拆迁工程处重新作出协助执行通知书,并于当日向福州市拆迁工程处送达,因仍查询不到永德信公司的住所地,该院承办人将协助通知书和裁定书送达到拆迁工地,由工作人员转交。7月18日,永德信公司在送达回证盖章,并说明拆迁补偿款已于7月14日由方某安领取。7月24日,经办人将拆迁款已于7月14日被方某安领走的事实告知方某英代理人。嗣后,台江法院于2012年1月5日作出裁定,认定"方某安暂无财产可供执行",2012年3月20日,台江法院以经查证被告方某安已死亡为由,裁定终结该案执行。

方某英以台江法院违法保全造成财产损失为由申请赔偿,福州市中级人民法院赔偿委员会审理认为,《民事诉讼法》第92条第3款规定:"人民法院接受申请后,对情况紧急的,必须在四十八小时内作出裁定;裁定采取财产保全措施的,应当立即开始执行。"本案中,赔偿义务机关台江法院于2007年7月12日收到赔偿请求人方某英提出的财产保全申请后,同日即作出采取财产保全措施的裁定。因赔偿请求人方某英未能提供正确的执行信息，导致台江法院无法在 2007 年 7 月 14 之前及时采取有效的执行措施，请求人主张台江法院违法保全不能成立。据此决定不予赔偿。

【典型意义】

人民法院在审理各类案件过程中，或者是在考虑实施某些职权行为时，享有一定的自由裁量空间。一般来说，人民法院在行使职权过程中作出的司法裁量行为，如无明显违反法律、滥用职权、故意不履行职责或有悖常理等情形，则不属于国家承担赔偿责任的范围。在本案中，《民事诉讼法》虽对何为"立即"执行未予明确，但赔偿义务机关在收到保全申请同日作出保全裁定，第二日即积极采取保全措施，因赔偿请求人提供的信息有误，后经多方查找核实，人民法院在裁定作出的 5 个工作日即送达了协助执行单位，不存在故意滥用权力或故意不履行职责或有悖常理等情形，因此，本案情形不具备承担国家赔偿责任的要件。

7. 孟某坤申请河北省唐山市中级人民法院违法保全赔偿案

(第三届全国法院"百篇优秀裁判文书")

【基本案情】

河北省唐山市路北区人民法院（以下简称路北法院）于 2016 年 3 月 17 日制作了（2016）冀 0203 民初 705 号民事调解书，确认孟某坤与贾某新自愿达成的如下协议：贾某新于 2016 年 5 月 1 日前偿还孟某坤借款本金人民币 30 万元及利息人民币 6 万元，如贾某新未按上述期限履行金钱给付义务，应按照《民事诉讼法》第 253 条之规定加倍支付延迟履行期间的债务利息。

因贾某新未在民事调解书规定的期限内履行给付义务，孟某坤向河北省唐山市中级人民法院（以下简称唐山中院）申请强制执行。在强制执行过程中，孟某坤于 2016 年 7 月 21 日提交书面申请，以刘某凤与贾某新系夫妻关系，唐山市鼎晔机械制造有限公司（以下简称鼎晔公司）的法定代表人为刘某凤，股东为贾某新为由，申请追加刘某凤、鼎晔公司为该案的共同被执行人。

2016 年 8 月 5 日，唐山中院作出（2016）冀 02 执 7585 号执行裁定及协助执行通知书，查封鼎晔公司在唐山文丰山川轮毂有限公司（以下简称文丰轮毂公司）和唐山文丰机械设备有限公司（以下简称文丰机械公司）的全部债权，查封期限自 2016 年 8 月 5 日始至 2017 年 8 月 4 日止。

唐山中院未将上述查封裁定送达鼎晔公司，亦未告知该公司。

2016 年 8 月 8 日，鼎晔公司与陈某签订债权转让协议，将鼎晔公司在文丰轮毂公司、文丰机械公司的所有工程款和货款及相关权益转让给陈某，并于当日将债权转让通知邮寄给文丰轮毂公司及文丰机械公司，二公司于 2016 年 8 月 9 日收到上述债权转让通知书。

2016 年 10 月 8 日，陈某向唐山市路南区人民法院（以下简称路南法院）

起诉，要求确认其与鼎晔公司签订的借款合同、债权转让合同及鼎晔公司与文丰轮毂公司及文丰机械公司签订的合同合法有效，并要求二公司偿还欠款。因案涉债权被查封，路南法院于 2017 年 11 月 16 日作出（2017）冀 0202 民初 2560 号民事裁定，中止诉讼。

后，陈某向路北法院提起案外人执行异议，该院受理后，于 2017 年 11 月 6 日作出（2017）冀 0203 执异 97 号执行裁定，驳回陈某的异议。陈某不服，于 2017 年 12 月 20 日向路北法院提起案外人执行异议之诉。该院于 2018 年 5 月 10 日作出（2017）冀 0203 民初 4558 号民事判决，判决：（1）对第三人鼎晔公司在文丰轮毂公司、文丰机械公司的债权不予执行；（2）驳回原告陈某的其他诉讼请求。该院（2017）冀 0203 执异 97 号执行裁定于本判决生效时自动失效。

孟某坤不服上述民事判决，向唐山中院提起上诉。唐山中院于 2018 年 9 月 3 日作出（2018）冀 02 民终 7306 号民事判决，认为孟某坤的上诉请求不能成立，一审判决认定事实清楚，适用法律正确，判决驳回上诉，维持原判。

该判决认为，因（2016）冀 0203 民初 705 号民事调解书已经发生法律效力，该法律文书所确定的履行义务人系贾某新，而并非鼎晔公司。鼎晔公司于孟某坤申请执行贾某新借贷纠纷一案中属于案外人。本案进入执行程序后，执行机构并未作出相关法律文书追加、变更鼎晔公司为本案的被执行人，亦未依法通知鼎晔公司涉案债权被查封事宜，故鼎晔公司在不知涉案债权已被查封的情况下，对涉案债权进行转让并不存在过错。执行机构在未依法追加、变更鼎晔公司为本案的被执行人的情况下，不应直接执行鼎晔公司在文丰轮毂公司和文丰机械公司的债权。

赔偿请求人孟某坤认为唐山中院执行程序存在瑕疵，导致其查封的债权不予执行，给其造成财产损失，遂向唐山中院提出国家赔偿申请。唐山中院以该院执行行为并非法律规定的执行错误和孟某坤主张的损失并非必然的、直接的、实际的损害为由驳回了孟某坤的赔偿请求。

孟某坤不服该赔偿决定，申请河北省高级人民法院作出赔偿决定。

【典型意义】

人民法院因执行错误产生赔偿责任应当具备三个要件：其一为人民法院存在执行错误的情形；其二为赔偿请求人的合法权益受到侵犯并造成损失；

其三为人民法院的执行错误行为与赔偿请求人的合法权益受损之间存在因果关系。以上三个要件应同时具备方产生国家赔偿责任。

申请执行人因人民法院的错误执行行为获得执行期待利益,在经过正当程序将该错误执行行为的后果消除后,申请执行人因执行期待落空申请执行法院给予国家赔偿,其主张的损害不属于合法权益受到损害,其赔偿请求不应得到支持。

(三) 其他非刑事司法赔偿典型案例

高某乾申请确认河南省登封市人民法院违法拘留案

(2013年非刑事司法赔偿典型案例)

【基本案情】

张某伟诉高某乾人身损害赔偿纠纷一案,河南省登封市人民法院(以下简称登封法院)判决高某乾赔偿原告医疗费、误工费、护理费等1734.14元。判决生效后,张某伟申请执行,登封法院强制执行高某乾人民币500元。高某乾两次保证还款但均未履行。2004年1月12日,登封法院以高某乾拒不履行生效法律文书所确定的义务为由,决定对高某乾拘留15日,后于1月21日提前解除对高某乾的拘留,对其实际拘留10日。嗣后,高某乾对原生效民事判决不服申请再审。案件经启动再审程序发回登封法院重审后,张某伟申请撤回起诉。

高某乾以登封法院违法拘留为由,向郑州市中级人民法院提出确认申请。郑州市中级人民法院、河南省高级人民法院经审理,均以民事判决虽被撤销,但登封法院在对高某乾采取强制执行措施时,存在合法的执行依据,高某乾不履行该法律文书确定的义务,登封法院对其采取拘留措施符合法律规定为由,裁定对登封法院的拘留行为不予确认违法。

高某乾不服,向最高人民法院提出申诉。最高人民法院审理认为,原二审判决生效后,该判决即对案件双方当事人具有法律约束力。在高某乾经人民法院多次催促及先后两次保证支付余款但均未履行的情况下,登封法院以其拒不履行生效法律文书确定义务为由,对其采取司法拘留措施并无不当。该案经再审虽以撤诉告终,但并不意味着登封法院基于原生效判决采取的强制执行及司法拘留措施违法。据此裁定驳回高某乾的申诉。

【典型意义】

民事诉讼中的强制措施作为维护民事判决既判力和法律权威的合法手段,有其独立价值。生效判决在其被依法变更以前,对于案件当事人具有法律效力。当事人对生效判决存有异议，可通过合法渠道寻求救济。1991年《民事诉讼法》第178条规定："当事人对已发生法律效力的判决、裁定，认为有错误的，可以向原审人民法院或者上一级人民法院申请再审，但不停止判决、裁定的执行。"对于当事人拒不履行生效判决确定义务，或具有其他违法行为符合《民事诉讼法》关于采取拘留措施条件的，人民法院决定采取拘留措施于法有据。该措施之合法性不因作为执行依据的生效判决被依法改判而发生变化。因此，对于司法拘留、罚款等强制措施是否属于《国家赔偿法》第38条规定范围之审查，应适用违法归责原则，而非结果归责原则。

第五部分 裁判文书

1. 国泰君安证券股份有限公司海口证券营业部申请海南省高级人民法院错误执行赔偿案

（2011）法委赔字第 3 号

2. 丹东益阳投资有限公司申请辽宁省丹东市中级人民法院错误执行赔偿案

（2018）最高法委赔提 3 号

3. 钟某金申请江西省萍乡市中级人民法院错误执行国家赔偿案

（2013）赣法委赔字第 1 号

4. 新乡市晖苑房地产置业有限公司申请河南省新乡市中级人民法院错误执行赔偿案

（2013）赔监字第 76 号

5. 胶州市泰和饮食有限公司申请山东省青岛市中级人民法院错误执行赔偿案

（2017）鲁委赔 9 号

6. 李某胜申请吉林省四平市中级人民法院错误执行赔偿案

（2018）最高法委赔监 10 号

7. 重庆奥斯丽都娱乐有限公司申请重庆市第五中院错误执行赔偿案

（2015）赔监字第 299 号

8. 曹某因错误执行申请宜春市中级人民法院国家赔偿案

（2018）赣委赔 5 号

9. 杨某城申请江苏省徐州市中级人民法院错误执行赔偿案

（2019）最高法委赔监 95 号

10. 陈某勤申请四川省乐山市中级人民法院错误执行赔偿案

（2019）最高法委赔监 151 号

11. 彭某生等人申请湖南省醴陵市人民法院错误执行赔偿案

（2019）湘委赔监 64 号

12. 李某申请湖北省十堰市中级人民法院错误执行赔偿案

（2018）最高法委赔监 82 号

13. 孟某坤申请河北省唐山市中级人民法院违法保全赔偿其他赔偿案

（2019）冀委赔 31 号

14. 唐某媛、唐某申请安徽省合肥市中级人民法院错误执行赔偿案

（2020）最高法委赔监 142 号

15. 成都威斯特电梯有限公司、四川省成都市中级人民法院错误执行赔偿案

（2020）最高法委赔监 303 号

16. 张某申请吉林省通化市中级人民法院错误执行赔偿案

（2020）最高法委赔监 261 号

17. 北京安华建筑工程公司申请北京市第二中级人民法院错误执行赔偿案

（2020）最高法委赔监 273 号

后 记

为配合《最高人民法院关于审理涉执行司法赔偿案件适用法律若干问题的解释》的实施，使读者全面理解条文起草本意、准确把握审判实践中应予注意的问题，我们组织编写了本书。本书具有内容全面、论理深入、解读权威、实用性强等特点，对国家赔偿以及民事、行政审判和强制执行的理论研究和司法实践均具有较高参考价值。

在解释起草过程中，最高人民法院赔偿委员会办公室和执行局多次召开由相关民事、行政、强制执行领域的专家学者和四级法院赔偿、执行部门一线法官参加的调研论证会，以座谈或者书面的形式征求了全国人大常委会法工委、最高人民法院相关业务庭室等单位的意见，同时书面征求了国内知名法学专家以及最高人民法院特邀咨询员的意见。我们在认真汲取宝贵意见建议的基础上，不断修改完善相关条文内容，确保了解释在最高人民法院审判委员会上的高质量通过和施行一段时间以来社会各界的较好反馈。本书撰写过程中，上述相关部门、专家学者和有关人员的意见观点给予我们良多启发和思考。本书的出版，与这些部门同志的关切支持、专家学者的鼎力帮助以及出版社同志的辛勤付出密不可分，因此，本书是集体智慧的结晶，谨在此一并致以诚挚的谢意。

本书各条文由最高人民法院赔偿委员会办公室和执行局的审判、业务骨干撰写，本书编写组具体分工为（按条文序号排列）：

苏　戈：第1条、第16条；

梁　清：第2条、第5条；

张昊权：第3条、第17条；

王　炜：第4条；

宋楚潇：第6条；

王　京：第7条；

刘慧卓：第8条、第13条；

张元光：第9条；

李钟慧：第10条；

王　田：第11条；

岳蓓玲：第12条；

张海婷：第14条；

聂振华：第15条；

崔晓林：第18条；

胡茂阳：第19条；

毛　敏：第20条。

河北省安新县人民法院法官助理刘天昊（学习实践干部）和外交学院硕士研究生杨睿智（实习生）对于本书的汇编亦有贡献。

全文书稿经最高人民法院赔偿委员会办公室孔玲、王振宇、苏戈和执行局黄金龙统稿，最高人民法院副院长陶凯元审定。

本书编写组
二〇二三年六月